高等职业院校经管类专业平台课精品教材

# 经济学基础

## （第二版）

姚晓燕　◎主　编
季金奎　王丽君　◎副主编
李　敬　樊　乐
曹　玮

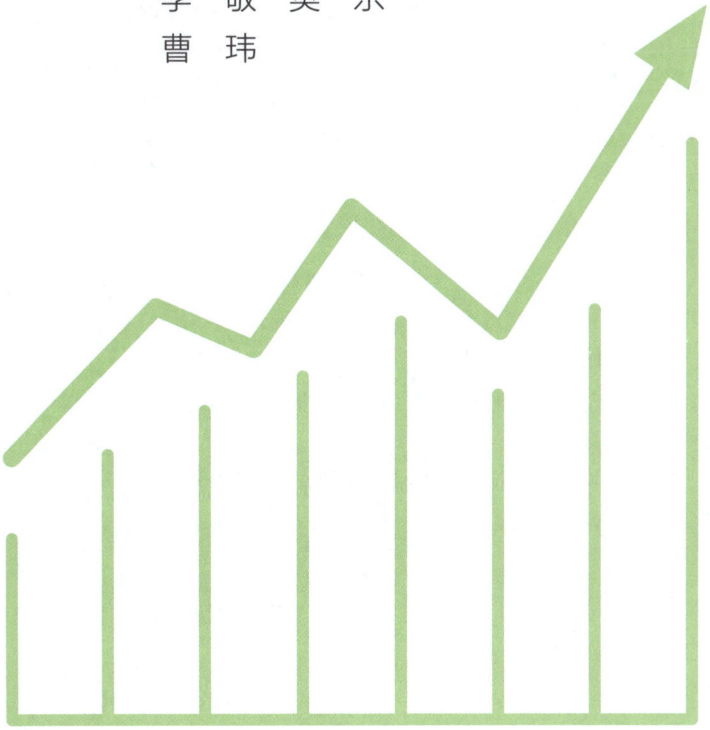

中国轻工业出版社

**图书在版编目（CIP）数据**

经济学基础 / 姚晓燕主编．— 2 版．— 北京：中国轻工业出版社，2021.8

高等职业院校经管类专业平台课精品教材

ISBN 978-7-5184-3521-0

Ⅰ．①经… Ⅱ．①姚… Ⅲ．①经济学 – 高等职业教育 – 教材 Ⅳ．① F0

中国版本图书馆 CIP 数据核字（2021）第 100340 号

责任编辑：张文佳　　责任终审：李建华

整体设计：锋尚设计　　责任校对：朱燕春　　责任监印：张　可

出版发行：中国轻工业出版社（北京东长安街6号，邮编：100740）

印　　刷：河北鑫兆源印刷有限公司

经　　销：各地新华书店

版　　次：2021年8月第2版第1次印刷

开　　本：787 × 1092　1/16　印张：15.5

字　　数：350千字

书　　号：ISBN 978-7-5184-3521-0　定价：49.80元

邮购电话：010-65241695

发行电话：010-85119835　传真：85113293

网　　址：http://www.chlip.com.cn

Email：club@chlip.com.cn

如发现图书残缺请与我社邮购联系调换

200857J2X201ZBW

# 第二版前言
# PREFACE

《经济学基础（第二版）》在第一版的基础上进行了修订。

第二版的修订工作主要围绕以下几个方面展开。

第一，内容更加简练易学。该教材作为高等职业教育教材，同时亦作为初学者的入门教材，考虑到读者专业背景、学历层次、学习目的等方面因素，该次修订将一些相对深奥的知识做了必要的删减，包括部分数学公式与图表，加强了对于数学公式与图表的文字说明。在内容上更加简明扼要，易于学生学习掌握。

第二，案例、资料、数据等的更新调整。第一版教材中出现的一些案例、背景资料和数据，由于时过境迁，有些过时和陈旧，该次修订在这些方面做了较多工作，在内容上更加贴近现实，使经济学原理与现实经济更加贴合。

第三，融入近年来的教学及研究经验与体会。参与第一版教材编写工作的作者均有多年相关领域的教学与研究工作的实践经验，同时在第一版教材的使用过程中，听取了不少读者的建议，这次修订注意融入了最新的教学体会及部分读者的建议。

第四，文字的订正。该次修订将第一版中的文字表述不清或错误之处进行更正。

参加第一版编写工作的作者都参加了本次修订。具体分工如下：

主编：姚晓燕（泰州职业技术学院，修订第3、4、11单元）

副主编：季金奎（泰州职业技术学院，修订第5、9单元）

副主编：王丽君（泰州职业技术学院，修订第1、2单元）

副主编：李敬（泰州职业技术学院，修订第7、10单元）

副主编：樊乐（泰州职业技术学院，修订第6单元）

副主编：曹玮（苏州农业职业技术学院，修订第8单元）

其中，姚晓燕负责全书的审核、修纂、定稿。

继续诚恳欢迎读者批评指正，以求进一步完善。

最后，感谢中国轻工业出版社的相关编辑为此书再版付出的努力与辛勤劳动！

编者

# 第一版前言
## PREFACE

老百姓每天关心的物价、令人心悬的房价、就业状况、银行的降息、2008年开始的金融危机……这些经济现象与人们的日常生活息息相关，给人们的生活带来了相当大的影响。因此，这些经济现象因何产生、如何影响人们的生活，人们应当如何应对和决策，不仅是经济学家的研究任务，同样也是大众需要了解和认识的对象。在市场经济中，学习经济学不仅有助于人们了解我们所生活的经济社会，也有助于加深人们对政府政策的了解和认识。

本课程是高职高专经管类各专业学生必修的一门基础理论课程，是其他专业主干课程的选修课。通过本课程的学习，学生不仅能对经济学的基本思想、概念和分析方法有比较全面的认识和掌握，还能帮助学生初步建立起经济学的基本思维框架，运用所学知识初步观察和分析身边的经济现象，增强解决实际问题的能力，为进一步学习其他专业课程奠定基础。

本书结合经济生活的实际，根据高职高专教学实践的要求编写而成，在编写内容的安排上，紧紧围绕消费者、生产者、政府三个主体如何进行理性决策展开。在此基础之上，对相关理论进行分析取舍、优化整合，以尽可能简明扼要和通俗的方式介绍经济学基础知识，从而与高职高专应用型人才的培养要求相符。

概括起来，本书主要体现以下几个特点：

（1）体现高职人才培养特点和教育教学改革要求。以经济学思维培养为核心，以提升职业发展能力为主线，结合现代职教理念，通过知识、技能要求、案例导入、课外阅读、知识拓展、课后任务等多项教学内容，提升学生对经济问题的理解能力和分析能力，突出体现职业技能的培养。

（2）内容精练，繁简适中。依照经济学内在的逻辑联系，在内容编排上力求把学生从经济学的纯理论教学分析和困难的数学模型设计中解脱出来，以必需的基本经济理论，培养学生的独立思考能力，分析、解读社会经济现象、国家经济政策的能力。

（3）丰富新颖的教学案例和电子教学资源。力求在教材编写中融入最新的教学案例，结合经济生活的实际和国家的经济政策，提高学生经济理论的应用分析能力。配备相关电子教学资源，便于教材使用者在教学或课程中的学习。

本书既适合高职高专院校非经济学专业的学生用作经济学课程的教材，也可作为初学经济学的读者的一本入门读物，同时适用于各类成人教育、社会培训和自学。

参与本书编写的有：

主编：姚晓燕（编写第3、4、11单元）

主编：王丽君（编写第1、2单元）

副主编：季金奎（编写第5、9单元）

副主编：李敬（编写第7、10单元）

副主编：樊乐（编写第6、8单元）

其中，姚晓燕负责全书的审核、修纂、定稿。

由于编写水平有限，不妥之处在所难免，希望使用本书的专家、读者和学生批评指正，以便我们进一步完善本书。

编者

# 目 录

# CONTENTS

# 1 走进经济学

## 知识目标

1. 掌握经济学的研究对象和研究内容。
2. 理解经济学的研究方法。
3. 了解经济学的发展历程。

## 能力目标

能够运用相关经济学概念和基本原理，解释日常生活中的一些经济现象。

## 案例导入

**生活中的经济问题**

人类社会一产生就开始有种种经济问题，这些经济问题随着时代发展而不断变化着。今天，我们在经济生活中就遇到了大量的问题。例如，为什么有些人非常富有，有些人却那么贫困；为什么有些人走到哪里都能找到工作，有些人却会长期失业；为什么有些商品价格那么高，还经常涨价，有些商品价格那么低，还经常跌价；为什么有些企业年年盈利，财源茂盛，有些企业经常亏损，甚至破产倒闭；为什么世界各国的股市、汇市有时会很平稳，而有时会暴涨暴跌、剧烈波动；为什么有时各国贸易会顺利发展，而有时又会摩擦不断。诸如此类问题都要求人们加以认识并做出回答。

人们在探索这些问题答案的过程中逐渐发现，社会经济现象之间有相互联系。例如，金融市场上利率上升，股票价格通常就会下跌，房地产市场上需求和供给也会萎缩。再如，通货膨胀率上升时，黄金、房地产等的价格也会随之上升。下面这个故事也生动描述了经济现象之间的联系：一个矿工的儿子问："爸爸，天这么冷，家中为什么不生炉子？"答："爸爸没钱买煤。"问："为什么没钱？"答："爸爸失业。"问："为什么你失业了？"答："因为煤生产太多了，卖不出去。"在此，家庭消费、就业、产品供求这几个经济变量就密切联系在一起了。经济现象之间的这种内在联系称为经济规律。经济学就是要研究经济规律的学科。

## 1.1 经济学的研究对象

【思考与讨论】

作为一名大学生，如何配置最宝贵的资源——时间？

经济一词来源于希腊语，它的意思是“管理一个家庭的人”。乍一看，这个来源似乎有点奇特。但事实上，家庭和经济有许多相同之处。

一个家庭面临着许多决策。它必须决定哪些家庭成员去做什么以及作为回报每个家庭成员能得到什么：谁做晚饭？谁洗衣服？谁在晚餐时多得到一块甜点？谁有权选择看什么电视节目？简而言之，家庭必须考虑到每个成员的能力、努力和愿望，以在各个成员中配置稀缺资源。

和家庭一样，一个社会也面临着许多决策。一个社会必须决定将要做哪些工作和谁做这些工作。社会需要一些人种粮食，另一些人做衣服，还有一些人设计电脑软件。一旦社会分配人们（以及土地、建筑物和机器）去做各种工作，它还应该分配他们生产的物品与劳务量。社会必须决定谁将吃鱼子酱而谁将吃土豆，谁将开法拉利跑车而谁将坐公共汽车。

### 1.1.1 经济资源的稀缺性和经济学的产生

为什么会产生经济学呢？西方经济学家普遍认为，是由于客观存在的稀缺性。按照他们的看法，人类之所以要进行生产活动，是为了满足他们的消费欲望（wants），假如人们的消费欲望以及由这些欲望所引起的对物品（goods）和服务（service）的需要（needs）是有限的，如果满足需要的手段取之不尽用之不竭，便没有稀缺性问题，经济学也就不会产生。可是，实际上在人类社会中，生产资源以及用它们生产的产品在一定时期内总是有限的，而人类的欲望是无限的，由此便产生了稀缺性问题。

西方经济学家把满足人类欲望的物品分为“自由物品”（free goods）和“经济品”（economic goods）。前者指人类无须通过努力就能自由取用的物品，如阳光、空气等，其数量是无限的；后者指人类必须付出代价方可得到的物品，即必须借助生产资源通过人类加工出来的物品。“经济物品”在人类社会生活中是最重要的，但它的数量是有限的。

按照美国学者亚伯拉罕·马斯洛（Abraham Maslow）关于欲望或需要层次的解释，人的欲望或人的需要可分为以下五层：第一，基本的生理需要，即吃、穿、住等生存的需要，这是最底层的需要；第二，安全的需要，即希望未来生活有保障，如免于伤害，免于受剥夺，避免失业等；第三，社会的需要，即感情的需要，爱的需要，归属感的需要；第四，尊重的需要，即需要有名誉、威望和地位；第五，自我实现的需要，即出于对人生的看法，需要实现自己的理想。这些欲望或需要一个接一个地产生，当前一种欲望或需要得到满足或部分满足以后，又会产生新的欲望，所以欲望或需要是无穷无尽的。

相对于人的无穷无尽的欲望而言，“经济物品”以及生产这些物品的资源总是不足的，这就是稀缺性。这里所说的稀缺性，不是指物品或资源绝对数量的多少，而是相对于人类欲望的无限性来说，再多的物品和资源也是不足的。

由于上述原因，便产生了如何利用现有资源去生产“经济物品”来更有效地满足人类欲望的所谓选择问题。选择（choose）包括：第一，如何利用现有的经济资源；第二，如何利用有限的时间；第三，选择何种满足欲望的方式；第四，在必要时如何牺牲某种欲望来满足另外一些欲望。它所要解决的问题是：①生产什么（what）物品和劳务以及各生产多少？②如何（how）生产？③为谁（for whom）生产这些物品和劳务？④现在生产还是将来（when）生产？这四个问题被认为是人类社会共有的基本经济问题，经济学正是为了解决这些问题而产生的。

基于上述理由，可以给经济学下这样一个定义：经济学是研究人们和社会如何做出选择，使用可以有其他用途的稀缺的经济资源生产各种物品，并把物品分配给社会的各个成员或集团以供消费之用的一门社会科学。

### 1.1.2 机会成本和生产可能性曲线

从经济资源稀缺性的事实出发，解决人类社会经济活动的四个基本问题，归纳起来，实际上就是解决好这样两个问题的相互关系：一是各种欲望的轻重缓急程度；二是为了满足某种欲望所需付出的代价。例如，甲种欲望的重要程度大于乙种欲望的重要程度，但是满足甲种欲望的物品所需的投入大于满足乙种欲望的物品所需的投入，即满足甲种欲望所需的花费大于满足乙种欲望所需的花费。在这种情况下，是用有限的经济资源满足甲种欲望还是来满足乙种欲望？这就必须把上述两个问题联系起来考虑，必须把既定目标与达到这一目标所需的代价联系起来权衡比较，做出抉择。为此西方经济学家提出了机会成本（opportunity cost）和生产可能性边界（production possibility frontier）两个概念。

经济资源的稀缺性决定一个社会的经济物品在某一时期内是个定量，这就意味着，为了生产某种产品就必须放弃其他产品的生产。当把一定经济资源用于生产某种产品时所放弃的另一些产品生产上最大的收益就是这种产品生产的机会成本。例如，若某人拥有一块土地，投入一定量的人工和资金可生产谷物1000kg，价值600元，他用同量的投入可生产棉花200kg，价值500元，或生产蔬菜500kg，价值400元，那么，他若决定生产1000kg谷物，其机会成本就是200kg棉花，即500元；若他生产200kg棉花，其机会成本就是1000kg谷物，即600元。又如，某人拥有1000元资金，他把这1000元资金存入银行一年可得利息50元，他把这1000元用来开一个小吃店，一年下来可得利润200元，买债券可得利息60元，那么，他开小吃店的机会成本是60元。这60元之所以称作是这1000元用于开小吃店的机会成本，是因为用这笔钱开小吃店就失去了存银行或买债券的机会，这两个机会中最大的收益是60元，因此是其机会成本。在经济计划的制订过程中，在新投资项目的可行性研究中，在新产品开发中，乃至工人选择工作中，都存在机会成本问题。它为正确合理的选择提供了有力的依据。在进行选择时，力求机会成本小一些，是经济活动行为方的重要准则之一。

与机会成本密切相关的是生产可能性边界。一个经济社会，必然具有一定数量的人口，一定程度的技术水平，一定数量的工厂和工具，一定数量的土地、水和其他自然资源，总之具有一定数量的经济资源和一定高度的生产技术水平。当它在解决四个基本问题而进行选择时，实际上就是要决定这些相对稀缺的经济资源如何被分配到千千万万种可能生产的不同产品和劳务中。为了简化起见，假定这个社会用既定的经济资源和生产技术只生产两种产品X和Y，多生产X就必然减少Y的生产，反之亦然。假定全部经济资源用来生产X，可生产5个数量单位，全部用来生产Y，可生产15个数量单位。在这两个极端的可能性之间，还存在着各种可能性，即通过经济资源从一种用途不断地转移到另一种用途，两种产品的数量会产生此消彼长的格局。假定共有A、B、C、D、E、F六种可能，如表1-1和图1-1所示。在图中，用纵轴表示Y产量，用横轴表示X产量，根据表中的数据找出坐标点，连接各点可得到一条曲线，这条曲线就叫生产可能性曲线（图1-1），它表明在既定的经济资源和生产技术条件下所能达到的各种产品最大产量的组合，又称生产可能性边界。

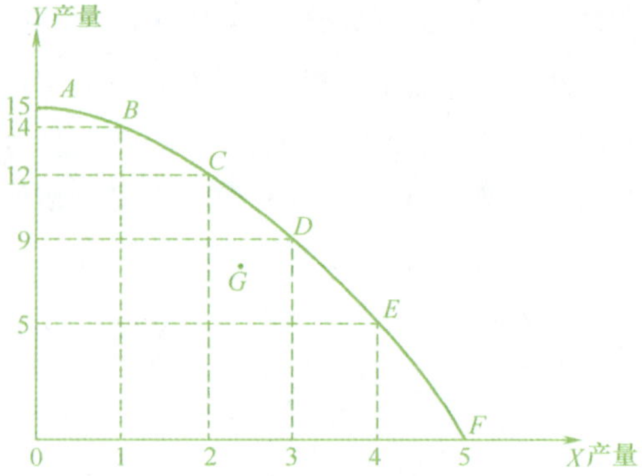

图1-1　生产可能性曲线

**表 1-1　经济资源生产可能性表**

| 可能性 | X产品 | Y产品 |
| --- | --- | --- |
| A | 0 | 15 |
| B | 1 | 14 |
| C | 2 | 12 |
| D | 3 | 9 |
| E | 4 | 5 |
| F | 5 | 0 |

可用X产品与Y产品的生产来表达对方的机会成本。比较一下C点和E点，多生产2个单位X产品必须少生产7个单位Y产品，则多生产此2个单位X产品的机会成本是少生产7个单位的Y产品。

处在生产可能性边界以内的点，如图中G点，表示社会未能充分利用资源，即存在闲置货源，当社会使用了这部分资源，就可以得到更多的X和Y产品。第二次世界大战中的德国和美国就存在这种情况。但经济资源的未能充分利用并不是造成产量处于生产可能性边界以内的唯一原因，当经济缺乏效率时，也会产生这种后果，如我国1958年“大跃进”以及“文革”时期的情况。因此要使社会处在生产可能性边界上，必须充分利用现有的经济资源和提高经济效率。

当社会生产处在生产可能性边界上时，表示社会经济处于有效率的充分就业（指资源充分利用）状态。但在这种状态下，社会在选择两种产品的组合时，必须确定最佳的比例，是选择D点还是E点，抑或是其他点？这便是微观经济学中所要解决的资源配置问题。

【趣闻杂谈】

**上网的机会成本**

在当今的网络世界中，上网已经成为我们大多数人日常生活的一部分，这种状况在高等院校的学生中尤其普遍。根据统计，平均每个学生每天上网时间达2小时，这大概相当于我们每天除睡觉吃饭以外可以用于学习时间的五分之一左右。并且，研究也进一步表明，在平常时间，平均每人每天的上网时间达3小时左右，而在考试期间，其上网的时间会明显减少，大概每天只有不足一小时。

另外一项调查表明，由于电脑显示器的强电磁波辐射，经常上网的同学得眼部疾病的比率比不经常上网的同学要高出5个百分点，并且由于上网挤占时间，许多喜欢上网的学生放弃了大部分户外的娱乐活动，导致他们身体的发病率上升，身体素质下降。由于上网聊天和打游戏，同学之间的正常交流也明显减少。上网的机会成本不言而喻。

### 1.1.3 资源配置和经济体制

上述生产可能性曲线图中讲到了两个问题：一是经济资源是否充分利用问题；二是经济资源是否合理配置问题。经济资源配置和利用的方式就是所谓经济体制问题。经济体制大体上分为下列四种类型：自给经济、计划经济、市场经济和混合经济。不同的经济体制，实现资源配置和资源利用的方式不同。

自给经济，特点是每个家庭或村落生产他们消费的大部分物品，只有极少数产品与外界交换，资源配置和利用由居民的直接消费需要决定，经济效率很低。

计划经济，特点是生产资料公有，经济的管理通过政府的统一计划和行政命令，产品数量、品种、价格、消费和投资比例及方向、就业和工资水平及经济增长速度等均由当局的指令性计划来决定，产品也由国家统一分配。这种体制原本是要解决资源最优配置和利用的问题，但实践证明其效率很低，由此引发了社会主义国家的经济体制改革。

市场经济，特点是产权明晰，经济决策高度分散，资源配置和利用由自由竞争市场中的价格机制来解决。某产品供不应求表明资源应多配置到该产品生产上，由于供不应求的产品价格会上升，生产者有利可图，生产自然会增加，而当产品供过于求时情况则相反。价格机制就这样自然调节着产品和资源分配。由于市场制度能有效提供经济信息和动力，因而被认为是解决资源优化配置并增进社会福利的有效机制。然而，市场在配置资源方面也不是万能的。在克服垄断和外部效应带来的弊端、提供公共物品、管理信息、调节收入分配、控制经济波动等方面，市场也无能为力，需要国家来发挥作用，于是混合经济体制产生了。

混合经济，特点是生产资料的私人所有和国家所有相结合，自由竞争和国家干预相结合，一方面凭借市场机制来配置资源，另一方面依靠国家干预来更好地利用资源。这种体制目前被认为是最好的制度。

从实际情况看，纯粹自给自足经济、纯粹市场经济和纯粹计划经济在当代并不存在，非洲和拉丁美洲一些国家偏向于自给经济，北美、西欧、澳大利亚和日本偏向于市场经济，而社会主义国家在传统体制下则偏向于计划经济。由于过去几十年资本主义国家对经济干预的加强和近十多年来社会主义国家的改革开放，这两类国家都有了混合经济特征。

## 1.2 经济学的研究内容

以解决经济资源的配置和利用为对象划分，现代西方经济学从总体上可以分为微观经济学和宏观经济学两大块。前者研究资源配置问题，后者研究资源利用问题。微观经济学（microeconomics）的“微观”，宏观经济学（macroeconomics）的“宏观”，本意是“微小”和“宏大”，是物理学中的概念，后移用于经济学。

### 1.2.1 微观经济学

#### 1.2.1.1 微观经济学的含义

微观经济学以单个经济单位为研究对象，通过研究单个经济单位的经济行为和相应的经济变量单项数值来说明价格机制如何解决社会的资源配置问题。这一定义包括以下几方面内容：

第一，研究对象是单个经济单位。单个经济单位指经济活动中的最基本单位：居民户和厂商。居民户又称家庭，是经济中的消费者。厂商又称企业，是经济中的生产者。在微观经济学的研究中，假设居民户与厂商经济行为的目标是实现最大化，即消费者居民户要实现满足程度（即效用）最大化，生产者厂商要实现利润最大化。微观经济学研究居民户与厂商的经济行为就是研究居民户如何把有限的收入分配到各种产品，从而实现满足程度最大化以及厂商如何把有限的资源用于各种产品的生产，以实现利润最大化。

第二，解决资源配置问题。解决资源配置问题就是要使资源配置达到最优化，即在这种资源配置下能给社会带来最大的经济福利。微观经济学从研究单个经济单位的最大化行为入手来解决社会资源的最优配置问题。因为如果每个经济单位都实现了最大化，那么，整个社会的资源配置也就实现了最优化。

第三，中心理论是价格理论。在市场经济中，居民户和厂商的行为要受价格的支配，生产什么，如何生产和为谁生产都由价格决定。价格像一只看不见的手，调节着整个社会的经济活动，实现社会资源配置最优化。微观经济学正是要说明价格如何使资源配置达到最优化。因此，价格理论是微观经济学的中心，其他内容都是围绕这一中心问题展开的。因此，微观经济学也被称为价格理论。

第四，研究方法是个量分析法。个量分析是研究经济变量的单项数值如何决定。例如，某种商品的价格，就是价格这种经济变量的单项数值。微观经济学分析个量的决定、变动及其相互间的关系。

#### 1.2.1.2 微观经济学的基本假设

西方经济学认为微观经济学的研究是建立在一定假设条件基础之上的。

第一，市场出清假设。市场出清是指产品市场、劳动市场、金融市场在市场机制的作用下能迅速达到均衡的状态。在这种均衡的状态下资源能够得到充分利用，不存在资源闲置或者浪费现象。因此，微观经济学就是在假设资源充分利用的情况下研究资源的配置问题。

第二，完全理性假设。完全理性假设是微观经济学关于人类经济行为的一个基本假设。这一假设是指参与经济活动的居民户和厂商都是以利己为目的的理性经济人，他们自觉地按照利益最大化的原则行事，既能把最大化作为目标，又知道如何实现最大化。这就是说，作为理性的经济人，其行为动力是自己的利益，其行为目标是利益最大化，他们总是企图以最小的代价来换取最大的利益。只有在这一假设之下，价格调节实现资源配置最优化才是可能的。

第三，完全信息假设。消费者和企业可以免费并且迅速地获得各种准确的市场信息以及对市场价格信号做出快速反应，以实现其行为的最优化。

只有在以上三个假设条件之下，微观经济学关于价格调节实现资源配置最优化以及由此引出自由放任的经济政策才是正确的。但是，以上这三个假设条件在实际生活中并不一定具备。现在经济学家正是由这一点出发，对传统微观经济学提出了质疑。本书所介绍的微观经济学的主要内容还是传统的，是以这三个假设为前提的。

#### 1.2.1.3 微观经济学的主要内容

微观经济学的主要内容包括以下六个部分：

第一，价格理论。也称均衡价格理论，研究商品的价格如何决定以及价格如何调节整个经济的运行。如上所述，这一部分是微观经济学的中心，其他内容都是围绕这一中心而展开的。

第二，消费行为理论。即研究消费者如何把有限的收入分配到各种物品消费上以实现效用最大化。这一部分是对需求做了进一步解释。

第三，生产理论，即生产者行为理论。它是研究生产者如何把有限的资源用于各种物品的生产上并且实现利润最大化。这一部分包括研究生产要素与产量之间关系的生产理论，研究成本与收益的成本与收益理论以及研究不同市场条件下厂商行为的厂商理论。

第四，分配理论。即研究产品按照什么原则分配给社会各个集团和个人，即工资、利息、地租和利润是如何决定的。这一部分是运用价格理论来说明为谁生产的问题。

第五，一般均衡理论与福利经济学。研究社会资源配置最优化的实现以及社会经济福利的实现等问题。

第六，市场失灵与微观经济政策。按微观经济学的理论，市场机制能使社会资源得到有效配置。但实际上，市场机制的作用并不是万能的。所以，市场机制的不足或缺陷，就需要政府利用微观经济政策对市场缺陷与不足进行纠正和补充。

### 1.2.2 宏观经济学

#### 1.2.2.1 宏观经济学的含义

宏观经济学是以整个国民经济活动为研究对象，利用总量分析方法研究国民经济中各个有关总量的决定及其变化，来说明资源怎样才能得到充分利用。在理解宏观经济学的定义时，应注意以下几点：

第一，研究对象是整个经济。这就是说宏观经济学研究的不是经济活动中的各个单位，而是研究由各个单位所构成的整体。也就是要对经济总量进行分析，对整个经济的运行方式与规律进行分析，从整体上研究经济问题。

第二，解决的问题是资源利用。宏观经济学把资源配置作为已知的、既定的前提，研究经济资源未能得到充分利用的原因，达到充分利用的途径以及如何实现经济稳定增长等问题。因此，可以说宏观经济学是研究资源利用的经济学。

第三，宏观经济学的中心理论是国民收入决定理论。国民收入是宏观经济运行中最基本的总量，以国民收入的决定为中心来研究资源利用问题，分析整个国民经济的运行，这是宏观经济学的基本出发点。所以，国民收入决定理论被称为宏观经济学的中心。

第四，宏观经济学研究的方法是总量分析。总量是指能反映整个经济运行情况的经济变量。宏观经济学所涉及的总量很多，如国民收入、国民生产总值、总消费、总供给、总投资等。宏观经济学研究的总量经济内容主要包括三大部分：一是具有总量性质的经济变量，例如国内生产总值、国民收入和货币供给等；二是由无数个体经济活动所组成的整体经济活动，例如总投资、总消费、总储蓄等；三是研究一些重要的经济现象，例如通货膨胀、失业、经济危机周期和经济增长等。

#### 1.2.2.2 宏观经济学的基本假设

第一，市场机制是不完善的。自从市场经济产生以来，各国的经济就是在繁荣和萧条的交替中发展的。各种经济危机使经济学家认识到如果只靠市场机制的自发调节，经济就无法克服危机与失业，就会使社会资源在稀缺的同时，又可能造成资源的浪费。

第二，政府有能力调节经济，并纠正市场机制的缺点。人类不能只顺从市场机制的作用，而应该在遵从基本经济规律的前提之下充分发挥积极主动性，对经济进行调节并纠正市场机制所存在的固有缺陷。

第三，各种经济变量之间存在着错综复杂的相互关系。宏观经济学研究的各个经济总量之间是相互联系、相互影响的，它们之间的关系比微观经济学更复杂。

**【趣闻杂谈】**

**假设在经济学中的运用**

一个烈日炎炎的中午，几位在沙漠上旅行的学者经过长途跋涉，饥渴交加。然而，不幸的是，当他们坐下来围着随身所携带的一堆罐头时，却因为没有开罐工具而一筹莫展。于是，一场研究如何用最简单的办法开启罐头的学术讨论会开始了。

物理学家首先发言："给我一个聚光镜，我可以用阳光把罐头打开。"

化学家接着说："我可以利用几种化学药剂的综合反应来开启罐头。"

而经济学家则说："我的办法最简单，假设我有一把开罐刀。"

故事近乎可笑，但包含着重要的哲理，它说明经济学家分析问题时总是从"假设如何如何"开始的，离开了一定的假设条件，分析与结论都是毫无意义的。

#### 1.2.2.3 宏观经济学的基本内容

宏观经济学是从研究经济总体的行为出发，来解决整个社会资源的最优配置问题。它研究的内容主要包括五部分：

第一，国民收入决定理论。它是从总需求和总供给的角度出发，研究国民收入决定及其变动的规律，它是宏观经济学中的核心问题。

第二，失业和通货膨胀理论。在宏观经济学的研究过程中，它把失业、通货膨胀和国民收入联系起来，分析其原因和相互关系，从而找出这两者的解决途径。

第三，经济周期与经济增长理论。经济周期指国民收入的短期波动；经济增长是国民收入的长期增加趋势。该部分主要是研究国民收入短期波动的原因、长期增长的原因理论，以便保持经济长期的稳定增长。

第四，开放经济理论。现实的世界经济都是开放型的经济。开放经济理论要分析一国国民收入的决定和变动如何影响别国以及如何受别国影响，同时也要分析开放经济条件下一国经济的调节问题。

第五，宏观经济政策。宏观经济学是为国家干预经济提供理论根据，而宏观经济政策是要为这种干预提供具体的措施。

### 1.2.3 微观经济学与宏观经济学的区别和联系

微观经济学与宏观经济学是西方经济学中既有区别又有联系的两个分支学科。

微观经济学与宏观经济学的区别主要表现在：

第一，两者的研究对象不同。微观经济学研究的对象主要是单个经济单位，并通过单个经济单位如何实现资源配置最优化；宏观经济学研究的对象是某个经济总体，并解决整个社会资源的利用问题。

第二，两者的中心理论不同。微观经济学是围绕均衡价格理论这一中心展开的；而宏观经济学则是以国民收入决定理论作为核心理论。

第三，两者的研究方法不同。微观经济学研究的是经济个量的决定、变动及其相互间的关系；而宏观经济学研究的方法是总量经济分析。

微观经济学与宏观经济学的联系主要表现在：

第一，两者是互相补充的。经济学的目的是要实现社会经济福利的最大化。为了达到这一目的，既要实现资源的最优配置，又要实现资源的充分利用，微观经济学在假定资源已实现充分利用的前提下分析如何达到最优配置的问题，而宏观经济学在假定资源已实现最优配置的前提下分析如何达到充分利用的问题。它们从不同的角度分析社会经济问题。从这一意义上说，微观经济学与宏观经济学不是互相排斥的，而是互相补充的。它们共同揭示经济学的基本原理。

第二，微观经济学是宏观经济学的基础。宏观经济学的总量分析是建立在对微观经济学的个量分析的基础之上的，宏观经济学的许多理论也是建立在微观经济理论的基础之上的，没有微观经济理论的坚实基础，就没有宏观经济理论的深入发展。

## 1.3 经济学的研究方法

【思考与讨论】

两个人在讨论最低工资法。下面是你可能听到的两种表述：A：最低工资法引起了失业；B：政府应该提高最低工资。A和B的表述有什么不同吗？

## 1.3.1 实证经济学和规范经济学

人们在研究经济时会有两种态度和方法，一是只考察经济现象是什么（what it is），即经济现状如何，为何会如此，其发展趋势如何，至于这种经济现象好不好，该不该如此，则不做评价。这种研究称为实证经济学（positive economics）分析。另一种则对经济现状及变化做出好不好的评价，或该不该如此的判断。这种研究称为规范经济学（normative economics）分析。例如，我国改革开放以来，人们收入差距有所扩大，对此问题的研究有两种不同的分析方法：一是分析收入差距现状如何，变动趋势如何，造成差别扩大原因是什么等，这就是实证分析；二是研究收入差距扩大好不好，该不该，公平不公平等，这就是规范分析。

在上述讨论中，不管你是否同意这两种表述，可以看出，A和B想要做的事情是不同的。A的说法像个科学家：她做出了一种关于世界如何运行的表述。B的说法像个政策顾问：她做出了她想如何改变世界的表述。

### 1.3.1.1 实证经济学

实证经济学是用理论对社会各种经济活动或经济现象进行解释、分析、证实或预测。它要说明的是"是什么"的问题。它并不涉及价值判断的问题。例如，"政府什么样的政策将会降低失业率""什么样的政策将会防止发生通货膨胀"之类的问题，是属于实证经济学的范畴。再如，"政府的财政赤字会降低失业率，但会促使价格上涨"。这句话则是实证经济学的一个十分简单的论断。

### 1.3.1.2 规范经济学

规范经济学则是以一定的价值判断作为出发点，提出行为的标准，并研究如何才能符合这些标准。它要说明的是"应该是什么"的问题。例如，"我们究竟是否要比关切通货膨胀更注重降低失业率"这样的问题，则属规范经济学的范畴。再如，"因为失业问题远比通货膨胀问题重要，所以政府的赤字财政政策是一个好政策"，则是一个规范经济学的论断。因为单靠对经济活动现象的观察、归纳是得不出这种结论的，只有在存在价值判断时才会有这种结论。

### 1.3.1.3 实证分析和规范分析的关系

事实上，实证分析和规范分析之间没有明显的界限，经济学主要是一门实证的学科，但也是一门规范的学科，因为研究什么、采用什么方法、突出强调哪些经济变量等实际上都有经济学家的评价和判断在内，而且经济学家提出的理论在绝大多数场合是为他主张的政策服务的。以不同经济理论为基础的各种政策主张，反映了经济学家个人的主观意见和判断标准。

在实际经济分析中，实证分析和规范分析虽然都是必要的，但实证分析更为重要，因为它能客观地分析经济运行的规律性。两者之间也有一定的联系，规范分析也具有一定的作用，因为在实证分析中无法完全回避价值判断。比如西方经济学就是在肯定资本主义制度的价值判断条件下，研究社会经济运行规律的。我国在研究现实生活中应更多地采用实证分析方法，特别是应该采取模型实证分析和数据实证分析相结合的方法来探索社会主义市场经济运行的规律性。

## 1.3.2 定量和定性分析方法

研究经济现象不但要做定性分析，还要做定量分析。定性分析是说明经济现象的性质及其内在的规定性与规律性。定量分析是指分析经济现象之间数量的关系，定量分析使经济学更能运用于实际，许多经济现象可以表示为一定的数量，各种经济现象之间量的关系可以更为精确地反映经济运行的内在规律。定量分析在经济学中有四方面变量分析方法值得我们学习。

一是个量分析与总量分析。微观经济学采用个量分析方法，研究单个商品的效用、供求量及价格，研究单个企业的要素投入量、产出量、成本、收益和利润，研究这些个量间的关系；宏观经济学采用总量分析方法，研究社会的总需求、总支出、总消费、总储蓄、总投资、货币供求总量、总供给、总产出、总就业量、物价水平、利率、汇率以及这些总量之间的关系。

二是平均量分析与边际量分析。平均量分析指平均数分析，如宏观经济学中的平均消费倾向、平均储蓄倾向、人均收入等都是这种平均量值。边际量分析又称边际增量分析，是指自变量每增加1单位或增加最后1单位的量值会如何影响和决定因变量的量值。比如微观经济学中的边际成本、边际收益、边际产量等以及宏观经济学中的边际消费倾向与边际储蓄倾向等，都属于边际增量分析。在经济研究中，边际增量分析是比平均量分析更有意义的方法。

三是内生变量分析与外生变量分析。内生变量是指由经济模型内部结构决定的变量，外生变量指不是由经济模型中变量决定，而是由外部因素决定的变量。例如，假定人们消费支出水平和他们可支配收入正相关，那么，收入增加时消费也增加，则收入在此就是内生变量。如果人们收入未变，而国内外局势紧张引起战争或政局动荡，于是人们打算节省些钱以备万一，这使消费支出下降，这种引起消费下降的因素是外生变量。

四是存量分析和流量分析。存量是一定时点上存在的变量的数值，流量是一定时期内发生的变量变动的数值，流量来自存量，又归于存量。例如，国民财富是个存量，它表示某一时点上的国民财富总值；国民收入则是个流量，它表示一定时期内所创造的国民收入。国民收入来自国民财富，又归于国民财富。

### 1.3.3 局部均衡分析与一般均衡分析

均衡在经济学中指经济中各种相反的、变动着的力量处于一种力量相当、相对静止、不再变动的状态。经济均衡可分为局部均衡和一般均衡。

局部均衡是假定在其他条件不变的情况下来分析某一时间、某一市场的某种商品（或生产要素）的供给与需求达到均衡时的价格决定。比如马歇尔的均衡价格论，就是假定某一商品或生产要素的价格只取决于该商品或生产要素本身的供求状况，而不受其他商品价格和供求等因素的影响。这就是典型的局部均衡分析。

但是，任何一种商品的价格不仅取决于它本身的供给和需求状况，也受到其他商品价格和供求的影响。例如，牛肉涨价，会影响猪肉价格，因为人们可用多吃猪肉来替代牛肉，对猪肉需求增加自然会引起猪肉涨价。再如，石油涨价了，交通运输的价格就会上涨。可见，分析任何一种商品的价格和供求的均衡，必须考虑所有商品的价格和供求都达到均衡的情况。这种分析方法就是一般均衡分析。这是一种比较周全和全面的分析方法。但由于一般均衡分析涉及市场或经济活动的方方面面，而这些又是错综复杂和瞬息万变的，因而这种分析实际上很困难，因此经济学家大多还是采用局部均衡分析方法。局部均衡和一般均衡的分析方法，其实是告诉我们，考虑商品价格决定和变动时，首先要考虑到该商品自身的供求关系，然后还要考虑相关商品（包括生产要素）的价格和供求关系的变动这些因素。

### 1.3.4 静态分析、比较静态分析和动态分析

与均衡分析相关的还有静态分析、比较静态分析和动态分析方法。

静态分析是分析有关的经济变量达到均衡状态所需要具备的条件。这种分析只考察任一时点上的均衡状态，注重经济变量对经济产生影响的最后结果。比方说，已知某商品供求状况，就可以分析供求达到均衡时的价格和产量，这就是静态分析。

如果消费者收入增加导致对该商品需求增加，产生了新的均衡，价格和产量都较之前提高了，这就是比较静态分析。比较静态分析就是分析在已知条件发生变化以后经济现象均衡状态的相应变化以及有关的经济总量在达到新的均衡状态时的相应变化，即对经济现象有关经济变量一次变动（而不是连续变动）的前后进行比较。也就是比较一个经济变动过程的起点和终点，而不涉及转变期间和具体变动过程本身的情况，实际上只是对两种既定的自变量和它们各自相应的因变量的均衡值加以比较。

动态分析是对经济变动的实际过程进行分析。例如，如果今年西瓜因大丰收而降价并使瓜农利益受损，瓜农明年会少种西瓜并使西瓜价格上升，后年瓜农就会多种西瓜又使西瓜价格下跌。动态分析就研究这种价格和供求关系变动的过程，研究这种变动最终会达到什么结果。

静态分析和动态分析告诉我们，考察经济变动时，既要考虑到变化的结果，还要考虑到变化的过程。

## 1.4 经济学的发展历程

经济学作为一门独立的科学，是在资本主义产生和发展的过程中形成的。在资本主义社会出现之前，对当时的一些经济现象和经济问题形成了某种经济思想，但是并没有形成系统。随着资本主义生产方式的产生和发展，在西欧各国逐渐形成了现代资产阶级的经济学。在人类社会的发展中，对经济学的发展具有划时代意义的是三位经济学家：亚当·斯密，卡尔·马克思，梅纳斯·凯恩斯。其中，英国古典经济学家亚当·斯密的《国民财富的性质和原因的研究》（简称《国富论》）标志着现代经济学的诞生；马克思对资本主义的批判开创了与资产阶级经济学相对立的经济学体系——马克思主义经济学；凯恩斯则是现代宏观经济学的创立者。他们都对人类的经济学发展做出了杰出的贡献。

当前，对西方经济学的发展阶段有不同的看法，比较流行的是将西方经济学分为重商主义、古典经济学、新古典经济学和现代经济学四个时期。

### 1.4.1 重商主义阶段

16~17世纪是西欧资本原始积累时期，这一时期商业资本的兴起和发展，促使封建自然经济瓦解，国内市场统一，并通过对殖民地的掠夺和对外贸易的扩张积累了大量资本，推动了工场手工业的发展，产生了代表商业资本利益和要求的重商主义思想。

重商主义原指国家为获取货币财富而采取的政策。16世纪末以后，在英、法两国出现了不少宣扬重商主义思想的著作。重商主义重视金银货币的积累，把金银看作是财富的唯一形式，认为对外贸易是增加财富的真正源泉，只有通过出口才能获取更多的金银财富。因此，重商主

义主张在国家的支持下发展对外贸易即出口，同时限制进口。

重商主义的这些观点，反映了资本原始积累时期资本主义经济发展的要求。由于重商主义仅限于对流通领域的研究，其内容只是一些政策主张，并没有形成一个完整的经济学体系。因此，重商主义只是经济学发展的早期阶段。

### 1.4.2 古典经济学的形成阶段

17世纪中叶以后，首先在英国，然后在法国，工场手工业逐渐发展成为工业生产的主要形式，重商主义已经不适应日益壮大的产业资本的利益和要求。资产阶级面临的任务是与封建势力作斗争，这种斗争要求从理论上说明资本主义生产方式怎样使财富迅速增长，探讨财富生产和分配的规律，论证资本主义生产的优越性。由此，产生了研究由流通过程进入生产过程的古典经济学。

古典经济学的先驱是英国的配第和法国的布阿吉尔贝尔。配第的主要贡献在于提出了劳动价值论的一些基本观点，并在此基础上初步考察了工资、地租、利息等范畴。布阿吉尔贝尔认为流通过程不创造财富，只有农业和畜牧业才是财富的源泉。

出现于18世纪50~70年代初的以魁奈和杜尔戈为主要代表的法国重农学派理论，是对资本主义生产的第一个系统理解。他们提出自然秩序的概念，用按资本主义方式经营的农业来概括资本主义，用生产经营活动来分析资本的流通和再生产。

亚当·斯密是英国古典经济学的杰出代表和理论体系的创立者。他所著的《国民财富的性质和原因的研究》一书被视为经济学史上的第一次革命，该书真正将资产阶级经济学发展成一个完整的体系。他批判了重商主义只把对外贸易作为财富源泉的错误观点，并把经济研究从流通领域转到生产领域。他克服了重农学派认为只有农业才创造财富的片面观点，指出一切物质生产部门都创造财富。他分析了国民财富增长的条件以及促进或阻碍国民财富增长的原因，分析了自由竞争的市场机制，把它看作是一只“看不见的手”支配着社会经济活动。因此，亚当·斯密提出了反对国家干预经济生活、鼓励自由放任的思想。

李嘉图是英国古典经济学的完成者。他在1817年提出了以劳动价值论为基础、以分配论为中心的严谨的理论体系。他强调经济学的主要任务是阐明财富在社会各阶级间分配的规律，认为全部价值都是由劳动生产的，工资由工人的必要生活资料的价值决定，利润是工资以上的余额，地租是工资和利润以上的余额。由此，他阐明了工资和利润的对立，工资、利润和地租的对立。此外，李嘉图还论述了货币流通量的规律、对外贸易的比较成本学说等。古典经济学到李嘉图时达到了顶峰，对后来的经济学发展有着深远的影响。

古典经济学所提出的自由放任的思想反映了自由竞争时期经济发展的要求，古典经济学家把经济研究从流通领域转移到生产领域，使经济学真正成为一门有独立体系的科学。

### 1.4.3 新古典经济学的形成阶段

新古典经济学从19世纪70年代的“边际革命”开始，到20世纪30年代结束。由于新古典经济学的中心思想仍然是自由放任，从这种意义上说，它仍然是古典经济学的延续。但是，由于它在原来基础上使用了新的分析方法，从新的角度来论述自由放任思想，并建立了价格如何调节经济的微观经济学体系，所以，为了有别于原来的古典经济学，在古典经济学前加一“新”

字，以表示与古典经济学的不同。

本阶段最主要的成就是19世纪70年代英国经济学家杰文斯和法国经济学家瓦尔拉斯分别提出了边际效用价值论，史称“边际革命”，它的出现在经济学史上被称作第二次革命，进而开创了经济学的一个崭新时代。随后，英国经济学家阿弗里德·马歇尔出版的《经济学原理》成为新古典经济学的代表作。

边际效用价值论的出现，使新古典经济学在经济问题分析过程中更多地采用边际分析法。因此，新古典经济学不仅重视对生产的研究，而且将消费、需求和生产、供给有机地结合在一起，从而真正建立起现代微观经济学体系及其基本内容。

新古典经济学的政策主张为自由放任主义，并且强调了市场调节的重要性和完善性，它对经济学发展具有十分重要的作用。

### 1.4.4 现代经济学的形成和发展阶段

现代经济学是以20世纪30年代凯恩斯主义的出现为标志的。该阶段的核心是宏观经济学的形成和发展阶段，本阶段可以分为凯恩斯革命、凯恩斯主义发展和自由放任思想的复兴三个时期。

凯恩斯革命时期是从20世纪30年代开始到20世纪50年代。1929—1933年的经济危机使传统的经济理论与现实产生了严重的冲突。1936年英国经济学家J. M. 凯恩斯出版了《就业、利息和货币通论》一书。该书全面地提出了以国民收入决定理论为中心、以国家进行干预为基调的现代宏观经济学体系，将产量与就业水平联系起来，从总需求的角度分析国民收入，同时在政策上提出了放弃自由放任，主张经济上由国家实行干预。因此，凯恩斯的这些观点被认为是经济学的第三次革命。

凯恩斯主义发展阶段是从20世纪50年代到60年代末。本阶段凯恩斯主义政府干预经济的思想得到了广泛的应用，同时经济学理论也得到了迅猛的发展。例如美国的经济学家P. 萨缪尔森等将凯恩斯的宏观经济学与新古典经济学结合起来，形成了新古典综合派，与此同时，英国的经济学家P. 斯拉伐又继承、发展和完善了李嘉图的劳动价值理论，经济学史上称之为第四次革命，即斯拉伐革命。

自由放任思想的复兴时期是从20世纪70年代一直发展到现在。其发展的起因是第二次世界大战后，在国家干预经济并使经济得到巨大发展的前提下，社会经济也出现了经济停滞和通货膨胀并存的“滞胀”现象。众多经济学家主张自由放任的经济发展思想。如美国的经济学家M. 弗里德曼提出了货币主义理论，被经济学发展史称为第五次革命——货币主义革命。20世纪70年代末，以美国R. 卢卡斯为首的经济学家提出了理性预期理论，经济学史上称之为第六次革命——理性预期革命。

在这一阶段，新古典综合派与货币主义学派和理性预期学派的争论成为经济学发展的主旋律。从理论上来看，尽管新古典综合派的主流地位仍然没有改变，但货币主义学派与理性预期学派对宏观经济学的发展有着极其重要的影响。他们的许多观点已经成为现代宏观经济学的重要组成部分。在经济政策上，尽管国家干预经济的基本格调并没有发生根本性变化，但经济政策的自由化已经对经济的发展产生了不可估量的影响。所以说，新古典综合派、货币主义学派和理性预期学派这三个学派之间的争论正是现代经济学发展的重要推动力。

【趣闻杂谈】

### 诺贝尔经济学奖

诺贝尔经济学奖（The Nobel Economics Prize）并非诺贝尔遗嘱中提到的五大奖励领域之一，而是由瑞典银行在1968年为纪念诺贝尔而增设的，全称应为“纪念阿尔弗雷德·诺贝尔瑞典银行经济学奖”（The Bank of Sweden Prize in Economic Sciences in Memory of Alfred Nobel），通常称为诺贝尔经济学奖，也称瑞典银行经济学奖。

诺贝尔经济学奖是评选对经济学领域做出突出贡献的经济学家，其评选标准与其他奖项是相同的，获奖者由瑞典皇家科学院评选，1969年（该银行的300周年庆典）第一次颁奖，由挪威人弗里希和荷兰人丁伯根共同获得，美国经济学家萨缪尔森、弗里德曼等60多人单独或共同获得过此奖项。

## 【拓展阅读】

### 材料1　经济学始祖——亚当·斯密

亚当·斯密被公认是现代经济学的创始人，1723年生于苏格兰，然后在格拉斯哥大学及牛津大学接受教育，随后曾担任格拉斯哥大学教授和副校长。

斯密一生中的大部分时间是担任格拉斯哥大学的伦理学教授，并在1759年出版了《道德情操论》，因此成为英国有名的哲学家，但此书并不是他的传世之作。当时，经济学只是伦理哲学领域中的一个分支。幸运的是，他是一位受欢迎的教授，因为当时格拉斯哥大学教授的薪水是由选修该课程学生人数的多少而定的。在格拉斯哥，斯密帮助年轻的瓦特找到一个制作仪器的工作，瓦特后来发明了蒸汽机。

在格拉斯哥大学待了三年后，斯密接受了一个高薪的职位，担任一个苏格兰贵族青年的家庭教师，陪他去法国留学，这是18世纪时贵族教育的传统方式。他对留在法国的日子感到厌倦，因此那几年中，斯密开始从事《国富论》的写作。经过12年的努力，《国富论》于他53岁时（1776年）问世，书中的主要论点在于阐明：自由贸易与分工对国家繁荣的重要性；政府对垄断的保护与课征关税将会带来的危害；利己心较利他主义更能增进社会的福利。这本巨著为他赢得了极高的学术荣誉，也补偿了他早年所受到的漠视。斯密是第一位了解非计划性自由经济精髓的学者。在他的观念中，一个中心论点就是：厂商及个人在追求自身利益的同时，往往也增进了大众的福利。基于利己之心，个人被一只“看不见的手”所引导，最后增进了全社会的福利，而这并非其本来的希望。在个人只顾追求自己利益的情况下，最后所增进的社会利益往往比个人有心去增进社会福利的结果还来得多。斯密的理论构成了微观经济学的主干；160年后，凯恩斯学说变成了宏观经济学的主流。这两位著名的英国经济学家虽然时间上相差几乎达两个世纪，但都对经济学理论的发展做出了开拓性的贡献。

斯密是个健谈而又腼腆害羞的人，特别是对女人敬而远之。当他在法国时，只要是受到贵妇们的注意，他就会感到坐立不安。他从未结婚，大半生都与母亲住在一起。

## 材料2 人生离不开选择

关于做出决策的第一课可以归纳为一句谚语："天下没有免费的午餐。"为了得到我们喜爱的一件东西，通常就不得不放弃另一件我们喜爱的东西。做出决策要求我们在一个目标与另一个目标之间有所取舍。

我们考虑一个学生必须决定如何配置她的最宝贵的资源——时间。她可以把所有的时间用于学习经济学；她可以把所有的时间用于学习心理学；她也可以把时间分配在这两个学科上。她把某一个小时用于学习一门课时，她就必须放弃本来可以学习另一门课的一小时。而且，对于她用于学习一门课的每一个小时，她都要放弃本来可用于睡眠、骑车、看电视或打工赚点零花钱的时间。

还可以考虑父母决定如何使用自己的家庭收入。他们可以购买食物、衣服，或全家度假。或者他们也可以为退休或孩子的大学教育储蓄一部分收入。当他们选择把额外的一美元用于上述物品中的一种时，他们在某种其他物品上就要少花一美元。

当人们组成社会时，他们面临各种不同的交替关系。典型的交替关系是"大炮与黄油"之间的交替。在一定时期内，社会的资源是有限的。在战争年代，人们会把更多的钱用于国防（制造大炮）以保卫家园免受敌人侵犯，因此，人们能用于提高国内生活水平的个人物品的消费（黄油）就减少了。在现代社会里，同样重要的是清洁的环境和高收入水平之间的交替关系。企业减少污染，成本增高，结果这些企业赚的利润少了，支付的工资低了，收取的价格高了，或者是这三种结果的某种结合。因此，尽管污染管制给予人们的好处是更清洁的环境和健康水平的提高，但其代价是企业所有者、工人和消费者的收入减少。

社会面临的另一种交替关系是效率与平等之间的交替。效率是指社会能从其稀缺资源中得到最多东西。平等是指这些资源的成果公平地分配给社会成员。换句话说，效率是指经济蛋糕的大小，而平等是指如何分割这块蛋糕。在设计政府政策的时候，这两个目标往往是不一致的。

例如，我们来考虑目的在于实现更平等地分配经济福利的政策。某些这类政策，例如，福利制度或失业保障，是要帮助那些最需要帮助的社会成员。另一些政策，例如，个人所得税，是要求经济上成功的人士对政府的支持比其他人更多。虽然这些政策对实现更大平等有好处，但它以降低效率为代价。当政府把富人的收入再分配给穷人时，就减少了对辛勤工作的奖励；结果，人们工作少了，生产的物品与劳务也少了。换句话说，当政府想要把经济蛋糕切为更均等的小块时，这块蛋糕也就变小了。

认识到人们面临交替关系本身并没有告诉我们，人们将会或应该做出什么决策。一个学生不应该仅仅由于要增加用于学习经济学的时间而放弃心理学的学习；社会不应该仅仅由于环境控制降低了我们的物质生活水平而不再保护环境；也不应该仅仅由于帮助穷人扭曲了工作激励而忽视了他们。然而，认识到生活中的交替关系是重要的，因为人们只有了解他们可以得到的选择，才能做出良好的决策。

## 本章小结

经济学是基于资源的稀缺性和人类欲望的无限性这一矛盾而产生的。经济学就是研究怎样将稀缺资源在各种可供选择的用途中进行最佳配置，用于满足人们的无限欲望的社会科学。资源配置主要是解决生产什么、如何生产和为谁生产的问题，而资源利用主要解决充分就业、货币的购买力和经济波动与经济增长问题。

经济学可以分为宏观经济学与微观经济学两大部分。微观经济学以单个经济单位为研究对象，通过研究单个经济单位的经济行为和相应的经济变量单项数值的决定，来说明价格机制如何解决社会的资源配置问题；宏观经济学是以整个国民经济活动为研究对象，利用总量分析方法研究国民经济中各个有关总量的决定及其变化来说明资源怎样才能得到充分利用。

现代西方经济学的研究方法有实证分析方法和规范分析方法。实证方法在研究经济问题时超脱价值判断，只研究经济本身的内在规律，并根据这些规律，分析和预测人们经济行为的效果。它要回答“是什么”的问题，它分析问题具有客观性。规范分析是以一定的价值判断为基础，提出一些分析和处理问题的标准，作为决策的前提和制定政策的依据。它回答“应该是什么”的问题，而不是回答“是什么”的问题。

西方经济学的发展可以分为重商主义、古典经济学、新古典经济学和现代经济学四个阶段。

## 练习与思考

### 一、概念识记

稀缺、自由物品、经济物品、机会成本、生产可能性曲线、微观经济学、宏观经济学、实证经济学、规范经济学、局部均衡、一般均衡、存量、流量

### 二、简答题

1. 微观经济学和宏观经济学二者之间的关系如何？
2. 实证经济学和规范经济学二者之间有何区别？
3. 本月全国人均储蓄量是流量还是存量？

### 三、思考分析题

试着用经济学的思维来分析下列问题：

1. 你大学毕业后，是去充满机会但竞争激烈、生活成本高昂的大城市，还是去小城镇发展？说明理由。
2. 发展中国家和地区争相引进外资，如何看待利弊？
3. 为什么最低工资法的实施能增进年轻人和不熟练工人的就业机会和福利状况？
4. 劳动力在区域间自由流动，对输出地和输入地的经济和居民福利有什么影响？

5. 既然自由贸易能增进双方的福利，为什么还要打贸易战呢？

## 四、实训项目

主题：资源的稀缺以及资源的配置目标和方式

要求：你已经迈入了经济学之门，并熟悉了资源的稀缺以及资源的配置目标和方式。现在就用你的慧眼去发现生活中的资源稀缺现象，用经济学知识进行分析并形成书面材料。

# 2 需求与供给分析

## 知识目标

1. 掌握需求规律，理解需求变动和需求量变动的区别。
2. 掌握供给规律，理解供给变动和供给量变动的区别。
3. 掌握均衡价格的决定。
4. 掌握需求收入弹性和供给弹性。

## 能力目标

能掌握并理解均衡价格的决定和应用，并会应用弹性理论解决实际生活中存在的经济问题。

## 案例导入

**多收了三五斗**

万盛米行的河埠头，横七竖八停泊着乡村里出来的敞口船。船里装载的是新米，把船身压得很低。齐船舷的菜叶和垃圾被白腻的泡沫包围着，一漾一漾地，填没了这船和那船之间的空隙。

河埠上是仅容两三个人并排走的街道。万盛米行就在街道的那一边。早晨的阳光从破了的明瓦天棚斜射下来，光柱子落在柜台外面晃动着的几顶旧毡帽上。

那些戴旧毡帽的大清早摇船出来，到了埠头，气也不透一口，便来到柜台前面占卜他们的命运。

“糙米五元，谷三元。”米行里的先生有气无力地回答他们。

“什么！”旧毡帽朋友几乎不相信自己的耳朵。美满的希望突然破灭，大家都呆了。

“在六月里，你们不是卖十三元么？”

“十五元也卖过，不要说十三元。”

“哪有跌得这样厉害的！”

“现在是什么时候，你们不知道么？各处的米像潮水一般涌来，过几天还要跌呢！”希望的肥皂泡虽然迸裂了，载在敞口船里的米却总得粜出去；而且命里注定，只有卖给这一家万盛米行。米行里有的是洋钱，而破布袄的空口袋里正需要洋钱。

在米质好和坏的辩论之中，在斛子浅和满的争持之下，结果船埠头的敞口船真个敞口朝天了；船身浮起了好些，填没了这船那船之间的空隙的菜叶和垃圾就看不见了。旧毡帽朋友把自己种出来的米送进了万盛米行的廒间，换到手的是或多或少的一叠钞票。

……

请根据以上资料，运用经济学有关理论思考以下问题：

1. 为什么农民大丰收了，收入反而减少了？
2. 如何才能够使农民的收入提高？

## 2.1 需求分析

**【讨论与思考】**

“20多元一束的玫瑰不算贵了，等情人节再来买，肯定要涨价的。”做了十几年鲜花生意的刘女士告诉记者，由于情人节的临近，大部分鲜花的价格出现了不同程度的上涨。以销量最好的玫瑰花为例，与前几天相比，每束20枝的玫瑰零售价从15元涨至20元；每束20枝的康乃馨零售价从12元涨至15元；百合的价格基本没有变化。刘女士说，受全国新冠肺炎疫情的影响，大量的鲜花运不出省，因此花价较往年便宜了一半。2019年情人节前两天，一束玫瑰花的价格往往在35元左右，而2020年只有往年的一半。业内人士分析，情人节当天，玫瑰花价格将会上涨。

正常情况下，情人节的来临会使玫瑰花的市场需求增加。玫瑰花的价格，还受哪些因素影响呢？

微观经济学运用价格机制来研究资源的配置问题，因此，价格理论是微观经济学的核心。由于在纯粹的市场经济中，需求和供给是决定市场均衡价格的两大基本力量，因此本章从需求、供给的分析入手，讨论市场均衡价格的决定过程，以此对市场运行机制进行总体的考察。

### 2.1.1 需求

需求（demand）是指在某一特定时期内，对应于某一商品的各种价格，人们愿意而且能够购买的数量。

需求的定义说明了两个含义：首先，经济学中所描述的需求不同于人们自然的、主观的需要。需求以人们的货币购买力为前提，是有支付能力的需要。仅愿意购买而没有支付能力，只是欲望和主观需要。其次，需求这个概念总是涉及两个变量：商品的价格及与该价格相对应的购买数量。从日常经验可以知道人们购买的数量一般总是随价格的变化而变化。例如，当某种食品的价格为每千克2美元时，某人也许购买10kg；当价格涨到3美元时，他也许只购买8kg。

因此，需求实际上反映了人们购买的商品数量与商品价格这两个变量之间的关系。

需求可以分为个人需求和市场需求。个人需求是指单个消费者或家庭对某种商品的需求。把对某一商品（也即该商品市场）所有的个人需求加总，即把与每一可能的价格相对应的每个人的需求量相加，便得到该商品的市场需求。个人需求是构成市场需求的基础，市场需求是所有个人需求的加总。

## 2.1.2 需求表、需求曲线和需求规律

需求表（demand schedule）是描述在每一可能的价格下商品需求量的表列。需求表可以直观地表明价格与需求量之间的一一对应关系。表2-1就是一张假设的需求表。

表 2-1 个人需求和市场需求表

| 价格 /（美元 /kg） | 需求量 | | | | | |
|---|---|---|---|---|---|---|
| | 个人需求量 /kg | | | | | 市场需求量 /t |
| | 甲 | 乙 | 丙 | 丁 | … | |
| 6 | 2 | 1 | 4 | … | … | 60.0 |
| 5 | 3 | 2 | 6 | … | … | 62.5 |
| 4 | 4 | 3 | 7 | … | … | 67.5 |
| 3 | 5 | 4 | 8 | … | … | 77.5 |
| 2 | 6 | 5 | 13 | … | … | 90.0 |
| 1 | 8 | 7 | 15 | … | … | 110.0 |

需求表也相应地有个人需求表和市场需求表之分。如表2-1中描述了某一时期内，对某种商品的个人需求和市场需求：当价格为1美元/kg时，甲、乙、丙……个人的需求量分别为8kg、7kg、15kg……，整个市场的需求量为110t；当价格为2美元/kg时，甲、乙、丙……个人的需求量分别为6kg、5kg、13kg……，整个市场的需求量为90t；依次类推，当价格涨到6美元/kg时，整个市场的需求量降为60t。

用图示法把需求表中需求量与商品价格之间的关系表示出来，就可以得到一条曲线。这种表示需求量与商品价格的关系的曲线，称为需求曲线（demand curve）。如图2-1所示，以纵轴表示商品价格（$P$），以横轴表示市场需求量（$Q$），根据表2-1所列数据，可以作出市场需求曲线$D$。类似地，也可以作出个人需求曲线。

从图2-1可以明显看到，需求曲线是向右下方倾斜的，即它的斜率为负值。这说明，在影响需求的其他因素既定的条件下，商品的需求量与其价格之间存在着反向的依存关系，即，商品价格上升，需求量减少；商品价格下降，需求量增加。这就是所谓的需求规律（law of demand）。

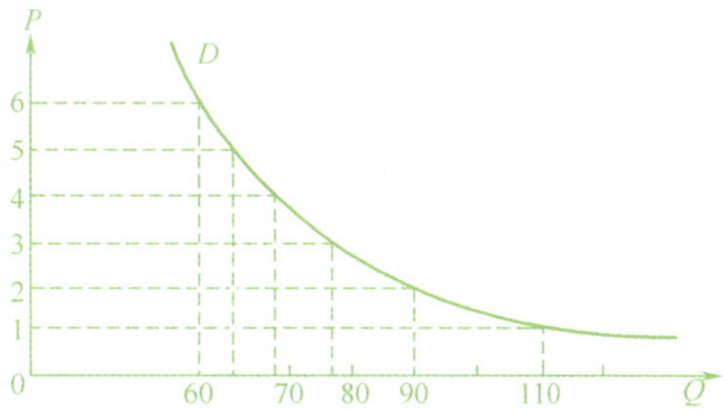

图2-1 需求曲线

显然，需求规律与人们的日常经验是相吻合的。但需要指出的是，需求规律是对一般情况和一

般商品而言的，需求曲线在通常情况下是一条负向倾斜的曲线，但也有可能出现一些例外的情形：

例如，某些低档商品，在特定条件下当价格下跌时，需求会减少；而价格上涨时，需求反而增加。这类商品因英国人吉芬最先提出而得名“吉芬商品”（Giffen goods）。吉芬发现，在1845年爱尔兰发生灾荒时，马铃薯的价格虽然急剧上涨，但它的需求量反而增加。原因是灾荒造成爱尔兰人民实际收入急剧下降，不得不增加这类生活必需的低档食品的消费。

再如，某些炫耀性消费的商品，如珠宝、文物、名画、名车等。这类商品的价格已成为消费者地位和身份的象征。价格越高，越显示拥有者的地位，需求量也越大；反之，当价格下跌，不能再显示拥有者的地位时，需求量反而下降。

### 2.1.3 影响需求的因素和需求函数

很多因素可能影响商品的需求。以一种消费品的需求为例，其影响因素主要有以下几种：

一是商品本身的价格。由于满足同一种需求有多种商品可供选择，例如，在其他商品价格不变的前提下，如果猪肉价格上涨，消费者可以多购买牛肉、鱼、家禽等食品来替代猪肉，因而猪肉的需求减少；反之，价格下跌，需求增加。在经济学中，将这种商品相对价格的变化对需求产生的影响称为替代效应（substitute effect），称功能上能相互替代的商品为互替商品（substitute goods）。此外，若消费者的收入在一定时期内保持不变，当猪肉的价格上涨，消费者会感觉到实际购买力降低，相对收入下降，因而也将减少购买猪肉，猪肉的需求减少；反之亦然。在经济学中，将这种因商品价格变化后实际收入发生变化进而对需求的影响称为收入效应（income effect）。事实上，价格变化后，这两种效应是同时存在的，需求曲线之所以负向倾斜，正是这两种效应共同作用的结果。

二是消费者的偏好（taste）。消费者的偏好对需求的影响是显而易见的。例如，爱喝酒的人对酒有较大的需求，而不爱喝酒或滴酒不沾的人只有较小的需求甚至完全没有需求。一个消费者对某种商品的偏好增加后，即使价格不变，需求量也会增加。

三是消费者的收入（income）。收入对需求的影响根据商品的不同特性而有所不同。对大部分正常商品（normal goods）而言，消费者的收入越高，对它们的需求就越大；反之则越小。而对另一部分劣等商品（inferior goods）而言，随着收入水平的提高，对它们的需求反而下降。一些较低档的日用消费品如化纤服装、黑白电视机等，在城镇居民收入有较大提高时，其需求就会下降。

四是其他商品的价格。这也要区分两种情况：①如果其他商品和被考察的商品是互替商品，如猪肉和牛肉，当猪肉的价格上升，牛肉的需求就会增加；而猪肉的价格下降，牛肉的需求则会减少。②如果其他商品和被考察的商品是互补商品（complementary goods），像汽车和汽油，当汽油价格提高，就会引起汽油的需求减少，并引起汽车需求的减少。

五是人们对未来的预期（expectation）。如果人们估计某些影响需求的因素将发生变化，就会及时调整消费，从而影响现期的需求。例如，当人们预计某商品要涨价，就会去抢购该商品，从而引起对该商品的需求增加。

其他如气候、消费者人数、时间等因素也可能会影响商品的需求，但上述五个因素是基本因素。如果把影响需求量的所有因素作为自变量，把需求量作为因变量，则可以用函数关系来表达需求和这些影响需求的因素之间的依存关系，这种函数称为需求函数（demand function），记作：$Q_d=f(T, I, P, P_i, E, \cdots)$。

其中，$Q_d$代表某种商品的需求量，$T$代表偏好，$I$代表收入，$P$代表该商品的价格，$P_i$代表其他商品的价格，$E$代表对未来情况的预期等。

假定影响需求的其他因素不变，只单独研究某种商品的需求量与其价格之间的关系，需求函数可记作：$Q_d=f(P)$

例如，假定某一商品具体的需求函数是：$Q_d=1000-0.5P$，或写成：$P=2000-2Q_d$，这一需求函数画成的需求曲线就是一条直线。

直线形需求曲线即线性需求函数的一般形式可写成：

$$P=a-bQ_d$$

其中，$-b$是需求曲线的斜率。

## 2.1.4 需求量的变动和需求的变动

商品本身价格变动所引起的需求量的变化，称为需求量的变动。需求量的变动在需求曲线图形上表现为在一条既定的需求曲线上点的位置移动，如图2-2（a）所示，假设其他条件不变，在需求曲线$D$上，随着商品价格的变动，点$a$、$b$、$c$之间的位置移动，即为需求量的变动。

在商品每一自身价格水平下，由于其他因素的变动引起的需求量的变化，称为需求的变动。需求的变动在图形上表现为整条需求曲线的移动，如图2-2（b）所示，假设商品本身的价格保持为$P_0$，由于某种因素（如偏好增加或收入增加等）使原来的需求曲线$D_0$右移至$D_1$，这表示需求增加；需求曲线从$D_0$左移至$D_2$，则表示需求减少。

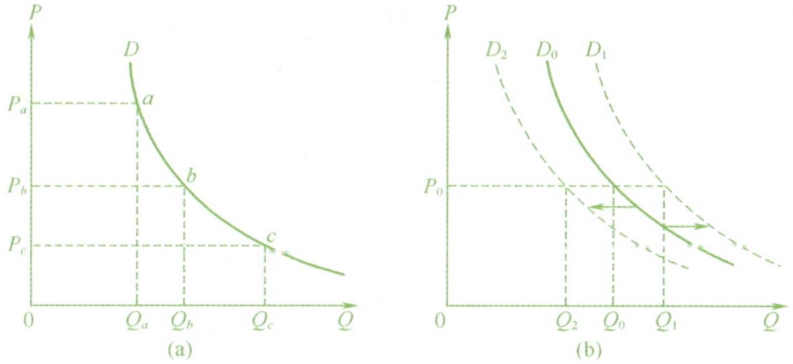


图2-2　需求量的变动和需求的变动

【趣闻杂谈】

**引导客户需求的重要性**

一位老太太每天去菜市场买菜买水果。一天早晨，她提着篮子，来到菜市场。遇到第一个小贩，卖水果的问她："你要不要买一些水果？"老太太问有什么水果，小贩说有李子、桃子、苹果、香蕉，"你要买哪种呢？"老太太说"我正要买李子。"

小贩赶忙介绍他的李子又红又甜又大，特好吃。老太太仔细一看，果然如此。但老太太却摇摇头，没有买，走了。

老太太继续在菜市场转。遇到第二个小贩。这个小贩也像第一个一样，问老太太买什么水果，老太太说买李子。小贩接着问，“我这里有很多李子，有大的，有小的，有酸的，有甜的，你要什么样的呢？”老太太说要买酸李子，小贩说：“我这堆李子特别酸，你尝尝？”老太太一咬，果然很酸，满口的酸水。老太太受不了了，但越酸越高兴，马上买了1kg李子。

但老太太没有回家，继续在市场转。遇到第三个小贩，同样，问老太太买什么（探寻基本需求），老太太说买李子。小贩接着问买什么李子，老太太说要买酸李子。但他很好奇，又接着问，“别人都买又甜又大的李子，你为什么要买酸李子（通过纵深提问挖掘需求）？”老太太说，“我儿媳妇怀孕了，想吃酸的。”小贩马上说，“老太太，你对儿媳妇真好！儿媳妇想吃酸的，就说明她想给你生个孙子，所以你要天天给她买酸李子吃，说不定真给你生个大胖孙子！”老太太听了很高兴。小贩又问，“那你知道不知道这个孕妇最需要什么样的营养（激发出客户需求）？”老太太不懂科学，说不知道。

小贩说，其实孕妇最需要的是维生素，因为她需要供给这个胎儿维生素，所以光吃酸的还不够，还要多补充维生素。他接着问老太太知不知道什么水果含维生素最丰富（引导客户解决问题），老太太还是不知道。小贩说，“水果之中，猕猴桃含维生素最丰富，所以你要经常给儿媳妇买猕猴桃才行！这样的话，确保你儿媳妇生出一个漂亮健康的宝宝。”老太太一听很高兴啊，马上买了1kg猕猴桃。当老太太要离开的时候，小贩说我天天在这里摆摊，每天进的水果都是最新鲜的，下次来就到我这里来买，还能给你优惠。从此以后，这个老太太每天在他那里买水果。

我们可以看到：第一个小贩急于推销自己的产品，根本没有探寻顾客的需求，自认为自己的产品多而全，结果什么也没有卖出去。

第二个小贩有两个地方比第一个小贩聪明，一是他第一个问题问得比第一个小贩高明，是促成式提问；二是当他探寻出客户的基本需求后，并没有马上推荐商品，而是进一步纵深挖掘客户需求。当明确了客户的需求后，他推荐了对口的商品，很自然地取得了成功。

第三个小贩是一个销售专家。他的销售过程非常专业，他首先探寻出客户的深层次需求，然后再激发客户解决需求的欲望，最后推荐合适的商品满足客户需求。

他的销售过程主要分为六步：第一步：探寻客户基本需求；第二步：通过纵深提问挖掘需求背后的原因；第三步：激发客户需求；第四步：引导客户解决问题；第五步：抛出解决方案；第六步：成交之后与客户建立客情关系。

# 2.2 供给分析

【思考与讨论】

麦当劳在美国的亚利桑那州大峡谷沙漠中有一家分店，其价格远远高于其他地方麦当劳连锁店的价格，但游客不嫌其贵，总喜欢在这里解决饮食问题。原来店主在其店堂明言“诚告顾客”：本地经常性缺水，所需用水从96.56km以外运来，其费用要高出常规的25倍；本店地处偏僻，需担负季节性亏损和支付较其他地方更高的工资，以使雇员更好地为您服务……所以，游客尽管吃着“最贵”的汉堡包、热咖啡、炸薯条，但没人有被“宰”的感觉，反而觉得花得“值”。

思考题：分析麦当劳这家分店为什么能够顺利经营，在这里消费的顾客是不是“痛并快乐着”？

## 2.2.1 供给

供给（supply）是指生产者（厂商）在一定时期和一定价格水平下愿意而且能够提供的某种商品的数量。

供给的定义也说明了两个含义：第一，作为经济学中所述的供给，必须同时具备愿意出售和有能力生产两个方面。厂商供给市场的产品，可以是当期新生产出的产品，也可以是存货。第二，供给这个概念涉及两个变量：商品的价格及与该价格相对应的供给量。因此，供给实际上反映了厂商的供给量与商品价格这两个变量之间的关系。

和需求一样，供给也分为个别供给和市场供给。个别供给是指单个厂商对某种商品的供给。市场供给是指该商品市场所有个别供给的加总，即与每一可能的售价相对应的每个厂商供给量的总和。

## 2.2.2 供给表、供给曲线和供给规律

供给表（supply schedule）是描述在每一可能的价格下商品供给量的表列。供给表直观地表明了价格与供给量之间的一一对应关系。表2-2是一张假定的市场供给表。

供给表也相应地有个别供给表和市场供给表之分。如表2-2即为某种商品的市场供给表：当价格为1元/kg时，市场供应量只有10t；当价格为2元/kg时，市场供应量为53t；依次类推，当价格涨到6元时，整个市场的供给量为122.5t。

表 2-2 市场供给表

| 价格 /（元 /kg） | 供给量 /t | 价格 /（元 /kg） | 供给量 /t |
|---|---|---|---|
| 6 | 122.5 | 3 | 77.5 |
| 5 | 115.0 | 2 | 53.0 |
| 4 | 100.0 | 1 | 10.0 |

用图示法把供给表中所列数据表现出来，即可得到市场供给曲线S线，如图2-3所示。供给曲线（supply curve）是表示商品供给量与价格之间关系的曲线。

从图2-3中可以看到，供给曲线是向右上方倾斜的，即它的斜率为正值。这说明，在影响供给的其他因素既定的条件下，商品的供给量与自身价格之间存在正向的依存关系，即商品价格上升，供给量增加；商品价格下降，供给量减少。这就是供给规律（law of supply）。

但供给规律也有例外：例如，某些原只能以手工单件生产的商品，由于生产技术的发展和规模经营，使成本锐减且大批量供给成为现实，这时虽然商品价格下降，厂商仍愿意供给更多的产品。在这种情况下，其供给曲线表现为向右下方倾斜，斜率为负值，如图2-4所示。

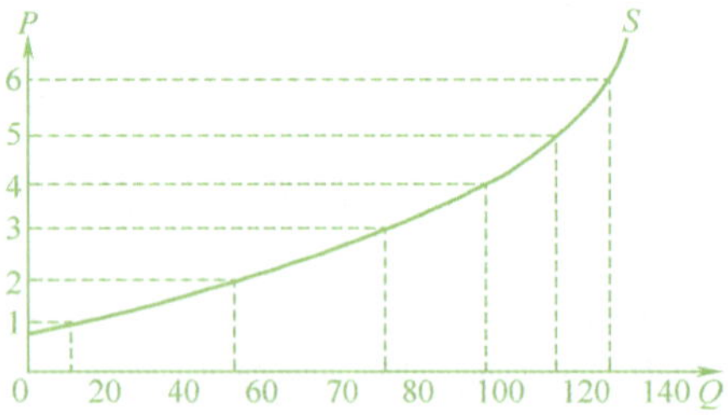

图2-3　供给曲线

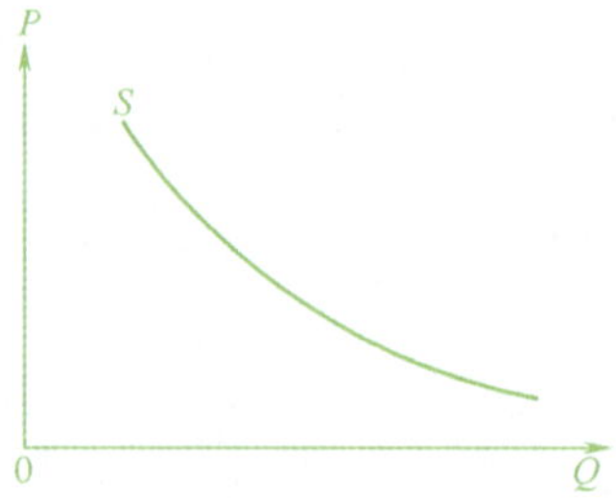

图2-4　供给曲线的例外

再如，劳动力的供给。劳动力价格是工资率，即单位劳动时间的工资。当劳动者尚处于较贫困的境地时，工资水平的提高会刺激劳动供给增加。但当工资水平上升到一定程度，劳动者的基本生活需要得到满足后，文化娱乐、教育、休息等活动就更为重要了。这时，随着工资水平的提高，劳动的供给可能保持不变甚至会减少。关于这一点，下文还会讲到。

### 2.2.3　影响供给的因素和供给函数

影响供给的因素主要有以下几种：

一是商品本身的价格。由于厂商的目标是追求利润极大化，在其他条件既定的条件下，如果某种商品价格上升，厂商就会投入更多的生产资源用于该商品的生产，从而使其供给量增加；反之，则厂商就会将生产资源转用于其他相对价格较高的商品的生产，从而该商品的供给量减少。

二是生产技术和管理水平。生产技术和管理水平的提高，可以降低生产成本，即使在同一价格水平下，也会提供更多的产品，供给增加。

三是生产要素的价格。生产要素价格的变化直接影响到商品的生产成本。在其他条件不变的情况下，要素价格上升，厂商利润减少，供给就会减少；反之，则供给增加。

四是其他商品的价格。如果商品间的相对价格发生了变化，将使资源重新配置，从而影响商品的供给。

五是对未来的预期。如果卖者预期某种商品的价格将上涨，就会囤积居奇，待价而沽，从而该商品的短期供给会减少。反之，如果预期价格将下跌时，则会大量抛售，使短期供给增加。

另外，其他如气候、厂商数量、时间等因素也可能会影响供给。如果把影响供给量的所有因素作为自变量，把供给量作为因变量，则可以用函数关系来表达商品供给量和这些影响供给量的因素之间的依存关系，这种函数称为供给函数（supply function），记作：

$$Q_s=f(P，P_i，P_j，a，E，\cdots)$$

其中，$Q_s$代表某种商品的供给量，$P$代表该商品的价格，$P_i$代表其他商品的价格，$P_j$代表生产要素的价格，$a$代表生产技术、管理水平，$E$代表未来的预期，等等。

在经济学中，价格是影响供给量的主要因素。假定影响供给的其他因素不变，只研究某商品的供给与其价格之间的关系，则供给函数可记作：

$$Q_s=f(P)$$

例如，假定某一具体的供给函数是：$Q_s=-500+0.02P$，或写成：$P=25000+50Q_s$，这在图形上表现为一条直线形的供给曲线。线性供给函数的一般形式可写成：

$$P=a+bQ_s$$

其中，$b$是供给曲线的斜率。

### 2.2.4 供给量的变动和供给的变动

商品本身价格变动所引起的供给数量的变化，称为供给量的变动。供给量的变动在图形上表现为在一条既定的供给曲线上点的位置移动。如图2-5（a）所示，假设其他条件不变，在供给曲线$S$（非直线形）上，随着商品价格的变动，点$a$、$b$、$c$之间的位置移动，即为供给量的变动。

当商品本身的价格既定时，由于其他因素的变动引起的供给量的变化，称为供给的变动。供给的变动在图形上表现为整条供给曲线的移动。如图2-5（b）所示，假设商品本身的价格保持为$P_0$，由于某种因素（如技术提高）使原来的供给曲线$S_0$右移到$S_1$，表示供给增加；供给曲线从$S_0$左移到$S_2$，表示供给减少。

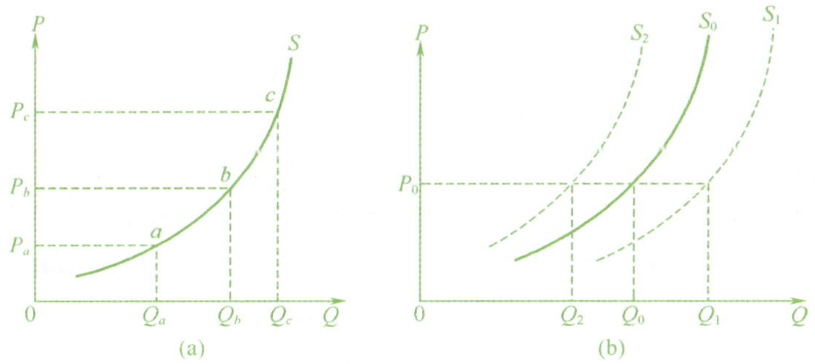


图2-5 供给量的变动和供给的变动

【趣闻杂谈】

**技术进步和计算机供给**

在供给理论中，我们的分析以供给量和价格的关系为中心。但应该看到，当今，决定供给的关键因素是技术。计算机的供给充分说明了这一点。

在中国，由于计算机的价格昂贵，加上汉字输入计算机的方案长期以来没有得到很好的解决，因此到了20世纪80年代，计算机在中国内地还是“稀罕物”，许多人连见都没见过，更谈不上“普及”。到20世纪90年代后期，由于计算机价格急剧下降，计算机在“平民百姓家”终于得到了普及。现在，在工薪阶层家庭中有一台计算机，甚至多台计算机也已是很常见的事情了。计算机价格下降了很多，但供给量却大幅度增加了。

计算机供给的这种增加不是由于价格的变动引起的，而是由于技术进步变动引起的。从20世纪80年代末开始，计算机行业的生产技术发生了根本性变化。集成电路技术的发展、硬件与软件技术标准的统一、规模经济的实现与高度专业化分工使计算机的生产成本迅速下降，而质量日益提高。这种技术变化引起计算机供给向右移动，而且，移动幅度相当大。这样，尽管计算机价格下降，供给还是大大增加了。

技术是决定某种商品供给的决定性因素。正因为如此，经济学家越来越关注技术进步。

## 2.3 均衡价格

【思考与讨论】

2016年，猪肉价格一路走高。按照以往的“猪周期”规律，生猪存栏量应该会出现明显增长。2016年年底，央视记者在调查采访中发现，尽管猪肉价格在上涨，但生猪的存栏量却在大幅降低，这是为什么呢？

### 2.3.1 均衡价格的决定

需求说明了某一商品在每一价格下的需求量，而供给说明了某一商品在每一价格下的供给量，要说明该商品价格的决定，就必须将需求和供给结合起来考虑。在竞争性的商品市场上，对于某种商品的任一价格，其相应的需求量和供给量不一定相等，但在该商品各种可能的价格中，必定有一价格能使需求量和供给量相等，从而使该商品市场达到一种均衡状态。因此，均衡价格（equilibrium price）是指消费者对某种商品的需求量等于生产者所提供的该商品的供给量时的市场价格。均衡价格是由需求和供给两种力量共同决定的。在均衡价格下的交易量称为均衡交易量或均衡数量（equilibrium quantity）。

如图2-6所示，*DD*线是某种商品的市场需求曲线，*SS*线是该商品的市场供给曲线，*DD*线与*SS*线相交于*E*点，*E*点表示商品市场达到均衡状态的均衡点，*E*点所对应的价格$P_E$就是均衡价格，与该价格相对应的交易量$Q_E$，既是需求量，又是供给量。

均衡价格的形成，或者说某一商品市场达到均衡的过程，可以用图2-7来加以说明。

如果某一商品初始的市场价格为$P_1$，高于均衡价格$P_E$，那么，与$P_1$相对应的供给量$P_1G$就

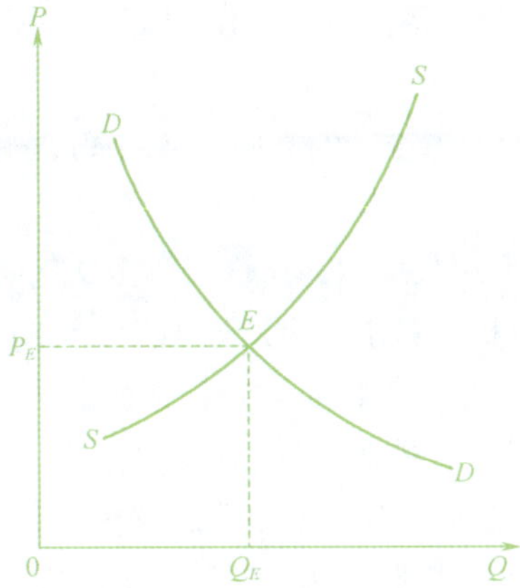


图2-6 均衡价格和均衡产量

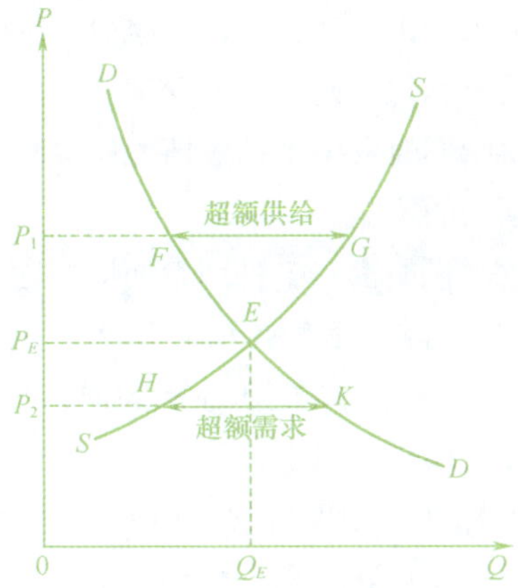


图2-7 均衡价格的形成

大于此价格水平下的需求量$P_1F$，有超额供给$FG$。在纯粹的市场竞争经济中，这种情况必然会导致供给方即厂商之间的激烈竞争，结果使价格逐渐下降，供给量逐渐减少，需求量逐渐增加。这个过程一直持续进行下去，直到价格降到均衡价格$P_E$，需求量和供给量都等于$Q_E$时为止。

相反，如果某一商品初始的市场价格为$P_2$，低于均衡价格$P_E$，那么，与$P_2$相对应的需求量$P_2K$就大于此价格下的供给量$P_2H$，因而有部分购买者不能买到想要的商品，存在超额需求$HK$。在纯粹的市场竞争经济中，这种情况必然会导致购买者之间的竞争，结果使价格逐渐上升，需求量逐渐减少，供给量逐渐增加，直到价格上升到均衡价格$P_E$，供给量和需求量都等于$Q_E$时为止。

一般来说，在纯粹的市场竞争经济中，均衡是一种趋势。通过市场供求关系的自发调节，形成市场的均衡价格。而均衡价格形成后，市场价格一旦背离均衡价格，由于供求的相互作用，有自动恢复到均衡的趋势。

## 2.3.2 供求变动对均衡价格的影响

以上对市场均衡价格的分析，是在假定需求和供给既定，即需求曲线和供给曲线给定且不发生移动的前提下进行的。此时，随着市场价格的波动，市场上会出现商品的过剩或短缺，却并不改变市场的均衡。但是，如果需求或者供给发生了变化，即需求曲线或者供给曲线发生了移动，市场均衡就要发生相应的变化。下面分三种情况加以说明。

第一，供给不变，需求发生变动。

假定某种商品的供给状况不变，需求会因为偏好、收入增加等原因而增加。如图2-8所示，$SS$线不变，$D_0D_0$线移至$D_1D_1$，因此，均衡点随之移动，由$E_0$点移动至$E_1$点，决定了新的均衡价格为$P_1$，均衡产量为$Q_1$。很明显，$P_1>P_0$，$Q_1>Q_0$，均衡价格比原来提高了，均衡产量也增加。

反之，如果供给不变，而需求减少，则新的均衡价格将下降，均衡产量将减少。

第二，需求不变，供给发生变动。

假定某种商品的需求状况不变，供给会因为技术的提高、要素价格的下降等原因而增加。如图2-9所示，$DD$线不变，$S_0S_0$线移至$S_1S_1$，因此，均衡点随之移动，由$E_0$点移至$E_1$点，决定了新的均衡价格为$P_1$，均衡产量为$Q_1$。很明显，均衡价格比原来下降，而均衡产量比原来增加了。

反之，如果需求不变，而供给减少，则新的均衡价格将上升，均衡产量将减少。

第三，需求和供给同时发生变动。

需求和供给同时发生变动的情况比较复杂，因为两者变动的方向、变动程度的差异均可能对均衡产生不同的影响。

假定需求与供给由于各种因素而同时增加，如图2-10所示，$D_0D_0$线移至$D_1D_1$线，$S_0S_0$线移至$S_1S_1$线。均衡点随之由$E_0$点移至$E_1$点。根据前述分析，需求、供给增加后，均衡产量均随之增加，因此新的均衡产量$Q_1$比原来的均衡产量$Q_0$有所增加。但是均衡价格的变动却不能肯定。因为需求增加使均衡价格上升，供给增加使均衡价格下降，因而均衡价格的实际变动还要取决于两者增加的程度。如果需求增加的程度大于供给增加的程度，如图2-10所示，则均衡价格将由$P_0$上升到$P_1$；如果需求增加的程度小于供给增加的程度，则均衡价格将下降；如果两者增加的程度一样，则均衡价格不变。所以，在需求和供给同时增加时，均衡产量必然增加，但均衡价格的变动不能确定，可能上升、下降或者保持不变。同样地，如果需求和供给同时减少，均衡产量必然减少，均衡价格亦不能确定。

假设需求与供给由于各种因素而发生反向变动，如图2-11所示，需求增加，$D_0D_0$线移至$D_1D_1$线，而供给减少，$S_0S_0$线移至$S_1S_1$，均衡点随之由$E_0$点移至$E_1$点。根据前述分析，需求增加，供给减少，均衡价格均随之上升，因此新的均衡价格$P_1$比原来的均衡价格$P_0$高，但是均衡产量的变动却不能确定，要取决于两者变动的程度。如果需求增加的程度比较大，如图2-11

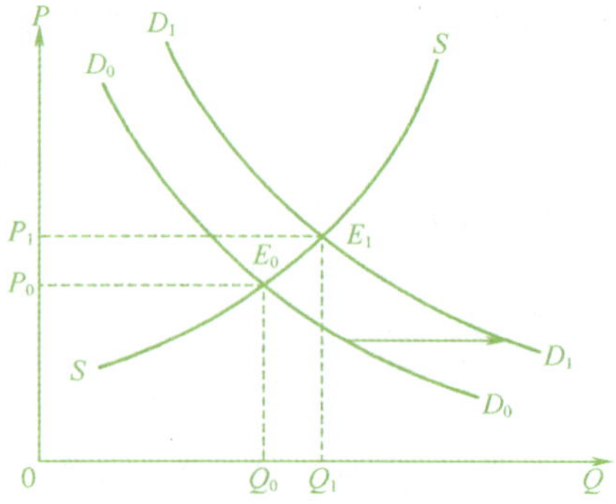


图2-8　需求变动对均衡的影响

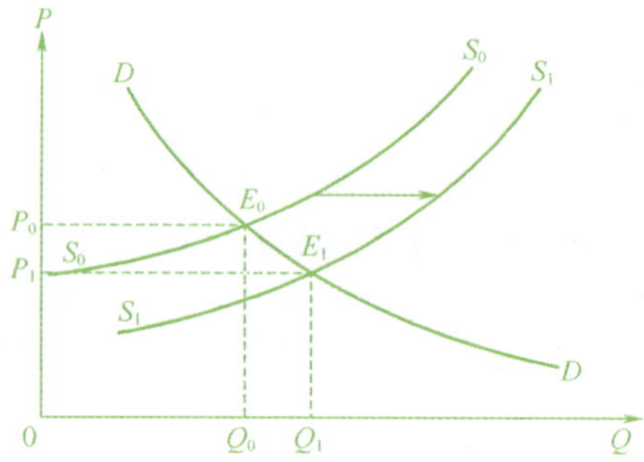


图2-9　供给变动对均衡的影响

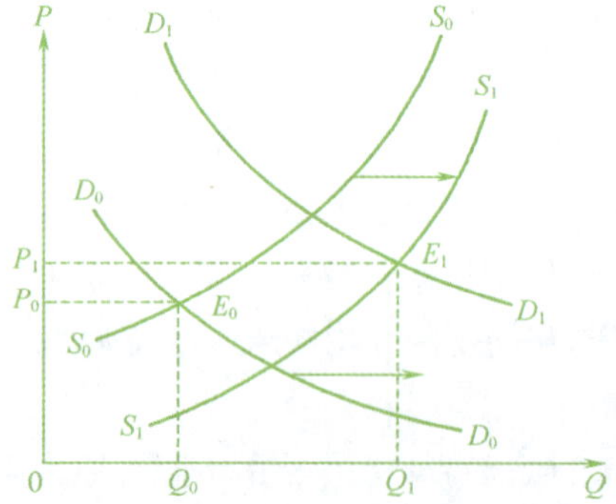


图2-10　需求和供给同向变动对均衡的影响

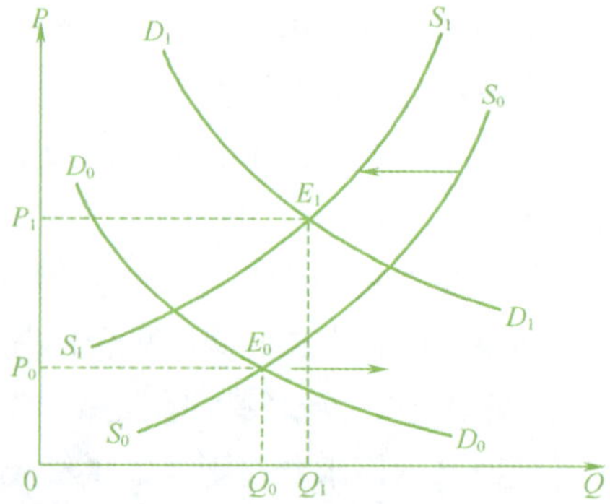


图2-11　需求和供给反方向变动对均衡的影响

所示，则均衡产量由$Q_0$增加到$Q_1$；如果供给减少的程度比较大，则均衡产量将减少；如果两者变动的程度一样，则均衡价格保持不变。所以，需求增加，供给减少，均衡价格必然上升，但均衡产量的变动不能确定，可能增加、减少或者保持不变。同样地，需求减少，供给增加，均衡价格必然下降，均衡产量亦不能确定。

综合以上三种情况，需求、供给的变动对均衡的影响可归纳为表2-3。

表 2-3 需求、供给的变动对均衡的影响

| 需求 | 供给 | 均衡价格 | 均衡产量 |
|---|---|---|---|
| 增加 | 不变 | 上升 | 增加 |
| 减少 | 不变 | 下降 | 减少 |
| 不变 | 增加 | 下降 | 增加 |
| 不变 | 减少 | 上升 | 减少 |
| 增加 | 增加 | 不定 | 增加 |
| 减少 | 减少 | 不定 | 减少 |
| 增加 | 减少 | 上升 | 不定 |
| 减少 | 增加 | 下降 | 不定 |

即可得出如下结论：

（1）均衡价格和均衡产量与需求均呈同方向变动。

（2）均衡价格与供给呈反方向变动，而均衡产量与供给呈同方向变动，这被称为供求规律。

## 2.3.3 均衡价格理论的运用

以上我们分析了在纯粹的竞争性市场经济中，需求、供给两种力量的对比决定了市场的均衡价格，而均衡价格又影响着供求的变化。在这里，价格有着传递信息、指导行为的功能：生产者根据商品价格的涨跌来评判市场的供求变化，从而调整自己的产量；消费者也根据价格的涨跌来合理安排自己的商品消费组合，从而使各自的利益最优。因此，价格机制就像是一只“看不见的手”，指挥着人们的经济活动。然而，纯粹的竞争性市场经济只是一种理论上的假设，在现实的经济生活中，某些经济的、社会的、政治的因素介入，会影响均衡价格的形成以及供求关系的调整，这些因素包括政府的价格限制，供求量限制等。我们可以运用均衡价格理论来评价它们对经济生活的影响。

### 2.3.3.1 支持价格

支持价格是指政府为了扶持某一行业的生产，对该行业产品规定的高于市场均衡价格的最低价格。如政府为了扶持农业，常实行农产品支持价格。支持价格政策所产生的后果可以用图2-12来表示。

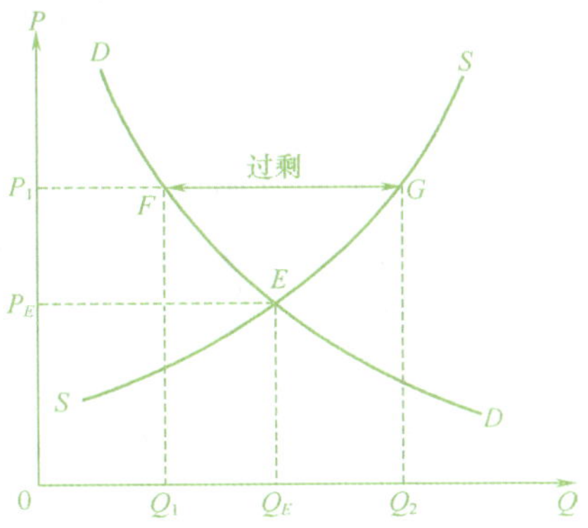

图2-12 支持价格

从图2-12可以看到，该商品市场的均衡价格为

$P_E$，均衡产量为$Q_E$，实行支持价格$P_1$后，市场价格上升，此时，与这一价格相对应的需求量$P_1F(=Q_1)$，供给量为$P_1G(=Q_2)$。由于供给量大于需求量，该商品市场将出现供给过剩，过剩量为$FG$。为维持支持价格，这些过剩商品不能在市场上卖掉。此时政府可采取的措施有：

一是政府收购过剩商品，或用于储备，或用于出口。在储备或出口受阻的情况下，收购过剩商品必然会增加政府财政开支。

二是政府对该商品的生产实行产量限制，规定将生产的数量控制在$Q_1$，使供求平衡，但在实施时需有较强的指令性且有一定的代价。

#### 2.3.3.2 限制价格

限制价格是指政府为了限制某些物品的价格而对它们规定的低于市场均衡价格的最高价格。其目的是为了稳定经济生活，保护消费者的利益，有利于安定民心，例如稳定生活必需品的价格。限制价格政策所产生的后果可以用图2-13表示。

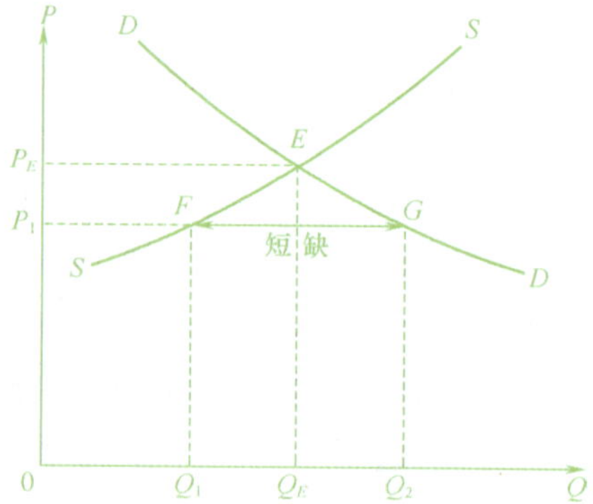


图2-13 限制价格

从图2-13可以看到，该商品市场的均衡价格为$P_E$，均衡产量为$Q_E$，实行限制价格$P_1$后，市场价格下跌，此时，与这一价格相对应的需求量为$P_1G(=Q_2)$，供给量为$P_1F(=Q_1)$。由于需求量大于供给量，该商品市场将出现短缺，短缺量为$FG$。这样，市场就可能出现抢购现象或是黑市交易。为解决商品短缺，政府可采取的措施是控制需求量，一般采取配给制，发放购物券。但配给制只能适应于短时期内的特殊情况，否则，一方面可能使购物券货币化，还会出现黑市交易，另一方面会挫伤厂商的生产积极性，使短缺变得更加严重。一旦放弃价格控制，价格上涨会变得更加厉害。

【趣闻杂谈】

**农产品支持价格的利弊**

随着现代农业的发展，支持价格稳定了农业生产，保证了农业生产，保证了农民收入，促进了农业投资，也有利于调整农业结构，从整体上看对农业发展起到了促进作用，但支持价格也引起了一些问题。首先，使政府背上了沉重的财政包袱。政府为收购剩余农产品而支付的费用、出口补贴及为限产而向农户支付的财政补贴等，都是政府必须为支持价格政策付出的代价。其次，形成农产品的长期过剩。过剩的农产品主要由政府收购，政府解决农产品剩余的重要方法之一就是扩大出口，这就有可能引起国家为争夺农产品市场而进行贸易战。最后，受保护的农业竞争力会受到削弱。因此，农产品自由贸易问题成为国际贸易争论的中心。

我国实行的“保护价敞开收购”也是一种支持价格，但是治标不治本，要从根本上改变我国农业的现状和农民收入的现状，并使我国农业进入世界市场与发达农业国家竞争，必须提高我国农业自身的竞争力。

# 2.4 弹性理论及应用

【思考与讨论】

当你乘坐飞机旅行时，你会发现一个有趣的现象，那就是虽然坐在同一架飞机上，起飞地和目的地都一样，但是很多乘客的飞机票价却不一样，甚至你可能很郁闷地发现你手中的机票价格是你旁边乘客的机票价格的两倍多。

思考题：在暗自郁闷的同时，你是否想过飞机票价为什么会不一样?

## 2.4.1 弹性的概念

商品的需求和供给随着影响它们的各种因素的变化而变化。前面我们讨论了它们之间变化的一般规律，那么这些因素一定幅度的变动所引起的需求和供给变动的程度有多大呢？这就要用弹性理论来说明。

弹性（elasticity）原是物理学上的概念，意指某一物体对外界力量的反应程度。经济学中的弹性是指经济变量之间存在函数关系时，一个变量对另一个变量变动的反应程度，其大小可以用两个变量变动的百分比之比，即弹性系数来表示。如，设$X$为一个变量，$Y$为另一个变量，$E$为弹性系数，则：

$$E=\frac{Y\text{变动的百分比}}{X\text{变动的百分比}}=\frac{\Delta Y/Y}{\Delta X/X} \tag{2-1}$$

本节介绍的弹性理论包括需求弹性（elasticity of demand）和供给弹性（elasticity of supply）。需求弹性主要有需求的价格弹性、收入弹性和交叉弹性三种类型。供给弹性也有几种类型，我们主要介绍供给的价格弹性。

## 2.4.2 需求的价格弹性

### 2.4.2.1 定义和计算方法

需求的价格弹性通常被简称为需求弹性，它是指一种商品的需求量对其价格变动的反应程度，其弹性系数等于需求量变动的百分比除以价格变动的百分比。如果用$E_d$表示需求的价格弹性系数，用$Q$和$\Delta Q$分别表示需求量和需求量的变动量，用$P$和$\Delta P$分别表示价格和价格的变动量，那么，由定义得：

$$E_d=\frac{\text{需求量变动的百分比}}{\text{价格变动的百分比}}=-\frac{\Delta Q/Q\times 100\%}{\Delta P/P\times 100\%}=-\frac{\Delta Q}{\Delta P}\times\frac{P}{Q} \tag{2-2}$$

需求量变动与价格变动一般说是方向相反的。由于我们只关心$E_d$的大小，所以在公式中加负号，使$E_d$为正。以下计算我们都把负号略去，直接取正值。

例如，某商品的价格由20美元/件下降为15美元/件（$P$=20，$\Delta P$=15−20=5），需求量由20件增加到40件（$Q$=20，$\Delta Q$=40−20=20），这时，该商品的需求弹性为：

$$E_d=\frac{20}{5}\times\frac{20}{20}=4$$

但是，公式只是需求价格弹性的定义式，在实际运用中是有缺陷的。若将上例倒过来，即该商品价格由15美元/件升为20美元/件（$P$=15，$\Delta P$=5)，需求量由40件减少到20件（$Q$=40，$\Delta Q$=−20)，则需求弹性为：

$$E_d=\frac{20}{5}\times\frac{15}{40}=1.5$$

此时，虽然价格涨跌的幅度与需求量变动的幅度是相同的，但弹性系数却有不同的数值。这是由于计算的基础和出发点不同而造成的。为了克服这一缺陷，通常采用变动前后价格和需求量的算术平均数来计算弹性系数，其计算公式为：

$$E_d=\frac{-\Delta Q}{(Q_1+Q_2)/2}\div\frac{\Delta P}{(P_1+P_2)/2}=\frac{-\Delta Q}{Q_1+Q_2}\times\frac{P_1+P_2}{\Delta P}=-\frac{\Delta Q}{\Delta P}\times\frac{P_1+P_2}{Q_1+Q_2}\qquad(2-3)$$

根据此式计算上例中的弹性系数：

$$E_d=-\frac{-20}{+5}\times\frac{15+20}{40+20}=\frac{7}{3}$$

由于这一公式所用的两个价格和与之对应的两个需求量，实际上代表了同一需求曲线上的两个点，从而这样计算的弹性系数实际上也就是这两个点之间的一段曲线即弧线的弹性强度，所以上述公式称为弧弹性公式。弧弹性表示需求曲线上某两点之间的平均弹性。

与弧弹性相对应的是点弹性，即需求曲线上某一点的弹性，其公式可用微分的方法从上述公式中导出，即：

$$E_d=\lim_{\Delta P\to 0}-\frac{\Delta Q}{\Delta P}\cdot\frac{P}{Q}=-\frac{\mathrm{d}Q}{\mathrm{d}P}\cdot\frac{P}{Q}\qquad(2-4)$$

这里$-\mathrm{d}Q/\mathrm{d}P$实际上是需求曲线上与$P$和$Q$相对应的点的切线斜率的倒数，而$P/Q$的$P$和$Q$之值实际上是需求曲线上某一点的坐标，需求弹性则是它们二者的乘积。这也说明，弹性和斜率的概念是完全不同的。如对于线性需求曲线而言，其斜率是唯一的，因而曲线上每一点的弹性都随其位置的不同而不同。

用上述公式来计算点弹性时，其优点在于只要确定了需求曲线的形状，就可求出相应各点的弹性系数。例如，已知需求函数为$Q$=120−20$P$，则：

$$\frac{\mathrm{d}Q}{\mathrm{d}P}=-20$$

$$E_d=-\frac{\mathrm{d}Q}{\mathrm{d}P}\times\frac{P}{Q}=-(-20)\times\frac{P}{120-20P}=\frac{-P}{P-6}$$

这时可求出任何价格水平时的弹性系数，如：

当$P$=2时，$E$=0.5；$P$=3时，$E$=1；$P$=4时，$E$=2。

#### 2.4.2.2 需求价格弹性的类别

上面说的是一种商品的需求弹性在不同价格水平上各不相同。现在再说不同商品的需求价格弹性也是不同的。这是指各种商品的需求曲线的形状不同，其需求价格弹性也不同，根据弹性系数绝对值的大小可分为五种类型：

第一，$|E_d|$=0，即需求完全无弹性，无论价格怎样变动，需求量都不会变动，其需求曲线是与纵轴平行的一条垂线，如图2−14（a）所示。这是一种现实中罕见的情况，通常认为像

棺材这样的商品或劳务接近于这一类商品。

第二，$|E_d|=\infty$，即需求弹性无穷大，它表示在既定的价格水平上，需求量是无限的；而一旦高于既定价格，需求量即为零，说明商品的需求量变动对其价格变动异常敏感，其需求曲线是与横轴平行的一条水平线，如图2-14（b）所示，这也是一种现实中罕见的极端情况。

第三，$|E_d|=1$，即需求是单位弹性，它表示需求量与价格按同一比率发生变动，即价格每升降1%，需求量就相应减增1%，其需求曲线为等轴双曲线，如图2-14（c）所示。这种情况在现实中也极罕见。

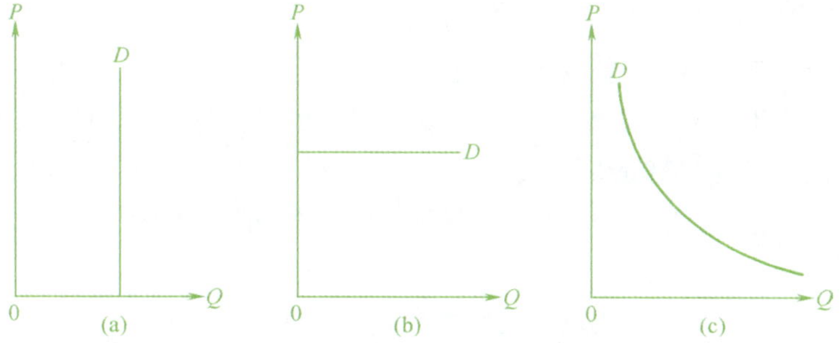


图2-14　需求弹性的不同形态

第四，$|E_d|<1$，即需求缺乏弹性，它表示需求量变动的比率小于价格变动的比率，即价格每升降1%，需求量变动的百分率小于1%。生活必需品，如粮、油等大多属于此类型。

第五，$|E_d|>1$，即需求富于弹性，它表示需求量变动的比率大于价格变动的比率，即价格每升降1%，需求量变动的百分率大于1%。奢侈品和价格昂贵的享受性劳务多属于这类商品。

#### 2.4.2.3　影响需求价格弹性的因素

需求价格弹性的大小（这里指绝对值）主要取决于下列因素：

一是消费者对商品的需求强度。一般而言，消费者对生活必需品的需求强度大且比较稳定，受价格变化的影响较小，因而需求弹性小；而消费者对奢侈品的需求强度小且不稳定，受价格变化的影响较大，因而需求弹性大。

二是商品的替代品数目和可替代程度。一般说来，一种商品的替代品越多，可替代程度越高，其需求弹性就越大；反之，则需求弹性越小。

三是商品用途的广泛性。一般而言，一种商品的用途越多，其需求弹性就越大。例如，羊毛有广泛的用途，其价格的提高，必然会从多渠道影响对羊毛的需求，从而使需求以较大的幅度减少。

此外，时间、地域差别、消费习惯、商品质量、售后服务等因素，也会影响需求价格弹性。

#### 2.4.2.4　需求的价格弹性与销售总收益的关系

需求的价格弹性是需求弹性中最主要的一种类型，它的重要性不仅在于通过弹性系数大小的变化及比较，可以使人们了解商品需求量与商品价格变化的关系，而且更在于指出了当价格变动时，需求量的相应变动所引起的消费者总支出或厂商销售总收益的变化程度，从而对于厂商确定销售价格具有重要意义。因为总收益是价格和销售量的乘积，它与消费者的总支出是同一件事情的两方面。由于不同商品的需求价格弹性不同，从而价格变动所引起的销售量的变动也不同，所以总收益的变动亦不同。下面以需求富于弹性和需求缺乏弹性的商品为例来说明。

设某商品价格$P_1$=500美元/件时，销售量$Q_1$ =100件，此时总收益$TR_1 = P_1 \times Q_1$ =500 × 100=50000（美元）。现假定价格下跌了10%。

如果该商品是需求富于弹性的商品，$|E_d|=2$，此时销售量将增加20%，即$Q_2$=100 ×（1+20%）=120件，$TR_2$=450美元 × 120=54000美元。显然，总收益由于价格下降而增加了。

如果该商品是需求缺乏弹性的商品，$|E_d|=0.5$，则销售量只增加5%，$Q_2$=100 ×（1+5%）=105件，$TR_2$ =450美元 × 105=47250美元。显然，总收益由于价格下降而减少了。

因此，需求价格弹性与总收益的关系可归纳为表2-4。

综上所述，可得出结论：需求富于弹性的商品，其销售收益与价格是反方向变动的，即总收益随价格的提高而减少，随价格的降低而增加；需求缺乏弹性的商品，其销售收益与价格则是同方向变动的，即总收益随价格的提高而增加，随价格的降低而减少。

**表 2-4　需求价格弹性与总收益的关系**

| 需求价格弹性 $E_d$ | 价格变动 | 需求变动 | 总收益变动 |
|---|---|---|---|
| $|E_d| > 1$ | 上升<br>下降 | 下降更多<br>上升更多 | 下降<br>上升 |
| $|E_d| < 1$ | 上升<br>下降 | 下降较少<br>上升较少 | 上升<br>下降 |
| $|E_d| = 1$ | 上升<br>下降 | 同比例下降<br>同比例上升 | 不变<br>不变 |

由于需求价格弹性与总收益有上述变动关系，人们就不难理解为什么有时农业丰收了，农民收入反而下降，原因就是农产品需求弹性较小（尤其是谷物），丰收使产品价格下降，而价格下降并不使需求增加多少，结果就有了增产不增收的现象。

【趣闻杂谈】

### 报纸发行的需求价格弹性

美国学者克拉克曾以10年为期限，研究价格变动对239家报纸的流通效果的影响，并认为价格不具有弹性，甚至发现在订阅费和零售价均上扬的情况下，报纸发行量仍然增加。同样，在1982年到1991年的近10年间，英国全国性大报采取了持续涨价的手段，但发行量依然上升了14%。

根据美国一个“短期和长期需求价格”的统计表，报纸杂志的短期弹性为0.10，长期弹性为0.52，是缺乏弹性的。这就表示，对于报刊发行来说，如果降低价格，那么不但不会“薄利多销”，反而会造成“谷贱伤农”。但是事实上，不管是国内还是国外，报刊发行的价格战频发，而且还有很多取得了成功。

## 2.4.3 需求的收入弹性

### 2.4.3.1 定义与计算方法

需求的收入弹性是指一种商品的需求量对消费者收入变动的反应程度，是需求量变动的百分比与收入变动的百分比之比。如果用$E_m$表示需求的收入弹性系数，用$I$和$\Delta I$分别表示收入和收入的变动量，$Q$和$\Delta Q$表示需求量和需求量的变动量，则需求收入弹性公式为：

$$E_m=\frac{\text{需求量变动的百分比}}{\text{收入变动的百分比}}=\frac{\Delta Q/Q\times 100\%}{\Delta I/I\times 100\%}=\frac{\Delta Q}{\Delta I}\cdot\frac{I}{Q}$$

或

$$E_m=\frac{\Delta Q}{(Q_1+Q_2)/2}\div\frac{\Delta I}{(I_1+I_2)/2}=\frac{\Delta Q}{\Delta I}\cdot\frac{I_1+I_2}{Q_1+Q_2} \quad (2-5)$$

### 2.4.3.2 正常品与劣等品

在影响需求的其他因素既定的条件下，需求的收入弹性系数可正可负，并可据此来判别该商品是正常品还是劣等品。

如果某种商品的需求收入弹性系数是正值，即$E_m>0$，表示随着收入水平的提高，消费者对此种商品的需求量增加。该商品即称为正常品。正常品的需求收入弹性系数可等于1大于1（奢侈品），或小于1（必需品），它们也分别称为单位弹性、富于弹性和缺乏弹性。

如果某种商品的需求收入弹性是负值，即$E_m<0$，表示随着收入水平的提高，消费者对此种商品的需求量反而下降，该商品即称为劣等品。那些低档的日用消费品，就可能具有负的收入弹性，因为随着人们收入水平的提高，人们会更多购买较好的消费品取代之。

需要进一步指出的是不同商品在一定的收入范围内具有不同的收入弹性，同一商品在不同的收入范围内也具有不同的收入弹性。收入弹性并不取决于商品本身的属性，而取决于消费者购买时的收入水平。这是因为，收入水平提高时，本来被认为是奢侈品的东西也许会被认为是必需品，本来被认为是正常商品的东西，可能会被认为是劣等品。

## 2.4.4 需求的交叉弹性

### 2.4.4.1 定义与计算方法

需求的交叉弹性是需求的交叉价格弹性的简称，它是指一种商品的需求量对另一种商品的价格变动的反应程度，其弹性系数是一种商品需求量变动的百分比与另一种商品价格变动的百分比之比。如果以$X$、$Y$代表两种商品，用$E_{XY}$代表$X$商品的需求量对$Y$商品的价格反应程度，则需求的交叉弹性公式为：

$$E_{XY}=\frac{X\text{商品需求量变动的百分比}}{Y\text{商品价格变动的百分比}}=\frac{\Delta Q_X/Q_X\times 100\%}{\Delta P_Y/P_Y\times 100\%}=\frac{\Delta Q_X}{\Delta P_Y}\cdot\frac{P_Y}{Q_X} \quad (2-6)$$

或

$$E_{XY}=\frac{\Delta Q_X}{(Q_{X_1}+Q_{X_2})/2}\div\frac{\Delta P_Y}{(P_{Y_1}+P_{Y_2})/2}=\frac{\Delta Q_X}{\Delta P_Y}\cdot\frac{P_{Y_1}+P_{Y_2}}{Q_{X_1}+Q_{X_2}} \quad (2-7)$$

### 2.4.4.2 互替品与互补品

需求的交叉弹性可以是正值，也可以是负值，它取决于商品间关系的性质，即两种商品是互替商品还是互补商品。同时，商品之间关系的密切程度可通过交叉弹性来度量。

如果商品$X$、$Y$的需求交叉弹性是正值，即$E_{XY}>0$，表示随着$Y$商品价格的提高（降低），$X$商品的需求量增加（减少），则$X$、$Y$商品之间存在替代关系，为互替品。其弹性系数越大，替代性就越强。

如果商品$X$、$Y$的需求交叉弹性是负值，即$E_{XY}<0$，表示随着$Y$商品价格的提高（降低），$X$商品的需求量减少（增加），则$X$、$Y$商品之间存在互补关系，为互补品。其弹性系数越大，互补性就越强。

当然，如果商品$X$、$Y$的需求交叉弹性为零，即$E_{XY}=0$，则说明$X$的需求量并不随$Y$的价格变动而发生变动，$X$、$Y$既非互替品也非互补品，它们之间没有什么相关性，是相对独立的两种商品。

## 2.4.5 供给弹性

在供给弹性中，供给的价格弹性是最基本、最主要的一种类型。因此，通常讲的供给弹性即指供给的价格弹性。

### 2.4.5.1 定义和计算方法

供给的价格弹性（以下简称为供给弹性）是一种商品的供给量对其价格变动的反应程度，其弹性系数等于供给量变动的百分比与价格变动的百分比之比。以$E_s$表示供给弹性系数，以$Q$和$\Delta Q$分别表示供给量和供给量的变动量，$P$和$\Delta P$表示价格和价格的变动量，则供给弹性系数为：

$$E_s=\frac{\text{供给量变动的百分比}}{\text{价格变动的百分比}}=\frac{\Delta Q/Q\times100\%}{\Delta P/P\times100\%}=\frac{\Delta Q}{\Delta P}\cdot\frac{P}{Q} \tag{2-8}$$

同需求的价格弹性系数的计算一样，供给弹性的弧弹性公式为：

$$E_s=\frac{\Delta Q}{(Q_1+Q_2)/2}\div\frac{\Delta P}{(P_1+P_2)/2}=\frac{\Delta Q}{\Delta P}\cdot\frac{P_1+P_2}{Q_1+Q_2}$$

点弹性公式为：

$$E_s=\lim_{\Delta P\to0}-\frac{\Delta Q}{\Delta P}\cdot\frac{P}{Q}=\frac{\mathrm{d}Q}{\mathrm{d}P}\cdot\frac{P}{Q} \tag{2-9}$$

由于商品的供给量与价格的变动在一般情况下是同方向变动的，因此供给弹性系数为正值。

### 2.4.5.2 供给弹性的类别

根据弹性系数的大小，供给弹性可分为五种类型：

第一，$E_s=0$，供给完全无弹性，其供给曲线是与纵轴平行的一条垂线，如图2-15（a）所示。极其稀缺、珍贵，无法复制的商品如土地、文物，接近于这类商品。

第二，$E_s=\infty$，供给弹性无穷大，其供给曲线是与横轴平行的一条水平线，如图2-15（b）所示。只有在商品出现严重过剩时，才可能出现类似的情况。

第三，$E_s=1$，供给为单元弹性。其供给曲线如图2-15（c）所示。这也是现实中一种极端的情况。

第四，$E_s<1$，供给缺乏弹性。此时，供给量变动的幅度小于价格变动的幅度。若供给曲线为一条直线，则供给曲线先与横轴相交，再与纵轴延伸线相交，如图2-15（d）所示。

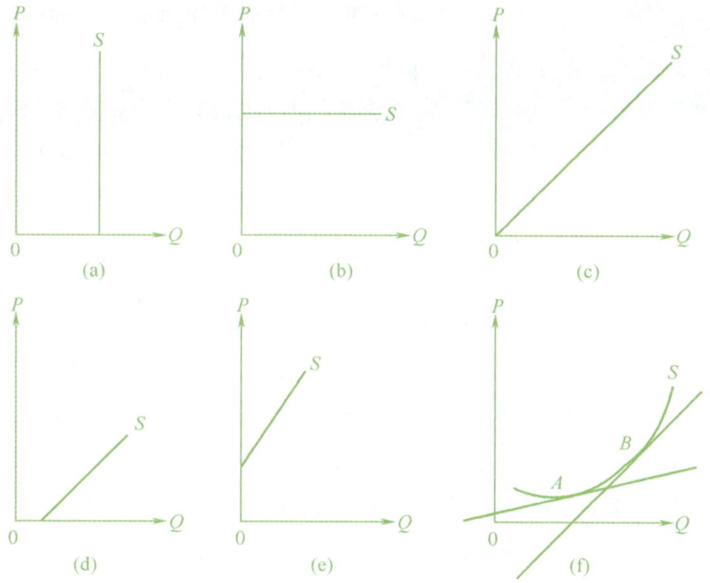


图2-15　供给弹性的不同形态

第五，$E_s>1$，供给富有弹性。此时，供给量变动的幅度大于价格变动的幅度。若供给曲线为一条直线，则供给曲线先与纵轴相交，再与横轴延伸线相交，如图2-15（e）所示。

前面说过，一定价格水平上的需求价格弹性系数可用需求曲线上相应点沿该点切线到横轴和纵轴的长度的比率来表示。同样，一定价格水平上的供给弹性系数也可用供给曲线上相应点沿该点切线到横轴和纵轴的长度的比率表示。如图2-15（f）中供给曲线*S*上*A*点的供给弹性大于1而*B*点上的供给弹性小于1。

#### 2.4.5.3　影响供给弹性的因素

供给弹性的大小主要受下列因素的影响：

一是生产的难易程度。一般而言，在一定时期内，容易生产的产品，当价格变动时其产量变动的速度快，因而供给弹性大；较难生产的产品，则供给弹性小。

二是生产规模和规模变化的难易程度。一般而言，生产规模大的资本密集型企业，其生产规模较难变动，调整的周期长，因而其产品的供给弹性小；而规模较小的劳动密集型企业，则应变能力强，其产品供给弹性大。

三是成本的变化。如果随着产量的提高，只引起单位商品成本轻微提高，供给弹性就大；而如果单位成本随着产量的提高明显上升，则供给弹性就小。

另外，时间的差异、厂商生产能力、对未来价格的预期等因素，都会影响供给弹性。

### 2.4.6　弹性理论与经济决策

研究商品供给和需求的弹性，对于经济决策有着重大意义。由于各种商品的不同需求价格弹性会影响销售收入，因而调整商品价格时要考虑弹性。例如，为了提高生产者收入，往往对农产品采取提价办法，而可对一些高档消费品采取降价办法。同样，给出口物资定价时，如出口目的主要是增加外汇收入，则要对价格弹性大的物资规定较低价格，对弹性小的物资规定较高价格。再如，各种商品的收入弹性也是经济决策时要认真考虑的。在规划各经济部门发展速度时，收入弹性大的行业，由于需求增长快于国民收入增长，因此发展速度应快些，而收入弹性小的行业，速度应当慢些。研究产品需求的交叉弹性也很有用。企业在制定产品价格时，应考虑到替代品和互补品之间的相互影响，否则，变动价格可能会对销路和利润产生不良影响。

## 【拓展阅读】

### 材料1　节俭还是浪费

刘然最近一直在烦恼着。

上个月，刘然将年近七十的岳父母接到了他在苏州工业园区的家中，二老对苏州的风景赞不绝口，又经常帮着刘然夫妇做点家务，一家人其乐融融。可是对于一些生活细节，老人们经常对小夫妻的做法不太认同，比如剩饭剩菜说扔就扔、出门打的，当然还有就是老喜欢上饭店吃饭。

上星期天，夫妻俩陪两位老人去观前街玩。在观前街上逛了两个多小时，大家很累了，刘然提议到茶馆里坐坐，喝杯茶，休息一会儿。岳母认为太浪费，想在街上坐，反正自己也带着水呢。无奈，大家休息了一会儿，就准备去博物馆参观。看到大家都走累了，路边又正好有好几辆人力车，刘然准备雇两辆，岳父坚决不同意，并很严肃地和刘然说："你现在有钱了，会剥削人了啊？"刘然无语，一家子只能挤上公交车。当然在博物馆的参观也就兴味索然了。

回到家后，刘然觉得很有必要和两位老人好好聊聊，主要议题就是对浪费的观念问题。刘然说："爸、妈，现在的社会和以前不太一样了，比如咱们坐出租车，国家有税收收入提高公共事业，司机有收入可以吃穿用，而司机的吃穿用又提高了社会需求，激活经济。再比如今天，我们如果到茶馆喝茶，我们享受到了片刻的宁静，茶馆老板得到了收入，茶馆的员工也能得到薪水。如果所有消费者都像我们一样在路边坐坐，茶馆就只能倒闭，员工就要失业。同理，您如果同意坐人力车的话，这是一件三赢的事情，对于您二老来讲可以得到休息、轻松看风景，对于我们来讲可以尽一份孝心，对于人力车夫来说十几分钟可以赚到二十元钱也不错，比他们在农村种地收入好些。二十元对我们来说不算什么，可对于来苏州打工的农民们，意味着房租、饭钱、孩子的学费。如果都像您这样不剥削的话，广大农民什么时候才能脱贫致富啊？还有我们给您二老买的衣服，您始终不舍得穿，身上还穿着十年前的单位制服，都像您这样节省的话，商店、服装厂、纺织厂、棉农可都活不下去了。"

两位老人被刘然说得一愣一愣，想反驳但又觉得刘然说得有道理。

### 材料2　操作系统、智能手机的互补品

20世纪八九十年代，为了确立DOS、Windows在计算机操作系统中的霸主地位，比尔·盖茨鼓励其他厂商开发DOS、Windows平台上的应用程序。盖茨的这一决策促使可在DOS、Windows操作系统上运行的应用程序迅速增多，远超麦金塔（苹果电

脑上使用的操作系统)、OS/2(由微软和IBM公司共同创造，后来由IBM单独开发的一套操作系统)和UNIX等操作系统下的应用软件，这使个人电脑用户选择的天平最终倒向了微软。

应用软件是操作系统的互补产品，随着应用软件数量的增加，微软操作系统对顾客的价值也在不断提高，这就是微软在操作系统上获得巨大成功所采用的互补品战略。

苹果手机的成功与此类似，2008年7月11日苹果商店正式上线时仅有500个应用程序，而2009年6月8日已经有5万个应用程序，累计下载次数超过10亿次(用户购买应用程序所支付的费用由苹果公司与应用开发商3：7分成)，苹果手机借此赢得了大量“果粉”。

2011年年底横空出世的小米手机的应用商店更为开放，其应用程序也可用在其他安卓平台手机，上线161天后(2012年11月中旬)累计下载量突破1亿次，2014年7月6日突破50亿次，2014年11月下旬突破100亿次。借此，小米手机2014年已经跻身全球智能手机出货量第六位，市场份额占5.2%。2020年，小米手机出货量1.46亿台，在亚洲市场，市场份额占14%。

## 本章小结

需求是指消费者在一定时期内，在不同价格水平下愿意而且能够购买的商品数。需求可以用需求表、需求曲线和需求函数来表示。需求规律是指在其他条件一定的情况下，商品的需求量与价格之间呈反方向变动，即需求量随商品本身的价格上升而减少，商品本身价格下降而增加。

需求量的变动是指因商品本身价格变化而其他影响因素不变所引起的需求数量沿需求曲线发生的变动；需求的变动是指与商品价格自身变化无关而由其他影响因素所引起的需求量的变动。

供给是指在某一时间内，生产者在一定的价格条件下愿意并可以出售的产品数量。供给可以用供给表、供给曲线和供给函数来表示。供给规律是指在其他条件不变的情况下，商品的供给量与价格呈正方向的变动关系，即商品价格越高，供给量越大；价格越低，供给量越小。

供给量是指在某一特定价格水平时，厂商愿意或计划供给的商品数量，即每个厂商供给量都是和特定的价格水平相对应的；供给是在不同价格水平时的不同供给量的总称。在供给表中，供给表现为整个供给表，在供给曲线中，供给表现为整条供给曲线。

均衡价格是由于需求与供给这两种相反力量的作用促使商品价格处于一种相对静止、不再改变的状态，其形成过程是市场在背后自发作用所产生的最后结果。

需求弹性是指用来衡量一种商品需求数量对于某些变量变化而做出的反应或者敏感程度。需求弹性可以分为需求价格弹性、需求收入弹性和需求交叉弹性三类。

供给弹性又称为供给的价格弹性，它表示在一定时期内相应于商品价格的相对变动，该商品供给量相对变动的程度。

## 练习与思考

### 一、概念识记

需求、需求规律、需求的变动、供给、供给规律、供给的变动、需求的价格弹性、需求的收入弹性、需求的交叉弹性、供给弹性、均衡价格、供给规律

### 二、简答题

1. 影响需求和供给的因素有哪些？
2. 影响需求价格弹性的因素有哪些？举例说明。
3. 简述均衡价格的形成过程，并分析其对于制定价格政策的现实意义。

### 三、计算题

假定某商品的需求函数是$Q_d=40-P$，供给函数是$Q_s=4P-5$。

1. 试求均衡价格和均衡产量。
2. 若需求函数变为$Q_d=55-P$，而供给函数不变，试求新的均衡价格与均衡产量。
3. 试求变动价格的需求弹性。

### 四、思考分析题

1. 下列情况发生时，某种蘑菇的需求曲线如何移动？左移、右移还是不变？为什么？

（1）卫生组织发布了一份报告，称食用这种蘑菇会致癌。

（2）另一种蘑菇的价格上涨了。

（3）消费者的收入增加了。

（4）培养蘑菇的工人工资增加了。

2. 下列事件对产品$X$的供给有何影响？

（1）生产产品$X$的技术有重大革新。

（2）在生产产品$X$的行业内，企业数目减少了。

（3）生产产品$X$的工人和原材料价格上涨了。

（4）预计产品$X$的价格会下降。

### 五、实训项目

主题：市场调研（家电的价格调查）

要求：请各位同学进行一次持续的市场调查，了解某一个家电产品在上市以后的价格变动情况，并尝试分析其原因，制作一份调查报告。

# 3 消费者行为分析

## 知识目标

1. 理解效用的含义。
2. 掌握边际效用递减规律。
3. 掌握消费者均衡条件。
4. 理解消费者剩余的含义。

## 能力目标

能够运用效用理论初步分析消费者行为，指导消费者进行理性消费决策。

## 案例导入

**最好吃的东西**

兔子和猫争论，世界上什么东西最好吃。兔子说："世界上萝卜最好吃，萝卜又甜又脆又解渴，我一想起萝卜就流口水。"

猫不同意，说："世界上最好吃的东西是老鼠，老鼠的肉非常嫩，嚼起来又酥又松，味道美极了！"

兔子和猫争论不休、相持不下，跑去请猴子评理。

猴子听了，不由得大笑起来："瞧你们这两个傻瓜蛋，连这点常识都不懂！世界上最好吃的东西是什么？是桃子！桃子不但美味可口，而且长得漂亮，我每天做梦都梦见吃桃子。"

兔子和猫听了，全都直摇头。那么，世界上到底什么东西最好吃？

这则寓言反映了一个主题，即物品具有满足人们欲望的能力，只是这种能力因人而异，并且随着时间的不同、场合的变更而有所变化，那么如何建立一个统一的标准去衡量这一特性呢？这就涉及效用的概念。

# 3.1 欲望与效用

【思考与讨论】

假设你工作后获得了第一笔不多的收入，你打算如何支配呢？

导论中探讨经济学定义时已经谈到人们每天都要就如何配置有限的资源做出选择。同样地，消费者每天也面临着这样的选择——该如何支配他的有限收入呢。他必须将他的现有收入在各种可供选择的物品之间进行配置。是买一辆新车还是修理原来的旧车呢？是看电影、吃饭还是买衣服呢？是花掉多数收入还是储蓄起来以备日后之用呢？当人们平衡各种需求和欲望的时候，就在做出决定自己生活方式的选择。

消费是人类社会中基本的经济活动之一。全世界每年私人消费支出要占到新创造财富总额的60%以上。这样巨大的消费支出花在数不清的商品和服务上，反映了数十亿消费者的选择。为什么消费者购买这些商品和服务而不购买其他商品和服务呢？他们的选择受什么因素的影响，这便是消费者选择理论要讨论的问题。

本章将探讨消费者选择和消费者行为的基本原则，也是对前章介绍的需求曲线是如何形成的进一步考察。

## 3.1.1 欲望

消费者行为的出发点是欲望，归宿是欲望的满足，即效用。

经济学家认为消费者行为取决于消费动机，消费动机来源于人的欲望。欲望是一种缺乏的感觉与求得满足的愿望，是人们的一种心理感觉。欲望的特点是其无限性，一种欲望满足之后又会产生其他的欲望，永远也没有满足的时候。正如中国的俗语所说的“人心不足蛇吞象”。欲望的无限性正是推动社会前进的动力。人的欲望虽无止境，但却有轻重缓急之分，因此经济学在研究消费者行为时就把研究人的欲望作为出发点。欲望具有层次性。人们满足了低层次的欲望后，就会有高层次的欲望，就像寓言《农夫和金鱼》里所描述的一样。

## 3.1.2 效用

效用是指商品满足人的欲望的能力，或者说，效用是指消费者在消费商品时所感受到的满足程度。一种商品对消费者是否具有效用，取决于消费者是否有消费这种商品的欲望以及这种商品是否具有满足消费者的欲望的能力。著名经济学家萨伊就曾经提出：“所谓生产，不是创造物质，而是创造效用。”所以效用这一概念与人的欲望是联系在一起的，它是消费者对商品满足自己欲望的能力的一种主观心理评价。

效用的主观性就是指某种物品是否具有效用以及效用的大小，它是没有客观标准的，完全取决于消费者消费该物品的主观感受。满足的程度越高，则效用越大；反之，满足程度越低，则效用越小。由于效用的大小是每个消费者的自我感受，所以，同一物品对不同的人，效用的大小是不同的。例如，一碗米饭对饥饿者来说效用很大，而对酒足饭饱者来说则效用很小。能满足人们某种欲望的物品就有效用，而欲望具有多样性，因此效用通常不含伦理学判断。如吸烟能满足吸烟者的吸烟欲望，就是有效用的，至于吸烟是否有损身体健康则不在考虑范围内。所以理性的消费者在消费时不能仅以物品是否具有效用作为判断标准，更应当倡导积极健康的消费方式。此外效用可正可负。仍以吸烟为例，一个人喜欢吸烟，一个人讨厌吸烟，对吸烟者来说，烟有正效用；而对讨厌吸烟者来说，则会感到痛苦或不适，可能为负效用。效用具有相对性，即使对同一种物品，对同一个人而言，其效用大小也会发生变化，在不同的时间、地点，人们对同一物品的效用会做出不同的评价。

【趣闻杂谈】

**爱因斯坦关于相对论的风趣回答**

伟大的物理学家爱因斯坦创立了相对论。有几位青年问他什么是相对论，他风趣地回答："当你和一位美丽的姑娘坐上两个小时，你会感到好像只有一分钟；但是要是在炽热的火炉边，哪怕只坐一分钟，你却感到好像坐了两个小时。这就是相对论。"爱因斯坦生动幽默地阐明了时间的相对性，又符合了青年人的心理特点。

这个关于相对论的解释和效用的主观性、相对性有着微妙的契合。

### 3.1.3 基数效用论和序数效用论

既然效用是用来表示消费者在消费商品时所感受到的满足程度，于是，就产生了对这种"满足程度"即效用的度量问题。在这一问题上，西方经济学家先后提出了基数效用和序数效用的概念，并在此基础上，形成了分析消费者行为的两种方法，它们分别是基数效用论者的边际效用分析方法和序数效用论者的无差异曲线的分析方法。

基数和序数这两个术语来自数学。基数是指1、2、3……是可以加总求和的。例如，基数3加9等于12，且12是3的4倍等。序数是指第一、第二、第三……序数只表示顺序或等级，是不能加总求和的。例如，序数第一、第二和第三，可以是10、20和50，也可以是11、19和21。它所要表明的仅仅是第二大于第一，第三大于第二，至于第一、第二和第三本身各自的数量具体是多少，是没有意义的。

在19世纪末和20世纪初期，西方经济学家普遍使用基数效用的概念。基数效用论者认为，效用如同长度、重量等概念一样，可以具体衡量并加总求和，具体的效用量之间的比较是有意义的。表示效用大小的计量单位被称为效用单位。例如，对某一个人来说，吃一顿丰盛的晚餐和看一场高水平的足球赛的效用分别为5效用单位和10效用单位，则可以说这两种消费的效用之和为15效用单位，且后一种效用是前一种效用的2倍。根据这种理论可以用具体的数字来研究消费者效用最大化的问题。基数效用论采用的是边际效用分析方法。

到了20世纪30年代，序数效用的概念为大多数西方经济学家所使用。序数效用论者认为，效用是一个有点类似于香、臭、美、丑那样的概念，效用的大小是无法具体衡量的，效用之间的比较只能通过顺序或等级来表示。仍以上面的例子来说，消费者要回答的是偏好哪一种消费，即哪一种消费的效用是第一，哪一种消费的效用是第二，或者是说，要回答的是宁愿吃一顿丰盛的晚餐，还是宁愿看一场高水平的足球赛。进一步说，序数效用论者还认为，就分析消费者行为来说，以序数来度量效用的假定比以基数来度量效用的假定所受到的限制要少，它可以减少一些被认为是值得怀疑的心理假设。序数效用论采用的是无差异曲线的分析方法。

## 3.2 基数效用理论

【思考与讨论】

1. 你会连续购买多件相同的衣服吗？为什么？
2. 富人用一元钱是不是比穷人用一元钱更轻率，为什么？

### 3.2.1 总效用和边际效用

在运用边际分析法来分析消费者行为时，首先要了解两个重要的概念：总效用和边际效用。

#### 3.2.1.1 总效用（total utility）

总效用（$TU$）是消费者消费一定量的商品或服务所得到的总满足程度，或者说是从一定数量的消费中所得到的效用的总和。

#### 3.2.1.2 边际效用（marginal utility）

边际效用（$MU$）是指消费者从每增加一单位某种商品的消费所增加的满足程度。在西方经济学中边际的含义是指自变量增加所引起的因变量的增加量。在边际效用中，自变量是某种物品的消费量，因变量则是满足程度或效用。消费量变动所引起的效用的变化即为边际效用。如果从边际效用和总效用的关系上看，边际效用就是每增加（或减少）1单位某种商品的消费所引起的总效用的增加（或减少）量。如果用$MU$表示边际效用，$\Delta Q$表示消费$X$商品的增加量，$\Delta TU$表示总效用的增加量，则：

$$MU = \frac{\Delta TU}{\Delta Q} \tag{3-1}$$

如果$X$商品是无限可分的，当商品的增加量趋于无穷小，即$\Delta Q \to 0$时，则：

$$MU = \lim_{\Delta Q \to 0} \frac{\Delta TU}{\Delta Q} = \frac{\mathrm{d}TU}{\mathrm{d}Q} \tag{3-2}$$

【知识链接】

**边际革命**

西方经济学效用理论的思想渊源可以追溯到以边沁和密尔为代表的英国功利主义哲学，但其直接奠基于19世纪50～70年代的“边际革命”。在此期间奥地利经济学家门格尔（Menger，1840—1921）、英国经济学家杰文斯（Jevons，1835—1882）、瑞士洛桑派的法国经济学家瓦尔拉斯（Leon Walras，1834—1910），几乎同时提出了一种抽象的经济理论——边际效用价值论，强调决定商品价值的是商品的边际效用，这就是在西方经济学领域发生的所谓“边际革命”。他们在西方经济史上被称为“边际三杰”。

后来，英国经济学家A.马歇尔把“边际革命”同以后的西方经济学新的研究成果加以综合，形成了以边际分析方法为基础，研究单个经济单位经济行为和市场机制的比较完整的微观经济学理论体系。

### 3.2.1.3 总效用与边际效用的关系

边际效用和总效用的关系可以举例说明。假设消费者连续消费面包，其总效用和边际效用如表3-1所示。

**表 3-1　消费面包的效用表**

| 面包的消费量 | 总效用 | 边际效用 |
|---|---|---|
| 0 | 0 | 0 |
| 1 | 30 | 30 |
| 2 | 50 | 20 |
| 3 | 60 | 10 |
| 4 | 60 | 0 |
| 5 | 50 | -10 |

从表3-1中可以看出，当消费1单位面包时，总效用为30效用单位，从没有消费面包到消费1单位面包，消费量增加了1单位，效用增加了30效用单位，因而边际效用为30效用单位；当消费2单位面包，总效用为50个单位，由消费1单位面包到消费2单位面包，消费量增加1单位，效用从30效用单位增至50效用单位，所以边际效用单位为20效用单位……以此类推，当消费5单位面包时，总效用50效用单位，边际效用为-10效用单位，即增加第5个单位的面包的消费时给消费者所带来的是负效用。

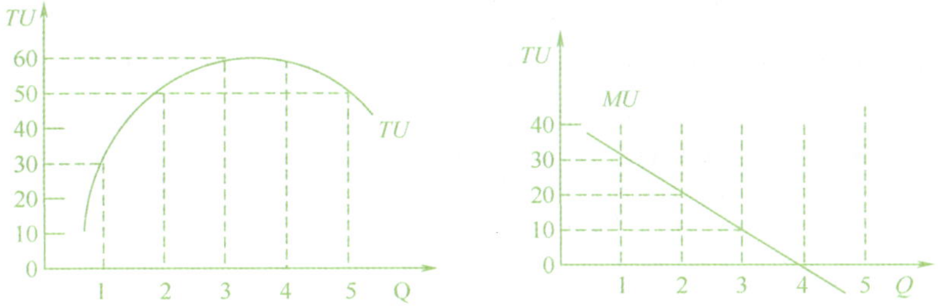


图3-1　总效用与边际效用

从图3-1中可以总结出总效用和边际效用的关系：当边际效用为正数时，总效用是增加的；当边际效用为零时，总效用达到最大；当边际效用为负数时，总效用是减少的。

## 3.2.2 边际效用递减规律

### 3.2.2.1 边际效用递减规律的含义

从图3－1中还可以看出，边际效用是递减的，即随着消费者对某种商品消费量的增加，消费者从该商品连续增加的消费单位中所得到的边际效用是呈逐步下降趋势的。经济学中称为边际效用递减规律，俗称“饱汉理论”。

【知识链接】

**戈森第一定理**

边际效用递减规律也被称为戈森第一定理。赫尔曼·海因里希·戈森（Hermann Heinrich Gossen，1810—1858），德国经济学家，边际效用论的主要先驱者之一。

他提出了两个定律：其一，边际效用递减规律，也称戈森第一定律。即人类为满足欲望和享乐需不断增加消费次数，而满足感会随着消费次数的增加而递减。当满足为零时消费就应停止，如再增加消费则满足为负数，就变为痛苦。戈森第一定理也即“欲望强度或享乐递减定律”。

其二，边际效用均等规律，也称戈森第二定律。即在收入既定的条件下，当各类被享用物品的边际效用相等时，获得总和最大的享乐，其代表作《人类关系法则及人类行为规范》出版于1854年，该书提出了有关人类享乐的法则，阐述了价值、生产和价格等问题，为边际效用论奠定了理论基础。

然而，戈森的学说起初并未得到重视，直到20年后“边际革命”的到来才开始受到青睐，并于1889年在德国重新出版发行。

### 3.2.2.2 边际效用递减规律的原因

造成这种现象的原因可以从两个方面来看：

（1）生理或心理的原因。消费一种物品的数量越多，人的生理或心理上对这种连续刺激的反应就会越来越小，从而使满足程度递减，最后甚至会出现反感或抵制。

（2）物品本身用途的多样性。物品本身具有多种用途，而每种用途的重要性不同，消费者又总是先把它用于最基本层次的需要。因而第一单位的消费就会有最大的边际效用，当第一层次的需要得到一定程度的满足后，消费者就会把它用于第二、第三……层次的需要上，从而使其用途也越来越次要，边际效用也就递减了。例如某消费者有3个面包，他可能把第一个面包用于最重要的充饥上，以满足其生理的需要；把第二个面包用于赠送朋友，以满足爱的需要；把第三个面包用于施舍，以满足对善的追求。这3个面包的用途在重要性上是不同的，因而其边际效用也不同。可见，边际效用递减是符合实际情况的。

### 3.2.2.3 边际效用递减规律与需求定理

我们在前面分析需求时知道，商品的需求量与价格呈反方向变动，造成这种变动的原因就是边际效用递减规律。

假定，货币的边际效用是相等的，即每单位货币所带来的效用均相同，不存在边际效用递减，那么消费者为了购买一定数量某商品所愿意付出的价格就取决于他从消费这一定量物品中所能得到的效用了。效用大，他愿意付出的价格就高；效用小，愿意付出的价格就低。随着消费者所购买的该物品的数量的增加，该物品给他所能带来的边际效用就会递减，因而消费者愿意为购买该物品所付出的价格就会下降。这样，该物品的需求量与其价格就必然会出现反向变动的关系了。也就是说，根据边际效用递减规律，一种商品数量越多，其边际效用越小，故其价格越低；一种商品数量越少，其边际效用越大，故其价格越高。这就是需求定理背后的原因。

【趣闻杂谈】

**吃三个面包的感觉**

美国总统罗斯福连任三届后，曾有记者问他有何感想，总统一言不发，只是拿出一块三明治面包让记者吃，这位记者不明白总统的用意，又不便问，只好吃了。接着总统拿出第二块，记者还是勉强吃了。紧接着总统拿出第三块，记者为了不撑到自己，赶紧婉言谢绝。这时罗斯福总统微微一笑："现在你知道我连任三届总统的滋味了吧。"

## 3.2.3 消费者均衡

消费者的收入总是有限的，一个有理性的消费者总是尽力把他有限的收入用于购买各种物品，来满足自己的需要。而且还要获得最大程度的满足，使其得到的效用最大化。消费者均衡就是指在消费者收入既定的情况下，消费者实现效用最大化的购买行为。

例如：你带1000元去逛商场，准备购买一件上衣和一条裤子，你看中了一套名牌服装，这件服装虽然你很喜欢但价格超出了1000元，也就是说给你带来效用虽然大，但超出了你的支付能力；你说你就带了1000元，卖服装的售货员又给你推荐了另外一套价格为1000元的服装，但你觉得不值，经过货比三家，在充分选择的基础上你终于选到了喜欢的服装，也恰好是1000元。女士们爱逛商场，无非就是要挑选自己最满意的服装，在对一种商品要决策"买不买"时，会把效用与价格进行比较。当你对自己购买的服装最满意的时候，花钱最少，得到的效用最大。

### 3.2.3.1 消费者均衡的假设前提

在研究消费者均衡时，我们假设：第一，消费者的收入是既定的，每一元货币的边际效用对消费者都是相同的，即货币收入是有限的，货币的边际效用不存在递减的问题；第二，消费者的偏好是既定的，即他对各种物品效用与边际效用的评价是既定的，不会发生变动；第三，市场的价格是既定的。消费者均衡正是要说明在这些假设条件之下，消费者如何把有限的收入分配于各种物品的消费上，以获得最大效用。

### 3.2.3.2 消费者均衡的条件

在上述假定的条件下，消费者均衡的条件是：消费者用全部收入所购买的各种物品所带来的边际效用，与为购买这些物品所支付的价格的比例相等，或者说每1单位货币所得到的边际效用都相等。

可以用两个公式来说明消费者均衡的条件。假设消费者的收入为$M$，消费者购买并消费$X$与$Y$两种物品，$X$与$Y$的价格为$P_X$与$P_Y$，所购买的$X$与$Y$的数量为$Q_X$与$Q_Y$，$X$与$Y$所带来的边际效用为$MU_X$与$MU_Y$，每1单位货币的边际效用为$MU_m$。这样可以把消费者均衡的条件写为：

$$M=P_X\cdot Q_X+P_Y\cdot Q_Y \qquad (3\text{-}3)$$

$$\frac{MU_X}{P_X}=\frac{MU_Y}{P_Y}=MU_m \qquad (3\text{-}4)$$

上述式（3-3）是限制条件，说明收入是既定的，购买$X$与$Y$物品的支出不能超过收入，也不能小于收入。超过收入的购买是无法实现的，而小于收入的购买也达不到既定收入时的效用最大化。式（3-4）是消费者均衡的条件，即所购物品带来的边际效用与其价格之比相等，也就是说，每1单位货币所得到的边际效用都相等。

例如，某消费者的收入为1000元，购买$X$和$Y$两种商品，$X$商品每单位10元，$Y$商品每单位5元，$X$商品的边际效用为100单位，$Y$商品的边际效用为50单位，它用600元购买$X$商品60单位，用400元购买$Y$商品80单位，可以实现效用最大化。可将该例代入上述公式验证：

10元/单位×60单位+5元/单位×80单位=1000元

100/10=50/5=10

当$MU_X/P_X<MU_Y/P_Y$时，对于消费者来说，同样的一元钱购买到商品$X$所得到的边际效用小于购买商品$Y$所得到的边际效用。这样理性的消费者就会调整这两种商品的购买数量，减少对商品$X$的购买量，增加对商品$Y$的购买量。在调整过程中，消费者减少对商品$X$的购买量带来的商品$X$的边际效用的减少量，是小于增加商品$Y$的购买量带来的商品$Y$的边际效用的增加量的，这说明消费者的总效用是增加的。当消费者将其购买组合调整到同样一元钱购买这两种商品所得到的边际效用相等，即$MU_X/P_X=MU_Y/P_Y$时，消费者就得到了最大效用。

相反，当$MU_X/P_X>MU_Y/P_Y$时，说明对于消费者来说同样的一元钱购买商品$X$所得到的边际效用大于购买商品$Y$所得到的边际效用。同理可知，消费者也会进行与前面相反的调整过程，即增加对商品$X$的购买，减少对商品$Y$的购买，直至$MU_X/P_X=MU_Y/P_Y$时消费者得到最大效用。

当$MU_X/P_X<MU_m$时，说明消费者用一元钱购买商品$X$所得到的边际效用小于所付出的一元钱的边际效用，即消费者对商品$X$的购买量太多了，这样理性的消费者就会减少对商品$X$的购买，在边际效用递减规律的作用下直至$MU_X/P_X=MU_m$。

当$MU_X/P_X>MU_m$时，说明消费者用一元钱购买商品$X$所得到的边际效用大于所付出的一元钱的边际效用，即消费者对商品$X$的购买量不足，这样理性的消费者就会增加对商品$X$的购买，在边际效用递减规律的作用下直至$MU_X/P_X=MU_m$。

同样的原理，购买两种以上商品时，消费者的均衡条件为：

$$M=P_1\cdot Q_1+P_2\cdot Q_2+P_3\cdot Q_3+\cdots+P_n\cdot Q_n$$

$$\frac{MU_1}{P_1}=\frac{MU_2}{P_2}=\frac{MU_n}{P_n}=MU_m$$

其中：$Q_1$、$Q_2$、…、$Q_n$表示各种商品的购买量，$P_1$、$P_2$、…、$P_n$表示各种商品的价格，$MU_1$、$MU_2$、…、$MU_n$表示各种商品的边际效用。

【知识链接】

**货币的边际效用**

货币的边际效用是指消费者每增加一单位货币收入所带来的效用增量。基数效用论者认为，不仅商品的边际效用是递减的，货币收入的边际效用也是递减的。货币收入的边际效用，是指每增加或减少一单位的货币收入所增加或减少的效用 。这就意味着，一方面，随着某消费者货币收入的逐步增加，每增加一元钱给消费者所带来的边际效用越来越小；另一方面，同样数量的货币收入，对穷人和富人来讲，其边际效用是存在很大的差别的。但在消费者行为理论分析中通常假定它是一个不变的常数，以简化分析。因为在一般情况下，消费者的收入是给定的，而且，单位商品的价格只占消费者总货币收入量中的很小部分，所以，当消费者对某种商品的购买量发生很小的变化时，所支出的货币的边际效用的变化是非常小的，因此，我们在分析消费者的行为时，可以忽略这种微小货币的边际效用的变化，假定其是既定的。

## 3.3 序数效用理论

【思考与讨论】

免费发给消费者一定数量的食品与发给消费者按市场价格折算的现金，哪种方式给消费者带来的效用更大？

与基数效用论不同，一些经济学家（如帕累托、西克斯和艾伦）认为：效用是用来表示个人偏好的心理活动，因此效用是无法计量并加总求和的，只能表示出满足程度的高低和排列顺序，因而效用只能用序数（第一、第二、第三、……）来表示。比如，你可以确定在茶、咖啡两杯饮料中，更喜欢哪一种。如果你认为茶带来的效用大于咖啡所带来的效用，那么，茶第一，咖啡第二。但你很难说清楚这两种饮料中，茶的效用究竟比咖啡大多少，因为这两种饮料的效用很难用具体的数字来表示。实际上在消费者行为分析中，我们并不要求具体衡量效用的多少，而只要求消费者能根据自己的偏好给不同商品组合的效用排列出一个顺序即可，这种方法称为序数效用法，其主要分析工具为无差异曲线。

现代经济学家一般都假定效用是以序数来度量的，但这并不意味着以基数效用论为假定前提的消费者行为理论是错误的。在现代经济理论中，基数效用论与序数效用论同时存在，相互补充。

【趣闻杂谈】

**布里丹的驴**

经济学中有一个很经典的笑话，叫“布里丹的驴”。关于这头驴的故事最先是由巴黎大学的布里丹（Jean Buridan）讲述的。故事讲的是有一头饥饿的驴，面对着两堆有同样诱惑力的干草，一直不能决定去吃哪一堆。结果三天之后，它还是无法决断，终于饿死了。这头不幸的驴之所以忍饥挨饿直到被饿死，因为它面对的是两堆有同样诱惑力的干草，难以抉择。在经济学中的说法叫“无差异”。

## 3.3.1 无差异曲线

### 3.3.1.1 关于消费者偏好的假定

序数效用论者认为，商品的效用是无法具体衡量的，商品的效用只能用顺序或等级来表示。他们提出消费者偏好的概念，取代了基数效用论者的关于效用的大小可以用“效用单位”来表示的说法。序数效用论者指出：消费者对于各种不同的商品组合的偏好（即爱好）程度是有差别的，这种偏好程度的差别决定了不同商品组合的效用的大小顺序。具体地讲，对于*A*、*B*两个商品组合，若某消费者对*A*组合的偏好程度大于对*B*组合的偏好程度，则可以说*A*组合的效用水平大于*B*组合，或者说，*A*组合给消费者带来的满足程度大于*B*组合。

序数效用论者对消费者偏好有以下三个基本的假设条件：

（1）偏好的可比性。对于任何两个商品组合*A*和*B*，消费者总是可以做出，而且也只能做出以下三种判断中的一种：对*A*的偏好大于对*B*的偏好，对*A*的偏好小于对*B*的偏好，对*A*和*B*的偏好相同。对*A*和*B*具有相同的偏好，也被称为*A*和*B*是无差异的。

（2）偏好的可传递性。对于任何三个商品组合*A*、*B*和*C*，如果某消费者已经做出判断：对*A*的偏好大于（小于或等于）对*B*的偏好，对*B*的偏好大于（小于或等于）对*C*的偏好。那么，该消费者必须做出对*A*的偏好大于（小于或等于）对*C*的偏好的判断。

（3）偏好的非饱和性。如果两个商品组合的区别仅在于其中一种商品的数量的不同，那么，消费者总是偏好于含有这种商品数量较多的那个组合。这意味着，消费者对每一种商品的消费都处于饱和以前的状态。

序数效用论者还建立了其他一些假设条件来分析消费者行为，而上述三个条件是经常提到的。

### 3.3.1.2 无差异曲线的含义

无差异曲线和偏好这一概念是联系在一起的。无差异曲线是用来表示消费者偏好相同的两种商品的不同数量的各种组合。或者说，它是表示能给消费者带来相同的效用水平或满足程度的两种商品的不同数量的各种组合。与无差异曲线相对应的效用函数为：

$$U=f(X, Y) \tag{3-5}$$

式中，$X$和$Y$分别为商品1和商品2的数量；$U$为常数，表示某个效用水平。由于无差异曲线表示的是序数效用，所以，这里的$U$只需表示某一个效用水平，而不在乎其具体数值的大小。有的西方学者称这种效用水平为效用指数。

无差异曲线可以用表3-2和图3-2来说明。

表 3-2 某消费者的无差异表

| 商品组合 | 表 a | | 表 b | | 表 c | |
|---|---|---|---|---|---|---|
| | *X* | *Y* | *X* | *Y* | *X* | *Y* |
| *A* | 20 | 130 | 30 | 120 | 50 | 120 |
| *B* | 30 | 60 | 40 | 80 | 55 | 90 |
| *C* | 40 | 45 | 50 | 63 | 60 | 83 |
| *D* | 50 | 35 | 60 | 50 | 70 | 70 |
| *E* | 60 | 30 | 70 | 44 | 80 | 60 |
| *F* | 70 | 27 | 80 | 40 | 90 | 54 |

表3-2是由某消费者关于商品$X$和商品$Y$的一系列组合所构成的无差异表。该表由三个子表即表a、表b和表c组成，每一张子表中有商品$X$和商品$Y$的不同数量的6种组合。每一张子表中的6种商品组合给该消费者所带来的效用水平被假设为是相等的。以其中的表 a为例分析：表a中有商品$X$和商品$Y$的$A$、$B$、$C$、$D$、$E$、$F$ 6种组合，$A$组合中有20单位的商品$X$和130单位的商品$Y$；$B$组合中有30单位的商品$X$和60单位的商品$Y$，等等。消费者对于这6个消费组合的偏好程度是无差异的，他认为这6个组合各自给他所带来的满足程度是相同的。同样道理，消费者对表b中的6个商品组合的偏好程度也是无差异的，表c中的6个商品组合给消费者带来的满足程度也是相同的。

当然，消费者的偏好的程度是无限多的，因此，他有无穷多个无差异子表。表3-2所表示的不过是其中的3个。

根据表3-2绘制的无差异曲线如图3-2所示。既然消费者具有无穷多个无差异子表，那么，根据无差异子表而作出的无差异曲线也有无数条，图3-2所表示的不过是其中的3条。

图中的横轴表示商品$X$的数量，纵轴表示商品$Y$的数量，$I_1$、$I_2$和$I_3$分别代表与表a、表b和表c相对应的三条无差异曲线。图中的无差异曲线是这样得到的：以无差异曲线$I_1$为例，假定商品数量可以无限细分，先在坐标图上描出表a中的$A$、$B$、$C$、$D$、$E$和$F$的6个组合点，然后用曲线将这6个点连接起来，便形成了光滑的无差异曲线$I_1$。类似地，根据表b和表c，可以分别作出无差异曲线$I_2$和$I_3$。

#### 3.3.1.3 无差异曲线的特点

图中的每一条无差异曲线上的任何一点，如无差异曲线$I_1$上的$A$、$B$、$C$、$D$、$E$和$F$点所代表的商品组合给消费者带来的效用水平都是相等的。显然，无差异曲线是消费者偏好相同的两

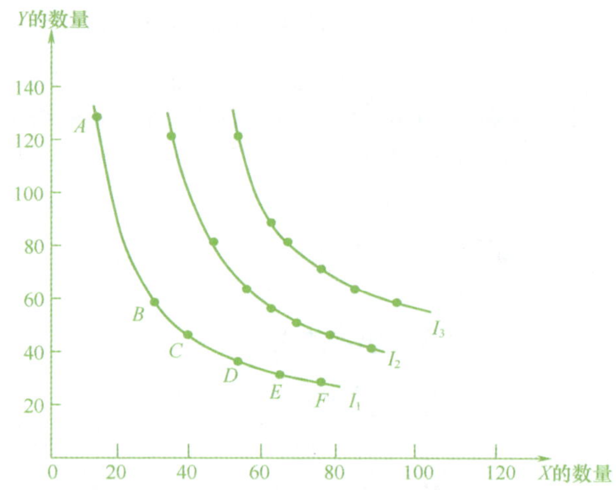


图3-2 某消费者的无差异曲线

种商品的各种不同组合的轨迹。每一条无差异曲线代表一个效用水平，不同的无差异曲线代表不同的效用水平。根据消费者偏好的第三个假设，稍加分析，不难发现，在图中，三条无差异曲线各自代表的效用水平是不相同的，其中，无差异曲线$I_3$代表的效用水平大于无差异曲线$I_2$，无差异曲线$I_2$代表的效用水平大于无差异曲线$I_1$。

无差异曲线被认为具有以下特点：

（1）无差异曲线是一条向右下方倾斜的曲线，其斜率为负值。这表明，在收入与价格既定的条件下，消费者要得到相同的总效用，在增加一种商品的消费时，必须减少另一种商品的消费，两种商品不能同时增加或减少。

（2）在同一坐标平面上的任何两条无差异曲线之间，存在着无数条无差异曲线。或者说，可以有无数条无差异曲线覆盖整个坐标平面图。离原点越近的无差异曲线代表的效用水平越低，离原点越远的无差异曲线代表的效用水平越高。如在图3-2中，离原点最近的无差异曲线$I_1$代表的效用水平最低，离原点最远的无差异曲线$I_3$代表的效用水平最高，无差异曲线$I_2$代表的效用水平居中。

（3）在同一坐标平面上的任意两条无差异曲线不会相交。因为交点上两条无差异曲线代表了相同的效用，这与第二个特征相矛盾。

（4）无差异曲线是凸向原点的。从图3-2可见，无差异曲线不仅是向右下方倾斜的，即无差异曲线的斜率是负值，而且，无差异曲线是凸向原点的，即随着商品X的数量的连续增加，无差异曲线的斜率的绝对值是递减的。无差异曲线的这一特点是由商品的边际替代率递减规律所决定的。

#### 3.3.1.4 商品的边际替代率

所谓边际替代率，就是消费者在保持相同的效用时，若想增加某种商品的消费量，就必须减少另一种商品的消费量，而减少的商品消费量与所增加的另一种商品消费量之比，便称为边际替代率。

边际替代率递减规律是指在维持效用水平不变的前提下，随着一种商品消费数量的连续增加，消费者为得到每一单位的这种商品所需要放弃的另一种商品的消费数量是递减的。如设$\Delta X$为商品$X$的增加量，$\Delta Y$为商品$Y$的减少量，$MRS_{XY}$为商品$X$替代商品$Y$的边际替代率，则有：

$$\mathrm{MRS}_{XY}=-\frac{\Delta Y}{\Delta X} \tag{3-6}$$

边际替代率的值应为负数，但人们一般取其绝对值。

假定商品数量的变化量趋于无穷小，即当$\Delta X\to 0$时，商品的边际替代率式（3-6）可以写为：

$$\mathrm{MRS}_{XY}=\lim_{\Delta X\to 0}\left(-\frac{\Delta Y}{\Delta X}\right)=-\frac{\mathrm{d}Y}{\mathrm{d}X} \tag{3-7}$$

边际替代率之所以呈递减的趋势，因为，随着商品$Y$的减少，它的边际效用在递增，而每增加一定量的商品$X$所能代替的商品$Y$的数量便越来越少，即商品$X$以同样的数量增加时，所减少的商品$Y$越来越少，从而$MRS_{XY}$也就必然是递减的了。这种情况也可以通过前面的表3-2来说明，如表a组合中20单位商品$X$和130单位商品$Y$，若消费者要想再增加10单位商品$X$，就必须减少70单位商品$Y$（由$A$变成$B$组合方式）；要想再多得到10单位商品$X$，则必须减少15单位商品$Y$（由$B$变为$C$组合方式）；要想再得到10单位商品$X$，则只需减少10单位商品$Y$（由$C$变为$D$组合方式）。可见，商品$X$代替商品$Y$的边际替代率是递减的。

商品的边际替代率递减的原因在于：当消费者处于商品$X$的数量较少和商品$Y$的数量较多的$A$点时，消费者会由于拥有较少数量的商品$X$而对每一单位的商品$X$较为偏好，同时，会由于拥有较多数量的商品$Y$而对每一单位的商品$Y$的偏好程度较低。于是，每一单位的商品$X$所能替代的商品$Y$的数量是比较多的，即商品的边际替代率比较大。但是，随着消费者由$A$点逐步运动到$E$点，消费者拥有的商品$X$的数量会越来越多，相应地，对每一单位商品$X$的偏好程度会越来越低；与此同时，消费者拥有的商品$Y$的数量会越来越少，相应地，对每一单位商品$Y$的偏好程度会越来越高。于是，每一单位的商品$X$所能替代的商品$Y$的数量便越来越少。也就是说，商品的边际替代率是递减的。

从几何意义上讲，商品的边际替代率递减表示无差异曲线的斜率的绝对值是递减的。商品的边际替代率递减规律决定了无差异曲线的形状凸向原点。

【知识链接】

### 无差异曲线的特例

无差异曲线的形状表明在维持效用水平不变的前提下一种商品对另一种商品的替代程度。由边际替代率递减规律决定的无差异曲线的形状是凸向原点的，这是无差异曲线的一般形状。无差异曲线还可能存在以下两种特殊情况。

（1）完全替代品的情况。完全替代品指两种商品之间的替代比例是固定不变的情况。因此，在完全替代的情况下，两种商品之间的边际替代率是一个常数，相应的无差异曲线是一条斜率不变的直线。瓶装可乐与听装可乐或许可以视为这一情况的例子：对于不注重包装而只注重内容的消费者而言，1500mL瓶装可乐与355mL听装可乐之间的边际替代率约为4（1500/355）。完全替代品的无差异曲线如图3-3（a）所示。

（2）完全互补品的情况。完全互补品指两种商品必须按固定不变的比例同时被使用的情况。因此，在完全互补的情况下，相应的无差异曲线为直角形状。例如，一双鞋子的左脚鞋和右脚鞋就属于这种情况，因为单纯增加一只鞋子并没有意义。完全互补品的无差异曲线如图3-3（b）所示。

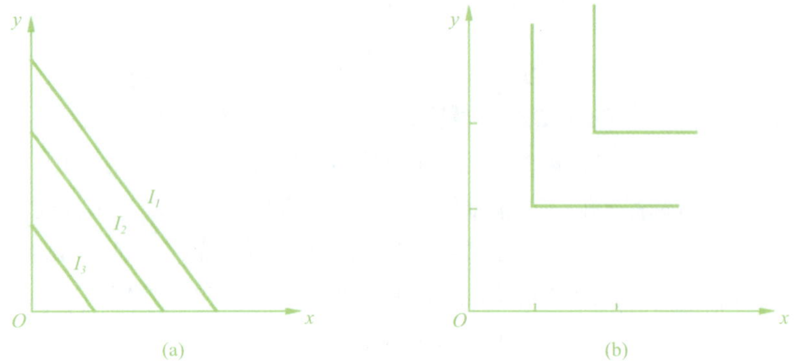


图3-3　无差异曲线特例

## 3.3.2　预算线

前面在基数效用论中用边际效用分析方法分析消费者行为时，讲到了消费者均衡的限制条件。运用无差异曲线分析方法分析消费者行为时，也同样涉及消费者均衡时的限制条件。即消费者在购买商品时总要受到一定收入水平的限制，因此序数效用论者在分析消费者行为时又建立了预算线理论。

### 3.3.2.1　预算线的含义

消费者的预算线又称消费可能线，或等支出线，它是一条表明在消费者收入与商品价格既定的条件下，消费者所能购买到的两种商品数量最大组合的线。

假定某消费者有一笔收入为80美元，全部用来购买商品1和商品2，商品1的价格为4美元，商品2的价格为2美元。那么，全部收入都用来购买商品1可得20单位，全部收入都用来购买商品2可得40单位，由此作出的预算线为图3-4中的$AB$线段。

在图3-4中，预算线$AB$把平面坐标图划分为三个区域：预算线$AB$以外的区域中的任何一点，如$C$点，是消费者利用全部收入不可能实现的商品购买的组合点。预算线$AB$以内的区域中的任何一点，如$D$点，表示消费者的全部收入在购买该点的商品组合以后还有剩余。唯有预算线$AB$上的任何一点，才是消费者的全部收入刚好花完所能购买到的商品组合点。

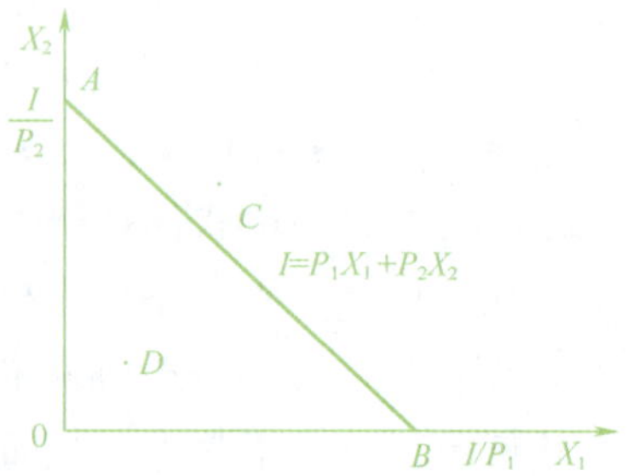


图3-4　预算线

如果以$I$表示消费者的既定收入，以$P_1$和$P_2$分别表示已知的商品1和商品2的价格，以$X_1$和$X_2$分别表示商品1和商品2的数量，那么，预算线的方程为：

$$I=P_1 \cdot X_1+P_2 \cdot X_2 \tag{3-8}$$

该式表示：消费者的全部收入$I$等于他购买商品1的支出与购买商品2的支出的总和。

由式（3-8）可得，消费者全部收入购买商品1的数量为$I/P_1$，它是预算线在横轴的截距，即为图3-3中的$OB$。消费者全部收入购买商品2的数量为$I/P_2$，它是预算线在纵轴的截距，即为图3-3中的$OA$。预算线的斜率为：

$$-\frac{OA}{OB}=-\frac{I/P_2}{I/P_1}=-\frac{P_1}{P_2} \tag{3-9}$$

这说明预算线的斜率可以表示为两商品价格之比的负值。当然，式（3-8）的预算线方程也可改写为：

$$X_2=-\frac{P_1}{P_2}X_1+\frac{I}{P_2} \tag{3-10}$$

很清楚，式（3-10）中$-P_1/P_2$为预算线的斜率，$I/P_2$为预算线在纵轴上的截距。

#### 3.3.2.2 预算线的变动

既然预算线表示在一定的收入$I$的限制下，当两种商品的价格$P_1$和$P_2$为已知时，消费者可以购买到的两种商品的各种组合，所以，消费者的收入$I$或商品价格$P_1$、$P_2$发生变化时，就会引起预算线的变动。

预算线的变动可以归纳为以下四种情况：

（1）当两种商品的价格不变，消费者的收入发生变化时，预算线的位置会发生平移。

这是因为，商品的价格不变，则预算线的斜率$-P_1/P_2$不变。于是，收入的变化只能引起预算线的截距$I/P_1$和$I/P_2$的变化，如图3-5（a）所示。假定原有的预算线为$AB$，若消费者收入增加，则使预算线由$AB$向右平移至$A'B'$。它表示消费者的全部收入用来购买其中任何一种商品的数量都因收入的增加而增加了。若消费者收入减少，则使预算线由$AB$向左平移至$A''B''$。它表示消费者的全部收入用来购买其中任何一种商品的数量都因收入的减少而减少了。

（2）当消费者的收入不变，两种商品的价格同比例同方向变化时，预算线的位置也会发生平移。

这是因为，两种商品价格同比例同方向的变化并不影响预算线的斜率$-P_1/P_2$，而只能引起预算线的截距$I/P_1$和$I/P_2$变化。仍以图3-5（a）说明，若两种商品的价格同比例下降，则预算线$AB$向右平移至$A'B'$；若两种商品的价格同比例上升，则预算线向左平移至$A''B''$。前者表示消费者的全部收入用来购买其中任何一种商品的数量都同比例于价格的下降而增加，后者则表示都同比例于价格的上升而减少。

（3）当消费者的收入不变，一种商品的价格不变而另一种商品的价格发生变化时，不仅预算线的斜率$-P_1/P_2$会发生变化，而且预算线的截距$I/P_1$和$I/P_2$也会发生变化。

以图3-5（b）来说明。假定原来的预算线为$AB$，若商品1的价格$P_1$下降，则预算线由$AB$移至$AB'$。它表示消费者的全部收入用来购买商品1的数量因$P_1$的下降而增加了，但全部收入用来购买商品2的数量并未受到影响。同理，若商品1的价格$P_1$提高，则预算线由$AB$移至$AB''$。

类似地，在图3-5（c）中，商品2的价格的下降与上升，分别使得预算线由$AB$移至$A'B$和$A''B$。

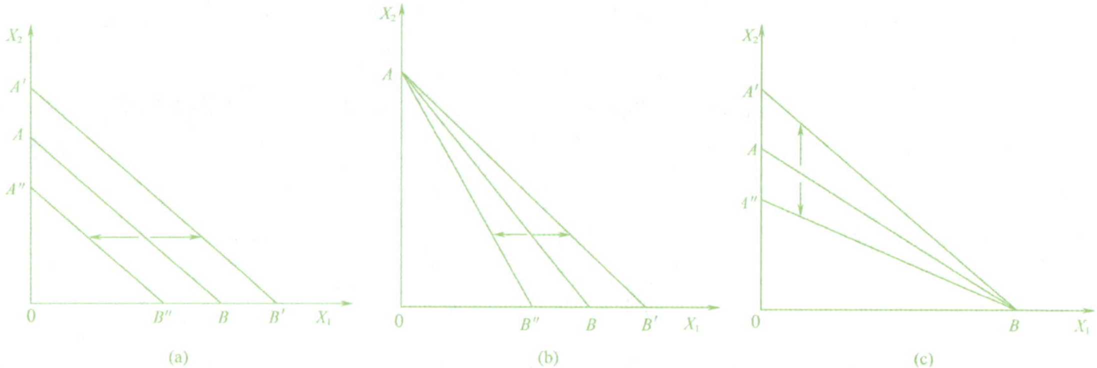


图3-5　预算线的变动

（4）当消费者的收入和两种商品的价格都同比例同方向变化时，预算线不发生变化。这是因为此时预算线的斜率不会发生变化，预算线的截距也不会发生变化。这说明消费者的全部收入用来购买其中任何一种商品的数量都是不变的。

### 3.3.3　消费者均衡

无差异曲线表明了在既定收入和价格水平下，两种商品的不同数量的组合能给消费者带来相同效用；预算线描述了在既定收入和价格水平下消费者所能购买的两种商品数量的最大组合。现在的问题是：消费者究竟应当采用哪种商品组合才能使自己的购买获得最大的效用，即在无差异曲线及预算线上取哪一点呢？经济学家采用将无差异曲线与预算线结合在一起来进行分析的办法来解决这个问题。

任何一个理性的消费者在用一定的收入购买商品时，其目的是为了从中获得尽可能大的消费满足。前面已经提到，消费者的偏好决定了消费者的无差异曲线，一个消费者关于任何两种商品的无差异曲线组合可以覆盖整个坐标平面；消费者的收入和商品的价格决定消费者的预算线，在收入既定和商品价格已知的条件下，一个消费者关于两种商品的预算线只能有一条。那么，当一个消费者面临一条既定的预算线和无数条无差异曲线时，他应该如何决策才能获得最大的满足程度呢？序数效用论的分析指出，只有既定的预算线与其中一条无差异曲线的相切点，才是消费者获得最大效用水平或满足程度的均衡点。下面以图3-6来具体说明。

假定，图中$AB$线段表示在某消费者收入既定和商品价格已知条件下的预算线，$I_1$、$I_2$和$I_3$曲线表示在该消费者无数条无差异曲线中具有代表性的三条。现在的问题是：消费者应该如何选择两种商品的购买数量（$X_1$，$X_2$），才能获得最大的效用水平或者说才能达到消费者均衡？

图3-6中既定的预算线$AB$和其中一条无差异曲线$I_2$相切于$E$点，则$E$点就是在既定收入约束条件下消费者能够获得最大效用水平的均衡点。这是因为就无差异曲线$I_3$来说，虽然它代表的效用水平高于无差异曲线$I_2$，但它与既定的预算线$AB$既无交点又无切点。这说明消费者在既定的收入水平下是无法实现对无差异曲线$I_3$上的任何一点的商品组合购买的。就无差异曲线$I_1$来说，虽然它与既定的预算线$AB$相交于$C$、$D$两点，这表明消费者利用现有收入可以购买无差异

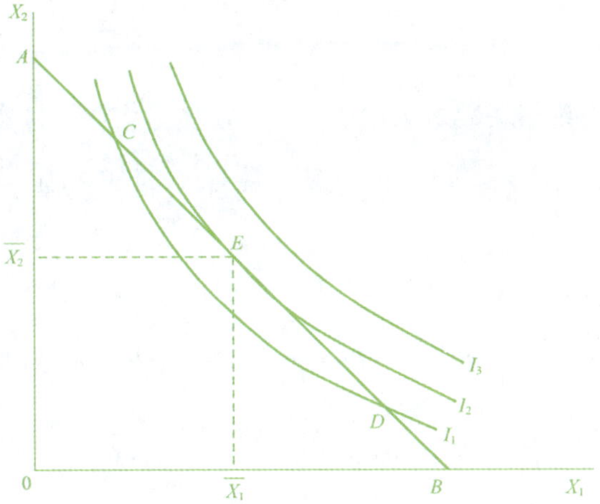


图3-6 消费者的均衡

曲线$I_1$上的$C$、$D$两点的商品组合。但是，无差异曲线$I_1$的效用水平低于无差异曲线$I_2$，$C$、$D$两点的商品组合不会给消费者带来最大的满足。因此，理性的消费者是不会用全部收入去购买无差异曲线$I_1$上的$C$、$D$两点的商品组合的。事实上，就$C$点和$D$点来说，若消费者能购买$AB$线段上位于$C$点右边和$D$点左边的任何一点的商品组合，则都可以达到比$I_1$更高的无差异曲线，以获得比$C$点和$D$点更大的效用水平。这种沿着$AB$线段由$C$点往右和由$D$点往左的运动，最后必定在$E$点达到均衡。显然，只有当既定的预算线$AB$和无差异曲线$I_2$相切于$E$点时，消费者才在一定收入的约束条件下获得最大的满足。因此，$E$点即为消费者效用最大化的均衡点。在均衡点$E$上，消费者关于商品$X$和商品$Y$的最优购买数量的组合为（$X_1$，$X_2$）。

在切点$E$，无差异曲线$I_2$和预算线$AB$的斜率是相等的。前面已经提到，无差异曲线的斜率的绝对值可以用商品的边际替代率来表示，预算线的斜率的绝对值可以用两商品的价格之比来表示，所以，在$E$点有

$$MRS_{XY}=\frac{P_1}{P_2} \tag{3-11}$$

这就是消费者效用最大化的均衡条件。它表示在一定的收入约束条件下，为了得到最大的消费满足，消费者应选择最优的商品数量的购买组合，使得两种商品的边际替代率等于两商品的价格之比。也可以说，它表示在消费者的均衡点上，消费者愿意用1单位的某种商品去交换另一种商品的数量应该等于该消费者能够在市场上用1单位的这种商品去交换另一种商品的数量。

为什么只有当$MRS_{XY}=P_1/P_2$时，消费者才能获得最大满足呢?

若$MRS_{XY}=-\mathrm{d}Y/\mathrm{d}X>P_1/P_2$时，即无差异曲线的斜率大于预算线的斜率的绝对值，在图3-6中为$C$点。理性的消费者会沿着预算线$AB$减少商品$Y$的购买而增加商品$X$的购买，直到达到均衡点$E$。此时消费者才能处于一种既不想再增加也不想再减少任何一种商品购买量的均衡状态。

若$MRS_{XY}=-\mathrm{d}Y/\mathrm{d}X<P_1/P_2$时，即无差异曲线的斜率小于预算线的斜率的绝对值，在图3-6中为$D$点。理性的消费者会沿着预算线$AB$减少商品$X$的购买而增加商品$Y$的购买，直到达到均衡点$E$。此时消费者才能处于一种既不想再增加也不想再减少任何一种商品购买量的均衡状态。

【知识链接】

**序数效用论与基数效用论所得出的消费者均衡条件本质相同**

假设只购买X和Y两种商品，则基数效用论的均衡条件为$\frac{MU_X}{P_X}=\frac{MU_Y}{P_Y}$，而序数效用论的均衡条件为$MRS_{XY}=\frac{P_X}{P_Y}$。序数效用论认为，在同一条无差异曲线上，各点的效用是相同的。如图3-2中$I_1$所示，当从A点变化到B点时，存在关系式$|\Delta X\cdot MU_X|=|\Delta Y\cdot MU_Y|$，即$\frac{\Delta Y}{\Delta X}=\frac{MU_X}{MU_Y}$，而$MRS_{XY}=-\frac{\Delta Y}{\Delta X}$，因此，$MRS_{XY}=\frac{MU_X}{MU_Y}$，则$\frac{MU_X}{MU_Y}=\frac{P_X}{P_Y}$，也即$\frac{MU_X}{P_X}=\frac{MU_Y}{P_Y}$，这和基数效用论的均衡条件是相同的。

消费者均衡理论看似专业难懂，但其实一个理性的消费者其消费行为已经无意中遵循了消费者均衡理论。例如，你在现有的收入和储蓄水平下是买房还是买车，会做出合理的选择。再如，你走进超市，见到琳琅满目的物品，你会选择最需要的。所以说，经济学是选择的经济学，而选择就是在你资源（货币）有限的情况下实现消费满足最大化，使每一分钱都花在刀刃上，这就实现了消费者均衡。

【趣闻杂谈】

**庞巴维克谈边际效用**

19世纪80年代著名的奥地利经济学家庞巴维克在其于1888年出版的《资本实证论》中以一个十分通俗的例子对于边际效用做了精彩描述：

一个农民在原始森林中建了一座小木屋，独自在那里劳动和生活。他收获了5袋谷物，这些谷物要用到来年秋天，但不必留有剩余。他是一个善于精打细算的人，因而安排了一个在一年内使用这些谷物的计划。

第一袋谷物是他维持生存所必需的。第二袋是在维持生存之外来增强体力和精力的。此外，他希望有些肉可以吃，所以留第三袋谷物来饲养鸡、鸭等家禽。他爱喝酒，于是他将第四袋谷物用于酿酒。对于第五袋谷物，他觉得最好用它来养几只他喜欢的鹦鹉，这样可以解闷儿。显然，这五袋谷物的不同用途，其重要性是不同的。假如以数字来表示的话，将维持生存的那袋谷物的重要性可以确定为12，其余的依次确定为10、8、6、4。现在要问的问题是：如果一袋谷物遭受了损失比如被小偷偷走了，那么他将失去多少效用？

假如损失了一袋谷物，这位农民面前只有一条唯一合理的道路，即用剩下的四袋谷物供应最迫切的四种需要，而放弃最不重要的需要，或者说是放弃边际效用。

边际效用由谁来决定呢？庞巴维克发现，边际效用量取决于需要和供应之间的关系。要求满足的需要越多和越强烈，可以满足这些需要的物品量越少，那么得不到满足的需要就越重要，因而物品的边际效用就越高。反之，边际效用和价值就越低。

## 3.4 消费者行为理论应用

【思考与讨论】

为什么一些女性消费者热衷于在打折时购买早已心仪的服装？

### 3.4.1 边际效用递减规律与需求定理

边际效用递减规律普遍存在于一切物品的消费中。英国经济学家马歇尔把这一规律称为“人类本性的一种平凡而基本的倾向”，并把这一规律作为解释消费者行为与需求定理的基础。需求定理指出商品的需求量与商品自身价格呈反方向变动。即价格上升，需求量减少；价格下降，需求量增加。但并没有说明为什么需求量与价格成反方向变化，即没有说明需求规律存在的原因，关于这个问题，可以用边际效用递减规律来解释。

假定，货币的边际效用是相等的，即每单位货币所带来的效用均相同，不存在边际效用递减。那么消费者为了购买一定数量某商品所愿意付出的价格就取决于他从消费这一定量物品中所能得到的效用了。效用大，他愿意付出的价格就高；效用小，愿意付出的价格就低。随着消费者所购买的该物品的数量的增加，该物品给他所能带来的边际效用就会递减，因而消费者愿意为购买该物品所付出的价格就会下降。这样，该物品的需求量与其价格就必然会出现反向变动的关系了。也就是说，根据边际效用递减规律，一种商品数量越多，其边际效用越小，故其价格越低；一种商品数量越少，其边际效用越大，故其价格越高。这就是需求定理背后的原因。

【趣闻杂谈】

**钻石和木碗**

一个穷人家徒四壁，只得头顶着一只旧木碗四处流浪。一天，穷人上一只渔船去帮工。不幸的是，渔船在航行中遇到了特大风浪，被大海吞没了。船上的人几乎都淹死了。穷人抱着一根大木头才幸免于难。穷人被海水冲到一个小岛上，岛上的酋长看见穷人头顶的木碗，感到非常新奇，便用一大口袋最好的珍珠宝石换走了木碗，还派人把穷人送回了家。一个富翁听到了穷人的奇遇，心中暗想，“一只木碗都能换回这么多宝贝，如果我送去很多可口的食品，该换回多少宝贝！”富翁装了满满一船山珍海味和美酒，找到了穷人去过的小岛。酋长接受了富人送来的礼物，品尝之后赞不绝口，声称要送给他最珍贵的东西。富人心中暗自得意。一抬头，富人猛然看见酋长双手捧着的“珍贵礼物”，不由得愣住了：它居然是穷人用过的那只旧木碗！

一般情况下，钻石极其稀少，而木碗却比比皆是，故钻石的价值或价格远远高于木碗。而在故事中的海岛上，情况却完全相反：钻石数量极多，木碗却从未见过。因此，在酋长心目中，海岛上木碗的价值或价格远远高于钻石。

## 3.4.2 消费者剩余

消费者剩余是消费者愿意对某物品所支付的价格与他实际支付的价格的差额。

这一概念是英国经济学家马歇尔在20世纪初期提出的：“他宁愿付出而不愿得不到此物的价格，超过他实际付出的价格的部分，是这种剩余满足的经济衡量。这个部分可称为消费者剩余。”

消费者剩余并不是实际收入的增加，只是一种心理感觉。它可以衡量消费者在市场交易中得到的福利，消费者剩余越大，他从交易中获得的福利越大。

### 3.4.2.1 消费者剩余与需求曲线

传统的消费者行为理论认为，消费者剩余根源于边际效用的递减，由于消费品先前各单位都要比最后的一单位具有更高的价值，消费者从先前的每一单位中享受到了效用剩余。因此，消费者剩余衡量的是消费者从某一物品的购买中所得到的超过他们所为之支付的那部分额外效用。如图3-7所示，以0*Q*代表商品数量，0*P*代表商品价格，*D*代表需求曲线，则消费者购买$0Q_1$的商品时所获得的消费者剩余为三角形$P_0P_1A$的面积，即需求曲线以下和价格以上的面积为消费者剩余。

### 3.4.2.2 价格对消费者剩余的影响

如果价格上升，则消费者剩余下降，反之，如果价格下降，则消费者剩余上升，如图3-8所示。

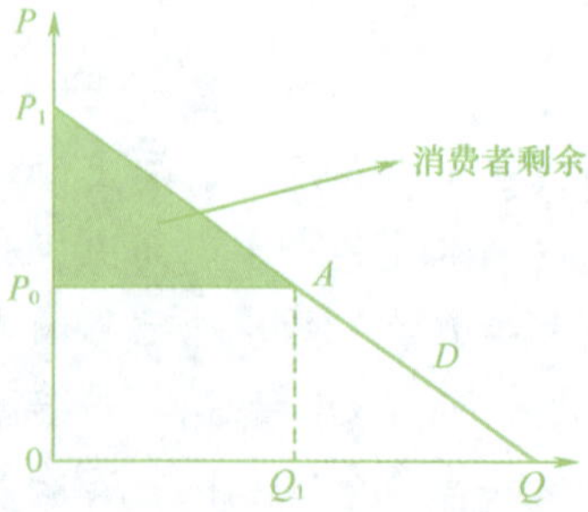


图3-7　消费者剩余与需求曲线

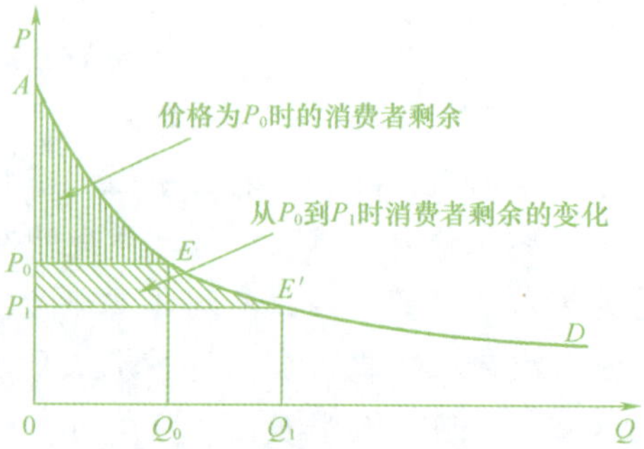


图3-8　价格对消费者剩余的影响

图中，$D$为某消费者对某商品的需求曲线，$P_0$为该商品的市场价格，此时消费者剩余为$AP_0E$。商品价格由$P_0$下降为$P_1$，消费者剩余就由原来的$AP_0E$增加为$AP_1E'$，消费者剩余增加了$P_0P_1E'E$。可见，市场价格的下降意味着消费者剩余的增加。

在现实生活中消费者并不总是能够得到消费者剩余的。在竞争不充分的情形下，厂商可以对某些消费者提价，使这种利益归厂商所有。更有甚者，有些商家所卖商品并不明码标价，消费者去购买商品时就漫天要价，然后再与消费者讨价还价。

消费者要想在讨价还价中获得消费者剩余，在平时就必须注意浏览和观察各种商品的价格和供求情况，在购买重要商品时至少要货比三家并与其卖主讨价还价，最终恰到好处地拍板成交，获得消费者剩余。

### 3.4.3 价格－消费曲线与需求曲线

依据前文所述预算线的变动和消费者均衡分析，在消费者收入不变和其他商品价格不变时，某种商品的价格发生变动，必然引起预算线斜率的改变，使预算线与新的无差异曲线相切，形成新的均衡点。把该种商品不同价格水平下的消费者均衡点连接起来就可以得到一条平滑的曲线。这就是价格–消费曲线（Price–Consumption Curve）。因此，价格–消费曲线就是在收入和其他商品价格不变时，某种商品价格变动所引起的消费者均衡点移动的轨迹，如图3–9所示。在图3–9中，横轴表示商品$X$的消费量，纵轴表示对其他商品$Y$的开支，当预算线为$AB_1$时，与无差异曲线$I_1$相切，均衡点为$E_1$。如果商品$X$的价格不断下降，预算线就会以$A$为轴点，向外旋转到$B_2$、$B_3$，分别与较高的无差异曲线$I_2$、$I_3$相切，形成新的均衡点$E_2$、$E_3$，把$E_1$、$E_2$、$E_3$连接起来，就得到价格–消费曲线$PCC$。从价格–消费曲线可以推导出需求曲线。

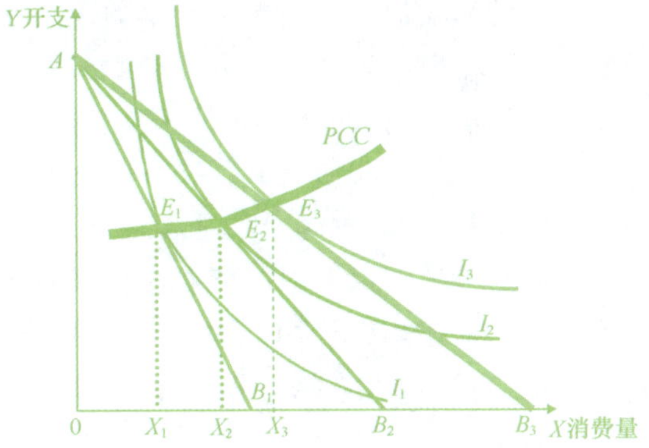

图3-9 价格–消费曲线

价格–消费曲线上的三个均衡点$E_1$、$E_2$和$E_3$上，都存在着价格与需求量之间的一一对应关系。根据这种对应关系，把每一个价格数值和相应的均衡点上的$X$数值绘制在商品的价格–数量坐标图上，便可以得到单个消费者的需求曲线，如图3–10所示。

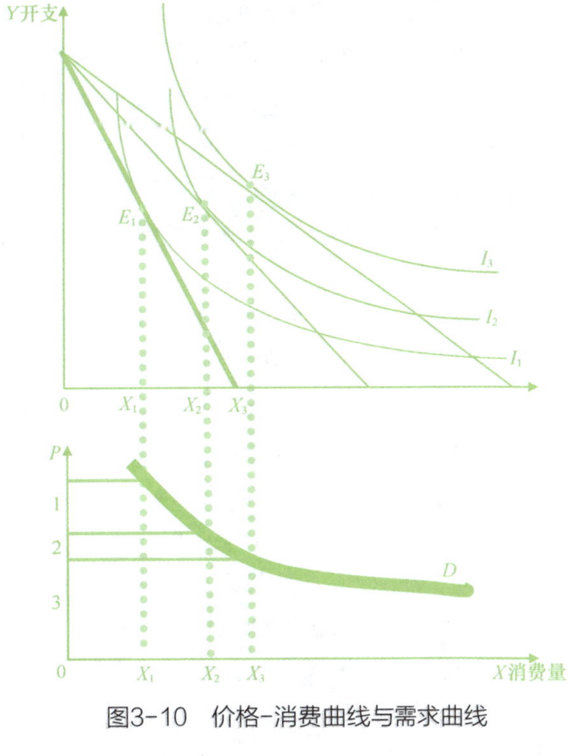

图3-10 价格–消费曲线与需求曲线

【拓展阅读】

### 材料1　价格、价值、宝石和水

在价格（为了得到某物品所必须放弃的东西）和价值（为了得到它而愿意放弃的东西）之间并不具有显而易见的关系，我们可以将其概括为这样一种说法：人们经常说，生活中最美好的东西就是免费。但是，如果你能够买到所想要的任何东西，你就会做出选择，就像我们刚刚看到的那样。当消费最后一个单位物品时，价值正好就与该商品的价格相等。所以，当你按自己的意愿购买到足够的商品数量时，商品的边际价值就正好等于该商品的价格。如果说生活中最美好的东西是免费的话，那么，这也就意味着你无须放弃其他任何东西就可尽情享用（这也适用于空气，但不适用于爱情），此时，这些东西的边际价值就为零。

这又把我们带回到宝石和水的矛盾中。水要比宝石有用得多，但也便宜得多。对这一矛盾现象的分析就是：水对人们来说，其总价值要比宝石大得多（人们只有宝石而没有水要比只有水却没有宝石更难以生存），但是，水的边际价值却比宝石小得多。这是因为人们能够以很小的代价得到水，我用水可以去干那些所有值得做的事，如果我多用了一些水，也就用了，并不会使我渴死，只是水被用来浇灌了草坪。由于宝石稀缺，因此，只能在极少数最有价值的场合中使用。价格等于边际价值，因此，为得到宝石就要比水花费更多的钱。

——摘自戴维·弗里德曼.弗里德曼的生活经济学.北京：中信出版社，2006.

### 材料2　2020年中国奢侈品市场“势不可挡”，如何走向理性消费

中国奢侈品市场研究报告《2020年中国奢侈品市场：势不可挡》于2020年12月16日在沪发布。报告显示，2020年全球奢侈品市场将萎缩23%，但受出境旅游减少影响，中国境内奢侈品消费增长创新高，预计实现约48%的增长。贝恩公司资深全球合伙人布鲁诺（Bruno Lannes）表示：“疫情对全球经济和社交场景产生很大影响，导致全球奢侈品市场萎缩，但在中国，有四大引擎支撑了奢侈品消费市场在4月之后回暖。这四大引擎分别是消费回流、新世代消费者崛起、数字化发展以及海南离岛免税购物。”

报告指出，2020年1月至10月，天猫奢侈品销售额同比增长约120%，全年增速预计在130%～140%。“双十一”期间，部分品牌组织全球调货、线下门店调货保障境内激增需求。

报告显示，“千禧一代”是奢侈品消费的主力军，占整体市场份额的70%以上。后起之秀“Z世代”更习惯网购，随着收入的增长，其消费增速最高。“追求时尚”成为消费者购买奢侈品的主因，同时他们也更偏爱小众设计款和联名款。2020年1月到10月，“95后”在奢侈品联名款、限量款的消费金额激增了300%～400%。值得注意的是，中老年人是购入奢侈品单价最高的人群。

2020年以来，各大奢侈品品牌都在积极拓展并加强线上线下与消费者互动的方式。中国的奢侈品消费人群是成熟的数字化原住民，期待高端的购物体验。阿里巴

巴集团首席市场官董本洪说："全球奢侈品品牌已经开始拥抱直播等数字化工具，进行种草或产品推广。例如天猫'双十一'期间，在几个小时内，天猫上的奢侈品直播活动吸引百万人次的观看和互动，表明消费者愿意通过新的方式去接触了解他们喜爱的奢侈品品牌。"（上述内容摘自冯丽，新华网上海频道，2020年12月17日）

奢侈品消费行为可以从多个方面进行探讨，从经济学角度可以从弹性理论、效用理论等方面进行分析。从效用理论来看，消费者从奢侈品消费中获得的满足程度较高，效用较大。如美国著名经济学家托斯丹·邦德·凡勃伦在其《有闲阶级论》中提出了"炫耀消费"，提出炫耀财富、彰显地位成为人们进行奢侈品消费的重要心理动机。因此在这样的炫耀欲望满足的刺激下容易产生购买行为。同样基于效用理论，如果消费者追求的目标过于单一化之时，边际效用递减规律将会发生作用，因此从长远来看奢侈品市场会走向多元发展方向。如线上直播互动方式的迅速发展已初显成效。

奢侈品消费有一定的积极作用，有助于促进本土品牌培育，促进本土产品竞争力的提升，使产品在技术、美学、个性化、服务等方面获得发展。但是与此同时应当强化奢侈品消费教育，炫耀、虚荣、攀比等心理作用下的奢侈品消费势必影响消费市场的健康发展，尤其要加强对收入不稳定的青年人的消费教育，引导青年人理性消费。政府应该采取有效的宣传教育等措施让青年人树立正确的消费观、金钱观，倡导适合的消费方式，实现理性消费。同时应该倡导"绿色消费"，即减少消费过程中对于物质的过多占用，注重精神消费；促进经济合理发展。

## 本章小结

人们之所以购买商品或劳务，是因为这些商品或劳务能满足人们的欲望或需要。效用就是商品或劳务能够满足人们的欲望或需要的能力。

基数效用论将效用分为总效用和边际效用。在消费者对某物品的消费达到饱和之前，随着物品消费量的增加，总效用不断地增加，而边际效用却递减。

理性的消费者追求的消费目标模式是：花完全部收入或既定支出以后，使自己达到最大的满足，或得到最大效用。这种状况便是消费者均衡状态。基数效用论认为，消费者在每一种物品上所花最后一元钱购得的边际效用相等，是消费者均衡的必要条件。序数效用论以无差异曲线分析法，得出了与基数效用论相同的认识。

消费者行为理论是一种心理分析，至今有些经济学家对这种心理分析方法表示怀疑和否定。

## 练习与思考

### 一、概念识记

效用、总效用、边际效用、消费者均衡、无差异曲线、边际替代率、预算线

## 二、简答题

1. 说明总效用和边际效用之间的相互关系。

2. 用两种效用论说明消费者均衡的条件。

3. 说明无差异曲线的特点。

## 三、计算题

1. 已知一件衬衫的价格为80元，一份肯德基快餐的价格为20元，在某消费者关于这两种商品的效用最大化的均衡点上，一份肯德基快餐对一件衬衫的边际替代率是多少？

2. 已知某消费者每年用于商品1和商品2的收入为540元，两商品的价格分别为$P_1$=20元和$P_2$=30元，该消费者的效用函数为$U=3X_1 X_2^2$，该消费者每年购买这两种商品的数量应各是多少？每年从中获得的总效用是多少？

## 四、思考分析题

1. 你有一双鞋，似乎第二只鞋的边际效用大于第一只鞋，这是否违背了边际效用递减规律？

2. 有一对夫妻，花了3个月的时间才找到一只他们非常喜爱的古玩钟，他们商定只要售价不超过600元就买下来。但是，当他们看到上面的标价时，丈夫犹豫了。“哎哟”，丈夫低声说：“上面的标价是800元。你还记得吗？我们说好不超过600元，我们还是回去吧。”妻子说：“不过我们可以试一试，看店主能不能卖便宜点。毕竟我们已经寻找了这么久才找到的。”夫妻俩私下商量了一会儿，由妻子出面，试着与店方讨价还价，尽管她认定600元买到这只钟表的希望非常小。妻子鼓起勇气，对钟表售货员说：“我看到你们有只钟表要卖。我看了上面的标价，而且价标上有一层尘土，这给钟表增添了几分古董的色彩。”停顿了一下，她接着说：“我告诉你我想干什么吧，我想给你的钟表出个价，只出一个价。我肯定这会使你震惊的，你准备好了吗？”她停下来看了一下售货员的反应，又接着说：“唉，我只能给你300元。”钟表售货员听了这个价后，连眼睛也没眨一下就爽快地说：“好！给你，卖啦！”

你猜妻子的反应怎样？夫妻俩欣喜若狂了吗？不，事实的结果正好相反。

“我真是太傻了，这钟表本来恐怕值不了几个钱……或者肯定是里面缺少了零件，要不为什么那么轻呢？再要么就是质量低劣……”妻子越想越懊恼。尽管后来夫妻俩还是把钟表摆到了家中的客厅里，而且看上去效果很好，美极了，似乎走得也不错，但是她和丈夫总觉得不放心，而且他们一直有一种被欺骗的感觉。

面对这种结果，思考以下问题：

（1）用消费者效用理论解释出现这种现象的原因。

（2）如果钟表店的售货员坚持不降价或只稍微降价，你认为这对夫妻还有可能购买这只钟表吗？为什么？

（3）此时消费者剩余是多少？如果这对夫妻经过艰难的讨价还价后以550元成交，消费者剩余是多少？

3. 从20世纪80年代初期开始，我国老百姓在过春节的年夜饭中增添了一个诱人的内容，那就是春节联欢晚会。1982年第1届春节联欢晚会的出台，在当时娱乐业尚不发达的我国引起了极大的轰动。晚会的节目成为全国老百姓街头巷尾和茶余饭后津津乐道的题材。晚会年复一年地办下来了，投入的人力物力越来越大，技术效果越来越先进，场面设计越来越宏大，节目种类也越来越丰富。但不知从哪一年起，人们对春节联欢晚会的评价却越来越差了，原先在街头巷尾和茶余饭后的赞美之词变成了一片骂声，春节联欢晚会成了一道众口难调的大菜，晚会也陷入了“年年办，年年骂；年年骂，年年办”的怪圈。请思考：

（1）春晚为什么会出现这样的问题？

（2）结合近年来春晚的形式和内容，思考应该如何解决这个问题。

## 五、实训项目

主题：高校手机消费者的偏好调研

要求：以小组为单位，以自己所在高校及周边的同学为调查对象，设计调查问卷，实地走访调研，了解同学们在收入既定下对手机的偏好，整理、分析调查资料，得出调查结论，形成调研报告。

# 4 生产者行为分析

## 知识目标

1. 理解生产要素、生产函数及生产中长期与短期的含义。
2. 掌握总产量、边际产量和平均产量的关系。
3. 掌握边际收益递减规律。
4. 理解一种可变要素的合理投入和生产者均衡。
5. 理解规模报酬。

## 能力目标

能够运用边际收益递减规律初步解释生产者的生产行为。

## 案例导入

**三季稻不如两季稻**

1958年的"大跃进"，把传统的两季稻改为三季稻，结果总产量反而减少了。从经济学的角度看，这是因为违背了边际报酬递减规律。

两季稻是我国农民长期生产经验的总结，它行之有效，说明在传统农业技术下，土地、设备、水利资源、肥料等生产要素得到了充分利用。在农业耕作技术没有发生重大改变的条件下，两季稻改为三季稻并没有改变上述生产要素，只是增加了劳动、种子的投入量，这导致土地因过度利用而引起肥力下降，设备、水利资源、肥料等由两次使用改为三次使用，每次使用的数量不足。这样，三季稻的总产量反而低于两季稻。后来，四川省把三季稻改为两季稻之后，全省的粮食产量反而增加了。江苏省邗江县1980年的试验结果表明，两季稻每亩总产量达1007kg，而三季稻只有755kg。更不用说两季稻还节省了生产成本。群众总结的经验是"三三见九，不如二五一十"。这就是对边际报酬递减规律的形象说明。

——改编自梁小民. 微观经济学纵横谈［M］. 北京：生活·读书·新知三联书店，2000.

## 4.1 生产者及其生产目的

**【思考与讨论】**

我们每天享用的各种物品和劳务都是企业生产的。企业存在的意义和目标是什么?

在上个单元分析了作为需求曲线基础的消费者行为之后，我们将分析作为供给曲线基础的生产者行为，以便更好地理解供给曲线背后的决策行为。在分析消费者行为时，通常将供给看成是既定的，而在这个单元我们将要对影响生产者供给的因素进行分析。

在经济学中，生产者亦称厂商，厂商可以采取个人、合伙和公司的经营组织形式。无论何种形式，都是能够做出统一生产决策的单个经济单位。在微观经济分析中，厂商被假定为合乎理性的经济人，他们生产的目的在于追求利润的最大化。

尽管在现实中，我们看到的是，许多企业实际追求的目标未必是利润最大化，或者说企业的目标是多元化的。但是这些目标从根本上说与利润最大化这一基本目标并不是矛盾的，相反，都要受这一基本目标的制约。很多经济学家的实证分析也表明，在短期内企业的目标可能存在多元化，但在长期内，企业的目标仍然趋于利润最大化这一单一选择。因此在以后的分析中我们依然将利润最大化作为厂商行为的一个基本假设。

**【趣闻杂谈】**

我国西汉时期的文学家、史学家、思想家司马迁在《史记·货殖列传》中写道“天下熙熙，皆为利来；天下攘攘，皆为利往”，一语道破了商者逐利的目标。在我国民间广泛流传着商人“无利不起早”的说法，体现了早期劳动人民对厂商目标的直观认识。

生产者利润最大化的实现涉及这样三个问题:

一是投入的生产要素与产量的关系，即如何在生产要素既定时使产量最大，或者在产量既定时使投入的生产要素最少。这就是如何使用各种生产要素。

二是成本与收益的关系。要使利润最大化，就是要使扣除成本后的收益达到最大化。因此生产者不仅要考虑生产要素的投入量与产出之间的物质技术关系，还要进行成本与收益分析，并明确利润最大化原则。

三是市场结构问题。厂商利润最大化时的产量和价格不仅取决于消费者和生产者的选择，还取决于市场参与者所处的市场结构。因竞争与垄断的程度不同，市场有各种结构，当厂商处于不同的市场上时，应该如何确定自己产品的产量与价格。

依据这样的思路，将分三个单元来介绍这三个问题。本单元的生产者行为分析首先要考察在一定的技术条件下，要素投入量的变动与产量变动之间的联系，说明如何合理地投入生产要素，并从中得出若干生产规律。

## 4.2 生产要素和生产函数

【小组讨论】

古典经济学派的代表人物，被称为“政治经济学之父”的英国经济学家威廉·配第在其代表作《赋税论》中谈到“劳动是财富之父，土地是财富之母”。如何理解这句话？

### 4.2.1 生产和生产要素

#### 4.2.1.1 生产

所谓生产，从经济学的角度看，就是一切能够创造或增加效用的人类活动。由于效用就是消费者消费某种商品或服务所产生的满足程度，因此，所有能够给人们创造或增加某种满足的活动都是生产活动。

生产可以分为两大类：第一类是创造能够满足人们物质需要的生产活动，即商品的生产。比如生产粮食可供人们充饥，生产衣服可供人们御寒。同时，如面粉加工成各式各样的食品，可以提供给消费者更大的满足。总之，凡从原始产品到最终产品之间的所有物质创造都是生产活动。第二类是能够满足人们非物质性需要的生产活动，即服务的生产。服务的生产是无形的。例如车船运输，能创造把货物或人从一个地方运往另一个地方位置变化的效用；把贵重物品交银行保管，或把易腐变质的食品、药品存于冷库，待以后需要时取出应用，能创造时间推移的效用；所有诸如此类的活动，如理发、看病、教育、音乐演奏、街道清扫、警察提供安全等，都是生产活动。

判断生产活动的标准，要从支付体力或脑力活动的目的出发，而不能从支付体力或脑力活动本身的形式出发。同一形式的活动，由于目的不同，可能是生产活动，也可能不是生产活动。例如人们打球锻炼身体，并不是一种生产活动；而美国的职业球星为出售门票而举行的球赛，则为生产活动。某人拉小提琴消遣，不能算生产活动，如果他在街头演奏，以此谋生，则为生产活动。

由于服务的计算很抽象，很不容易，因而西方经济学在其各种理论讨论中，一般是以商品生产的计算为例，但是其原理同样适用于服务。

#### 4.2.1.2 生产要素

在生产中要投入各种生产要素并生产出产品，所以，厂商进行生产的过程也就是把投入变为产出的过程。企业生产过程中使用的任何东西都被称为生产要素。西方经济学家一般把生产要素分为：

（1）劳动。劳动包括体力劳动和脑力劳动。劳动不是指劳动者本身，而是指劳动者提供的服务。

（2）土地。西方经济学所讲的土地是一个广义的概念，不仅包括土地，还包括河山、森林、能源、矿藏、原料等一切自然资源。

（3）资本。资本可以表现为实物形态或货币形态。资本的实物形态又称为资本品或投资品，如厂房、机器设备、动力燃料、原材料等。资本的货币形态通常称为货币资本。货币本身并不能用于生产活动，但是有了货币后就能购买到机器、设备，所以经济学上不对它们加以区别。

以上是西方经济学传统的“生产的三要素”说。

（4）企业家才能。后来，马歇尔在《经济学原理》一书中，又增加了一种生产要素——企业家才能，指企业家对整个生产过程的组织与管理工作。因此，“生产的三要素”说就发展为“生产的四要素”说。正是企业家才能的作用，土地、劳动和资本要素才能得以有效配置，并最终生产出各种各样的产品和劳务。

生产要素往往不是单独发生作用的。如果想要一个花园，单凭一把铁锹是毫无用处的，一个赤手空拳的工人也同样无能为力。工人和铁锹相结合才能开出花园。各种不同的生产要素必须相互发生作用。正如威廉·配第的表述：劳动是财富之父，土地是财富之母。人们不能说，在生一个婴儿方面，谁更重要——父亲还是母亲。

生产是这四种生产要素合作的过程，产品则是这四种生产要素共同努力的结果。

【知识链接】

**生产四要素说**

在19世纪90年代前，人们对生产要素的认识普遍接受法国经济学家萨伊的观点，即认为生产要素包括劳动、资本和土地三种。在要素收入分配中，劳动获得工资，资本获得利息，土地获得地租，这后来被称为萨伊的“三位一体公式”。1890年，英国经济学家马歇尔出版《经济学原理》一书，提出了生产四要素说。他在萨伊理论的基础上，提出生产要素还应该包括企业家才能的主张。西方经济学家特别强调企业家才能，认为把劳动、土地、资本组织起来，使之演出有声有色的生产戏剧的关键正是企业家才能。这种观点被西方经济学界普遍接受，并一直沿用至今。

## 4.2.2 生产函数

### 4.2.2.1 生产函数的含义

生产过程中生产要素的投入量和产品的产出量之间的关系，可以用生产函数来表示。生产函数表示在一定时期内，在技术水平不变的情况下，生产中所使用的各种生产要素的数量与所能生产的最大产量之间的依存关系。它是反映生产过程中投入和产出之间的技术数量关系的一个概念。任何生产函数都以一定时期内的生产技术水平作为前提条件，一旦生产技术水平发生变化，原有的生产函数就会发生变化，从而形成新的生产函数。新的生产函数可能是以相同的生产要素投入量生产出更多或更少的产量，也可能是以变化了的生产要素的投入量进行生产。

假定$X_1$，$X_2$，…，$X_n$顺次表示某产品生产过程中所使用的$n$种生产要素的投入数量，$Q$表示所能生产的最大产量，则生产函数可以写成以下形式：

$$Q=f(X_1, X_2, \cdots, X_n) \tag{4-1}$$

该生产函数表示在既定的生产技术水平下生产要素组合（$X_1$，$X_2$，…，$X_n$）在每一时期所能生产的最大产量为$Q$。

如果用$L$代表劳动，$K$代表资本，$N$代表土地，$E$代表企业家才能，则生产函数的公式为：

$$Q=f(L, K, N, E) \tag{4-2}$$

在经济学的分析中，由于土地较为固定，企业家的才能较难测算，通常假定生产中只使用劳动和资本这两种生产要素。因此，生产函数一般写为：

$$Q=f(L, K) \tag{4-3}$$

生产函数表示生产中的投入量和产出量之间的依存关系，这种关系普遍存在于各种生产过程之中。一家工厂必然有一个生产函数，一家饭店也是如此，甚至一所学校或医院同样会存在着各自的生产函数。估算和研究生产函数，对于经济理论研究和生产实践都具有一定意义。这也是很多经济学家和统计学家对生产函数感兴趣的原因。

#### 4.2.2.2 柯布–道格拉斯生产函数

20世纪30年代初，美国经济学家C. W. 柯布和保罗·霍华德·道格拉斯，根据1899年到1922年美国的资本和劳动这两种生产要素的投入和产量的关系，得出这一期间美国的生产函数，这就是后来著名的柯布–道格拉斯生产函数，其公式如下：

$$Q=AL^{\alpha}K^{1-\alpha}$$

其中，$Q$为产量，$L$代表劳动投入量，$K$代表资本投入量，$A$与$\alpha$是常数，$1>\alpha>0$。这一公式表明，在总产量中，工资的相对份额是$\alpha$，资本收益的相对份额是$1-\alpha$。根据20世纪以来的美国统计资料，计算出$\alpha=3/4$。这说明每增加1%的劳动所引起的产量增长将三倍于每增加1%的资本所引起的产量增长，或者说在这期间的产量增长中，劳动所做的贡献占3／4，资本所做的贡献占1／4。根据统计资料的验证，这一结论与美国工资收入与资本收益之比（3：1）大体相符。

在这一生产函数中，当劳动投入量与资本投入量增加$Y$倍时，公式变为：

$$A\cdot(YL)^{\alpha}\cdot(YK)^{1-\alpha}=YAL^{\alpha}K^{1-\alpha}=YQ$$

它表明产量增加的倍数等于资本与劳动投入量的倍数，这个特性说明，柯布–道格拉斯生产函数是一个线性齐次生产函数。

### 4.2.3 技术系数

#### 4.2.3.1 可变技术系数与固定技术系数

生产不同的产品时，厂商所投入的各种生产要素的配合比例是不同的，生产技术条件往往决定着这种比例关系。为生产某一单位产品所需要的各种生产要素的配合比例称为技术系数。例如，上述柯布–道格拉斯生产函数中的3：1的劳动与资本的比例，就是一种技术系数。

如果各种生产要素的配合比例是不能改变的，则称为固定技术系数，表明各种生产要素之间不能相互替代。如果各种生产要素的配合比例是可以改变的，则称为可变技术系数，它表明生产要素之间可以相互替代。如果多用某种生产要素，就可以少用另一种生产要素。

一般而言，技术系数是可变的。例如在农业中可以多用劳动、少用土地进行集约式的经营，也可以少用劳动、多用土地进行粗放式的经营。在工业中也有劳动密集型技术与资本密集型技术之分。在生产理论中研究的主要是技术系数可变的情况。

经济学家认为，要具体研究一定的投入量与一定的产出量之间的关系，可以先分析在可变技术系数情况下，短期内某一种生产要素投入对产量的影响，然后再分析长期内这种可变技术系数下的两种以上生产要素投入对产量的影响。本单元中我们将对这两种情况分别予以说明。

【知识链接】

**里昂惕夫生产函数**

经济学中另一个著名的生产函数是里昂惕夫生产函数。里昂惕夫生产函数又称作固定投入比例生产函数，是指在生产过程中使用的各种生产要素的数量比例是固定不变的。假定生产过程中仅使用劳动和资本这两种生产要素，那么里昂惕夫生产函数可以表示为：

$$Q=\min\left(\frac{L}{\alpha},\frac{K}{\beta}\right)$$

式中，$Q$为产量；$L$、$K$分别代表劳动和资本的投入量；$\alpha$和$\beta$为常数，是劳动和资本的生产技术系数，分别表示生产一个单位产品所需要的劳动投入量和资本投入量；min表示取$\left(\frac{L}{\alpha},\frac{K}{\beta}\right)$中较小的值，即便其中一个数值再大，也不影响总产量，其道理类似于木桶效应。因而生产必须按照劳动和资本之间的固定比例来进行。所以最小生产要素投入量必须满足这个公式：$Q=\frac{L}{\alpha}=\frac{K}{\beta}$，从而得到$\frac{L}{K}=\frac{\alpha}{\beta}$。当产量变动时，需要使用的各个生产要素的最小投入量也应该以相同比例变动，而两种要素最小投入量之间的比例固定为$\frac{L}{K}=\frac{\alpha}{\beta}$。

#### 4.2.3.2 生产中的短期与长期

微观经济学的生产理论可以分为短期生产理论和长期生产理论。短期指生产者来不及调整全部生产要素的数量，至少有一种生产要素的数量是固定不变的时间周期；长期则指生产者可以调整全部生产要素的数量的时间周期。相应地，在短期内，生产要素投入可以分为不变要素投入和可变要素投入：生产者在短期内无法进行数量调整的那部分要素投入是不变要素投入，例如机器设备、厂房等；生产者在短期内可以进行数量调整的那部分要素投入是可变要素投入，例如劳动、原材料、燃料等。在长期内，生产者可以调整全部的要素投入，例如，生产者根据企业的经营状况，可以缩小或扩大生产规模，也可以加入或退出一个行业的生产。由于在长期内所有的要素投入量都是可变的，因而也就没有可变要素投入和不变要素投入的区分了。

在这里，短期和长期的划分是以生产者能否变动全部要素投入的数量为标准的。对于不同的产品生产，短期和长期的具体时间的规定是不相同的。譬如，变动一个大型炼油厂的规模可能需要5年的时间，而变动一个豆腐作坊的规模可能仅需要1个月的时间，即前者的短期和长期的划分界线为5年，而后者仅为1个月。微观经济学通常以一种可变生产要素的生产函数考察短期生产理论，以两种可变生产要素的生产函数考察长期生产理论。

# 4.3 短期生产函数

【小组讨论】

《三个和尚》的动画片让大家都熟悉了这几句话：1个和尚挑水喝，2个和尚抬水喝，3个和尚没水喝。这几句话说明了什么经济规律？可以继续设想和尚人数不断增加下的庙里用水的状况。

## 4.3.1 总产量、平均产量和边际产量

### 4.3.1.1 一种可变要素的生产函数

本节中的短期生产函数研究在其他要素不变时，一种可变生产要素的投入和产量之间的关系以及这种可变生产要素的合理投入量是多少。在分析一种生产要素的连续投入会产生何种结果问题时，首先必须假定，这一生产的技术系数是可变的。在下面的分析中，我们假定资本量不变，分析劳动量投入的增加问题，这时的生产函数便成为：

$$Q=F(L,\overline{K})\text{ 或 }Q=F(L) \tag{4-4}$$

$\overline{K}$表示资本量不变，这时总产量只取决于劳动量$L$。随着$L$的连续增加，会引起总产量、平均产量和边际产量的变动。

### 4.3.1.2 总产量、平均产量和边际产量含义

根据上述函数，我们可以得到总产量、平均产量和边际产量的概念。在这里，以$L$代表生产要素劳动的数量。$\Delta L$代表某种劳动的增加量，以$TP$代表总产量，以$AP$代表平均产量，以$MP$代表边际产量。

（1）总产量。总产量指一定量的某种可变生产要素（这里是劳动的投入量）所生产出来的全部产量。它可以表示为：

$$TP=AP\cdot L \tag{4-5}$$

（2）平均产量。平均产量指平均每单位某种生产要素所生产出来的产量，这里指平均每单位劳动的投入量所带来的产品的产量。它可以表示为：

$$AP=\frac{TP}{L} \tag{4-6}$$

（3）边际产量。边际产量指某种生产要素增加一单位所增加的产量，这里指每增加一单位劳动的投入所带来的产量的增量。它可以表示为：

$$MP=\frac{\Delta TP}{\Delta L} \tag{4-7}$$

或

$$MP=\lim_{\Delta L\to 0}\frac{\Delta TP}{\Delta L}=\frac{\mathrm{d}TP}{\mathrm{d}L} \tag{4-8}$$

#### 4.3.1.3 总产量曲线、平均产量曲线和边际产量关系

（1）总产量曲线、平均产量曲线和边际产量曲线。根据上述公式，可以编制一种可变生产要素的生产函数的总产量、平均产量和边际产量的表。举例说明，假定某制衣厂生产一种衣服，从原料到加工为成品，需要经过剪、缝、熨3道工序，每道工序由一台机器完成。假设厂房、机器设备等资本的投入不变，如果该厂商只雇用一名工人，产量一定有限，因为这名工人不但要分别完成所有这3道工序，而且还要承担配料、搬运、包装等辅助工作。因此，我们假设他一天能生产4件衣服。现在厂商增加一名工人，使总产量增加到10件，总产量的增量即边际产量为6件，超过了原来一名工人的产量。这是因为有了两个人，就可以实行一定程度的分工协作，比如一个工人负责配料、搬运、包装等辅助工作和前1道加工工序工作，另一个工人负责后2道工序工作。如果把工人数增加到3名，生产的分工可以更为细致，他们可各负责一道工序，三台机器就可以同时使用，从而使总产量增加到18件，边际产量也上升到8件。增加到4名工人时，还可以进一步分工，由3名工人各自操作一台机器，并由1人负责辅助工作，总产量从而上升到24件，边际产量为6件。如果工人人数再增加到5名，总产量还可以上升到27.5件，但边际产量减少到3.5件。如果工人人数再继续增加到8名，总产量虽然还能增加，最高能达到30件，但是增加的这第6、第7、第8名工人分别带来的总产量的增量却越来越少，依次为2.5、0、−2件。也就是说从第8名工人开始再增加工人的话，总产量也会减少，边际产量为负，如表4−1所示。

**表 4−1　　总产量、平均产量、边际产量　　单位：件**

| 资本量（$K$） | 劳动量（$L$） | 劳动增量（$\Delta L$） | 总产量（$TP$） | 平均产量（$AP$） | 边际产量（$MP$） |
|---|---|---|---|---|---|
| 10 | 0 | 0 | 0 | 0 | 0 |
| 10 | 1 | 1 | 4 | 4 | 4 |
| 10 | 2 | 1 | 10 | 5 | 6 |
| 10 | 3 | 1 | 18 | 6 | 8 |
| 10 | 4 | 1 | 24 | 6 | 6 |
| 10 | 5 | 1 | 27.5 | 5.5 | 3.5 |
| 10 | 6 | 1 | 30 | 5 | 2.5 |
| 10 | 7 | 1 | 30 | 4.3 | 0 |
| 10 | 8 | 1 | 28 | 3.5 | -2 |

从表4−1中可以看出，劳动量和总产量两栏代表着一个生产函数。它为各种可供选择的生产方案提供了基本数据。如果厂商投入了3单位劳动，则总产量为18单位，劳动的平均产量为6单位（18 ÷ 3=6）。3单位劳动投入量与2单位劳动投入量之间总产量的差额为8单位，就是第三单位劳动的边际产量。

从表4-1中可以看出，从投入第1单位劳动到投入第3单位劳动为止，不但总产量是递增的，而且劳动的边际产量也是递增的。从第4单位到第7单位劳动总产量虽然继续增加或不减少，但劳动的边际产量却是递减的。投入第8单位劳动以后，劳动的边际产量出现负值，总产量绝对值也减少了。

（2）总产量、平均产量与边际产量的关系。根据表4-1的数据，可作图4-1。

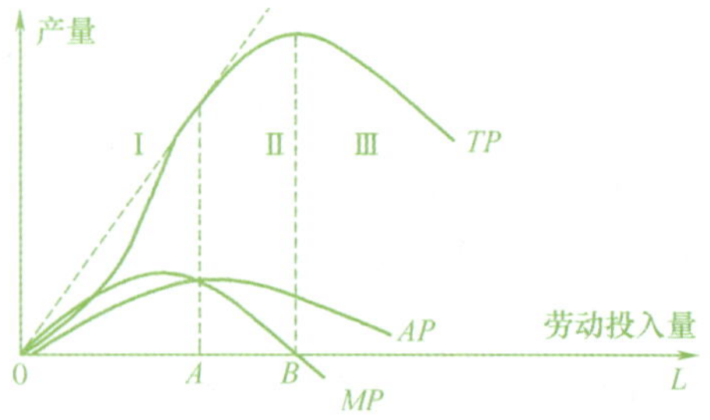


图4-1 总产量、平均产量和边际产量曲线

在图4-1中，横轴0L代表劳动投入量，纵轴代表总产量、平均产量与边际产量。*TP*为总产量曲线，*AP*为平均产量曲线，*MP*为边际产量曲线，分别表示随劳动量变动总产量、平均产量与边际产量变动的趋势。从图中我们可以看出总产量、平均产量和边际产量之间的关系：

①在资本量不变的情况下，随着劳动量的增加，开始总产量、平均产量和边际产量都是递增的，但各自增加到一定程度之后就分别递减。所以，总产量曲线、平均产量曲线和边际产量曲线都是先上升而后下降。

②边际产量曲线与平均产量曲线相交于平均产量曲线的最高点。在相交前，平均产量是递增的，边际产量大于平均产量；在相交后，平均产量是递减的，边际产量小于平均产量；在相交时，平均产量达到最大，边际产量等于平均产量。

③当边际产量为零时，总产量达到最大。以后，当边际产量为负数时，总产量就会绝对减少。

表现出以上这些特征的原因在于：就任何一对平均量和边际量的一般关系而言，只要边际量大于平均量，边际量就把平均量拉上；只要边际量小于平均量，边际量就把平均量拉下。

举例来说，假设一个篮球队队员的平均身高为1.85m，如果新加入的一名队员的身高为1.90m（相当于边际量），那么整个队的平均身高就会增加；相反，如果新加入的一名队员的身高为1.80m（相当于边际量），那么，整个队的平均身高就会下降。因此，就平均产量$AP_L$和边际产量$MP_L$来说，当$MP_L>AP_L$时，$AP_L$曲线是上升的，当$MP_L<AP_L$时，$AP_L$曲线是下降的。又由于$MP_L$曲线是先升后降的，所以，当$MP_L$曲线和$AP_L$曲线相交时，$AP_L$曲线必达最大值。

## 4.3.2 一种生产要素的合理投入

为了确定一种生产要素的合理投入，可根据总产量、平均产量与边际产量的关系，把图4-1分为三个阶段。

在第Ⅰ阶段是劳动量从零增加到*A*，平均产量达到最大值为止。在这一阶段劳动的平均产量始终是上升的，劳动的边际产量大于劳动的平均产量，劳动的总产量是增加的。这时，劳动量的增加是有利的，因为相对于固定的资本来说，劳动量比较短缺，增加投入可以使资本得到充分利用，从而产量递增。最后，第Ⅰ阶段是以劳动量增加到*A*，平均产量达到最大值而告结束。这说明：在这一阶段，不变要素资本的投入量相对过多。生产者只要增加可变要素劳动的投入量，就可以增加总产量。因此，任何理性的生产者都不会在这一阶段停止生产，而是连续增加可变要素劳动的投入量，以增加总产量，并将生产扩大到第Ⅱ阶段。

在第Ⅱ阶段劳动量从$A$增加到$B$，开始时平均产量下降，边际产量递减，但边际产量仍然大于零，所以，总产量仍在增加。如果厂商不考虑单位产量的成本，只为了获得最大产量，劳动量可以增加到$B$为止。

在第Ⅲ阶段是劳动量增加到$B$以后，这时劳动的平均产量继续下降，边际产量为负数，总产量绝对减少。这说明厂商投入的劳动量相对于固定的资本来说已经太多了，除遭受损失外，得不到任何利益。这时，即使劳动要素是免费的，理性的生产者也会通过减少劳动投入量来增加总产量，以脱离劳动的边际产量为负值的第Ⅲ阶段，退回到第Ⅱ阶段。

从以上的分析可以看到，任何理性的厂商都不会在第Ⅰ阶段或第Ⅲ 阶段进行生产，因为在第Ⅰ阶段只要增加投入就能提高边际产量，从而使平均产量和总产量都继续增加，显然更不会在第Ⅲ阶段进行生产。所以合理的生产要素投入应在第Ⅱ阶段，即从平均产量最高点到边际产量等于零这一阶段最合适。但生产要素的合理投入究竟应当在第Ⅱ阶段的哪一点上停止，才能使利润最大化呢？这还要考虑其他因素，首先，要考虑厂商的目标。如果厂商的目标是使平均产量达到最大，则劳动量只要增加到$A$点就可以了；如果厂商的目标是使总产量达到最大，则劳动量要增加到$B$点。其次，厂商以利润最大化为目标，就要考虑成本、价格及收益等因素。因为平均产量最大时，利润量并不一定最大；总产量最大时，利润量也不一定最大。劳动量增加到哪一点所达到的产量能实现利润最大化，必须结合成本与产品价格来分析。

### 4.3.3 边际收益递减规律

从前面对一种生产要素的合理投入的分析中，我们可以看到在技术水平、厂房、机器设备等资本投入不变的情况下，随着投入的劳动量的增加，劳动的边际产量一开始是递增的，但当劳动投入量增加到一定程度后，其边际产量就会递减，甚至出现负数。经济学家指出，这不是一个偶然的现象，而是一个普遍的规律。在技术水平不变的条件下，在连续地等量地把某一种可变生产要素增加到其他一种或几种数量不变的生产要素上去的过程中，边际产量表现出的先上升而最终下降的规律，这一规律被称为边际收益递减规律。

直观上这一规律可以这样理解：在上述例子中，如果我们在固定的厂房和有限的机器设备下投入一个工人生产，这个工人要自始至终完成相关工作，机器会出现闲置，其效率不会太高。如果增加一名工人，两人可以进行有效的分工协作，提高机器的使用效率从而提高工作效率，使产量大幅度增加。如果再增加工人，由于有三台机器可以使用，还可以实行更细的分工协作，进一步提高生产效率，总产量和边际产量仍然可以提高。但不断地增加工人，使得在固定厂房和有限机器设备下的劳动显得过剩，工作效率降低，总产量虽然增加但边际产量开始下降。最后工人实在太多，挤在一间厂房下无事可干，互相聊天扯皮，还影响其他人的正常工作，总产量随之减少，边际产量成了负数。我们也可以举这样一个反例：如果边际生产力递减规律不成立，只要无限制地增加劳动投入而不增加其他投入（包括土地），全世界所需要的粮食可以在一个花盆里栽种出来。

【趣闻杂谈】

**阿瑟·杨格的农学实验**

早在1771年英国农学家阿瑟·杨格就用在若干相同的地块上施以不同量肥料的实验，证明了肥料施用量与产量增加之间存在着边际产量递减的关系。这不是偶然的现象而是经验性规律。假如农民在一亩土地上撒一把化肥能增加产量1kg，撒两把化肥增产3kg，但每把化肥的增产效果会越来越差，过量的施肥量甚至导致土壤板结粮食减产。边际产量递减规律是从社会生产实践和科学实验中总结出来的，在现实生活的绝大多数生产过程中都是适用的。

因此，出现边际生产力递减规律的主要原因是，在任何产品的生产过程中，可变生产要素投入量和固定生产要素投入量之间都存在着一个最佳的组合比例。开始时，由于可变要素的投入量为零或较少，而不变要素的投入量总是存在的，因此，生产要素的组合比例远远没有达到最佳状态。在这一过程中，可变要素的边际产量必然呈递增的趋势。随着可变要素投入量的逐渐增加，生产要素的组合越来越接近最佳组合比例。生产要素的组合达到最佳组合比例时，可变要素的边际产量达到最大值。而随着可变要素投入的继续增加，不变要素投入和可变要素投入的组合比例变得越来越不合理，可变要素的边际产量便呈递减的趋势了。

边际收益递减规律要发生作用必须具有以下前提条件：

第一，边际生产力递减是以技术不变为前提的。这儿技术水平不变是指生产中所使用的技术没有发生重大变革。在现实中，技术进步的速度很快，但并不是每时都有重大的技术突破。技术进步总是间歇式地进行。只有经过一定时期的准备以后，才会有重大突破。因此，在一定时期内技术水平不变这一前提是可以成立的。例如，以人力和简单工具为基本技术的传统农业在没有转变为以机械化、电气化、化学化为基本技术的现代农业以前，技术也有较小的变化，但未进入现代农业之前，则可以认为技术水平不变。离开了技术水平不变这一前提，边际收益递减规律就不能成立。

第二，其他生产要素固定不变，只有一种生产要素的变动为前提。边际收益递减规律研究的是把不断增加的可变生产要素，增加到其他不变的生产要素上时对产量或收益所产生的影响。这种情况是普遍存在的。在农业中，当土地等生产要素不变时，增加施肥量；或者在工业中，当厂房、设备等生产要素不变时，增加劳动量都属于这种情况。技术水平的提高可以推迟这个规律的出现，但在高一层次的技术水平上仍然受这个规律的约束。

第三，它是在可变要素增加到一定程度之后才出现的。

第四，它假定所有的可变投入要素是同质的，即所有劳动者在操作技术、劳动积极性等各个方面都没有差异。在这里，值得一提的是19世纪英国经济学家、人口学家马尔萨斯。他认为，由于土地是有限的，随着人口的增长，仅靠劳动投入的增加必然带来劳动边际产出递减，使粮食生产的速度赶不上人口增长的速度，最后达到普遍的饥荒。但马尔萨斯没有预见农业生产技术的迅猛发展使劳动生产力大大提高，使很多国家的农业增长超过了人口的增长。不过，目前仍然有不少学者认为，农业生产技术的发展还是存在着一个极限，如果人类不对人口的增长进行有效控制，从长期来看，马尔萨斯的预言只可能被推迟，而不会落空。

【趣闻杂谈】

**谁来养活中国**

1994年美国民间研究机构世界观察研究所的莱斯特·布朗出版了《谁来养活中国》一书，认为未来中国的粮食供求会陷入严重危机，并将从国际粮食市场进口大量粮食，从而引起国际粮食市场的混乱。然而从1994年开始，我国也没有像布朗说的那样出现粮食危机，相反，我国人口虽然在增加，但人均粮食产量并没有减少。我国粮食产量的增长、未出现边际报酬递减的重要原因之一是农业生产方式和生产技术的改进，土地生产率比较高。我国的单位面积小麦产量、水稻产量和玉米产量都明显高于世界平均水平。

## 4.4 长期生产函数

在长期内，所有生产要素的投入量都是可变的，多种可变生产要素的长期生产函数可以写为：$Q=f(X_1, X_2, \cdots, X_n)$，式中，$Q$为产量；$X_i$（$i$=1，2，⋯，$n$）为第$i$种可变生产要素的投入数量。该生产函数表示：长期内在技术水平不变的条件下由$n$种可变生产要素投入量的一定组合所能生产的最大产量。根据要素间的比例关系变化与否，长期生产函数可分为可变投入比例长期生产函数和固定投入比例长期生产函数。可变投入比例长期生产函数常用于分析要素投入的最优组合；固定投入比例长期生产函数则多用于研究厂商的规模报酬与适度规模。

本节对长期生产函数的考察，将以$L$、$K$两种可变生产要素的生产函数来讨论可变生产要素的投入组合和产量之间的关系。即两种生产要素配合比例可以变动的情况下，两种生产要素按什么比例配合最好，即生产要素的最适组合问题。

假定生产者使用劳动和资本两种可变生产要素来生产一种产品，则两种可变生产要素的长期生产函数可以写为：$Q=f(L, K)$。式中，$L$为可变要素劳动的投入量，$K$为可变要素资本的投入数量，$Q$为产量。

### 4.4.1 等产量线

#### 4.4.1.1 等产量曲线的含义与特征

生产理论中的等产量曲线与效用理论中的无差异曲线是很相似的。等产量曲线是在技术水平不变条件下，两种生产要素的不同数量的组合可以带来相等产量的一条曲线。

例如，用资本和劳动两种生产要素，要生产500单位产量。资本和劳动两种生产要素的投入有$a$、$b$、$c$、$d$四种组合方式，如表4-2所示。

表 4-2　　等产量的不同组合方式

| 组合方式 | 资本（$K$） | 劳动（$L$） | 产量（$Q$） |
|---|---|---|---|
| $a$ | 6 | 1 | 500 |
| $b$ | 3 | 2 | 500 |
| $c$ | 2 | 3 | 500 |
| $d$ | 1 | 6 | 500 |

从表4-2可见，为生产500单位产量，可以用不同的生产要素组合，既可以用6单位资本和1单位劳动，也可以用3单位资本和2单位劳动或2单位资本和3单位劳动，还可以用1单位资本和6单位劳动。这表明，这两种生产要素是可以相互替代的，既可以多用资本，少用劳动，也可以多用劳动，少用资本，只要组合比例适当，就能生产出等量产品。

根据表4-2画出坐标图，图中纵轴$K$代表资本数量，横轴$L$代表劳动量，在平面坐标上画出$a$、$b$、$c$、$d$各种组合的点，连接各点可以画一条曲线$Q$，如图4-2所示，这条曲线就是等产量曲线。它表示在曲线上任何一点所表示的资本与劳动的不同数量的组合都能生产出同等数量的产量。

等产量曲线与无差异曲线相似，所不同的是，等产量曲线所代表的是产量，而无差异曲线所代表的是效用。等产量曲线具有以下特征：

（1）等产量曲线是一条向右下方倾斜的曲线，其斜率为负值。这就表明，在生产者的资源与生产要素价格既定时，为了达到相同的产量，在增加一种生产要素时就必须减少另一种生产要素。如果两种生产要素同时增加，在资源既定时，无法实现；如果两种生产要素同时减少，就不能保持相等的产量水平。

（2）在同一平面图上，可以有无数条等产量曲线。同一条等产量曲线代表相同的产量，不同的等产量曲线代表不同的产量水平。离原点越远的等产量曲线所代表的产量水平越高，离原点越近的等产量曲线所代表的产量水平越低。

可用图4-3来说明这一点。在图4-3中，$Q_1$、$Q_2$、$Q_3$是三条不同的等产量曲线，它们分别代表不同的产量水平，其顺序为：$Q_1<Q_2<Q_3$。

（3）在同一平面图上，任何两条等产量曲线都不会相交，因为在交点上两条等产量曲线代

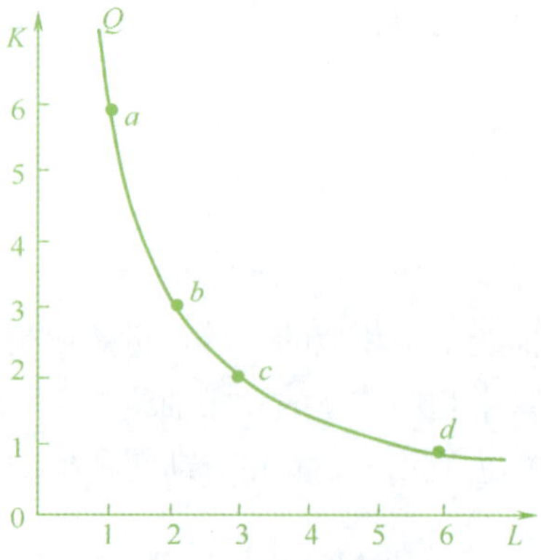


图4-2　等产量线

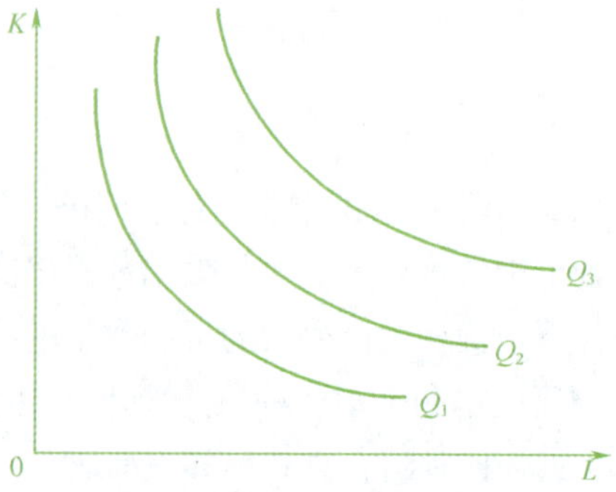


图4-3　同一平面上不同的等产量曲线

表了相同的产量水平。因为在交点上两条等产量曲线代表了相同的产量水平，与第二个特征相矛盾。

（4）等产量曲线是一条凸向原点的线。这是由边际技术替代率递减所决定的。

#### 4.4.1.2 边际技术替代率

与等产量曲线相联系的一个概念是边际技术替代率。

一条等产量曲线表示两种可变要素的各种不同数量组合可以生产的一个既定的产量水平。换句话说，生产者可以通过对两要素之间的相互替代，来维持一个既定的产量水平。例如：为了生产50单位的某种产品，生产者可以使用较多的劳动和较少的资本，也可以使用较少的劳动和较多的资本。前者可以看成是劳动对资本的替代，后者可以看成是资本对劳动的替代。

边际技术替代率就是维持相同的产量水平时，减少一单位生产要素的投入而必须增加的另一生产要素的投入量，即减少一种生产要素的数量，与增加另一种生产要素的数量之比。如果以$K$代表资本，$L$代表劳动，以$\Delta K$代表资本的减少量，以$\Delta L$代表劳动的增加量，$MRTS_{LK}$代表以劳动代替资本的边际技术替代率，则有：

$$MRTS_{LK}=\frac{\Delta K}{\Delta L} \tag{4-9}$$

例如表4-2中，为了生产原来的500单位产量，当劳动增加1单位，即由1增加到2时，则资本从6降到3，即减少了3个单位。两者的替代比率是（3-6）/（2-1）=-3（负号表示两者变动方向相反）。边际技术替代率应该是负值，因为一种生产要素增加，另一种生产要素就要减少。但为了方便起见，一般用其绝对值。

边际技术替代率还可以表示为两种要素的边际产量之比。由于生产要素$K$的减少而失去的产出量与生产要素$L$的增加而得到的产出量相等，即

$$\Delta K\cdot MP_K+\Delta L\cdot MP_L=0 \tag{4-10}$$

可得：

$$MRTS_{LK}=\frac{\Delta K}{\Delta L}=-\frac{MP_L}{MP_K} \tag{4-11}$$

我们可用表4-2的数字来说明边际技术替代率的变动，并根据表4-2做出表4-3。

表 4-3 边际技术替代率变动情况

| 变动情况 | $\Delta L$ | $\Delta K$ | $MRTS_{LK}$ |
|---|---|---|---|
| $a\to b$ | 1 | 3 | 3 |
| $b\to c$ | 1 | 1 | 1 |
| $c\to d$ | 3 | 1 | 0.33 |

我们从表4-3中可以看出，边际技术替代率是递减的。例如从$a$到$b$，从$b$到$c$，从$c$到$d$，边际技术替代率分别是3、1、0.33，原因是边际收益递减规律。根据边际收益递减规律，随着某种生产要素投入的增加，它的边际收益（或产量）会递减，因而增加同一单位的生产要素所能代替的另一种生产要素的数量越来越少。边际技术替代率递减反映了边际收益递减规律，边际技术替代率也就是等产量线的斜率。等产量线的斜率递减决定了它是一条凸向原点的曲线。

对于生产不同产品的企业来说，两种生产要素之间的替代程度不同：有的产品，投入生产要素之间可以完全替代；有的则可能完全不能替代。通常情况下，两种生产要素之间的替代是不完全的。

【趣闻杂谈】

**马尔萨斯的预言落空了**

经济学家马尔萨斯（1766—1834）的人口论的一个主要依据便是报酬递减定律。他认为，随着人口的膨胀，越来越多的劳动耕种土地，地球上有限的土地将无法提供足够的食物，最终劳动的边际产出与平均产出下降，但又有更多的人需要食物，因而会产生大的饥荒。幸运的是，人类的历史并没有按马尔萨斯的预言发展（尽管他正确地指出了“劳动边际报酬”递减）。

在20世纪，技术发展突飞猛进，改变了许多国家（包括发展中国家，如印度）的食物的生产方式，劳动的平均产出因而上升。这些进步包括高产抗病的良种，更高效的化肥，更先进的收割机械。在第二次世界大战结束后，世界上总的食物生产的增幅总是或多或少地高于同期人口的增长。

粮食产量增长的源泉之一是农用土地的增加。例如，1961—1975年，非洲农业用地所占的百分比从32%上升至33.3%，拉丁美洲则从19.6%上升至22.4%，在远东地区，该比值则从21.9%上升至22.6%。但同时，北美的农业用地则从26.1%降至25.5%，西欧由46.3%降至43.7%。显然，粮食产量的增加更大程度上是由于技术的改进，而不是农业用地的增加。

在一些地区，如非洲的撒哈拉，饥荒仍是一个严重的问题。劳动生产率低下是原因之一。虽然其他一些国家存在着农业剩余，但由于食物从生产率高的地区向生产率低的地区的再分配的困难和生产率低的地区收入也低的缘故，饥荒仍威胁着部分人群。

——摘自平狄克·鲁宾费尔德. 微观经济学［M］. 北京：经济科学出版社，2002.

## 4.4.2 等成本线

在生产要素市场上，生产要素都是有价格的。厂商对生产要素的购买支付，构成了厂商的生产成本。成本问题是追求利润最大化的厂商必须要考虑的一个经济问题。

生产理论中的等成本线是一个和效用理论中的预算线非常相似的分析工具。等成本线是在既定的成本和生产要素价格条件下，生产者可以购买到的两种生产要素的各种不同数量组合的轨迹。假定既定的成本为$C$，已知的劳动的价格即工资率为$\omega$，已知的资本的价格即利息率为$r$，则成本方程为：

$$C=\omega L+\gamma K \tag{4-12}$$

由成本方程式（4-12）可得：

$$K=-\frac{\omega}{\gamma}L+\frac{C}{\gamma} \tag{4-13}$$

根据以上式子可以得到等成本线，如图4-4所示。由于式（4-13）的成本方程式是线性的，所以，等成本线必定是一条直线。图中横轴上的点$C/\omega$表示既定的全部成本都购买劳动时的数量，纵轴上的点$C/\gamma$表示既定的全部成本都购买资本时的数量，连接这两点的线段就是等成本线。它表示既定的全部成本所能购买到劳动和资本的各种组合。根据式（4-13），等成本线在纵轴的截距为$C/\gamma$，等成本线的斜率为$-\omega/\gamma$，即为两种生产要素的价格之比的负值。

在图4-4中，等成本线以内区域中的任何一点，如$B$点，表示既定的全部成本都用来购买该点的劳动和资本的组合以后还有剩余。等成本线以外的区域中的任何一点，如$A$点，表示用既定的全部成本购买该点的劳动和资本的组合是不够的。唯有等成本线上的任何一点，才表示用既定的全部成本能刚好购买到的劳动和资本的组合。

在成本固定和要素价格已知的条件下，便可以得到一条等成本线。所以，任何关于成本和要素价格的变动，都会使等成本线发生变化。关于这种变动的具体情况，与消费可能线类似，读者可以自己进行分析。这儿仅谈一下关于等成本线的平行移动情况。

如果生产者的货币成本变动，会带来等成本线的平行移动：货币成本增加，等成本线向右上方平行移动：货币成本减少，等成本线向左下方平行移动。如图4-5所示，在图中，$AB$是原来的等成本曲线。当货币成本增加时，等成本线移动为$A_1B_1$；当货币成本减少时，等成本线移动为$A_2B_2$。

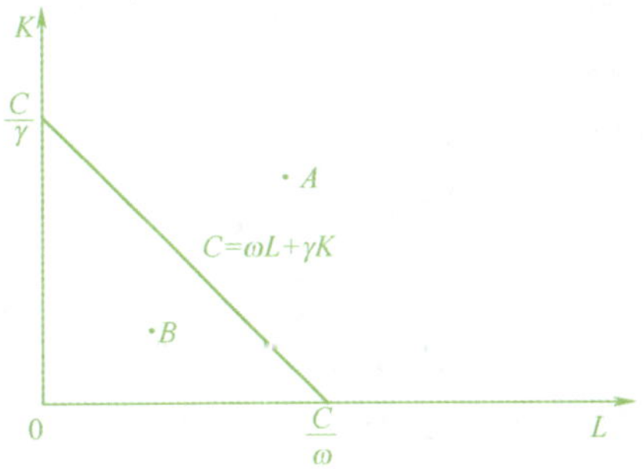


图4-4 等成本线

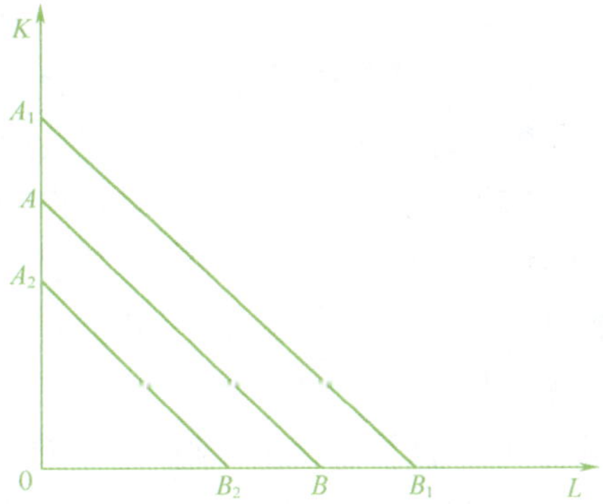


图4-5 等成本线的移动

## 4.4.3 生产者均衡

### 4.4.3.1 生产者均衡边际分析法

生产者均衡是指生产要素的最适组合状态。所谓生产要素最适组合是指厂商以最小的成本所构成的生产要素组合来生产出最大产量。即在既定成本之下，产量最大，或在既定产量下成本最小。厂商的目标是利润最大化，因此，在选择生产要素最适组合时，一定要考虑购买的各种生产要素所付出的价格和所能得到的边际产量。这样，生产要素最适组合的条件是：在成本和生产要素价格既定的条件下，要使所购买的各种生产要素的边际产量与价格的比例相等，即要使每一单位货币无论购买何种生产要素都能得到相等的边际产量。

可以用两个公式来说明生产要素最适组合的条件。假定所购买的生产要素是资本与劳动。用$K$代表资本，$MP_K$代表资本的边际产量，$P_K$代表资本的价格，$Q_K$代表购买的资本量；用$L$代表劳动，$MP_L$代表劳动的边际产量，$P_L$代表劳动的价格，$Q_L$代表购买的劳动量；$M$代表成本，$MP_m$代表货币的边际产量，则生产要素最适组合条件可表示为：

$$P_LL+P_KK=M \tag{4-14}$$

$$\frac{MP_L}{P_L}=\frac{MP_K}{P_K} \tag{4-15}$$

上述式（4-14）是限制条件，说明厂商所拥有的货币量是既定的，购买资本与劳动的支出不能超过这一货币量，也不能小于这一货币量。超过这一货币量是无法实现的，而小于这一货币量的购买也达不到既定资源时的利润最大化。式（4-15）是生产要素最适组合的条件，即所购买的生产要素的边际产量与其价格之比相等，也就是说每一单位货币所得到的边际产量都相等。生产要素的最适组合也称为生产者均衡。

#### 4.4.3.2 生产要素的最适组合

在长期内，所有的生产要素的投入数量都是可变动的，任何一个理性的生产者都会选择最优的要素组合进行生产。本节将把等产量曲线和等成本线结合在一起，研究生产者是如何选择最优的要素组合，从而实现既定成本条件下的最大产量，或者实现既定产量条件下的最小成本。这两种情况的要素组合点表现在图形上都是等成本线和等产量线的相切之点，也叫作生产者均衡点。

（1）成本既定、产量最大的要素组合

在同一平面图上会有无数条等产量线，而在总成本和价格既定的条件下，等成本线却只能有一条。当把等产量曲线与等成本线合在一个平面图上时，等成本线必定与无数条等产量线中的一条相切于一点，该切点就是生产要素的最适组合，可以用图4-6来说明这一点。

图4-6所示的$E$点，就是成本一定时，产量最高的要素组合点，也叫作生产者均衡点。

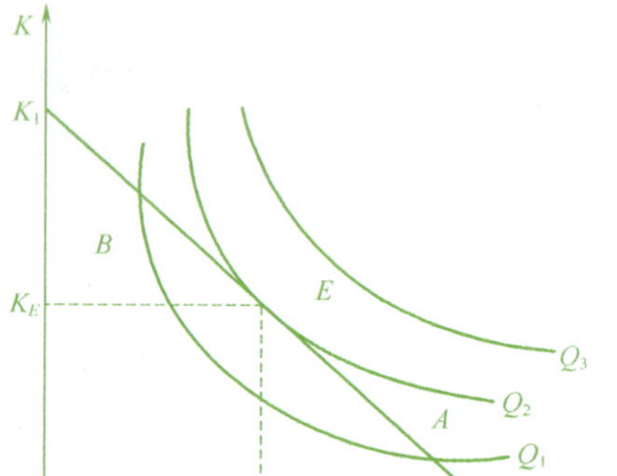


图4-6 成本一定、产量最大的均衡

在图4-6中，$Q_1$、$Q_2$、$Q_3$代表三条不同的等产量曲线，$K_1L_1$代表生产者在一定资金成本约束下的等成本线。显然，生产者此成本约束下不可能达到$Q_3$的产量；生产者可以达到$Q_1$的产量，如在$A$、$B$两点的生产，但这种生产不能使产量最大，不符合经济原则。沿着$K_1L_1$直线将$A$、$B$点向$E$点移动，就可以得到这一总成本水平上的最高产量。

（2）产量既定、成本最小的要素组合

生产者均衡还可以从另一个角度来考虑，即生产者在一定的产量下寻求最小的投入成本，可以用图4-7来说明这一点。

图4-7表示的$E$点是产量一定时，成本最小的要素组合点。

在图4-7中，显然生产者只能选择$K_2L_2$成本线，低于$K_2L_2$的成本线，如$K_1L_1$，不能使生产达到$Q$的产量水平；高于$K_2L_2$的成本线，如$K_3L_3$，虽然可以生产$Q$产量，如$A$、$B$两点，但不经济；只有$E$点代表的$K_E$和$L_E$单位的资本与劳动的组合，才是生产$Q$产量最为节约，即成本最低的要素组合。

从以上分析看出，能满足要素投入最优组合的两个条件是：

①要素投入的最优组合处在等成本线上，这意味着厂商必须充分利用资金，而不让其剩余下来。

②要素投入的最优组合发生在等产量线和等成本线相切之点上，即要求等产量曲线的切线斜率与等成本线的斜率相等。

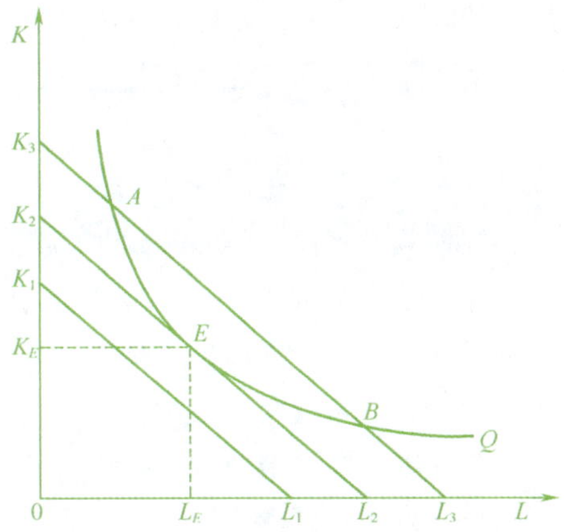

图4-7 产量一定、成本最小的均衡

### 4.4.4 生产扩展线

当厂商的货币成本发生变化时，就会有不同数量的成本和不同的等成本线，会有不同的等成本线与不同的等产量线相切，就会有不同成本条件下不同的生产要素最适组合点。如果厂商的货币成本是增加的，则等成本线向右上方平行移动，不同的等成本线与不同的等产量线相切，形成不同的生产要素最适组合点，将这些点连接在一起，就得出生产要素最适组合的扩展线。所谓扩展线，是代表不同产量水平的最优投入组合点的轨迹，当厂商沿着这条线扩大生产时，可以始终实现生产要素的最适组合，从而使生产规模沿着最有利的方向扩大，如图4-8所示。

在图4-8中，$A_1B_1$、$A_2B_2$、$A_3B_3$是三条不同的等成本线，随着厂商的货币成本的增加，成本曲线从$A_1B_1$向右上方移动到$A_2B_2$、$A_3B_3$。$A_1B_1$、$A_2B_2$、$A_3B_3$分别与等产量线$Q_1$、$Q_2$、$Q_3$相切于$E_1$、$E_2$、$E_3$点，把$E_1$、$E_2$、$E_3$点与原点连接起来的0$C$就是扩张线。

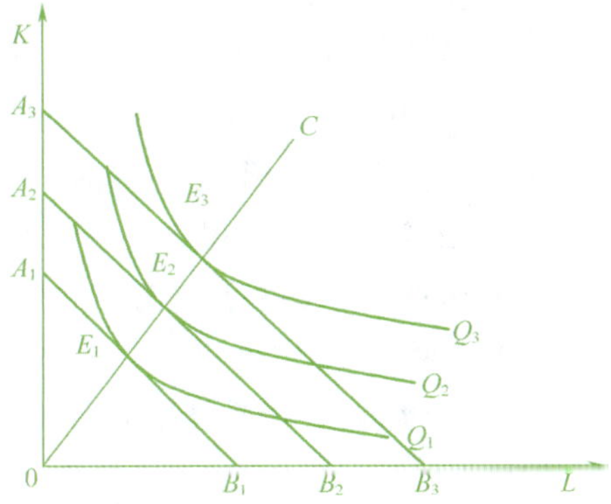

图4-8 扩张线

## 4.5 生产的规模报酬

【小组讨论】

一个企业的生产规模越大越好吗？举例说明不同行业中不同企业的规模大小。

如果可变的生产要素投入从一种增加到两种或两种以上，生产要素投入量与产量的关系就会更复杂一些，如果两种或两种以上生产要素按原有的技术系数增加投入，就会使原有的生产规模扩大。因此，研究两种或两种以上生产要素的合理投入，也就是要确定多大的生产规模最适宜的问题。这就涉及经济理论中的另一规律：规模经济问题。为了研究方便，我们以两种生产要素的连续投入来说明有关理论。

## 4.5.1 规模收益

规模收益（returns to scale）或称规模报酬，是指在技术水平不变的情况下，当两种生产要素按同样的比例增加，即生产规模扩大时，对产量和收益所产生的影响。

两种生产要素增加所引起的产量或收益变动的情况可以分为递增、不变、递减三个阶段，如图4－9所示。图中纵轴表示产量，横轴表示资本和劳动的单位数。每个单位都包括劳动和资本在内。3条线表示规模收益的三种投入产出关系。

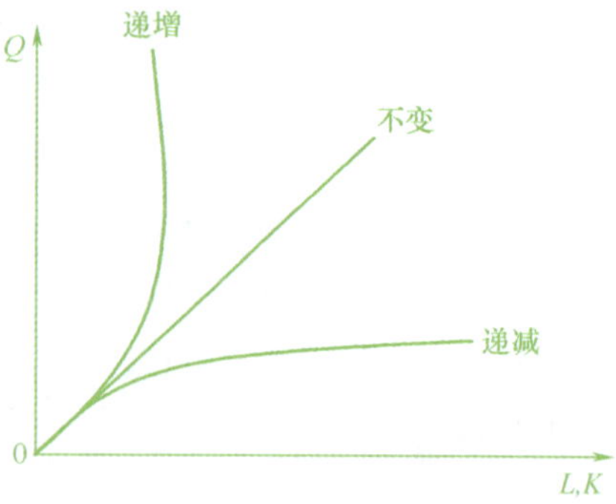


图4－9 规模收益的三种情况

第一阶段，为规模收益递增，即产量增加的比率大于生产规模扩大的比率，例如生产规模扩大10%，而产量的增加大于10%。

第二阶段，为规模收益不变，即产量增加的比率与生产规模扩大的比率相同。例如，生产规模扩大10%，产量的增加也是10%。

第三阶段，为规模收益递减，即产量增加的幅度小于生产规模扩大的幅度，甚至产量绝对地减少。例如，生产规模扩大10%，而产量的增加小于10%，或者是负数。

以上规模收益的三种情况，也可以用数学公式简单表示。我们假定用两种生产要素$K$、$L$生产一种产品，设生产函数为$Q=f(K,\ L)$，若$K$和$L$同时增加$\alpha$倍，$Q$增加$\lambda$倍，则$\lambda\cdot Q=f(\alpha K, \alpha L)$。

当$\lambda>\alpha$时，规模报酬递增；

当$\lambda=\alpha$时，规模报酬不变；

当$\lambda<\alpha$时，规模报酬递减。

如果以柯布－道格拉斯生产函数为例$Q=AL^{\alpha}K^{\beta}$，当$K$和$L$同时增加$\lambda$倍时，产量变为$Q_1$，即：

$$Q_1=A(\lambda L)^{\alpha}(\lambda K)^{\beta}=\lambda^{\alpha+\beta}Q$$

当$\alpha+\beta>1$时，规模报酬递增；

当$\alpha+\beta=1$时，规模报酬不变；

当$\alpha+\beta<1$时，规模报酬递减。

规模收益规律与边际收益递减规律是有区别的。这种区别在于：边际收益递减规律考察的是在一定的生产要素组合条件下，其他生产要素的投入不变，而某一种生产要素连续增加投入时收益的变动情况；而规模收益考察的是在所有的生产要素连续地同时增加或减少其投入量时，收益的变动情况。

## 4.5.2 内在经济和外在经济

规模收益的变动不仅有其内在原因，而且有其外在原因。生产规模的扩大引起产量或规模收益的不同变动，可以用内在经济与内在不经济和外在经济与外在不经济来解释。

#### 4.5.2.1 内在经济与内在不经济

（1）内在经济。是指一个厂商在生产规模扩大时由自身的因素所引起的产量增加。主要原因有：

①使用更加先进的机器设备。机器设备有不可分割性，当生产规模小时，无法购置先进的大型设备，即使购买了也无法充分发挥其效用。只有在大规模生产中，大型的先进设备才能充分发挥其作用，使产量更大幅度地增加。

②生产要素的分工和专业化协作。在大规模的生产中，专业可以分得更细，分工也会更细，这样就会提高工人的技术水平并提高生产效率。

③提高管理效率。各种规模的生产都需配备必要的管理人员，但生产规模扩大后，可以缩小和降低管理人员在全部员工中的比重，节约管理费用，同时，达到一定规模后，可采用现代化设备提高管理水平和经济效益。

④对副产品进行综合利用。在小规模生产中，许多副产品往往被作为废物处理，而在大规模生产中，就可以对这些副产品进行再加工，做到“变废为宝”。

⑤在生产要素的购买与产品的销售方面也会更加有利。大规模生产所需各种生产要素多，产品也多，企业在生产要素与产品销售市场上具有有利地位，从而可以压低生产要素收购价格或提高产品销售价格，从中获得好处。

【知识链接】

**带来内在经济的因素**

经济学家罗宾孙在1931年出版的《竞争产业的结构》中提出了五种与内在经济相关的因素。

（1）技术经济。生产规模扩大，厂商可以购置和使用更加先进的机器设备；可以提高专业化程度，提高生产效率；还有利于实现资源的综合开发和利用，使生产要素效率得到充分发挥。

（2）管理经济。随着生产规模的扩大，它使用的劳动力和机器设备的数量必然增加，这可以促进企业范围内劳动的进一步分工和各种投入品用途的专门化，从而使规模报酬上升。

（3）商业经济。由于技术经济的原因，厂商的产品可以以较低的价格出售，也可以以优惠的价格购买大宗原材料，大厂商还可以利用广告等手段提高品牌的知名度以吸引更多顾客并建立起对厂商品牌的忠诚，从而增加厂商其他产品的销售。

（4）财务经济。厂商越大，财务利益就越大。较大的厂商可以轻易地从银行和有关机构以优惠的利率获得贷款。它还能以比小厂更低的费用发行股票和债券来筹集资金，并取得投资者的信任。

（5）风险分担经济。所有厂商都可能在某一时候遇到风险，但很显然较大的厂商在这方面有明显的优越性。当市场需求变化时，大厂商有能力支付研究和发展的费用，通过新产品研发和生产占领新的市场，小厂商则经常会被不断变化的市场毁灭。

（2）内在不经济。大规模生产所带来的这些好处，在经济学上也称为“大规模生产的经济”。但是，生产规模也并不是越大越好。如果一个厂商由于本身生产规模过大而引起产量或收益减少，就是内在不经济。主要原因是：

①管理效率的降低。生产规模过大，则会使管理机构过于庞大，从而使管理和决策缺乏灵活性，对市场需求的变化难以做出及时的反应。同时，管理机构的庞大也常常会造成各管理环节之间的漏洞。这些都会降低生产效率，使产量和收益减少。

②各种费用的增加。由于生产规模过大，会使企业内部的管理费用大幅度地增加；由于大幅度地增大对生产要素的需求，导致生产要素的价格上升；此外，由于产量增加，会增加销售的困难，增加销售机构和人员的支出。因此，生产规模也不是越大越好。

#### 4.5.2.2 外在经济与外在不经济

一个厂商的产量和收益不仅受自身生产规模的影响，而且还受一个行业生产规模的影响。一个行业是由生产同种产品的厂商组成的。它的规模影响着其中的每一家厂商的产量和收益。一个行业的规模，对个别厂商产量和收益的影响，可用外在经济与外在不经济来解释。

外在经济是指整个行业生产规模扩大，给个别厂商所带来的产量和收益的增加。引起外在经济的原因主要有：个别厂商可以从整个行业的扩大中得到更方便的交通和辅助设施、更多的信息和更好的人才；同时，行业规模的扩大，也使行业内部分工更加精细，从而使产量和收益增加。

外在不经济是指一个行业的生产规模过大使个别厂商的产量和收益减少。引起外在不经济的原因是：一个行业生产规模过大，加剧了行业内部的竞争，各个厂商为了争夺生产要素和产品销售市场，必须付出更高的代价。此外，还可能使环境污染、交通紧张等问题更加严重，使个别厂商付出更高的代价。

### 4.5.3 适度规模

上述分析表明，一个厂商和一个行业的生产规模不能过小，也不能过大，要实现适度规模。一个厂商（或行业）生产的适度规模就是生产规模的扩大使其规模收益递增达到最大。一般来说，生产规模小于适度规模的厂商会用扩大生产规模的办法来达到适度规模，而生产规模过大的厂商会缩小生产规模。但一个厂商的生产规模究竟应当多大，是建大厂还是小厂，不是人的主观意志决定的，而是由客观的经济技术决定的。主要有：

（1）产品的技术特点。一般来说，投资量大，设备复杂先进的行业，适度规模大，如冶金、机械、汽车、化工等重工业厂商；反之投资量小、技术简单的行业其适度规模小，如饮食服务业。

（2）市场条件。一般来说，市场需求较大而且标准化程度高的厂商，适度规模较大，这也是重工业行业适度规模大的原因；相反，市场需求小，而且标准化程度低的产品的厂商，适度规模也应该小。所以，服装行业的厂商适度规模就要小一些。

当然，在确定适度规模时要考虑的因素还很多。例如，在确定某一采矿企业规模时，还要考虑矿藏量的大小，其他诸如交通条件、能源供给、原料供给、政府政策等，都是在确定适度规模时必须考虑的。

应当注意的是，规模经济不一定都是采用集中的方式。在生产连续性很强的工业生产中，集中是扩大规模的主要方式，但在商业企业中，实现规模经济并不是要建越来越大的商场，而是进行连锁经营。连锁经营由一个配送中心对一个城市、一个地区，甚至一个国家的众多连锁店进行统一采购、储运和调配，从而节约了流通成本，提高了效益。所以，连锁经营是商业规模经营的主要形式。

【趣闻杂谈】

**牧场的适度规模**

牧场规模越大，环保、污染、疾病控制难度就越大。一两千头牛的牧场规模刚刚适宜，因为牧场规模太大的话，防疫成本将会明显上升，奶牛患病的概率将明显提升，并且一旦出现口蹄疫等疾病，损失将不堪设想，尤其是羊牧场，由于羊的体格小，抗病能力差，疾病传染更快，防疫将更麻烦。因此，保持一两千头牛的规模，无论是在防疫上还是从环保层面来讲都是最有利的。作为企业牧场，不应该盲目追求规模发展，而要做到规模合理。

【拓展阅读】

**材料1　边际收益递增**

边际收益递减一直被奉为经济学的金科玉律，然而自扬格1928年的《收益递增和经济发展》一文算起，收益递增经济学也有90多年的历史了。应该如何理解所谓的边际收益递增呢？一般认为，边际收益递增通常是指知识依赖型经济中，随着知识与技术要素投入的增加，产出越多，生产者收益呈递增趋势。这一规律以知识经济为背景，在知识依赖型经济中生产要素简化为知识性投入与其他物质投入。知识型经济中边际收益递增产生的主要原因体现在以下几个方面。

1. 生产要素的改变

知识依赖型经济的核心生产要素是知识与技术的投入，而其他物质性要素已成为次要要素，物质性固定投入所占的比例很低。例如芯片生产的基本原料是硅和电力，只占总成本的1%～2%。那么这些要素已不再构成约束，这时连续增加知识和技术要素，产出不会因为其他要素不变而受到约束，从而产出递增。

2. 知识资源的积累性

传统的农业经济和工业经济均是物质资源依赖型经济，物质资源具有明显的排他性特征：其使用价值在某一时刻只能被一个使用者所占有和使用。同时物质资源是稀缺的，使用时必须消耗它，随着其使用量的增加，成本越来越高，最终导致生产者收益的递减。知识性资源具有共享性，同一知识可以被多个人同时占有和使用，并且在使用过程中不会消耗它，只是利用它，在使用过程中还会产生新的知识。信息资源和知识资源在使用时还是一种积累和开发的过程，在重复使用过程中成本递减，从而会带来递增的收益。

3. 知识依赖型经济中的学习效应

知识依赖型经济的主要投入要素是知识和技术，而技术的进步又依赖于知识和经验的积累：随着积累产出的增加，生产的边际成本降低。生产者往往由于开发一种产品而积累经验，这种经验可以用于生产或开发相关或相似的新产品。在原有的要素投入基础上，增加研发的投入，使收益递增。

4. 知识依赖型经济的产品自身的特性决定了边际收益递增

首先，这些产品有一个重要特点就是产品的使用价呈递增性质，这种特性被称之为外部性。这种外部性导致同类产品的市场扩大，从而使领先生产者所获得的收益递增。其次，产品深度的顾客适应性。知识产品通常在使用时，用户需要大量的前期培训才能掌握它的使用技巧，一旦用户选择了某种产品并在培训上花了大量的投入时，由于这种适应性，用户不会轻易地更换产品。未来的消费者受现在消费者的影响，强化了领先生产者的市场优势，边际收益递增。再次就是注意力与锁定现象在高科技产品中的大量存在。消费者的注意力是有限的，那么消费者在选择产品时与他的最先注意有关，一般消费者都会注意到同类产品的顶尖竞争者上，因而领先生产者所具有的竞争优势吸引了消费者的注意力，形成强的正反馈效应，这种效应为领先生产者赢得进一步的优势，吸引了消费者的注意力的生产者也就在一定程度上锁定了顾客，从而使收益递增。

边际收益递减规律并不是完全递减，而边际收益递增现象在知识依赖型生产中的出现也不排斥边际收益递减规律。只是不同类型的生产这两者所产生的主导作用不同而已，收益的递增不是无限的递增，它将会受到市场的有限性的约束，同样也会出现递减，只是递减出现的时间推迟。

——摘自智库百科

## 材料2　机器代人，无人工厂时代来临

“无人化”现在已经离我们越来越近，无人超市、无人驾驶、无人酒店、无人餐厅……一个个新词不断冲击我们的眼球，刷新我们的认知。下面简单介绍当前国内几大著名的无人工厂。

1. 上汽通用金桥工厂

上汽通用金桥工厂车间内实现了100%焊接自动化，即使从全球来看，这个水平的工厂也不超过5家。偌大的车间内，真正领工资的工人只有10多位。他们管理着386台机器人，每天与机器人合作生产80台凯迪拉克。

2. 正大食品无人水饺工厂

位于中国秦皇岛的该企业的生产水饺的几千平方米的厂房里，干净整洁，机器24小时不休息地工作，可是竟然看不到一个员工。取而代之的是不停往返的机械手以及地表穿插有序的轨道。以前整个工厂需要200个工人，现在生产相同的东西用工却在20人以下，这意味着“无人工厂”压缩人工可达90%。

3. 京东“亚洲一号”无人仓

“亚洲一号”无人仓亮相纪录片《大国重器》。2018年6月底，京东已经有27个不

同层级的无人仓投用，使京东的日订单处理能力同比增幅达1415%。“双11”期间，京东共有50个不同层级的无人仓投入使用，分布在北京、上海、武汉、深圳、广州等全国多地，而上海“亚洲一号”已经成为京东物流在华东区业务发展的中流砥柱。无论是订单处理能力，还是自动化设备的综合匹配能力，“亚洲号”无人仓都处于行业领先。

4. 阿里巴巴菜鸟无人仓

菜鸟计划建设国家智能物流骨干网，把中国物流成本占GDP的比重降到5%以下。为此，菜鸟研发了柔性自动化仓储系统，利用AI技术，让大量机器人在仓内协同作业，组合成易部署、易扩展、高效的全链路仓储自动化解决方案。

无人仓的背后是菜鸟几年来在柔性自动化方面的不断探索和思考，未来的物流将通过包括AI在内的技术创新打造全面智慧化、自动化的物流体系，更加快速高效地满足用户需求。

5. 美的自动化空调生产线

2012年以来，美的累计投入使用800多台机器人，自动化生产线改造费用超过6亿元，实现自动化生产战略转型，而美的中央空调拥有核心零部件和全自动组装生产线，生产效率提升70%，生产线人数下降50%，人机比达到4%以上，产品合格率达到99.9%，达到空调行业的领先水平，媲美宝马、奔驰自动化生产线，引领工业4.0时代。

6. 老干妈自动化生产车间

深受世界人民喜爱的“老干妈”，不仅味道好，连自动化水平也没有落后。老干妈生产线除了检修以外，全年24小时不停运转已经有10年之久了，一天就需要生产三百万个辣椒罐。工业食物的制造，非常重要的就是标准化和稳定，有机菜油、好辣椒、油温和炒制时间，这些因素严格按照商业机密的配方，保证了“老干妈”稳定的口感。

7. 华为荣耀东莞南方工厂

包括美国原装进口的超精准MPM双轨印刷机，世界领先的Camelot Dispensing点胶机，全自动化手臂控制的整机测试、全自动无人驾驶运货车，以及六台全自动化机械手组成的流线体设备。全球领先的生产工艺、手机品控的领先标准淋漓尽致地展现在这里。

8. 国内首条足球自动化生产线

这条足球自动化生产线可以实现视觉定位、扫码，机器人完成球片上下料；夹具和快换装置兼容多款球型并实现快速换线；节省约75%的人工成本；提高效率，降低不良率。生产线包含4个模块化的机器人工作站，完成足球片的切割、打印、喷码、涂胶、折边以及分拣等工序。生产线上，最大的突破在于二维码的使用。二维码使每一个足球如同拥有了身份证。球片打码技术通过赋予每一片球片一个唯一的编码，方便机器快速识别及处理每一片球片，最后组装成球。

阅读后，可以思考，哪些工作容易被机器取代？面对这样的时代，我们应该恐慌吗？关于机器换人，你有什么看法？

——部分材料摘自搜狐新闻，2019-09-08

## 本章小结

所有能够给人们创造或增加某种满足并以此盈利的活动都是生产活动。厂商是生产者的同义语，他们以利润为生产的目的。

生产过程中投入物数量与产品数量之间的关系可以用生产函数这一概念来表示。依据生产要素在一定时期内数量是否可变动，可区分为可变要素与固定要素。可变要素随产量的增减而增减，而固定要素则不然。

根据是否存在固定要素，可以区分长期与短期。在其他要素的数量不变时，单独调整某一种可变要素的数量，会出现要素报酬递减现象。

根据可变要素不断增加过程中不同的产量水平，可以划分生产的三个阶段，理性厂商永远处于第二生产阶段。在两种或两种以上生产要素相互可替代的生产过程中，理性的厂商必将根据要素的价格和各种要素的边际产量来寻找、确定一种最为经济的要素组合，以便使自己的成本最低或产量最大。总之，使自己的利润最大。

如果各种要素投入量都同时增加，便是规模扩大。在规模扩大过程中，有三种不同类型的规模收益，理性的厂商理应选择最为经济的规模，以保证规模经济。

## 练习与思考

### 一、概念识记

生产要素、边际收益递减规律、等产量线、边际技术替代率、等成本线、生产者均衡、规模报酬、适度规模

### 二、简答题

1．如何准确区分生产的短期和长期这两个基本概念？

2．总产量、平均产量和边际产量之间的关系是怎样的？

3. 生产的三阶段是如何划分的？为什么厂商只会在第二阶段生产？

4．运用图形说明生产要素最适组合的原则。

### 三、思考分析题

1．小王家有一个大园子，里面种植了水果和蔬菜，在当地市场售卖。小王说："夏天，我雇了一个放暑假的大学生帮我，我的生产翻了一番还多。明年夏天，我将雇用两三个帮手，我的产量将增加三四倍还多。"小王的想法会实现吗？雇用的帮手越多，其收获就会越大吗？

2．假如你大学毕业以后经营一家面包店，需要投入哪些生产要素？如果面包销路很好，分别在短期和长期可以采取哪些措施来增加产量？

### 四、计算题

1．下面是某种可变生产要素的短期生产函数的产量表。

| 可变生产要素的数量 | 可变生产要素的总产量 | 可变生产要素的平均产量 | 可变生产要素的边际产量 |
|---|---|---|---|
| 1 | | 2 | |
| 2 | | | 10 |
| 3 | 24 | | |
| 4 | | 12 | |
| 5 | 60 | | |
| 6 | | | 6 |
| 7 | 70 | | |
| 8 | | | 0 |
| 9 | 63 | | |

（1）请将表中空格填上。

（2）该生产函数是否表现出边际报酬递减？如果是，是从第几单位的可变生产要素投入量开始的？

2．假设某厂商的短期生产函数为$Q=35L+8L^2-L^3$。求：

（1）该企业的平均产量函数和边际产量函数。

（2）如果企业使用的生产要素的数量为$L=6$，是否处于短期生产的合理区间？为什么？

3．已知生产函数$Q=AL^{1/3}K^{2/3}$。判断：在长期生产中，该生产函数的规模报酬属于哪一种类型？

## 五、实训项目

在学院周边或者校园里选择一家厂商，各小组通过观察、访谈、网上查询等方式搜集该厂商各生产要素的构成和使用情况，初步分析其涉及哪些生产者行为的概念。

5

# 成本与收益分析

## 知识目标

1. 理解成本的相关概念。
2. 理解收益和利润的概念。
3. 掌握消费者均衡条件。
4. 掌握短期成本的分类和变化规律。
5. 掌握长期成本的分类和变化规律。

## 能力目标

能够运用成本与收益理论初步分析生产者行为，理解生产者如何在既定的产量下实现成本最小或在既定的成本下达到产量最大。

## 案例导入

**上大学的成本是什么呢?**

首先，你可能会这样计算成本：学费加上书本费，再加上住宿费，它们一起也许是一年15000美元。但是，这并不是上大学的机会成本。你由于上大学而损失的机会是什么呢?

你因为上大学而损失的最主要的机会（大概）是拥有一份全职工作的机会。大部分人也许能够很容易地找到一份25000美元年薪的工作，甚至可能是更高年薪的工作（比尔·盖茨就没有念完大学）。

如果你大学读了四年，那么，你就为接受这份教育放弃了100000美元。上大学的机会成本大概比你想象的要高。为了使这些钱花得物有所值，你们也许应该在课堂上多问些问题吧!（但是，回过头去再看看我们刚才所列举的费用——学费、书本费和住宿费——它们中有一项其实不应该算作上大学的机会成本。哪一项呢? 答案是：如果无论是否上大学，你都需要支付住宿费的话，那么，住宿费就不应该是上大学的机会成本。）

由于以下两方面的原因，机会成本非常重要——首先，如果你不理解选择过程中你正在失去的机会，你就不可能清楚地认识到你所面临的实际抉择。认清你所面临的抉择，这是进行明智选择的第一步。

其次，大多数情况下，人们都会对机会成本的变化做出反应，即使所花费的货币成本没有改变——因此，如果你想要理解人类的行为，你就必须理解机会成本。

例如，如果经济变得萧条，你认为去上大学的人数会如何变化呢？在经济萧条的时候，学费、书本费和住宿费并不会下降，但上大学的机会成本下降了。为什么？在经济萧条时，失业率上升，因此，找到一份高薪水的工作更难。这就意味着在高失业率的时候，读书所损失的机会成本更少。

因此，我们预测，失业率上升时，上大学的人数会增加；从机会成本的角度来看，上大学更便宜了。

## 5.1 成本的概念

【思考与讨论】

现在报纸上经常报道一些刑事犯罪案件，案犯大多是进城打工的农民，为什么农民工的犯罪率远高于城市市民？

### 5.1.1 成本的含义

企业成本的高低决定了企业利润的多少，同时，成本也是企业在市场竞争中进行决策的重要依据，因此，企业对成本极为重视。

成本也称为生产费用，是指生产者或厂商为了进行生产所必须购买的投入或生产要素的支出。在微观经济学中，成本不仅包括了平常所说的不变成本与可变成本，而且还包括了利息、地租与正常利润。因为资本、土地与企业家才能都是生产要素并为生产做出了贡献，所以支付给资本的利息、土地的地租以及支付给企业家才能的正常利润都应计入成本之内。

通常，描述产品数量和成本之间的函数关系称为成本函数，记作：

$$C=f(Q) \tag{5-1}$$

在函数中，$C$表示成本，$Q$表示产量。

若在企业生产中只使用了劳动$L$和资本$K$两种生产要素，其价格分别为$P_L$和$P_K$，则成本函数为：

$$C=L \cdot P_L+K \cdot P_K \tag{5-2}$$

### 5.1.2 成本的分类

#### 5.1.2.1 机会成本

机会成本就是以一定的代价从事某项经济活动所必须放弃的以这同一代价从事另一项经济活动所带来的利益。简单地讲，可以将机会成本理解为把一定资源投入某一用途后所放弃的在其他用途中所能获得的最大利益。例如，你购买一套房屋全部用于居住，则不能再出租获利，也就是居住的同时也失去了用于出租获利的机会；反过来说，你若出租，你就不能再居住。

机会成本主要应用在投资过程中。在投资决策中，放弃次优方案而损失的“潜在利益”，是选取最优方案的机会成本。

#### 5.1.2.2 显成本

显成本是指厂商在生产要素市场上购买或租用所需要的生产要素的实际支出。例如，某厂商向工人支付的工资，向银行支付的利息，向土地出租者支付的地租，这些支出便构成了该厂商生产的显成本。从机会成本的角度讲，这些支出的价格必须等于这些相同的生产要素使用在其他最好用途时所能得到的收入。否则，这个企业就不能购买或租用到这些生产要素，并保持对它们的使用权。

#### 5.1.2.3 隐成本

隐成本是指厂商本身自己所拥有的且被用于该企业生产过程的那些生产要素的总价格。为了进行生产，一个厂商除了雇用一定数量的工人、从银行取得一定数量的贷款和租用一定数量的土地之外（这些均属显成本支出），还动用了自己的资金和土地，并亲自管理企业。西方经济学家指出，既然借用了他人的资本需付利息，租用了他人的土地需付地租，聘用他人来管理企业需付薪金，那么，同样道理，当厂商使用了自有生产要素时，也应该得到报酬。所不同的是，现在厂商是自己向自己支付利息、地租和薪金。所以，这笔价值也应该计入成本之中。由于这笔成本支出不如显成本那么明显，故被称为隐成本。隐成本必须从机会成本的角度按照企业自有生产要素在其他最佳用途中所能得到的收入来支付，否则，厂商会把自有生产要素转移出本企业，以获得更高的报酬。

隐成本是机会成本，它不能反映在企业账目的货币性交易中。企业的账目没有涉及其所有者自有资金的资本费用；没有计算企业里所有者的劳动；当企业把有害废弃物倒入河流时，也没有计算所发生的环境污染费用。但从经济学的观点来看，这些都是真正的成本，应该计算在内。经济学家认为，无论生产要素归谁所有，在经济上生产要素的收益是重要的。即使所有者没有直接领取报酬，而是以利润的形式得到补偿，我们也应该把所有者的劳动作为成本来计算。由于所有者有其他工作机会，因此，我们必须把失去的机会作为所有者劳动的成本来计算。

【趣闻杂谈】

**男子每天自愿加班，却被公司开除了**

西班牙男子吉恩是廉价连锁超市Lidl的一家分店经理，已经为公司工作了12年。他非常热爱自己的工作，每天都会提前两个小时上班，结果却因违反劳动合同擅自加班，被公司开除了……

据介绍，超市规定的上班时间是早上7点，但是吉恩每天都会提前两个小时到公司，整理货架、检查订单和价格，非常认真负责。但是超市老板在查看监控时发现了这件事，他对此非常不满，要求将吉恩解雇。

在吉恩的解雇信中，Lidl超市表示，吉恩违反了禁止无偿加班的规定，规定要求：“每分钟工作都是有偿的，只要员工在工作，公司就必须打卡付薪。”而吉恩却在没有获得公司允许的情况下擅自加班，没有收加班费。

吉恩非常不满，将自己的老板告上法庭。吉恩的律师表示，吉恩自愿加班是因为他承受着销售和绩效目标的压力，他并不是为了自己的利益，而是为了让超市完成公司要求的营运标准，虽然违反规定，但超市却因此获益。

## 5.2 短期成本分析

【思考与讨论】

如果你有一间门面房，你是自己开店经营还是租给别人经营？哪种方式会更有利？

短期成本是指在一定期间厂商不能调整其生产规模，只能对一部分生产要素进行调整，而不能对全部生产要素进行调整所发生的成本。

### 5.2.1 短期成本的分类

#### 5.2.1.1 短期总成本

短期总成本是指企业在短期内，生产一定产量的产品所需要的成本总额，它随产量的上升而上升。总成本一般用*STC*表示，总成本等于固定成本加可变成本。例如某企业生产的产品成本如表5-1所示。

表 5-1　各种成本计算表

| (1) 产量 *Q* | (2) 固定成本 *FC* | (3) 可变成本 *VC* | (4) 总成本 *STC* | (5) 边际成本 *MC* | (6) 平均成本 *AC* | (7) 平均可变成本 *AVC* | (8) 平均固定成本 *AFC* |
|---|---|---|---|---|---|---|---|
| 0 | 100 | 0 | 100 | — | ∞ | 0 | ∞ |
| 1 | 100 | 40 | 140 | 40 | 140 | 40 | 100 |
| 2 | 100 | 75 | 175 | 35 | 87.5 | 37.5 | 50 |
| 3 | 100 | 105 | 205 | 30 | 68.3 | 35 | 33.3 |
| 4 | 100 | 130 | 230 | 25 | 57.5 | 32.5 | 25 |
| 5 | 100 | 160 | 260 | 30 | 52 | 32 | 20 |
| 6 | 100 | 200 | 300 | 40 | 50 | 33.3 | 16.7 |
| 7 | 100 | 245 | 345 | 45 | 49.3 | 35 | 14.3 |
| 8 | 100 | 300 | 400 | 55 | 50 | 37.5 | 12.5 |

表5-1说明了生产不同产量产品的总成本。由第一栏和第四栏的数据，我们可以看到，*STC*随着*Q*的上升而上升。因为企业生产某一商品的更多产量必须使用更多的劳动和其他投入，增加的生产要素引起生产成本的增加。例如生产3单位产品的总成本为205元，而生产4单位产品的总成本为230元。

#### 5.2.1.2 固定成本

固定成本是与固定生产要素相对应的概念，它是指不随产量变动而变动的成本，即使产量为零也必须支付的开支总额。固定成本不受企业任何产出量变动的影响，有时固定成本也称“经常开支”或“沉积成本”，它由许多项目构成，如企业的厂房、机器、设备、长期工作人员的薪水等。

在表5-1中，第二栏固定成本用*FC*表示。由于*FC*是无论产量如何变动都必须支付的数量，因此，*FC*的数值为100元，并随着产品产量的变化而保持不变。

#### 5.2.1.3 可变成本

可变成本是指随着产品产量水平的变化而变动的成本，它是产品产量的递增函数。它包括原材料、工资和燃料，也包括不属于固定成本的所有成本。

表5-1第三栏为可变成本，用*VC*表示。根据定义，当*Q*为零时，它的起始值为零。它是*STC*中随着产量增加而增加的部分。实际上，在任何两种产量之间，由于固定成本的数值是不变的，所以，总成本的增加量就是可变成本的增加量。

#### 5.2.1.4 边际成本

在成本概念中，边际成本是一个十分重要的概念。边际成本是指每增加一个单位产量所增加的总成本。当产量的变化幅度很小时，边际成本也可以表示为总成本对产量的导数。例如，某企业生产100件产品的总成本为150元。如果生产101件该产品的总成本为172元，那么，生产第101件产品的边际成本就是22元。

表5-1中相关数据说明了边际成本是如何计算的，第五栏中的*MC*数值是第四栏中的总成本减去前一总成本数值。例如，第3单位的边际成本是30元（205元-175元）。第4单位的边际成本是25元（230元-205元）。其他边际成本的计算方式都是相同的。

在实际计算中，由于总成本等于固定成本加上变动成本之和，并且固定成本不随产量的变化而变化，所以边际成本的计算也可以通过变动成本计算得来。

#### 5.2.1.5 平均成本

平均成本是总成本除以总产量所形成的成本。平均成本也称单位成本。其公式为：

$$\text{平均成本}=\frac{\text{总成本}}{\text{总产量}}=\frac{TC}{Q}=AC \tag{5-3}$$

根据总成本和产品数量可计算出平均成本。

在表5-1第六栏中，当产量仅为1个单位时，平均成本必然等于总成本，即140元／1=140元。当产量为2时，平均成本为175元／2=87.5元。应该注意，在开始时，平均成本越来越小，当产量为7时，*AC*降到最低点，此后缓慢上升。

#### 5.2.1.6 平均可变成本

正如总成本可分解为固定成本和可变成本一样，平均成本也可细分为平均固定成本和平均可变成本两部分。

平均可变成本是总可变成本除以产量所形成的成本。其公式为：

$$平均可变成本=\frac{总可变成本}{产量}=\frac{VC}{Q}=AVC \qquad (5-4)$$

在表5-1第七栏，*AVC*的数值随产量增加先变小，而后变大。

#### 5.2.1.7 平均固定成本

平均固定成本是总固定成本除以产量的成本。其公式为：

$$平均固定成本=\frac{总固定成本}{产量}=\frac{FC}{Q}=AFC \qquad (5-5)$$

见表5-1第八栏。如果我们采用产量的小数单位，那么，*AFC*在开始时为无穷大，随着产量增加*AFC*越来越小。因为，有限的*FC*为越来越多的产量所分摊。

**【知识链接】**

一个生产小麦的农场主向他的工人发布了这样一则坏消息："今年的小麦价格很低，而且我从今年的粮食中最多只能获得3.5万元毛收入。如果我付给你们与去年相同的工资（3万元），我就会亏本，因为我不得不考虑3个月以前已经为种子和化肥花了2万元。如果为了那些仅值3.5万元的粮食而让我花上5万元，那么我一定是疯了。如果你们愿意只拿去年一半的工资（1.5万元），我的总成本将为3.5万元（2万元+1.5万元），至少可以收支相抵。如果你们不同意降低工资，那么我也就不打算收割这些小麦了。"

于是，工人们围坐在一起以投票来决定是否同意降低工资。这时，有一位略懂一点经济学知识的工人很快进行了一番计算，然后，他肯定地说："农场主在吓唬我们，即使我们不同意降低工资，他也会让我们为他收割小麦的。"他的理由在于：农场主数月前用来支付种子和化肥的2万元固定成本已经是沉没成本了，不管他是否打算收割小麦，这2万元固定成本都已经发生，而且是无法收回的，因此，在决定是否收割小麦时是可以忽略不计的。农场主是否收割小麦取决于总收益与总可变成本的比较，只要总收益不小于总可变成本，他就会收割小麦，因为此条件下收割小麦的总损失比不收割的总损失要小。而现在农场主的总收益（3.5万元）超过了总的可变成本（支付给工人的3万元），所以，即使工人们不接受降低工资的建议，他仍将收割小麦。

### 5.2.2 各类短期成本的变动规律及关系

#### 5.2.2.1 总成本、固定成本和可变成本

根据表5-1相关资料，可以作出总成本、固定成本和可变成本曲线图。

由图5-1可知，固定成本不随产量的增加而变动。可变成本随产量的增加而增加，其曲线从原点开始向右上方递增。总成本也随产量的增加而增加，并且由于固定成本不为零，因此，总成本在产量为零时也不为零，它的变化规律与可变成本相同。总成本曲线起点是产量为零时

固定成本的高度，然后它随产量变动向右上方倾斜，开始较快，然后渐缓，最后又加快。从图像观察可知，总成本曲线在可变成本曲线平行上移一段等于固定成本的垂直距离后向右上方递增。

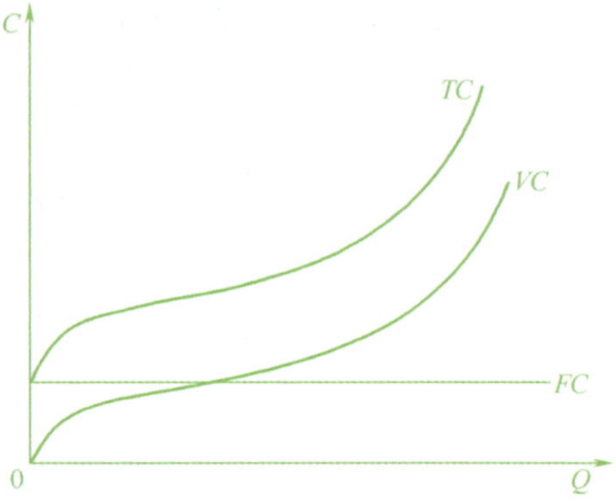


图5-1　总成本、固定成本和可变成本曲线

#### 5.2.2.2　平均成本、平均固定成本、平均可变成本和边际成本

由表5-1相关数据可以作出平均成本、平均固定成本、平均可变成本和边际成本曲线，如图5-2所示。

（1）平均成本、平均固定成本、平均可变成本和边际成本曲线形状。通过表5-1相关数据以及图5-2所示，可知平均成本、平均可变成本和边际成本三条曲线呈U形。这一特征是由边际成本递增规律（边际成本的性质）确定的，即随着可变要素投入的增加，边际成本在开始时递减，然后随着可变要素投入的继续增加，边际成本最终会不断上升。由于固定成本不随产量的变化而变化，所以平均固定成本是随着企业产品产量的增长呈递减变化的。

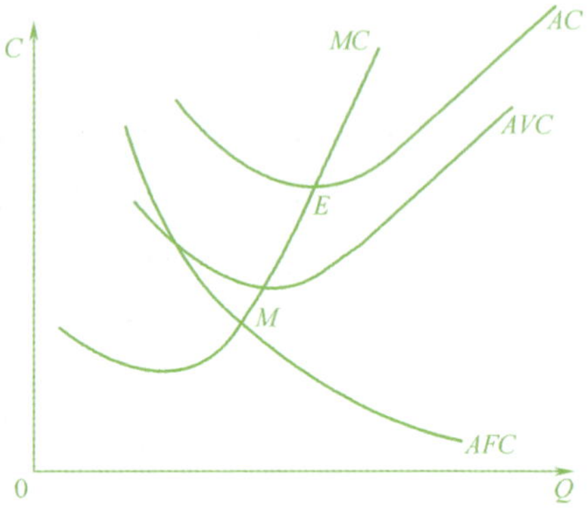


图5-2　平均成本、平均固定成本、平均可变成本和边际成本曲线

（2）边际成本曲线相交于平均成本、平均可变成本曲线最低点。在边际成本曲线上升的过程中，总是通过平均成本曲线的最低点。这意味着，如果边际成本小于平均成本，那么平均成本必然会下降。为什么会如此呢？如果边际成本小于平均成本，那么，生产的最后一单位的成本小于过去全部单位的平均成本。如果最后一单位的成本小于过去全部单位的平均成本，那么，新的平均成本（包括最后一单位的成本的平均成本）必然会小于原来的平均成本，因此平均成本必然会下降。用成本曲线的术语来说，如果边际成本曲线位于平均成本曲线的下方，那么平均成本曲线必然会下降。

如果边际成本大于平均成本，情况会怎样呢？在这种情况下，最后一单位的成本大于过去全部单位的平均成本。因此，新的平均成本（包括最后一单位成本的平均成本）必然会高于原来的平均成本。所以，当边际成本大于平均成本时，平均成本必然会上升。

最后，当边际成本正好等于平均成本时，最后一单位的成本正好等于过去全部单位的平均成本。因此，新的平均成本，即包括最后一单位成本的平均成本，等于原有的平均成本。当平均成本等于边际成本时，平均成本曲线既不上升，也不下降。

如果厂商销售商品的单价或平均收益等于边际成本和平均成本相交点，那么，这个最低平均成本点，即图5-2中的$E$点便称为收支相抵点（盈亏平衡点），因为这一点的平均收益正好等于平均成本，超过这点继续增加产量，平均收益小于平均成本，将导致亏损。

同样道理，当边际成本小于平均可变成本，即边际成本处于平均可变成本曲线下方时，平均可变成本下降；当边际成本大于平均可变成本时，平均可变成本上升。只有边际成本与平均可变成本相等时，平均可变成本才处于最低点。如果厂商销售商品的单价或平均收益等于边际成本和平均可变成本相交点，那么，平均可变成本的最低点，即图5-2中的*M*点通常可称为停止营业点，因为这一点的平均收益正好等于平均可变成本，超过这点继续增加产量，平均收益小于平均可变成本，不仅收不回固定投入，连可变投入也不能完全收回，所以产量不能超过这点。

【趣闻杂谈】

**旅行社在旅游淡季打折**

某旅行社在旅游淡季打出从天津到北京世界公园每客38元1日游的价格（包括汽车和门票），38元连世界公园的门票都不够。为什么会这么便宜呢？这是因为旅游淡季游客不足，即使一个游客都没有，而旅行社的汽车的折旧费、工作人员的工资等费用也是要支出的。我们算一算，38元的价格，如果一个旅行社的大客车载客50人，共收入1900元；高速公路费和汽油费估计500元，旅行社购买团体门票（淡季打折）价格10元/人共500元，旅行社可赚900元。这样一算38元还是可以做的，因为即使关门不经营也要支付像汽车等固定成本的费用，只要有收益就可以对这些费用做些补贴。

## 5.3 长期成本分析

【小组讨论】

在现实经济中，有许多大大小小的企业，小企业生机勃勃，但大企业却有绝对的价格优势。小企业在价格上为什么竞争不过大企业呢？请加以解释。

### 5.3.1 长期成本的含义

西方经济学里的长期是指在这期间厂商能够调整其生产规模。在长期内，厂商不仅可以随产量的变化调整其投入的原材料、燃料、工人的数量，而且可以根据产量的情况，调整厂房、设备的数量，使生产规模发生变化，以适应产量变化的要求。

在长期中，厂商有足够的时间增减在短期内固定不变的生产要素。因此，任何生产要素投入量都将是可变的，没有固定与变动的区别。在长期内厂商从事生产所发生的成本称为长期成本。

### 5.3.2 长期成本的分类

#### 5.3.2.1 长期总成本

长期总成本是指厂商在长期中在各种产量水平上通过改变生产规模所能达到的最低总成本，即各个产量水平下的最低成本，它通常用*LTC*表示。

在长期中，要生产同样的产量，厂商的成本可大可小。某企业为了得到200单位产品，在其他生产要素不变的情况下，可以雇用20个工人生产也可以雇用25个工人生产。因此，企业具有不同的生产规模，其总成本是不一样的。但是，作为企业，其选择的生产规模和生产方式必须是生产成本最低的。

#### 5.3.2.2 长期平均成本

（1）长期平均成本的构成。在长期中，厂商总是可以在每一产量上找到相应的成本较低的最优的生产规模进行生产。在短期内，厂商做不到这一点。假定厂商现有生产规模为$SAC_1$的曲线所代表，需要生产的产量为$0Q_1$，那么，厂商在短期内只能以$SAC_1$曲线上的$0C_1$的平均成本来生产，而不可能是$SAC_2$曲线上以较低的平均成本$0C_2$来生产。

由于长期内可供厂商选择的生产规模是很多的，在理论分析中，假定生产规模可以无限细分，从而有无数条$SAC$曲线，于是，便可得到长期平均成本即$LAC$曲线。

在图5-3中，长期平均成本曲线是无数条短期平均成本曲线的包络线。在这条包络线上，连续变化的每一个产量水平都存在$LAC$曲线和一条$SAC$曲线的相切点。该$SAC$曲线所代表的生产规模就是生产该产量的最优生产规模，该切点所对应的平均成本就是相应的最低平均成本。$LAC$曲线表示厂商在长期内在每一产量水平上可以实现的最小的平均成本。

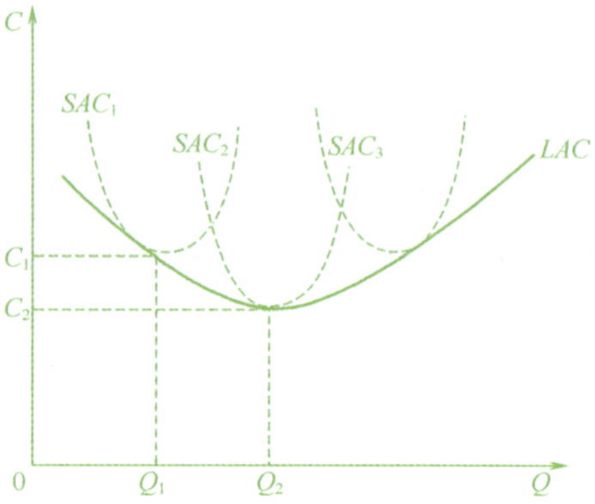

图5-3 长期平均成本曲线

（2）长期平均成本的特征。长期平均成本曲线呈先降后升的U形，这种形状和短期平均成本曲线是很相似的。但是，这两者形成U形的原因并不相同。如前所述，短期平均成本曲线呈U形的原因是短期生产函数的边际收益递减规律的作用。但在长期内所有生产要素投入量都可变的情况下，边际收益递减规律不对长期平均成本曲线的形状产生影响。长期平均成本曲线的U形特征主要由长期生产中的规模经济和规模不经济所决定。

在厂商生产规模扩张的开始阶段，厂商的产量上升而平均成本递减。规模经济考察产出规模扩大或产量扩大而导致的长期平均成本降低的情况。例如，生产厂商把所有生产要素投入都增加50%，结果产品产量增加了80%。因此，厂商生产率提高，长期平均成本下降了。

在厂商生产扩张到一定的规模以后，如果继续扩大生产规模，厂商的产量上升而平均成本则呈递增状况。例如，厂商把所有要素投入都增加50%，结果产量增加了40%，生产率下降使长期平均成本递增。

这种规模经济和规模不经济都是由厂商变动自己的企业生产规模所引起的，在西方经济学中将这种情况称作规模内在经济和规模内在不经济。规模内在经济和内在不经济是由劳动分工、专业化、技术因素、管理效率等多种原因引起的。正是规模内在经济和内在不经济，决定了长期平均成本$LAC$曲线表现为先下降后上升的U形特征。

需要指出的是，规模收益与规模经济和规模不经济是不同的，规模收益考察“投入”规模与“产出”（产量或收益）的关系；规模经济和规模不经济研究“产出”或产量规模扩大与

"投入的成本"变化的关系。

【趣闻杂谈】

**福特公司产量的安排**

对于许多企业来说，固定成本和可变成本的划分取决于时间框架。例如，考虑一个全机车公司，比如福特汽车公司。在只有几个月的时期内，福特公司不能调整它汽车工厂的数量与规模。它额外增加生产一辆汽车的唯一方法是，在已有的工厂中多雇用工人。因此，工厂的数量与规模在短期中是固定成本，而工人数量则是可变成本。与此相比，在几年的时间中，福特公司可以扩大其工厂规模，建立新工厂和关闭旧工厂。因此，其工厂的数量与规模在长期中是可变成本。

由于许多成本在短期中是固定的，但在长期中是可变的，所以，企业的长期成本曲线不同于其短期成本曲线。长期平均总成本曲线是比短期平均总成本曲线平坦得多的U形曲线。

当福特公司想把每天的产量从1000辆汽车增加到1200辆时，在短期中除了在现有的中等规模工厂中多雇工人之外别无选择。由于边际产量递减，每辆汽车的平均总成本从1万美元增加到1.2万美元。但是，在长期中，福特公司可以扩大工厂和车间的规模，而平均总成本仍保持在1万美元的水平上。

对一个企业来说，进入长期要多长时间呢？回答取决于企业。对一个大型制造企业，例如，汽车公司，这可能需要一年或更长。与此相比，一个人经营的柠檬水店可以在一小时甚至更短的时间内去买一个水罐。

### 5.3.2.3 长期边际成本

长期边际成本是指每增加一单位的产量所增加的成本，它通常用*LMC*表示。当产量的变化幅度很小时，长期边际成本也可以表示为总成本对产量的导数，即：

$$LMC=\mathrm{d}LTC\ /\ \mathrm{d}Q \tag{5-6}$$

长期边际成本曲线呈U形，它与长期平均成本曲线相交于长期平均成本曲线的最低点。其原因在于：根据边际量和平均量之间的关系，当*LAC*曲线处于下降阶段时，*LMC*曲线一定处于*LAC*曲线的下方，也就是说，此时$LMC<LAC$，*LMC*将*LAC*下拉；相反，当*LAC*曲线处于上升阶段时，*LMC*曲线一定位于*LAC*曲线的上方，也就是说，此时$LMC>LAC$，*LMC*将*LAC*上拉。因为*LAC*曲线在规模内在经济和规模内在不经济的作用下呈先降后升的U形，这就使得*LMC*曲线必然呈先降后升的U形，并且，两条曲线相交于*LAC*曲线的最低点，如图5-4所示。

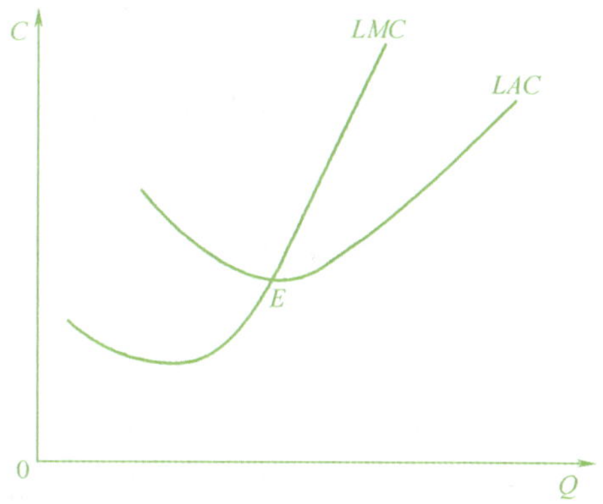


图5-4 长期边际成本曲线

## 5.4 收益和利润最大化

【思考与讨论】

节假日期间许多大型商场都延长营业时间，为什么平时不延长？

站在厂商的角度看，消费者的支出就是厂商的收益。在生产中，厂商按照产品的收益和成本来决定其生产规模，从收益和成本两方面的变化确定出最佳的生产规模和产量，以获得最大限度的利润，而利润最大化就是厂商决定生产规模的重要原则。

### 5.4.1 收益及其分类

厂商的行为或决策是依据成本和收益的比较进行的，所谓厂商的收益就是指厂商销售其产品所获得的货币收入。

#### 5.4.1.1 总收益

总收益是指厂商按一定价格出售一定量产品时所获得的全部收入。如果以$TR$表示总收益，$P$表示既定产品的市场价格，以$Q$表示销售产品的总量或产量，则有：

$$TR=P\cdot Q \tag{5-7}$$

#### 5.4.1.2 平均收益

平均收益是指厂商销售一定数量商品，每单位商品所得到的平均收入，即平均每单位商品的卖价。它等于商品总收益与销售量之比，若以$AR$表示平均收益，则有：

$$AR=\frac{TR}{Q} \tag{5-8}$$

#### 5.4.1.3 边际收益

边际收益是厂商出售一单位商品而获得的总收益的增加量，也可看成是最后一单位商品的卖价。如果用$\Delta TR$表示总收益的增量，用$\Delta Q$表示产量的增量，则$MR$表示为：

$$MR=\frac{\Delta TR}{\Delta Q} \tag{5-9}$$

### 5.4.2 利润、经济利润、正常利润以及利润最大化

厂商的利润是总收益与总成本之间的差额。

$$\pi(Q)=TR(Q)-TC(Q) \tag{5-10}$$

利润$\pi$、收益$TR$、成本$TC$都与厂商的产量（销售量）有关，都是产量的函数，随着产量的变化而变动。

最大利润规律或利润最大化原则可以概括为：要使利润最大化，必须使边际利润等于0，$M\pi=0$，而$\pi(Q)=TR(Q)-TC(Q)$，所以$MR-MC=0$，也即$MR=MC$。

为什么会出现这样一种情况呢？这是因为厂商每增加一单位产品的生产和销售，如总收益的增加（$MR$）大于总成本的增加（$MC$），则厂商的总利润将会增加。反之，如果增加的单位

产品，使总成本的增加（$MC$）大于总收益的增加（$MR$），则厂商的总利润将会减少。由此可得出最大利润规律，即：$MR>MC$则增加产量；$MR<MC$则减少产量；而$MR=MC$时，厂商的产量处于最佳水平。

这个等式有两方面的应用价值：①厂商最优产量抉择的依据，$MR>MC$则增加产量；$MR<MC$则减少产量；$MR=MC$产量处于最佳水平。②获得最大利润的均衡条件，$MR>MC$时，如果不增加产量，可以赚到的利润没有赚到；$MR<MC$时，如果不减少产量，总利润不会增加，减少产量会使总利润增加；只有当产量满足$MR=MC$时，总利润才最大。

这个规律具有普遍意义。它对任何厂商都适用。但是，应用这一规律的结果，则取决于厂商所在的市场类型。具体来说，取决于：

（1）厂商是否在完全竞争下经营。如果在完全竞争下经营，则厂商的产品价格为市场所决定。厂商只是既定价格的接受者，它要解决的只是在当时情况下按市场价格提供多少产品。

（2）厂商具有某种市场力量，即具有某种可改变它的产品价格的能力。最明显的例子就是一个公司是某种产品的仅有者，即垄断。大多数厂商尽管不能完全垄断市场，但对它们的产品价格均有一定控制能力。

上面提到的利润是经济利润，企业所追求的最大利润指的就是最大的经济利润。经济利润是指企业的总收益与总成本（包括显成本和隐成本两个部分）之间的差额。

在西方经济学中，我们还需要区别经济利润和正常利润。

正常利润是指厂商对自己所提供的企业家才能报酬的支付。正常利润是成本的一个组成部分。因此，经济利润不包括正常利润。由于厂商的经济利润等于总收益减去总成本，所以，当厂商的经济利润为零时，厂商仍然可得到正常利润，即厂商的会计利润或企业家才能报酬。

【知识链接】

你有一间拥有产权的临街的门面房，你决定利用该房开一家蛋糕销售店。假定蛋糕的进货价为10元/个，每天进货100个，销售价为20元/个，一天的水电费支出为20元。

问题一：你经营一天的成本为多少？

问题二：从销售第几个蛋糕起你开始盈利？

【趣闻杂谈】

**利润在经济学家与会计师眼中是不同的**

为了说明这个问题我们假设一例。假设王先生用自己的银行存款30万元收购了一个小企业，如果不支取这30万元钱，在市场利息5%的情况下他每年可以赚到1.5万元的利息。王先生为了拥有自己的工厂，每年放弃了1.5万元的利息收入。这1.5万元就是王先生开办企业的机会成本之一。经济学家和会计师以不同的方法来看待成本。经济学家把王先生放弃的1.5万元也作为他企业的成本，尽管这是一种隐性成本。但是会计师并不把这1.5万元作为成本表示，因为在会计的账面上并没有货币流出企业去进行支付。

为了进一步说明经济学家和会计师之间的差别，我们换一个角度，王先生没有买工厂的30万元，所以用自己储蓄的10万元，并以5%的利息从银行借了20万元。王先生的会计师只衡量显性成本，将把每年为银行贷款支付的1万元利息作为成本，因为这是从企业流出的货币量。与此相比，根据经济学家的看法，拥有的机会成本仍然是1.5万元。

现在我们再回到企业的目标——利润。由于经济学家和会计师用不同方法衡量企业的成本，他们也会用不同的方法衡量利润。经济学家衡量企业的经济利润，即企业总收益减生产所销售物品与劳务的所有机会成本。会计师衡量企业的会计利润，即企业的总收益只减企业的显性成本。

【拓展阅读】

## 浙江吸引外资的收益和成本

浙江在吸引外资方面一直处于全国的先进行列，它通过制定各种引进外资措施不断提高引进外资的数量和质量。外资的引进对于促进经济增长方式的升级和优化、改进企业先进技术设备、提高企业的经营质量等方面具有十分重要的作用，但同时也带来了诸如基础设施建设费用等多项成本。

吸引外资的收益主要表现在：

（1）有利于企业引进先进机器设备和管理机制，提高企业的经营质量。浙江作为制造业大省、出口大省和经济大省，市场比较完备，资本和劳动力供给充裕，基础设施条件良好。这些都为企业家资源的“溢出”提供了很好的条件。民营企业如果能在引进外资的同时，引进先进技术和管理体制，提高生产效率，改善松散的管理体制，相信会取得不错的效益。

（2）有利于接轨国际市场，提升浙江经济的综合竞争力。浙江多数民营企业由于经营管理水平跟不上企业发展需要，加之对国际市场缺乏了解，往往做到一定阶段后会遭遇发展瓶颈。而国外企业尤其是跨国公司信息灵、观念新、经营灵活，有经营多年的国际销售网络和渠道。民营企业可以通过合资增强企业市场观念，并可以利用外商企业的销售网络和渠道，将生产经营领域扩展到国际市场。

（3）优化配置，整合相关产业。随着企业纵向一体化的发展，一些领域的产业链已经形成。一家大型企业尤其是与世界接轨的企业，它的移动也将带动其上下游供应商的移动。浙江如果能吸引到世界级企业，不仅能带来更多的相关投资，还可以利用其整合资源的优势，改造当地上下游产业，从而优化浙江的资源配置。另外，这种配置资源的优势也利于打破地区之间的“经济保护”和“诸侯经济”，加快长三角的经济一体化进程。

吸引外资的成本主要表现在：

（1）基础设施建设费用。基础设施条件是吸引外商投资的一个重要因素。当然基础设施由于有较大正外部性，因此其建设成本不能全部视为引资的成本，但因为其投资巨大，引起人们的注意。十年前，苏州和杭州经济规模相差无几且几乎具有同样的地理位置（靠近上海），但今天苏州的经济规模已经远远地把杭州甩在后面，其中一个重要的因素便是“时间”。为了在新一轮经济发展中赢得优势，浙江省政府不惜巨资缩短“时间”。未来五年浙江将投资逾600亿元，以建成逾1000km的高速公路。其中最引人注目的项目包括，斥资57亿元的沪杭甬高速公路八车道拓宽工程；170亿元的杭州湾跨海大桥及南北接线工程；37亿元的申苏浙皖高速公路浙江段工程；71亿元的接轨上海浦东的杭浦高速等，但是如此巨额的投资能否达到“筑巢引凤”的效果，无疑充满了风险。

（2）吸引外资的优惠政策。现在各地政府为了吸引外资纷纷出台优惠政策，如所得税减免、土地使用费减免等措施。现在这部分措施（优惠）已被当然视为引资的“必要成本”，全然不计背后的利益损失。更为严重的是有些地方为了引进项目，不断向投资者倾斜，提出更加优惠的政策，甚至不惜损害地方利益。以土地转让为例，目前珠江三角洲土地价格是25万元一亩，而一些地方的土地价格只要5万元一亩，个别地方甚至更低。而事实上，成熟的开发区用于基础设施的投入和土地出让金应在15万元一亩的水平。这样，本地政府每亩要倒贴近10万元。根据公共选择理论的观点，政府机构及官员是缺乏追求利润、降低成本的激励机制和动机的，他们的目标不是追求利润的最大化，而是“追求机构人员规模的最大化，为此增加自己的升迁机会和扩大自己的势力范围”。可以说在单一以经济为指标的官员考评体系下，各地方政府官员为了完成各自的GDP指标，必然会采取“不计代价”引资的做法，而损害的只能是当地经济的长远发展。

（3）以市场、利益换外资的成本。由于自身发展水平低且不具备专有技术，为了弥补这种“后发劣势”，大多数企业会采用以市场换技术，以利益换外资的做法，试图转变为“后发优势”。尽管这方面国内不乏成功的例子，但其实施仍有较大风险，必须审慎评估其交易成本。外商投资看中的是每年20000亿元的社会消费品零售总额，十多亿人口的市场。它的真正目的在于获得更多的利润。许多国内企业在让出市场换取外资之后被外资企业挤出了市场。

（4）其他隐性成本。引进外资“重数量，轻质量”导致企业的重复引进，并且企业技术含量低，污染比较严重。这些在今后的环境治理和重复建设时，必然会付出更多的费用。另外，更为令人担心的是现在各地的招商投资大多通过“行政推动”的方式进行。大量的公共资源被扭曲使用，而在急需政府投资的教育、卫生等公共领域，却很少被顾及。

资料来源：http://lw.china—b.com/jjx/lwzx_310217.html.

## 本章小结

企业成本的高低决定了企业利润的多少，同时，成本也是企业在市场竞争中进行决策的重要依据。成本是指生产者或厂商为了进行生产所必须购买的投入或生产要素的支出。成本可以分为机会成本、显成本和隐成本。

短期成本是指在这期间厂商不能调整其生产规模，只能对一部分生产要素进行调整、而不能对全部生产要素进行调整的时期内所发生的成本。短期成本可以分为短期总成本、固定成本、可变成本、边际成本、平均成本和平均固定成本。固定成本不随产量的增加而变动，可变成本随产量的增加而增加，总成本曲线随产量变动向右上方倾斜，开始较快，然后渐缓，最后又加快。平均成本、平均可变成本和边际成本三条曲线呈U形。这一特征是由边际成本递增规律（边际成本的性质）决定的，并且边际成本相交于平均成本、平均可变成本的最低点。

在长期内，厂商不仅可以随产量的变化调整其投入的生产要素，而且还可以根据产量的情况，使生产规模发生变化，以适应产量变化的要求。长期成本可以分为长期总成本、长期平均成本和长期边际成本。

厂商的行为或决策是依据成本和收益的比较进行的，厂商的收益就是指厂商销售其产品所获得的货币收入。它分为总收益、平均收益和边际收益。

厂商的最大利润规律或利润最大化原则可以概括为：要使利润最大化，必须使边际利润等于0，即边际收益等于边际成本。

## 练习与思考

### 一、思考题

1. 什么是成本？成本可以分为哪几部分？

2. 显成本和隐成本有什么区别？

3. 产品的总成本、固定成本和可变成本之间有什么联系？平均成本、平均固定成本、平均可变成本和边际成本之间有什么联系？

4. 如何理解厂商的长期成本含义？长期边际成本和长期平均成本之间有什么联系？

5. 某产品的边际成本递增，这是否意味着平均可变成本递增？为什么？

6. 厂商的利润最大化原则是什么？

### 二、任务训练

1. 某公司支付1名会计人员100000元的年薪，请问这笔费用是显性成本还是隐性成本？为什么？

2. 假定某厂商生产一种产品，产量为$Q$，只使用一种可变生产要素劳动$L$，固定成本为既定，短期生产函数为$Q=20L+8L^2-L^3$。

根据以上资料，试求解：

（1）劳动的平均产量为最大时，该企业所雇用的劳动人数为多少单位？

（2）劳动的边际产量为最大时，该企业所雇用的劳动人数为多少单位？

（3）平均可变成本极小时的产量为多少？

3．某公司正在考虑建造一个工厂。现有两个方案，方案甲的短期生产成本函数为$TC_{甲}=100+3Q+2Q^2$，方案乙的短期生产成本函数为$TC_{乙}=80+2Q^2$。

根据以上资料，试求解：

（1）如果市场需求量仅有10单位，厂商应选择哪一个方案？

（2）如果选择甲方案，市场需求量至少为多少？

4．一厂商用资本$K$和劳动$L$生产$A$产品，在短期中资本是固定的，劳动是可变的。短期生产函数为$Q=240L+24L^2-L^3$。

根据以上资料，试求解：

该厂商在生产的第Ⅰ、Ⅱ和Ⅲ阶段上$L$的数值分别为多少？

# 市场结构分析

6

## 知识目标

1. 了解完全竞争市场、完全垄断市场、垄断竞争市场和寡头垄断市场四种市场的含义和条件。

2. 理解不同的市场结构类型中产量和价格的确定。

3. 掌握不同厂商的市场均衡条件以及厂商的目标选择。

4. 理解消费者剩余的含义。

## 能力目标

能结合实际说明不同市场条件下经济效率的差异，会为不同厂商制定实现利润最大化的策略。

## 案例导入

**养鸡场，为什么大反而不如小呢？**

为了实现“市长保证菜篮子”的诺言，许多大城市都由政府投资修建了大型养鸡场，结果这些大型养鸡场反而竞争不过农民养鸡专业户或老太太，往往赔钱者多。为什么大反而不如小呢？

从经济学的角度看，这首先在于鸡蛋市场的市场结构。鸡蛋市场有四个显著的特点：第一，市场上买者和卖者都很多。没有一个买者和卖者可以影响市场价格。即使是一个大型养鸡场，在市场上占的份额也微不足道，难以通过产量来控制市场价格。用经济学术语说，每家企业都是价格的接受者，只能接受整个市场供求决定的价格。第二，鸡蛋是无差别产品，企业也不能以产品差别形成垄断力量。大型养鸡场的鸡蛋与老太太的鸡蛋没有什么不同，消费者也不会为大型养鸡场的鸡蛋多付钱。第三，自由进入与退出，任何一个农民都可以自由养鸡或不养鸡。第四，买者与卖者都了解相关信息。这些特点决定了鸡蛋市场是一个完全竞争市场，即没有任何垄断因素的市场。

在鸡蛋这样的完全竞争市场上，短期中如果供大于求，整个市场价格低，养鸡可能亏本。如果供小于求，整个市场价格高，养鸡可以赚钱。

但在长期中，养鸡企业（包括农民和大型养鸡场）则要对供求做出反应：决定产量多少和进入还是退出。假设由于人们受胆固醇不利于健康这种宣传的影响而减少鸡蛋的消费，鸡蛋价格下降，这时养鸡企业就要做出减少产量或退出养鸡业的决策。假设由于发生鸡瘟，供给减少，鸡蛋价格上升，原有养鸡企业就会扩大规模，其他人也会进入该行业。在长期中通过供求的这种调节，鸡蛋市场实现了均衡，市场需求得到满足，生产者也感到满意。这时，各养鸡企业实现成本（包括机会成本在内的经济成本）与收益相等，没有经济利润。

在完全竞争市场上，企业完全受市场支配。由于竞争激烈，成本被压得相当低。生产者要对市场供求变动做出及时的反应。换言之，在企业一点也无法控制的市场上，成本压不下来或调节能力弱都难以生存下去。大型养鸡场的不利正在于压低成本和适应市场的调节能力远远不如农民养鸡者。在北京鸡蛋市场上，大型养鸡场就斗不过北京郊区和河北的农民。

通过第5单元的学习，我们知道厂商的目的在于获取最大利润，而利润的实现离不开市场，市场又具有不同的类型。作为商品生产者与供给者的厂商，在选择生产规模、价格水平、营销战略时，除了考虑技术条件及相应的成本条件之外，还必须认真分析市场竞争状态。在不同市场竞争之中，厂商之间的竞争具有不同的特性，同样的竞争手段在不同市场结构中会产生不同的反应，获得不同的效果。在本单元中，我们将考察企业在不同结构市场中的行为。

## 6.1 市场的类型

厂商进行生产的目的在于获取最大利润。厂商的利润取决于厂商的收益和成本。厂商的成本是由生产中的技术方面的因素所决定的。厂商的收益决定于市场上的消费者对厂商的产品的需求状况。在不同的市场条件下，厂商所面临的需求状况是有差异的，厂商所面临的需求曲线的形状是不相同的。不同市场条件下的厂商所面临的需求曲线的差异，直接影响厂商所获得的利润量。在此，有必要先区分不同类型的市场和厂商。

微观经济学中的市场是指从事某一种商品买卖的交易场所或接触点，它由消费者和生产该商品的厂商构成。市场可以是一个有形的买卖商品的场所，也可以是一个利用现代化通信工具进行商品交易的接触点。任何一种商品都有一个市场，有多少种商品，就有多少个市场。譬如，这种市场可以是稻米市场，自行车市场，袜子市场等。

与市场这一概念紧密联系的另一个概念是行业。行业是指为同一个商品市场生产和提供产品的所有厂商的总体。同一种商品的市场和行业的类型是一致的。例如，完全竞争的市场对应的是完全竞争的行业等。

市场竞争程度的强弱是微观经济学划分市场类型的标准。影响市场竞争程度的具体因素主要有以下四点：第一，市场上厂商的数目；第二，厂商之间各自提供的产品的差别程度；第三，单个市场对市场价格控制的程度；第四，厂商进入或退出一个行业的难易程度。根据以上四点，微观经济学中的市场被划分为四个类型，它们是完全竞争市场，垄断竞争市场，寡头市场和垄断市场。关于这四个类型的市场和相应的厂商的区分及其特点可以用表6-1来说明。

表 6-1　　市场和厂商类型的划分和特点

| 市场和厂商的类型 | 厂商的数目 | 产品差别的程度 | 对价格控制的程度 | 进出一个行业的难易程度 | 接近哪种市场情况 |
|---|---|---|---|---|---|
| 完全竞争 | 很多 | 完全无差别 | 没有 | 很容易 | 一些农产品 |
| 垄断竞争 | 很多 | 有差别 | 有一些 | 比较容易 | 香烟、糖果 |
| 寡头 | 几个 | 有差别或无差别 | 相当程度 | 比较困难 | 钢铁、汽车 |
| 垄断 | 一个 | 唯一的产品，没有接近的替代品 | 很大程度，但经常受到管制 | 很困难，几乎不可能 | 公共事业，如水、电 |

## 6.2　完全竞争市场

【思考与讨论】

你是否曾经走进一家餐馆吃午饭，发现里面几乎没人？你会问为什么这种餐馆还要开门呢？因为看上去几个顾客的收入几乎不可能弥补餐馆的经营成本。

### 6.2.1　完全竞争市场的概念和条件

完全竞争市场，就是不存在任何垄断的市场。微观经济学中对完全竞争市场的假设条件主要有以下四个：

第一，市场上有无数的买者和卖者。由于市场上有为数众多的商品的需求者和供给者，他们中的每一个人的购买份额或销售份额，相对于整个市场的总购买量或总销售量来说是微不足道的，好比是一桶水中的一滴水。他们中的任何一个人买与不买或卖与不卖，都不会对整个商品市场的价格水平产生任何影响。所以，在这种情况下，每一个消费者或每一个厂商都是市场价格的被动接受者，对市场价格没有任何控制的力量。

第二，同一行业中的每一个厂商生产的产品是完全无差别的。这里的完全无差别的商品，不仅指商品之间的质量完全一样，还包括在销售条件、商标、包装等方面是完全相同的。因此，对消费者来说，购买哪一家厂商的商品都是一样的。如果有一个厂商提价，他的商品就会完全卖不出去。当然，单个厂商也没有必要降价。因为，在一般的情况下，单个厂商总是可以按照既定的市场价格实现属于自己的那一份相对来说很小的销售份额。

第三，厂商进入或退出一个行业是完全自由的。厂商进出一个行业不存在任何障碍，所有的资源都可以在各行业之间自由流动。厂商总是能够及时地向获利的行业运动，及时地退出亏损的行业。在这样的过程中，缺乏效益的企业会被市场淘汰，取而代之的是有效益的企业。

第四，市场中的每一个买者和卖者都掌握与自己的经济决策有关的商品和市场的全部信息。这样，市场上的每一个消费者或生产者都可以根据自己所掌握的完全的信息，确定自己的最优购买量或最优生产量，从而获得最大的经济利益。而且，这样也排除了由于市场信息不畅通而可能产生的一个市场同时存在几种价格的情况。

显然，理论分析上所假设的完全竞争市场的条件是很严格的。西方学者承认，在现实的经济生活中，完全竞争的市场是不存在的，通常只是将某些农产品市场看成是比较接近的市场类型，例如鸡蛋市场。

在鸡蛋市场上，短期中鸡蛋生产者可能有超额利润（如发生了鸡瘟，供小于求，价格高），也可能有亏损（如生产者进入太多，供大于求，价格低）。但在长期中一定是价格等于平均成本，生产者经营利润为零。生产者所赚的是由机会成本带来的正常利润。

在长期均衡时价格等于平均成本，但这个平均成本是整个社会的行业平均成本。如果某个生产者采用了新技术，平均成本低于行业平均成本，就可以获得利润。生产者为了获得这种利润，都努力采用新技术，并降低成本。当所有生产者都这样做时，整个行业的平均成本也下降了，价格也下降了。这正是完全竞争市场上竞争的残酷性。如果哪个生产者平均成本高于行业平均成本，他就无法在这个行业中生存下去，只好退出或破产。

政府建立的大型鸡场在这种完全竞争市场上并没有什么优势，它的规模不足以达到能控制市场，市场也没有特色。它要以平等的身份与那些分散的养鸡专业户或把养鸡作为副业的农民竞争。但这种大型养鸡场的成本都要大于行业平均成本，因为这些养鸡场固定成本远远高于农民，也即高于行业平均成本。这些大型养鸡场在与农民的竞争中并无优势，其破产就是必然的。

## 6.2.2 完全竞争厂商的收益曲线

### 6.2.2.1 厂商的收益

厂商的收益就是厂商的销售收入。厂商的收益可以分为总收益、平均收益和边际收益，它们的英文简写分别为$TR$、$AR$和$MR$。

总收益指厂商按一定价格出售一定量产品时所获得的全部收入。以$P$表示既定的市场价格，以$Q$表示销售总量，则有：

$$TR(Q)=P\cdot Q \tag{6-1}$$

平均收益指厂商在平均每一单位产品销售上所获得的收入，即：

$$AR(Q)=TR(Q)/Q \tag{6-2}$$

边际收益指厂商增加一单位产品销售所获得的总收益的增加量，即：

$$MR(Q)=\Delta TR(Q)/\Delta(Q) \tag{6-3}$$

显然，每一销售量水平上的边际收益值就是相应的总收益曲线的斜率。

### 6.2.2.2 完全竞争厂商的收益曲线

厂商的销售收入即收益与市场上消费者对该厂商所生产的产品的需求状况有着直接的联系，所以，分析厂商收益曲线必须以该厂商所面临的需求曲线为依据。

在完全竞争条件下，厂商所面临的需求曲线是一条水平线。它表示单个厂商无法通过改变销售量来影响市场价格，而只能被动地接受市场价格。

对每一个商品销售量水平，厂商都按既定的市场价格$P$出售商品。随着商品销售量的增加，厂商的总收益$TR$是不断增加的。但由于商品的单位销售价格是固定不变的，这就不仅使得厂商的平均收益$AR$必然保持不变，且等于商品的单位价格，而且使得厂商每增加一单位商品的销售所获得的边际收益$MR$也必然保持不变，且等于商品的单位价格。这表明完全竞争厂商在任何商品销售量水平上都有：

$$AR=MR=P \tag{6-4}$$

假定市场上消费者的需求量总能得到满足，单个厂商的销售量总是等于他所面临的市场上对其产品的需求量，则可以绘制出相应的完全竞争厂商的收益曲线，如图6-1所示。

图6-1中的横轴表示厂商所面临的商品需求量即销售量$Q$，纵轴表示商品的价格$P$。图中的收益曲线具有以下特征：

第一，完全竞争厂商的平均收益$AR$曲线、边际收益$MR$和需求曲线$d$这三条线是重叠的，它们是用同一条水平线$d$来表示的。这是因为，对于完全竞争厂商来说，在既定市场价格下的任何需求量上都有$AR=MR=P$，而完全竞争厂商所面临的需求曲线本身就是一条由既定的市场价格水平发出的水平线。

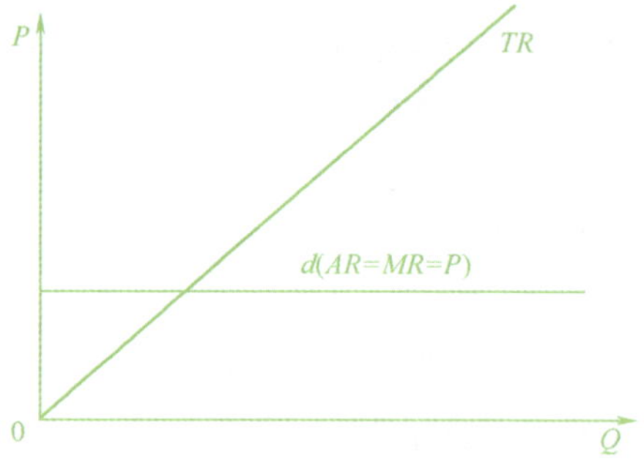

图6-1　完全竞争厂商的收益曲线

第二，完全竞争厂商的总收益$TR$曲线是一条由原点出发的呈上升趋势的直线，如图6-1所示。它之所以呈斜率不变的直线形，是因为每一销售量上的边际收益值是相应的总收益曲线的斜率，即$MR=\mathrm{d}TR/\mathrm{d}Q$，而完全竞争厂商的边际收益是不变的，它等于既定的市场价格。

## 6.2.3　厂商实现最大利润的均衡条件

在短期内，完全竞争厂商只能通过对产量的调整来实现最大利润。厂商实现最大利润所要遵循的原则可以表述为：在其他条件不变的情况下，厂商应该选择最优的产量，使得最后一单位产品所带来的边际收益等于所付出的边际成本。或者简单地说，厂商实现最大利润的均衡条件是边际收益等于边际成本，即：

$$MR=MC \tag{6-5}$$

为什么只有当$MR=MC$时，厂商才能实现最大的利润呢？下面利用图6-2加以说明。

图6-2中的横轴代表产量$Q$，纵轴代表价格$P$。厂商经营活动中的生产成本状况可以用短期边际成本$SMC$曲线和短期平均成本$SAC$曲线来表示，厂商的销售收益状况用厂商所面临的水平形状的需求曲线$d$表示。根据$MR=SMC$的均衡条件，$SMC$曲线和$MR$曲线的交点$E$便是厂商实现最大利润的均衡点，相应的最优产量为$Q_e$。

如果厂商选择的产量是在小于$Q_e$的产量范围内，如图中的$Q_1$，那么，厂商便处于$MR>SMC$的阶段。这表明厂商此时每增加一单位产量所得到的收益增量大于所付出的成本增量。权衡得失的增量，厂商会在这一阶段上继续增加产量，以增加利润。由图中还可见，只要厂商沿着箭头方向扩大产量，边际收益*MR*始终保持不变，边际成本*SMC*是不断增加的。也就是说，随着产量的不断增加，*MR*>*SMC*的状况会逐步转化为*MR*=*SMC*的状况。而在这一过程中，厂商会得到由扩大产量所带来的全部的经济上的好处，获得他所能得到的最大利润。

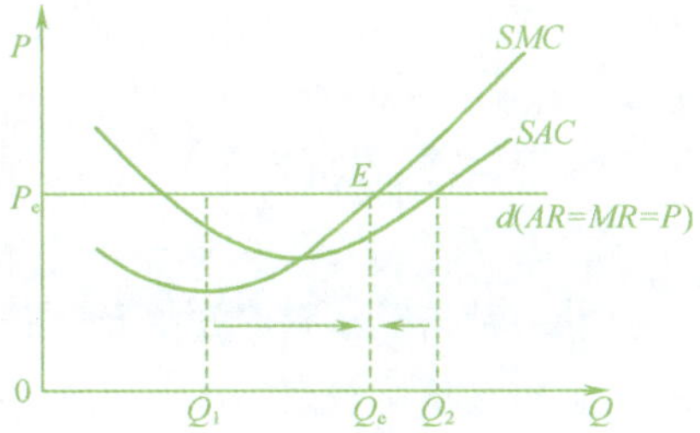

图6-2　厂商实现最大利润的均衡条件（*MR*=*SMC*）

相反，如果厂商选择的产量是在大于$Q_e$的产量范围内，如图中的$Q_2$，于是，厂商便处于*MR*<*SMC*的阶段。这意味着厂商此时每增加一单位产量所得到的收益增量小于所付出的成本增量。在这一阶段上，厂商会不断减少产量，以增加利润。由图中还可见，只要厂商沿着箭头方向缩减产量，边际收益*MR*和边际成本*SMC*之间的差额就会逐步减少，直至实现*MR*=*SMC*。而在这一过程中，厂商得到了他所能得到的最大利润。

由此可见，不管是增加产量，还是减少产量，厂商都是在寻找一个最优的产量点。只要厂商实现了这一最优的产量点，他便必然能够从产量的调整过程中，既能得到可能的利润增加的全部好处，又避免可能的利润减少的全部损失。这个最优的产量点只能是使*MR*=*SMC*的均衡产量点。所以，*MR*=*SMC*是厂商实现最大利润的均衡条件。

这里需要强调的一点是，尽管在对图6-2的分析中，厂商在*MR*=*SMC*的均衡点上获得了最大的利润，但这并不是说，在任何情况下，只要厂商实现了*MR*=*SMC*的均衡条件，厂商就一定能获得利润。对*MR*=*SMC*时的均衡状态的全面理解应该是：在*MR*=*SMC*的均衡点上，厂商可能是盈利的，也可能是亏损的。如果厂商是盈利的，那么，这时的利润就一定是相对最大的利润；如果厂商是亏损的，那么，这时的亏损就一定是相对最小的亏损。总之，当厂商实现*MR*=*SMC*的均衡条件时，不管是盈利还是亏损，厂商都处在由既定的收益曲线和成本曲线所能产生的最好的结果之中。这也就是*MR*=*SMC*的利润最大化的均衡条件有时也被称为利润最大或亏损最小的均衡条件的原因。

还需指出的是，虽然上述的*MR*=*SMC*的利润最大化的均衡条件是以完全竞争厂商短期内的产量调整为例进行分析而得到的，但是，这一利润最大化的均衡条件，对于完全竞争市场条件和不完全竞争市场条件下的厂商的短期生产和长期生产的分析，都是适用的。

### 6.2.4　完全竞争厂商的短期均衡

在完全竞争市场条件下的短期生产中，不仅产品市场的价格是既定的，而且生产中的不变要素投入量是无法改变的，即厂商只能用既定的生产规模进行生产，所以，厂商只有通过对产量的调整来实现*MR*=*SMC*的利润最大化的均衡条件。厂商短期均衡时的盈亏状况可以用图6-3来说明。

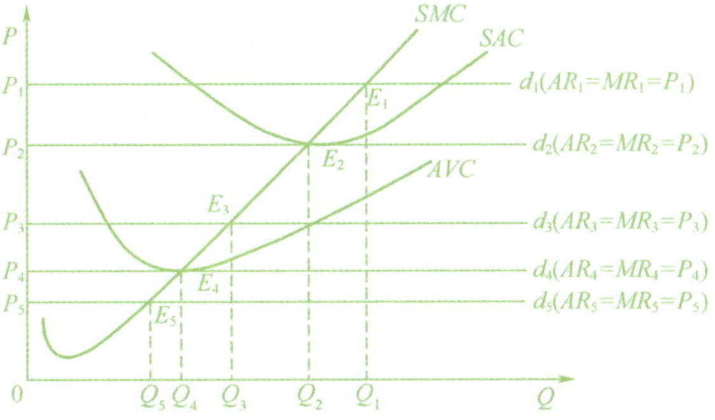

图6-3　完全竞争厂商的短期均衡

图6-3中的三条成本曲线*SMC*、*SAC*和*AVC*共同代表厂商既定的短期生产

规模；厂商所面临的五条需求曲线$d_1$、$d_2$、$d_3$、$d_4$和$d_5$分别代表在五个不同市场价格水平下的厂商的收益状况。下面的分析将表明，对于厂商的一个既定的生产规模来说，不同的市场价格水平将直接影响厂商的短期均衡的盈亏状况。厂商的短期均衡可以分为以下五种情况。

第一种情况：平均收益大于平均总成本，即$AR>SAC$，厂商获得利润。

当市场价格较高为$P_1$，相应的厂商所面临的需求曲线为$d_1$时，根据$MR=SMC$的利润最大化的均衡条件，厂商选择的最优产量为$Q_1$。因为在$Q_1$的产量上，$SMC$曲线和$MR_1$曲线相交于$E_1$点，$E_1$点是厂商的短期均衡点。这时，厂商的平均收益为$E_1Q_1$，平均收益大于平均总成本。

第二种情况：平均收益等于平均总成本，即$AR=SAC$，厂商的利润刚好为零。

相对于第一种情况，市场价格由$P_1$下降为$P_2$，厂商所面临的需求曲线相应地向下平移为$d_2$曲线，而且，厂商所面临的需求曲线$d_2$恰好与短期平均总成本$SAC$曲线相切于后者的最低点$E_2$，短期边际成本$SMC$曲线也经过该点。由于该点就是$SMC$曲线和$MR_2$曲线的交点，所以，$E_2$就是厂商的短期均衡点，相应的均衡产量为$Q_2$。在$Q_2$的产量水平，平均收益为$E_2Q_2$，平均总成本也为$E_2Q_2$，厂商的利润为零，但厂商的正常利润全都实现了。由于在这一点上，厂商既无利润，又无亏损，所以，$SMC$曲线与$SAC$曲线的交点也被称为厂商的收支相抵点。

第三种情况：平均收益小于平均总成本，但仍大于平均可变成本，即$AVC<AR<SAC$，厂商亏损，但继续生产。

当市场价格继续降为$P_3$，相应的厂商所面临的需求曲线为$d_3$时，$SMC$曲线和$MR_3$曲线相交所决定的短期均衡点为$E_3$，均衡产量为$Q_3$。在$Q_3$的产量水平，平均收益为$E_3Q_3$，平均收益小于平均总成本。此时，厂商亏损，但仍继续生产。因为，只有这样，厂商才能在用全部收益弥补全部可变成本之后，还能弥补在短期内总是存在的不变成本的一部分。所以，在这种情况下，生产要比不生产强。

第四种情况：平均收益等于平均可变成本，即$AR=AVC$，厂商亏损，处于生产与不生产的临界点。

当市场价格进一步下降为$P_4$时，相应的厂商所面临的需求曲线为$d_4$，而且$d_4$曲线与$AVC$曲线恰好相切于后者的最低点$E_4$，$SMC$曲线也经过该点。在这种情况下，根据$MR=SMC$的利润最大化的原则，$E_4$点就是厂商的短期均衡点。在均衡点$E_4$上，平均收益小于平均总成本，厂商是亏损的。同时，平均收益和平均可变成本相等，都为$E_4Q_4$。于是，厂商可能继续生产，也可能不生产。或者说，生产与不生产的结果对厂商来说都是一样的。因为，若继续生产，厂商的全部收益只足够弥补全部的可变成本，而不能弥补任何的不变成本。若不生产，厂商虽不必支付可变成本，但不变成本仍然是存在的。所以，$SMC$曲线与$AVC$曲线的交点是厂商生产与不生产的临界点，通常称该点为停止营业点或关闭点。

第五种情况：平均收益小于平均可变成本，即$AR<AVC$，厂商亏损，停止生产。

当市场价格下降为更低的$P_5$，相应的厂商所面临的需求曲线为$d_5$时，$MR_5=SMC$的短期均衡点为$E_5$，均衡产量为$Q_5$。这时，平均收益为$E_5Q_5$，它小于平均可变成本，厂商亏损，停止生产。因为，倘若厂商继续生产的话，其全部收益连可变成本都无法全部弥补，就更谈不上对不变成本的弥补了。而事实上，厂商只要停止生产，可变成本就降为零。显然，此时不生产要比生产强。

综上所述，完全竞争厂商短期均衡的条件是：

$$MR=SMC$$

此时，$MR=AR=P$。在短期均衡时，厂商可以获得最大利润，可以利润为零，也可以蒙受最小亏损。

### 6.2.5 完全竞争厂商的短期供给曲线

从完全竞争厂商的短期均衡分析中，可以得到完全竞争厂商的短期供给曲线。完全竞争厂商的短期均衡条件为$MR=SMC$，由于$AR=MR=P$，所以，该均衡条件也可以写为：

$$P=SMC \tag{6-6}$$

说明：完全竞争厂商为了获得短期的最大利润，应该选择最优的产量$Q$，使得商品的价格$P$和边际成本$SMC$相等。这就是说，在每一个短期均衡点上，在厂商的产量与商品的价格之间都存在着一种对应关系。这种对应关系在图6-3中得到充分的体现。根据$P=SMC$或$MR=SMC$的短期均衡条件，当市场的商品价格为$P_1$时，厂商所选择的最优产量为$Q_1$；当商品价格为$P_2$时，厂商所选择的最优产量为$Q_2$，等等。因为每一个商品价格水平都是由市场给定的，所以，在短期均衡点上商品价格和厂商的最优产量之间的对应关系可以明确地表示为以下的函数关系：

$$Q_S=f(P) \tag{6-7}$$

式中，$P$为商品的市场价格，且$P=SMC$；$Q_S$为厂商的最优产量或供给量。$Q_S=f(P)$是完全竞争厂商的短期供给函数。

此外，在图6-3中还可以清楚地看到：根据$P=SMC$或$MR=SMC$的利润最大化的短期均衡条件，商品的价格和厂商的最优产量的组合，如$E_1$、$E_2$、$E_3$、$E_4$都出现在厂商的边际成本$SMC$曲线上。更严格地讲，商品的价格和厂商所愿意提供的（能使他获得最大利润或最小亏损）产量的组合，都出现在$SMC$曲线上等于和高于$AVC$曲线最低点的部分，即$SMC$曲线上等于和高于停止营业点的部分。在这一部分的曲线体现了$Q_S=f(P)$的函数关系。

由此可以得到这样的结论：完全竞争厂商的短期供给曲线是完全竞争厂商的短期边际成本$SMC$曲线上等于和高于平均可变成本$AVC$曲线最低点的部分。显然，完全竞争厂商的短期供给曲线必定是向右上方倾斜的。根据图6-3所绘制的完全竞争厂商的短期供给曲线如图6-4的实线部分所示。至此，本节从对完全竞争厂商的追求利润最大化的经济行为中推导出了完全竞争厂商的向右倾斜的短期供给曲线，从而对单个生产者的供给曲线向右上方倾斜的现象做出了解释。

从以上对完全竞争厂商的短期供给曲线的推导过程，可以清楚地看到供给曲线背后的生产者追求最大利润的经济行为。所谓供给曲线是表示在其他条件不变的情况下，生产者在每一价格水平愿意且能够提供的产品数量。更为重要的是，生产者所提供的产品数量是在既定价格水平下，能够给他带来最大利润或最小亏损的产品数量。

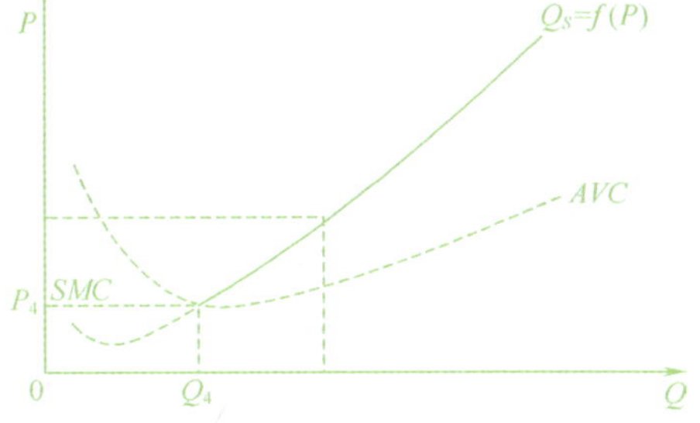

图6-4 完全竞争厂商的短期供给曲线

### 6.2.6 完全竞争行业的短期供给曲线

任何一个行业的供给量都是该行业中所有厂商供给量的总和，完全竞争行业也同样如此。据此，假定生产要素的价格是不变的，那么，完全竞争行业的短期供给曲线就是由行业内所有厂商短期供给曲线的水平加总而构成的。或者说，把完全竞争行业内所有厂商*SMC*的曲线上等于和高于*AVC*曲线最低点的部分水平相加，便构成该行业的短期供给曲线，即*SMC*曲线上等于和高于*AVC*曲线最低点的部分，如图6-5所示，在每一个价格水平，行业的供给量都等于行业内所有厂商的供给量之和。由于行业的短期供给曲线是单个厂商的短期供给曲线的水平相加，所以，行业的短期供给曲线也是向右上方倾斜的。而且，行业短期供给曲线上的每一点都表示在相应价格水平下能够使全体厂商获得最大利润（或最小亏损）的行业短期供给量。

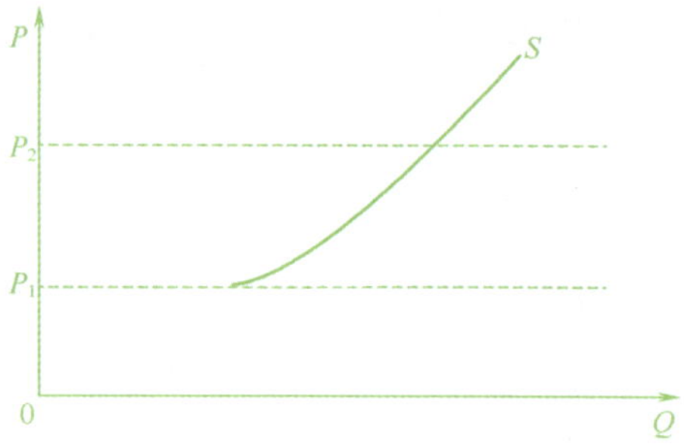


图6-5 完全竞争行业的短期供给曲线

### 6.2.7 生产者剩余

在本书第3单元中，我们引出消费者剩余这一概念来评价买者从参与市场中得到的利益。现在我们考虑卖者从参与市场中得到的利益。

考虑一个油漆工粉刷一间房子所提供的劳务。如果他得到的工钱（价格）超过了从事这项工作的成本，他就愿意接受这项工作。一般地，油漆工的成本是他愿意接受这项工作的最低价格，所以，成本反映了油漆工出售其劳务的意愿。每个油漆工都渴望以高于他的成本的价格出售他的劳务。如果油漆工的成本是500元，即他愿意以500元从事这项工作。当雇主愿意为这项工作支付600元时，该油漆工不仅很高兴地接受了这份工作，而且微观经济学家还认为他得到了600−500=100（元）的生产者剩余。一般地，生产者剩余是卖者得到的货币额减去生产成本的差额。生产者剩余实际上衡量的是卖者参与市场的收益。

正如消费者剩余与需求曲线密切相关一样，生产者剩余也与供给曲线密切相关。生产者剩余可以用市场价格之下和供给曲线以上的面积来衡量，如图6-6所示。供给曲线的高度衡量卖者的成本，而价格和生产成本之间的差额则是卖者的生产者剩余。如果图6-6中的供给曲线是单个生产者的供给曲线，则该图阴影部分给出的是单个生产者的生产者剩余。如果图6-6中的供给曲线是市场供给曲线，则该图阴影部分给出的市场中所有卖者的生产者剩余的总和。

有了生产者剩余的概念和衡量的方法，很容易推知，高价格可以增加生产者剩余。读者可以自己结合图形来进行分析。理解了这一点，当你听到卖者总想使他们所卖的产品卖到一个高价格时你就不会感到奇怪了。总之，经济学通常用生产者剩余来衡量卖者的福利。

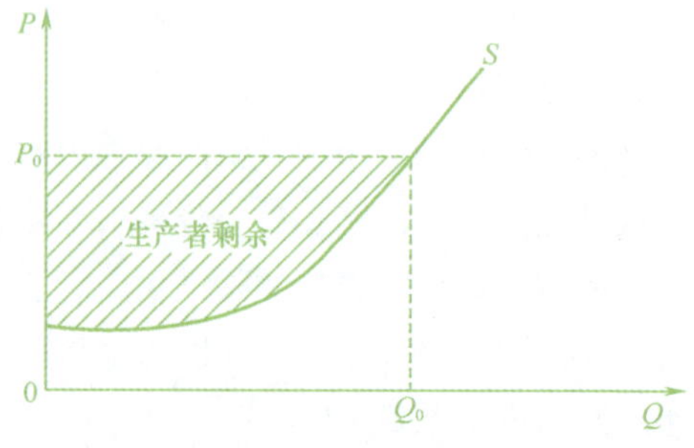


图6-6 生产者剩余

## 6.3 垄断市场

【思考与讨论】

在药品市场上，有品牌药品与无品牌药品有什么区别？很多的产品和服务市场都存在垄断，你能想到哪些行业和企业？

### 6.3.1 为什么会产生垄断

如果一个企业是其产品唯一的卖者，而其产品又没有相近的替代品，这个企业就是其产品的垄断者。垄断者所在的行业和市场分别被称为垄断行业和垄断市场。垄断的基本原因是进入障碍。垄断者之所以能在其市场上保持垄断地位，是因为其他企业不能进入市场并与之竞争。进入障碍的形成主要有以下原因：

（1）关键资源由一家企业拥有。垄断产生的最简单的方法是一个企业拥有某种关键的资源。例如，如果一个小镇只有一口水井，而且小镇的居民从其他地方不可能得到水，那么，水井的所有者就垄断了水。垄断者比竞争市场上任何一家企业有大得多的市场势力。就像水这样的必需品，即使成本低，垄断者也可以规定极高的价格。虽然关键资源的排他性所有权是垄断的一个原因，但实际上垄断很少产生于这种原因。现实中资源往往由多方拥有。因此，企业拥有没有相近替代品资源的例子很少。

（2）政府制造的垄断。在许多情况下，垄断的产生是因为政府给予一个人或一个企业排他性地出售某种物品或劳务的权利。有时垄断产生于想成为垄断者的人的政治影响。例如，国王曾经赋予他们的朋友排他性的经营许可证。在另一些时候，政府也会由于这样做符合公共利益而赋予某人垄断权。

专利法和著作权法是政府为公共利益创造垄断的一个例子。当一个制药公司发明了一种新药时，它就可以向政府申请专利。如果政府认为这种药是真正原创性的，就批准专利，该专利给予该公司在若干年中排他性地生产并销售这种药的权利。同样，当一个小说家写完一本书时，他可以拥有这本书的著作权。著作权是一种政府法律的保证，它保证没有一个人可以在没有得到作者同意时出版这本著作。著作权使这个小说家成为他的小说出版销售的一个垄断者。

专利法与著作权法的影响是容易说明的。由于这些法律使一个生产者成为垄断者，所以，就使价格高于竞争时的情况。但是，通过允许这些垄断生产者收取较高价格并赚取较多利润，这些法律也鼓励了一些创造的行为。允许制药公司成为它们发明的药物的垄断者是为了鼓励这些公司的研究，允许出版商成为出版并销售作者著作的垄断者是为了鼓励作者写出更多更好的书。因此，决定专利和著作权的法律既有收益也有成本。专利法和著作权法的收益是增加了对创造性的活动的激励，在某种程度上这些收益被垄断定价的成本所抵消。

（3）自然垄断。当一个企业能以低于两个或更多企业的成本为整个市场供给一种物品或劳务时，称这个行业为自然垄断。当相关产量范围存在规模经济时，自然垄断就产生了。在这种情况下，一个企业可以以最低的成本生产任何数量产品。这就是说，在任何一种既定的产量下，企业数量越多，每个企业的产量越少，平均总成本越高。

自然垄断的例子一个是供水。为了向镇上的居民供水，企业必须铺设遍及全镇的水管网。如果两个或更多企业在提供这种服务中竞争，则每个企业都必须支付铺设水管网的固定成本。因此，如果一家企业为整个市场服务，水的平均总成本就是最低的。当一个企业处于自然垄断状态时，它不太关心有损于其垄断力的新进入行为。正常情况下，一个企业如果没有关键资源的所有权或政府的保护，要维持垄断地位是不容易的。垄断利润吸引了进入市场的行为，而且，这些进入行为使市场更具有竞争性。与此相比，进入一个自然垄断的市场并没有吸引力。因为想进入者知道，它们达不到垄断者所享有的同样低成本，如果进入，每个企业的市场份额都小了。

### 6.3.2 垄断者的利益

竞争企业与垄断企业的一个重要差别是垄断企业具有决定其产品价格的能力。一个竞争企业只是它所处的市场上的一小部分，因此只能接受市场条件所给定的产品价格。与此相比，由于垄断企业是产品市场上唯一的卖者，它们就可以通过调整向市场供给的产量来改变产品的价格。垄断企业的需求曲线就是市场需求曲线。这一需求曲线会由于所有的正常原因而向右下方倾斜。如果垄断企业提高其产品价格，消费者就倾向于少买这种物品。换一个角度看，如果垄断企业减少它销售的产量，其产品价格就会上升。

回到上述讨论中，因为在完全垄断市场上，商品的价格由垄断者自己决定，为了达到最大利润，垄断者的商品价格都比较高。而在完全竞争市场上，产品的价格一般由市场来决定。比如在药品生产上有两种结构。当一个企业开发了一种新药时，企业会向专利局申请专利，专利法使企业垄断了那种药品的销售，但最后企业的专利过期时，任何公司都可以生产并销售这种药品，市场也就从垄断变成了竞争。

在专利期内，垄断企业通过生产边际收益等于边际成本的产量并收取大大高于边际成本的价格使利润最大化。但是，当专利过期时，生产这种药品的利润鼓励新企业进入市场。随着市场变得越来越具有竞争性，价格将下降到等于边际成本。一般认为，专利过期后，其生产药品的边际成本是不变的。

现实中的情况与我们的理论也是一致的。当药品专利到期时，其他公司会迅速进入并开始销售所谓的无品牌药品，这种药品的化学组成成分与先前垄断者的品牌产品完全相同。而且，竞争者生产的无品牌药品的价格大大低于垄断者收取的价格。

但是，专利到期并没有使垄断者失去全部的市场势力。一些消费者仍忠于有品牌的药品，这也许是出于担心无品牌药品与他们用了许多年的药品不一样。因此，以前的垄断者至少可以继续收取比新的竞争者略高一点的价格。

### 6.3.3 垄断厂商的短期均衡

垄断厂商为了获得最大的利润，也必须遵守$MR=MC$的原则。在短期内，垄断厂商无法改变不变要素投入量，垄断厂商是在既定的生产规模下通过对产量和价格的同时调整，来实现$MR=SMC$的利润最大化的，这可用图6-7来说明。图中的$SMC$曲线和$SAC$曲线代表垄断厂商既定的生产规模，$d$曲线和$MR$曲线代表垄断厂商的需求和收益状况。垄断厂商根据$MR=SMC$的利润最大化的均衡条件，将产量和价格分别调整到$P_1$和$Q_1$的水平。在短期均衡点$E$上，垄断厂商的平均收益为$FQ_1$，平均成本为$GQ_1$，平均收益大于平均成本，垄断厂商获得利润。单位产品的平均利润为$FG$，总利润量相当于图中的阴影部分的矩形面积。

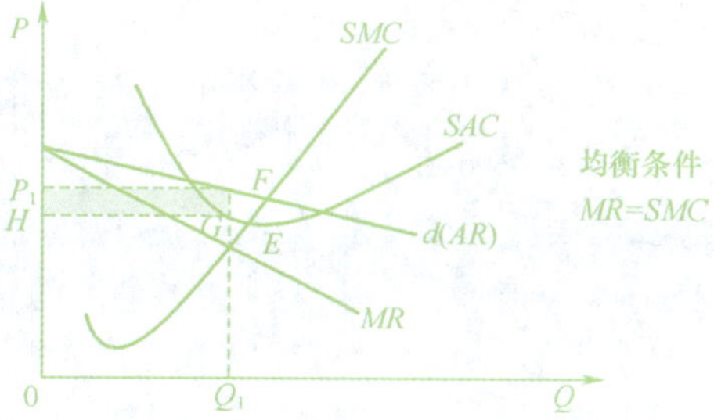


图6-7 垄断厂商的短期均衡

为什么垄断市场上只有在$MR=SMC$的均衡点上，才能获得最大的利润呢？

这是因为，只要$MR>SMC$，垄断市场上增加一单位产量所得到的收益增量就会大于所付出的成本增量。这时，厂商增加产量是有利的。如图6-7所示，随着产量的增加，$MR$会下降，而$SMC$会上升，两者之间的差额逐步缩小，最后达到$MR=SMC$的均衡点，厂商也由此得到了增加产量的全部好处。而$MR<SMC$时，情况正好与上面相反。所以，垄断厂商的利润在$MR=SMC$处达到最大值。

如果认为垄断厂商在短期内总能获得利润的话，这就错了。垄断厂商在$MR=SMC$的短期均衡点上，可以获得最大利润，也可能是亏损的（尽管亏损是最小的）。造成垄断厂商短期亏损的原因，可能是既定的生产规模的成本过高（表现为相应的成本曲线的位置过高），也可能是垄断厂商所面临的市场需求过小（表现为相应的需求曲线的位置过低）。

由此可以得到垄断厂商短期均衡条件为：

$$MR=SMC \tag{6-8}$$

垄断厂商在短期均衡点上可以获得最大利润，可以利润为零，也可以蒙受最小亏损。

【趣闻杂谈】

### 两大“巨头”把持下的市场该何去何从

据了解，目前中国成品油零售市场中，中石化、中石油两大巨头以旗下的5万余座加油站占据了半数以上的市场份额，其余市场被数量众多的社会加油站和数量不多的外资公司加油站（以下称非石油石化系统的石油产品经销商）所掌握。市场看起来实现了比较充分的竞争，但是这一表象掩盖的却是中石化、中石油对市场的垄断。

据国务院发展研究中心市场所邓先生介绍，国家出于对能源开发的保护，基本上将国内所有的石油开采和炼制能力都纳入到中石油、中石化两大集团旗下。

两大集团垄断了国内全部的炼油能力后，形成了对成品油供应渠道的完全控制（即油源垄断）。虽然每年尚有数量不多的成品油进口配额，而进口的成品油却是以燃料油为主，汽油每年的进口量几乎可以忽略不计。

虽然非石油石化系统的石油产品经销商也占据了一定的零售市场份额，他们的成品油供应却完全依赖于两大集团。由于在零售市场，两大集团和非石油石化系统的石油产品经销商是竞争关系，所以两大集团就可能利用其在批发市场上的垄断地位对非石油石化系统的石油产品经销商进行排斥，以达到提高自身经济效益的目的。

由于国内几乎所有加油站销售的成品油都是由两大集团公司下属的石油公司进行批发的，因此两大集团公司可以通过内部价格转移方法，大幅度提高成品油的批发价，从而大幅度缩小非石油石化系统的石油产品经销商的利润空间，使他们无利可图甚至亏损。而中石化、中石油旗下的石油公司却可以通过内部的利润调剂实现生存与发展。

## 6.4 垄断竞争市场

【小组讨论】

我们日常生活中还有哪些行业、哪些产品面对的是垄断竞争市场？这种市场有何特点？这种竞争是如何造成的？

譬如，从我国房地产市场的实际看，存在着以下特点：企业虽然都是生产和销售同种产品即商品房，但每个企业开发的楼盘都或多或少与其他楼盘有所差别，不存在绝对相同的楼盘。目前，全国房地产企业有很多家。同时，进出房地产业的门槛也并不高。显而易见，房地产市场是一个垄断竞争市场。

这样的情况在手机生产商之间同样存在。除了在通话质量方面开展竞争以争取更多的消费者外，还在功能、外形等方面展开了激烈的差异化竞争。如在竞争中，手机的功能日趋多样化，可玩游戏、拍照，可记事、计算等，甚至已越来越具有掌上电脑的特点。手机的式样也日趋时尚，丰富、别致的式样不断地激发消费者的购买欲望，从而为消费者提供了更多的消费选择空间，较好地满足了消费者的消费心理需求。许多消费者弃用旧手机、改买新手机并非冲着新手机的通话功能，而是冲着它的其他功能，甚至主要是手机的式样、颜色。

### 6.4.1 垄断竞争市场的特点

前面我们分析了完全竞争和垄断。在现实经济中，这种纯粹的完全竞争市场和纯粹的垄断市场都是很少见的。现实中存在的市场更多的是某种竞争和垄断的混合。有些市场竞争的成分多一些，有些市场垄断的成分多一些。这里我们介绍一种以竞争为主要特征但同时又有垄断因素的市场，称为垄断竞争市场。垄断竞争市场具有以下特点：

（1）市场中存在大量的厂商。这条假设和完全竞争相同。每一个厂商在市场中的份额都很小，对市场的影响几乎可以忽略不计。这个假设也意味着单个厂商的行动（如产量和价格的变动）对市场几乎没有影响，对其他厂商也没有影响。这样，垄断竞争市场中的厂商在行动时也就不会去考虑自己的行动会对其他厂商造成什么影响以及其他厂商又会做出什么反应。他只依据自己的情况和市场的需求行事。因此，我们说市场中的厂商是相互独立的。

（2）这个行业是可以自由进入的。这表明如果其他行业的厂商想进入这个行业，不存在什么障碍。这两个特点使得这种市场很像完全竞争市场，因为这两个特点表明这种市场具有竞争性，没有行业进入障碍。

（3）每一个厂商生产相互区别的产品。这被称之为产品差别。这个特点是说厂商生产的产品或提供的服务同其他的竞争者是有区别的，这种产品差异也正是一些消费者购买其产品的原因。因为每个厂商有自己的忠实顾客，价格的提高并不会使得厂商失去所有的顾客，价格的下降也不会把其他厂商的顾客全都吸引过来。这意味着垄断竞争厂商像垄断厂商一样有一条自己的向右下方倾斜的"需求曲线"，这条需求曲线代表了市场对他的产品（具有某种特征）有特殊的需求。

北京市餐饮业大致就是个垄断竞争行业。遍布京城的大小餐馆数不胜数，经常有新的餐馆开业，同时也有一些餐馆停业。比起全北京市餐饮业的营业额，每一个餐馆的营业额是微乎其微的。但是，这些餐馆又各有特点，它们在地点、风味、服务等方面相互区别。

### 6.4.2 垄断竞争厂商的收益

垄断竞争厂商和垄断厂商一样面临着向右下方倾斜的需求曲线，这条需求曲线同时也是厂商的平均收益曲线，当然边际收益曲线同平均收益曲线是分离的。在垄断行业中只有一个厂商，因此没有其他厂商同垄断厂商竞争，表现在需求上就是垄断厂商所面临的需求曲线是不稳定的，要受到竞争的影响。虽然我们说垄断竞争市场是相互独立的，并不是说垄断竞争市场中没有竞争，这只是表明单个厂商的竞争力对市场和其他厂商的影响是微不足道的，而单个厂商感受到的竞争压力受全部行业综合的影响。如果单个厂商感受到竞争压力加大，他的需求曲线就会向左方移动，反之则向右方移动。

### 6.4.3 短期中的垄断竞争企业

垄断竞争市场上的每个企业在许多方面都很像垄断企业。由于它的产品与其他企业提供的这种产品有差别，所以，它面临一条向右下方倾斜的需求曲线（与此相比，完全竞争企业面临一条水平曲线）。因此，垄断竞争企业遵循垄断者的利润最大化规律：它选择边际收益等于边际成本的产量，然后用需求曲线找出与这种产品相一致的价格。

图6-8表示在一个垄断竞争行业的两家典型企业的成本、需求和边际收益曲线。图中，利润最大化产量是在边际收益与边际成本曲线的交点。（a）（b）两幅图表示企业利润的不同结果。在图6-8（a）中，价格高于平均总成本，因此企业有利润。图6-8（b）中，价格低于平均总成本。在这种情况下，企业不能获得正利润，因此企业能做的最好的事就是使其亏损最小化。

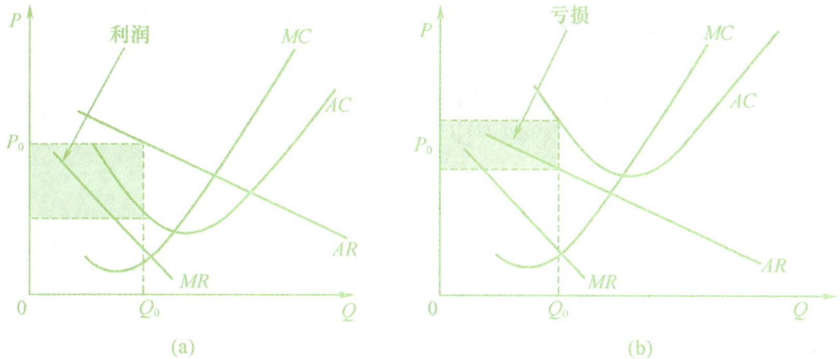


图6-8 短期中的垄断竞争

所以这一切看来都是熟悉的。垄断竞争企业选择的产量和价格与垄断企业一样。在短期中，这两种市场类型是相似的。

### 6.4.4 垄断竞争市场的长期均衡

图6-8所描述的情况不会持续太长。当企业有利润，如图6-8（a）所示时，新企业有进入市场的激励。这种进入增加了顾客可以选择的产品数量，因此，减少市场已有的每家企业面临的需求。换句话说，利润鼓励进入，而进入又使已有企业面临的需求曲线向左移动。随着已有企业产品需求的减少，这些企业的利润下降了。

相反，当企业有亏损，如图6-8（b）所示时，市场上的企业有部分退出。随着企业的退出，顾客可选择的产品少了。企业数量的减少扩大了留在市场上的企业面临的需求。换句话说，亏损鼓励退出，退出使仍然留下来的企业的需求曲线向右移动。随着留下来的企业产品需求增加，这些企业利润就增加了（也就是说，亏损减少了）。

这个进入和退出的过程一直要持续到市场上企业正好有零经济利润时为止。一旦市场达到这种均衡，新企业没有进入的激励，原有企业也没有退出的激励。一旦进入和退出使利润为零，需求曲线与平均总成本曲线必定相切。因为所销售的每单位产品的利润是价格（根据需求曲线找出）与平均总成本之间的差额，所以，只有在这两条曲线相切时，最大化的利润才为零。总之，描述垄断竞争市场上的长期均衡的两个特点是：

（1）正如在垄断市场上一样，价格大于边际成本。这个结论的得出是因为利润最大化要求边际收益等于边际成本以及由于向右下方倾斜的需求曲线使边际收益小于价格。

（2）正如在竞争市场上一样，价格等于平均总成本。这个结论得出是因为自由进入和退出使经济利润为零。

上述的第二个特点表明垄断竞争如何不同于垄断。由于垄断企业是没有相近替代产品的唯一卖者，所以它在长期中也可以有经济利润。与此相比，垄断竞争市场上企业的经济利润被迫为零。

### 6.4.5 非价格市场

在垄断竞争市场中，由于厂商的产品是有差别的，并且这种产品差别使得厂商有自己的需求曲线，从而使市场对自己的产品需求增加是垄断竞争市场中厂商之间竞争的重要内容。如何增加产品对消费者的吸引力呢？产品开发和广告是两种主要的手段。这种不是通过降低价格而是通过增加产品其他特征的优势进行竞争的方式，称为非价格竞争。

【趣闻杂谈】

**张伯伦与垄断竞争理论**

在20世纪以后，现代西方经济学历经了“张伯伦革命”“凯恩斯革命”和“预期革命”三次大的革命，形成了包括微观经济学和宏观经济学的基本理论框架，这个框架被称为新古典经济学。

"张伯伦革命"摒弃了古典经济学把竞争作为普遍现象，把垄断看作个别例外的传统假定，认为完全竞争与完全垄断是两种极端情况，更多的是处在两种极端中间的"垄断竞争"或"不完全竞争"的市场模式。他们运用边际分析法，分析了"垄断竞争"的成因、均衡条件、福利效应等，从而完成了微观经济的革命。

1933年美国经济学家E.H.张伯伦在他出版的《垄断竞争理论》一书中提出了关于资本主义市场结构和价格形成的理论。他的理论和英国经济学家J.V.罗宾逊于同年出版的《不完全竞争经济学》共同构成了"垄断竞争论"，成为现代微观经济学的重要组成部分。他认为，实际的市场既不是竞争的，也不是垄断的，而是这两种因素的混合。

## 6.5 寡头市场

【思考与讨论】

1. 导致油价上涨的因素可能有哪些？
2. 中国石油市场是否存在垄断？有什么特点？与油价上涨有什么关系？

垄断竞争是以"竞争"为主要特征的市场结构，主要表现是厂商的独立性和行业的自由进入。这一节我们介绍的市场结构也是竞争和垄断的混合，然而是以"垄断"为主要特征的市场结构，主要表现是厂商的相互依赖性和行业进入障碍。这种市场是由少数几个厂商瓜分市场全部份额或绝大部分份额的市场。可以看到，现实经济中的很多行业具有这种特征，例如汽车制造、家电、钢铁、通信、航空等行业。因此，寡头市场是经济社会十分重要的市场结构。

### 6.5.1 寡头市场的主要特征

寡头市场有两个主要特征：进入障碍和相互依赖。

（1）进入障碍。像垄断行业一样，寡头市场一般存在着行业进入障碍。但是，障碍的大小却随着行业的不同而不同。在有些行业，进入相对容易，而在一些行业中几乎不可能进入。

（2）厂商的相互依赖。由于寡头行业中只有少数几个厂商，每个厂商都要考虑到其他厂商的行动，因为每个厂商的利益都要受到任何其他厂商行动的影响。某个厂商产品的价格及产量的变动、新的研究开发计划及广告等活动都会对其他厂商的利益产生影响，其他厂商不会不对这些行动做出反应。厂商的销售量不仅取决于他自己的价格，而且还取决于其他厂商对他改变价格的行动做出的反应。

### 6.5.2 相互依赖——竞争与串谋

寡头市场中的厂商如何对待其他厂商呢？一般寡头厂商有两种选择，即串谋或者竞争。寡头厂商的相互依赖性使得他们有可能相互勾结或者说串谋。如果他们能够勾结起来形成一个像垄断厂商那样的整体，并像垄断厂商那样行动，那么，他们就可以联合获得最大行业利润。剩下的问题便是如何瓜分这个最大行业利润。另一方面，寡头厂商又有同他们的同行相互竞争的倾向，目的是争取最大份额的行业利润。

然而，串谋与竞争对于寡头厂商而言是相互矛盾的。厂商为获得更大利润份额的竞争越激烈，他们共同从市场中获得的行业利润就越少。例如，价格战和广告都会使得寡头厂商的利润下降。因此，寡头市场可分为两种类型：串谋的寡头市场和竞争的寡头市场。

### 6.5.3 有利于串谋的因素

显然串谋有利于厂商，但是寡头商场并不总是能够形成串谋。串谋的形成需要一定的条件，这些条件主要有以下几个：

（1）行业中只有很少几个厂商，相互之间非常了解。

（2）关于生产成本和生产技术，相互之间没有什么秘密。

（3）有相似的生产方法和平均成本，使得他们愿意在相同的时间以相同的比例改变价格。

（4）生产的产品相似，容易在价格上达成一致。

（5）有一个主导厂商（在行业中占统治地位或支配地位的厂商）。

（6）存在有效的进入障碍。寡头厂商不担心受到联合厂商之外的新厂商的干扰。

（7）市场是稳定的。如果市场的需求不稳定，寡头厂商达成一致的可能性就很小了。

（8）没有政府对厂商之间的串谋进行控制。

### 6.5.4 串谋寡头

寡头厂商可以在价格、市场份额、广告支出等方面达成一致，从而形成串谋。这些串谋将使得厂商减少未来收益的不确定性，避免竞争性降价和过度的广告投入。这些都可以增加行业总的利润。

串谋可分为公开的串谋和隐蔽的串谋或者说是默契。卡特尔是一种公开的串谋，价格领导则是一种隐蔽的串谋。

有正式协议的串谋被称为卡特尔。如果所有成员的行动能够使得他们就像一个厂商一样，卡特尔就可以像一个垄断厂商那样行动，使得行业利润最大化。卡特尔这种串谋形式要求所有成员把产量限制在自己分得的份额内，做到这一点常常是困难的。通常，卡特尔成员在制定价格和产量政策方面存在分歧，他们常常会在市场份额上争执不下。另外，卡特尔成员还可能采取欺骗其他成员的手段，私下违背卡特尔市场份额或产量和价格协议。这种行为会导致卡特尔破产。更为重要的是公开的串谋常常是被法律禁止的。我们将在第8单元专门讨论法律对垄断进行约束的问题。

### 6.5.5 非串谋的寡头

在一些寡头行业中，有利于串谋的因素不是很多，此时厂商更容易进行价格竞争。即使存在着串谋，行业中的一些寡头厂商也总是有“欺骗”其他厂商的企图，私下价格降低，增加销售份额等。厂商之所以这样做，是因为有投机的动机：如果其他厂商不降价，他们将获得更大的收益。然而，这种投机行为很容易引起报复，导致价格战，结果可能是两败俱伤。另一方面，有些厂商也许并不怕价格战，他们相信自己能够在价格战中取胜，击垮竞争对手，将对手挤出行业之外，从而获得更大的份额。对其他厂商的合作诚意有疑虑，寻找机会占有更大的市场份额，这容易使寡头厂商们像战场上的对手，相互之间钩心斗角、明争暗斗。

在这种情况下，厂商考虑的只是自己的利益，而不会顾及行业的利益。他们考虑的是采取什么策略能够最大程度地维护自己的利益，避免被对手欺骗或击败。当然，厂商的竞争策略不仅涉及价格，还涉及广告、研究、开发等方面。

经济学常以对策论为理论工具来研究这种非合作的寡头竞争。博弈论可以分析在厂商们以一种非合作的态度相互竞争时，他们各自采取的自认为什么是最优策略，厂商之间的策略相互之间是如何作用的以及最终导致的结果是什么。

【趣闻杂谈】

**广告竞争**

寡头厂商的产品广告不是信息广告，而是引导需求的广告，商业电视最为典型，其目的是让产品与人们的生活联系在一起，使购买他们的产品成为一种生活方式。研究表明，在41个产业中，仅就其中8个来讲，广告费占总销售额的比重分别是：化妆品15%、食品10%、药品10%、肥皂9%、啤酒类饮料7%、果汁饮料6%、香烟5%、酒类5%。不过汽车工业广告费用的绝对值名列前茅，只是销售额大但比率低。

广告常被作为一种投资。短期中如果公司停止广告，这个牌子的商品还继续有好销路，但是长期中积累起来的商誉会有某种程度的衰退。所以，某种程度的广告是必要的，以便维持其市场份额。广告创造需求。雪佛莱的汽车广告是提高对雪佛莱牌汽车的需求，降低对其他品牌的需求。

一个寡头垄断厂商从事竞争性广告，试图向右移动他的需求曲线。他可能成功，也可能不成功，因为他的竞争对手也做这个努力。广告的竞争运动会使他们相互抵消，结果使每个公司的销售曲线都不变。不过，每家的费用因广告费而增加了。广告也有某种军备竞赛的味道，每个公司都密切注视其他公司。如果福特公司多拨出一些钱搞广告，大众公司和通用汽车公司就也感到非如此做不可。在这一情况下，寡头垄断厂商最好是协商一致，以减少广告预算，节省开支，分享红利。

广告竞赛是新生产者的进入障碍，进入障碍越高，已确立的生产者就能把价格提得更高些，所得利润也就越多些。这可能是集团广告开支水平显著高于一般生产者水平的原因。

## 【拓展阅读】

### 材料1　近乎完全竞争的小麦市场

对照完全竞争的四个条件，可以说，小麦市场是一个比较接近完全竞争的市场。因为这个市场有众多买者和卖者，并且没有谁能够影响小麦的价格。相对于市场规模，每个小麦买者的购买量很小，以致无法影响价格，也就是说，他不可能因为自己的购买量较大，而以比别人低的价格进行购买，因为对于他来说再大的购买量，对于市场规模来说仍然微乎其微；对于卖者来说，提供的是几乎同质的小麦产品，而且任何一个卖者所提供的小麦数量，对于市场规模来说都是微不足道的，因此，每个卖者可以在现行价格水平上卖出他想卖的所有产量，他没有什么理由收取较低价格，如果他收取较高价格，买者则会到其他地方购买。因此，在小麦市场上，小麦的价格由众多的买者和卖者的需求和供给共同决定。买者和卖者都是价格的接受者，他们必须接受市场供求所决定的价格，按照市场价格买卖。

与此同时，对于一个种植小麦的农民来说，是决定继续种植小麦呢，还是改种蔬菜、水果甚至挖鱼塘养鱼，主要取决种植小麦的成本收益比较，及种植小麦与其他种植业和养殖业的净收益比较。如果种小麦有利可图，那么总有农民愿意继续种植小麦，甚至有更多的农民加入到种植小麦的行列；如果种植小麦是亏损的，或者种植小麦的净收益比其他种植业的净收益要小，长期中，农民就会改种其他作物。在农民决定继续种植小麦还是改种其他作物时，他们的选择基本是自由的，也就是说，农民进入或退出小麦种植的障碍很小。

略微不足的是，小麦市场上无法满足信息完全的假定条件。这是大多数农产品市场化过程中存在的通病。当众多的小生产者与大市场对接时，由于单个的小生产者无法及时准确地把握决策所需要的所有信息，而只能在有限的信息条件下做出决策。如像蛛网模型假定的那样，以上一时期的价格作为本期产量的决策依据，这样决策的结果很可能导致其决策与整体市场的实际运行情况相反，从而遭遇价格波动所带来的市场风险。小麦等农产品市场经常性出现“去年买粮难，今年卖粮难”的现象，就是信息不完全所致。

### 材料2　微软公司遭遇的反垄断调查案

1997年，微软公司成为全球最有影响力的IT公司，占世界软件市场份额的80%以上。从1998 年开始，微软公司受到全球范围内包括美国、欧洲、日本、韩国、俄罗斯等很多国家和地区的反垄断起诉，但得到了不同的判决结果。在美国，司法部指控微软公司垄断操作系统，将浏览器软件与视窗操作系统软件非法捆绑销售。2002年，美国联邦法院批准微软公司与美国政府及 9个州达成的和解协议。

在欧洲，欧盟委员会认定微软公司滥用了其在个人电脑操作系统市场上的优势地位，违反欧盟法反垄断条款。2012年，欧盟第二高院判决，驳回微软提出的所有论据，罚款8.6亿欧元，微软公司同意完全履行处罚决定。微软案的核心似乎是如何看待知识产权和垄断的关系问题，但从深层次原因看，维护一国的产业竞争力和国家利益才是其根本。

由于反垄断法在经济学与法学上的依据和尺度都相对模糊，各国（地区）在判决中可能出现基于本国（地区）利益以及同类产业发展状况和保护程度而做出不同判决的现象。美国认为，不再拆分微软主要不是因为它没有实施垄断行为，而是为了维持美国在IT产业的霸主地位。而欧盟则认为，由于微软占据全球个人电脑软件操作系统 95% 的市场份额，担心微软对欧盟软件市场也形成垄断。

### 材料3　价格歧视策略——麦当劳连锁店的折扣券

麦当劳连锁店一直采取向消费者发放折扣券的促销策略。它们对麦当劳就餐顾客发放麦当劳产品的宣传品，并在宣传品上印制折扣券。为什么麦当劳不直接将产品的价格降低?

回答是折扣券使麦当劳公司实行了三级差别价格。麦当劳公司知道并不是所有的顾客都愿意花时间将折扣券剪下来保存，并在下次就餐时带来。此外，剪折扣券意愿与顾客对物品支付意愿和他们对价格的敏感相关。富裕而繁忙的高收入阶层到麦当劳用餐弹性低，对折扣券的价格优惠不敏感，不可能花时间剪下折扣券保存并随时带在身上，以备下次就餐时用，而且折扣券所省下的钱他们也不在乎。但低收入的家庭到麦当劳用餐弹性高，他们更可能剪下折扣券，因为他们的支付意愿低，对折扣券的价格优惠比较敏感。

麦当劳连锁店通过只对这些剪下折扣券的顾客收取较低价格，吸引了一部分低收入家庭到麦当劳就餐，成功地实行了价格歧视——采取了三级差别价格，并从中多赚了钱。如果直接将产品价格降低，因不带折扣券的高收入阶层的高意愿消费而多得的收入就会流失。

阅读该材料，可以试着思考：

（1）麦当劳连锁店为什么能够实施价格歧视?

（2）通常哪种市场结构可以实施价格歧视？为什么?

（3）你还能举出生活当中遇到的价格歧视吗？价格歧视又分为哪几种类型?

（4）垄断厂商为什么要实施价格歧视?

## 本章小结

微观经济学根据市场的结构特征将市场划分为四种类型：完全竞争市场、垄断竞争市场、寡头市场和垄断市场。为了利润最大化，厂商选择使边际收益等于边际成本。

完全竞争厂商在短期均衡时，可以获得最大的利润，可以利润为零，也可以得到最小的亏损。完全竞争厂商的短期供给曲线，就是其边际成本曲线上等于和高于平均可变成本曲线最低点且向右上方延伸部分。同完全竞争的情形一样，垄断厂商和垄断竞争厂商在短期均衡时可以获得最大的利润，可以利润为零，也可以蒙受最小的亏损。垄断是市场上只有唯一的一个卖者的市场结构。垄断形成的主要原因包括：独家厂商控制了生产某种商品的全部或基本资源的供给，独家厂商拥有生产某种产品的专利权，政府的特许和自然垄断等。寡头市场是少数几家厂商控制整个市场的产品生产和销售的市场组织。由于寡头厂商之间的行为是相互影响的，一般地，寡头厂商的价格和产量的决定是一个很复杂的问题。

## 练习与思考

### 一、概念识记

完全竞争市场、生产者剩余、垄断市场、垄断竞争市场、非价格竞争、寡头市场

### 二、简单题

1．为什么完全竞争厂商的需求曲线、平均收益曲线和边际收益曲线是重叠的？

2．用图说明完全竞争厂商短期均衡和长期均衡的形成及其条件。

3．为什么完全竞争厂商的短期供给曲线是$SMC$曲线上等于和高于$AVC$曲线最低点的部分？

4．为什么寡头垄断厂商会避免价格战？

### 三、计算题

1．已知某完全竞争厂商的短期成本函数为：$C=0.1Q^3-2Q^2+15Q+10$。试求：

（1）当市场上产品的价格为$P=55$元时，厂商的短期均衡产量和利润。

（2）当市场价格为多少时，厂商必须停产？

2．某完全竞争行业有100个相同的厂商，每个厂商的成本函数为$STC=0.1Q^2+Q+10$，成本用美元计算。

（1）求供给函数。

（2）假设市场需求函数$Q=4000-400P$，求市场的均衡价格和产量。

（3）假设对每单位产品征收0.9美元的税，新的市场均衡价格和产量是多少？厂商和消费者各负担多少？

### 四、思考分析题

1．举出一个政府制造垄断的例子。制造这种垄断一定是不好的吗？为什么？

2．下列有关完全竞争厂商的陈述对吗？为什么？

（1）一个厂商将提高产量，直到价格等于平均可变成本的那一点为止。

（2）当价格低于平均成本的最低点时，厂商停止营业。

（3）厂商的供给曲线仅仅取决于他的边际成本。

（4）完全竞争厂商使价格等于边际成本。

3．机票价格变化多端，不要说头等舱、商务舱和经济舱座位标价悬殊，就是相邻的两个座位也照样可以相差一倍，有时候经济舱的座位比头等舱的还贵。日本生产的汽车，运到美国后价格比在日本本土更便宜，甚至因而被指责为“倾销”，成为两国政府首脑谈判的重要议题。这是为什么？

## 五、实训项目

主题：行业调研

要求：以小组为单位，调查和了解四个行业分别为完全竞争市场、垄断市场、垄断竞争市场和寡头市场的例子，并介绍各自的特点和区别。

# 7 要素市场分析

## 知识目标

1. 理解生产要素需求的特点。
2. 掌握边际生产力、边际物质产品、边际收益产品、边际要素成本内涵。
3. 掌握工资的决定、地租的决定、利息的决定等。
4. 掌握洛伦兹曲线和基尼系数的意义。

## 能力目标

能够运用生产要素理论解释分析相关的经济社会问题。

## 案例导入

马和驴子拉着一辆满载货物的大车。上坡时，主人狠狠地抽了马一鞭子，高声吆喝："用劲拉！"马不理解，说："我和驴子一道拉车，为什么只打我一个！"主人说："车主要靠你拉，驴只是你的助手。"回到家里，主人给马送来很多好吃的食物，却只给驴送来一把干草。驴感到很委屈，说："我和马一道拉车，为什么只给马吃好吃的？"主人说："你拉车时没有花多少力气，有什么可抱怨的？"驴子无话可说了。这个故事内含的道理非常简单，不言自明。但其涉及的恰和这里即将展开的要素分析问题息息相关，接下来我们要通过经济分析的手段来阐明要素价格决定以及收入分配的问题。

## 7.1 生产要素的需求

【思考与讨论】

当你参加工作以后，你会按月取得工资；当你发生住房贷款后，你需要按期支付本金和利息；如果你租用一片土地用来种植农作物，那么你需要支付租金，这里涉及的工资、利息和地租客观上都是"谁"的价格或者说收入？

表面上看是某人或某个机构获取的收入，但本质上这些都是生产要素的价格，谁拥有更多的生产要素资源，谁就会拥有更多的财富。在学习生产要素的需求之前，我们首先要知道什么是生产要素。所谓生产要素，也称生产性资源，或简称要素，是指为社会总产品的创造做出了贡献的资源。

19世纪早期的西方经济学家把生产要素划分为土地、劳动和资本三类，它们的价格则分别称为地租、工资和利润（包括利息）。到了19世纪晚期，增加了第四个要素——企业家才能，从而，利润成为企业家的报酬，利息则成为资本所有者的收入；地主、工资收入者则作为土地、劳动的所有者，获得地租和工资。因此，地租、工资、利息和利润从生产者角度看，是生产要素的价格，或生产成本；而从要素所有者角度看，则分别是各所有者的收入。从而，要素价格的决定问题，也就是收入分配问题。收入分配理论，就是分析地租、工资、利息和利润是如何被决定的。西方微观经济学中的分配理论，一种是由20世纪初美国经济学家克拉克（J.B.Clark）提出的边际生产力理论；另一种是由马歇尔提出的以均衡价格论为基础的分配理论。前者主要考虑了生产要素的需求，而后者则综合考虑了生产要素的需求与供给两个方面。我们首先从要素的需求分析开始。

### 7.1.1 生产要素需求的特点

生产要素的需求来自厂商，厂商购买生产要素不是为了满足自己的消费需要，而是满足生产需要，即最终生产出满足消费需要的商品和服务。正因如此，最终消费需求也就决定了生产要素的需求。或者说，对生产要素的需求是由对消费品的需求派生出来的，因而是一种“派生需求”，如果消费者对某种产品需求增加，则厂商对生产该产品的生产要素的需求也会增加，否则，则反之。同时，假定其他因素不变，生产要素的需求弹性也取决于用这种要素所生产的商品的需求弹性。如果所生产的商品需求弹性较大，则此生产要素的需求弹性也较大。

要素需求不仅是一种派生需求，也是一种“联合需求”。假定生产一种产品需要至少两种以上要素，那么，各种生产要素之间就存在互相替代或补充的关系。因此，厂商对某一生产要素的需求，不仅取决于该要素的价格，也同时取决于其他要素价格的影响。

生产要素的需求曲线与产品市场的需求曲线一样，也具有向右下方倾斜的特征。这一特征可由边际生产力理论得到解释。

【趣闻杂谈】

**地主和长工**

从前，有一个地主非常贪婪，对待雇工非常刻薄。张三去给地主打长工，地主说：“我们有言在先。如果你辞职不干，我不但不给你工钱，还要割掉你的鼻子。如果我辞退你，你就割掉我的鼻子。”张三答应了。一天，地主对张三说：“今天，你把我的100亩地从头到尾耕一遍。”张三拿起锄头，从地的这一端到另一端锄了一条线，就坐下休息了。地主见了大怒，说：“这就是你耕的地吗？”张三说：“我照你的吩咐从头到尾耕了一次。瞧，那条线不就是吗？”地主很生气，但又不敢辞退他。

从中，我们可以形象地认识到生产要素的两大特点：第一，张三和地主相互仇恨，都想割掉对方的鼻子，置对方于死地。既然如此，他们为什么非要走到一起来，彼此离不开对方呢？原因很简单，这是由于生产要素的需求是联合的需求。张三拥有劳动，地主拥有土地，但仅凭劳动或土地都生产不出粮食。只有当劳动和土地结合在一起，才能创造出物质财富。第二，生产要素的需求是派生的需求。尽管地主非常仇恨雇工，但他还是离不开雇工，因为他并非对雇工本人感兴趣，只是对雇工提供的劳动感兴趣，只有劳动才能使他的土地生产出粮食。

### 7.1.2 边际生产力

"边际生产力"是20世纪初美国经济学家克拉克首创并进一步用于其分配论分析的。边际生产力可用实物形态和价值形态来表示。用实物形态指标表示某要素的边际生产力，称为该要素的边际物质产品（Marginal Physical Product，*MPP*），意指在生产技术及其他要素不变的情况下，最后追加一单位要素时总产量的增量。显然，*MPP*就是前面生产理论中讨论过的边际产量*MP*。用价值形态指标表示某要素的边际生产力称为边际收益产量或边际收益产品（Marginal Revenue Product，*MRP*），指新增加一单位要素所带来的收益，它等于该要素的边际产量与产品的边际收益的乘积。例如：最后雇用的那个工人所带来的产量称为劳动的边际生产力或劳动边际收益产量；最后追加的那个单位资本所带来的产量称为资本边际生产力或资本边际收益产量。

边际生产力的变化特征。假定其他要素投入量不变，只有一种可变要素。那么，随着可变要素的不断增加，其边际生产力最初上升，超过某一点后，开始下降。这样的规律我们称为边际生产力递减规律。要素边际生产力曲线之所以呈现先上升后下降的原因，实质上就是边际报酬递减规律作用的结果。只不过后者仅仅指边际产量递减，而前者既可以指边际产量递减，也可以指边际收益产品递减。其实"边际生产力递减规律"只不过是"边际报酬递减规律"的表现形式。

要素市场的均衡条件问题分析。厂商在决定使用多少生产要素投入时，必须考虑成本和收益的比较，即追加1单位生产要素所获得的收益产品*MRP*能否补偿他为使用该单位要素所需支付的成本。这种成本即增加1单位投入要素所增加的成本支出可称为边际要素成本（Marginal Factor Cost，*MFC*）。同使用要素的收益情况相类似，*MFC*的变化也取决于要素的市场结构。如果要素市场是完全竞争的市场，则*MFC*不变且等于要素的价格，比如说劳动的价格$\omega$，即$MFC=\omega$；如果该要素市场为不完全竞争的市场，则*MFC*将随要素需求量的增加而递增且总是大于要素价格，即$MFC>\omega$。总的来说，在其他条件不变的情况下，出于利润极大化的目的，厂商对某种生产要素的需求量将会被$MRP=MFC$这一均衡条件所确定。如果边际收益产品大于边际要素成本，厂商就会雇用或购买更多的生产要素；如果边际收益产品小于边际要素成本，厂商则会减少对要素的雇用或购买，一直到边际收益产品等于边际要素成本时为止。

### 7.1.3 完全竞争产品市场中要素需求

由于对生产要素的需求是一种派生需求，所以此处的分析同产品市场关系密切。但生产要素市场的类型对整个分析也是有影响的，为使分析简化，我们假定要素市场属于完全竞争市场，即在要素市场中买卖双方人数众多。没有一个卖者或买者可以控制要素价格，因而要素价格不随要素需求数量的变动而变动，是一个常数。

假定其他要素使用量固定不变，只考察厂商对一种可变要素（如劳动力）的需求。由于假定产品市场完全竞争，所以对任何一个厂商而言，其产品销售价格不随产量的变动而变动，厂商可以按既定价格卖出任何数量的产品。或者说，每增加1单位产品的销售所带来的边际收益始终不变且等于产品价格，即$MR=P$，从而要素劳动（$L$）的边际收益产品（$MRP$）就等于边际物质产品乘以该产品的价格，即$MRP=MPP\times P$。这里的$MPP\times P$被称为劳动的边际产品价值（Value of the Marginal Product，$VMP$），指的是增加1单位要素所增加的销售额。在产品市场为完全竞争的情况下，$MRP=VMP$。需要注意的是：在产品市场是非完全竞争的情况下，产品销售价格不再固定不变，而是销售量的一个减函数，那时，增加1单位要素所得到的边际收益产品将不再等于边际产品价值。

我们假设厂商在完全竞争市场中销售产品，某一种可变要素（$L$）的投入量、边际物质产品（$MPP$）、价格（$P$）、边际收益产品（$MRP$）如表7-1所示。

**表 7-1　　　　厂商的边际物质产品和边际收益产品**

| 要素投入 $L$ | 边际物质产品 $MPP$ | 产品市价 $P=MR$ | 边际收益产品 $MRP=VMP$ |
|---|---|---|---|
| 1 | 9 | 10 | 90 |
| 2 | 8 | 10 | 80 |
| 3 | 7 | 10 | 70 |
| 4 | 6 | 10 | 60 |
| 5 | 5 | 10 | 50 |
| 6 | 4 | 10 | 40 |
| 7 | 3 | 10 | 30 |
| 8 | 2 | 10 | 20 |

表中产品价格等于边际收益，是既定的常量。边际产品价值和边际收益产品相等，并且由于边际生产力递减规律的作用，两者都是递减的。

在分析商品市场均衡时指出，$MR=MC$是达到产品市场均衡或者说利润最大化的条件。在完全竞争的产品市场中，这个条件表现为$MR=P=MC$。这一思路对于考察和描述厂商对要素的需求（要素市场均衡的分析或者说厂商使用要素的原则）也是适用的。

在完全竞争的产品市场条件下，厂商通过调整可变要素投入量以实现利润最大化的条件，是最后增加的那单位可变要素带来的收益恰好等于购买这单位要素所付出的成本。从成本方面看，边际要素成本（Marginal Factor Cost，$MFC$）是指增加一个单位要素的使用所引起的总成本的增量。厂商使用生产要素的原则是它所使用的生产要素能够给他带来利润最大化。具体来说，就是要使用要素的边际收益等于使用要素的边际成本。当要素市场假定也为完全竞争且可变要素为劳动时，这一条件可表述为$VPM=\omega$。实际上，$VMP=\omega$，也就是$P=MC$，若将$VMP=MPP\times P$代入可得到$MPP\times P=\omega$，所以$P=\omega/MPP$，$\omega$是要素价格即使用劳动的成本，$MPP$是劳动的边际产量，所以，$\omega/MPP$就是增加1单位产品所增加的成本$MC$。这里，$\omega$代表工资率，是劳动的价格。从表7-1中可见，当劳动的价格为40单位时，厂商对劳动的需求量应为6，才符合$VMP=\omega$的条件。少于这个需求量，$VMP>\omega$，说明再增加可变要素投入量有利可图；多于这个需求量，比如说投入了7单位要素，第7个单位要素的$VMP<\omega$，说明这个购买是得不偿失的。依此类推，若$\omega$为70单位，厂商对劳动的需求也将减少到3。总之，如果生产要素价格变动，厂商就必然调整要素的投入量，使调整后的边际产品价值等于新的要素价格。将表7–1所反映的情况用图形表示出来，即是厂商的边际收益产品（边际产品价值）曲线，也就是厂商对要素（比如劳动）的需求曲线。

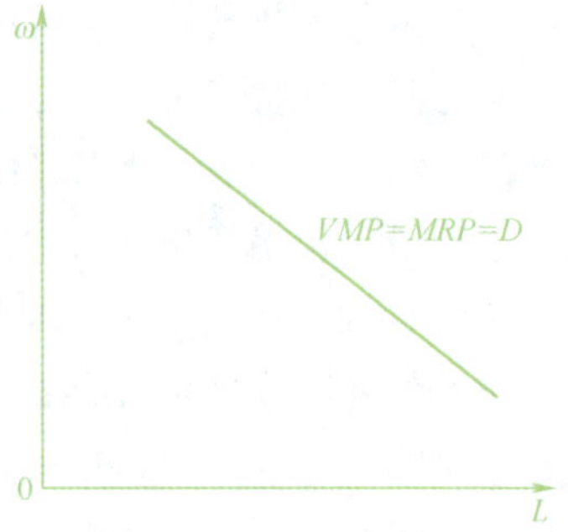


图7–1　完全竞争厂商要素需求曲线

图7–1中向右下方倾斜的曲线$VMP=MRP=D$，表示完全重合的边际产品价值曲线和边际收益产品曲线，就是厂商的劳动需求曲线，厂商的劳动需求曲线向右下方倾斜，斜率为负值。显然，劳动需求曲线之所以向右下倾斜，是因为劳动的边际产量随劳动使用量的增加而递减或者说边际生产力是递减的。

上述分析是厂商对某一要素的需求，整个市场对这种要素的需求曲线是否为所有厂商对该要素的需求曲线的水平加总而成的呢？不是。例如：当劳动价格下降时，如果所有厂商都增加劳动使用量，就会使该产品的市场价格下降，从而使劳动（假定该要素是劳动）的边际收益产品变小，于是，每个厂商对劳动需求量增加就会少一些。所以，该要素（劳动）的市场需求曲线比单个厂商的需求曲线要陡一些，也就是斜率大些。

### 7.1.4　不完全竞争产品市场中的要素需求

不完全竞争市场即指除完全竞争以外的三种多少带有垄断因素的产品市场。对单个厂商而言，完全竞争产品市场与不完全竞争产品市场的重要区别之一是，产品价格在完全竞争市场中给定不变，而在不完全竞争市场中，则是产销量的函数，即产销量增加时，价格必须下降。由于产品价格决定不同，这两种不同类型的市场中的要素需求曲线就不一样。为了使分析问题简便起见，我们仍假定要素市场为完全竞争，要素价格仍然是一个不随需求量变动而变动的常数。在这样的不完全竞争产品市场中，厂商对要素的需求情况怎样呢？这里，仍只分析厂商对一种可变要素的需求。首先仍假定厂商使用的一种可变要素是劳动。前面说过，在完全竞争市场中，由于产品的销售价格等于边际收益（$P=MR$），所以边际要素投入所带来的收益（$MRP$）就等于边际产品价值（$VMP$）。在卖方垄断市场条件下，由于产品价格随销售量的增加而下降，边际收益不再等于产品价格，而是小于产品价格，即$MR<P$，因此$VMP$就不等于$MPR$。两者之间的差额为：$VMP-MRP=MPP\ (P-MR)$，这里的推导过程不再演示。

由表7–2可以作出要素边际收益产品曲线图。从形状看和图7–1一致，卖方垄断厂商的边际收益产品曲线也向右下方倾斜（但是注意这里$MRP$和$VMP$已经不再相等，上一段已经做了说明），究其原因，除了边际物质产品（$MPP$）递减规律的作用，还由于因产品价格下降而导致的边际收益（$MR$）下降（事实上，边际收益总是小于产品价格）。

在这里，我们可以联想第3单元中利用消费者行为分析中的均衡理论所推出的商品需求曲线的本质，商品需求曲线本质是商品边际效用，由于存在边际效用递减规律，所以其是向右下方倾斜的，本节讨论的内容无非是生产要素这种“商品”的需求分析，本质上一样的。

表 7-2　　要素的边际收益产品

| 要素数量 $L$ | 边际物质产品 $MPP$ | 总产量 | 产品价格 $P$ | 总收益 | 边际收益 $MR$ | 边际收益产品 $MRP=MPP \cdot MR$ |
|---|---|---|---|---|---|---|
| 3 | 10 | 33 | 20.0 | 660 | 20 | — |
| 4 | 9 | 42 | 19.5 | 819 | 17.7 | 159.3 |
| 5 | 8 | 50 | 19 | 950 | 16.4 | 131.2 |
| 6 | 7 | 57 | 18.5 | 1054.5 | 14.9 | 104.3 |
| 7 | 6 | 63 | 18 | 1134 | 13.3 | 79.8 |
| 8 | 5 | 68 | 17.5 | 1190 | 11.2 | 56 |
| 9 | 4 | 72 | 17 | 1224 | 8.5 | 34 |

（数据来自高鸿业的《西方经济学》微观部分，中国人民大学出版社）

## 7.2 生产要素供给与价格决定

【思考与讨论】

美国经济学家丹尼尔·哈莫米斯与杰文·比德尔在1994年第4期《美国经济评论》上发表了一份调查报告。根据这份调查报告，漂亮的人的收入比长相一般的人高5%左右，长相一般的人又比丑陋一点的人收入高5%~10%。

思考题：请从经济学的角度去分析为什么漂亮的人收入高？

这个问题是一个社会问题，例如人的价值观念，也是一个经济学问题，从经济学的角度分析涉及的便是劳动力这一个要素的工资率差异问题。我们接下来要分析的便是各种生产要素的价格是如何决定的。

### 7.2.1 生产要素价格的内涵

市场价格的形成离不开需求与供给这两个方面。生产要素价格由要素市场上的供给与需求决定。关于要素需求，上一节已做过一般性说明，指出这种需求由各种要素的边际生产力决定。至于要素供给，考虑到各种要素有各种不同供给情况，因此，我们将其和各种要素价格决定一起分析。分析之前，有必要把要素买卖及其价格的含义略加说明。生产要素也是商品，其价格也由供求关系决定，但要素的买卖及其价格与产品买卖及其价格还有着重大区别。产品的需求、供给或者说购买和出售，都是产品本身的买卖，但要素的求与供或买与卖，都只是要素使用权的买和卖，因而产品价格是产品本身买卖的价格，产品被出售后即为购买者所有，所有权在买卖交易中发生了转移。但要素买卖后转移的只是使用权而非所有权，因此要素价格是指要素使用价格，绝非要素本身的价格。举例来说，假定工人被厂商雇用一天的价格是100元人民币，是指该工人的劳动力使用权一天值100元人民币，而不是说该工人本身值100元人民币。若工人出卖的不是劳动力使用权，而是劳动力所有权，或者说工人本身，那么，这个工人就不是人身自由的雇佣工人，而是缺乏人身自由的奴隶了。同样，资本、土地等要素的价格也是指这些要素的使用价格。说一台机器租用一年租金1万元人民币，50万元资金被借贷后一年可得利息1.2万元，一片土地一年租借获地租180万元等，都不是说这些要素本身值那么多，而是指这些要素使用一定时期要支付的代价是那么多资金。

### 7.2.2　劳动供给与工资的决定

劳动供给是指劳动者在不同劳动价格水平上愿意并能够提供的劳动数量。劳动价格通常用工资率加以衡量。工资率指单位劳动（如每小时劳动）的工资。劳动价格水平高低实际上是指工资率高低。

一国或一地区在一定时期的劳动供给状况是由多种因素决定的，主要有人口及年龄结构、劳动力参与率和工作意愿等。一国或一地区中如果人口基数大，年轻人比重又大，劳动供给超过需求的话，则即使工资水平较低，也会有不少人失业。因此，控制劳动力供给首先要控制人口增长。

劳动力参与率指想工作的劳动者在劳动年龄人口中的比重。在历史上，各国妇女曾多数待在家中，近几十年来，她们大量参加工作，使劳动力参与率大大上升。影响劳动力参与率的因素很多，政府有关政策是其中重要因素，如完善的、丰厚的退休金制度会使许多健康老年人不想继续工作，重视学历的政策会使许多年轻人延长学习年份而暂不工作等。

劳动者工作意愿很大程度上取决于他对工资和闲暇效用的比较。劳动可得到工资收入，工资收入给劳动者带来效用，闲暇也给他带来效用。

劳动作为闲暇的牺牲会给劳动者带来负效用，即痛苦和不舒适的感觉，劳动得多，工资收入也多，但闲暇会减少，可见收入和闲暇之间存在着替代关系。工资率的提高对劳动供给有两种效应：替代效应和收入效应。替代效应指的是，工资率越高，对牺牲闲暇的补偿越大，劳动者就越愿意用多劳动来代替多休闲。换言之，工资率上升时，不劳动（闲暇）所蒙受的损失要增大，即闲暇的机会成本增大，因此，劳动者会以多劳动来代替闲暇。收入效应反映的则是，工资率越高，个人越有条件以较少的劳动换得所需要的收入和消费品，因而就越不愿意增加工作时间即劳动的供给。

这两种效应都是工资率提高的效应。当收入效应小于替代效应时，劳动供给则会随着工资率的提高而增加，劳动供给曲线向右上方倾斜，即曲线斜率为正值。当收入效应大于替代效应时，劳动供给量则可能随着工资率的提高而减少，劳动供给曲线向左上方倾斜，即曲线斜率为负值。一般来说，工资率较低时，替代效应大于收入效应；工资率很高时，收入效应将会大于替代效应。因此，随着工资率的提高，劳动供给曲线会从向右上倾斜转为向左上倾斜，说得通俗一些：工资收入增加固然可以为劳动者增加效用，但也由此牺牲了闲暇时间，这又是一种负效用，一旦当收入达到一定程度后，由工资收入给劳动者增加的正效用不足以抵消劳动的负效用时，人们就宁愿少工作而增加闲暇时间，不愿为多一点工资而多工作牺牲闲暇。

劳动供给收入效应的另一个有力证据来自一种非常特别的资料：彩票的赢家。由于赢家的工资并没有变，因此就没有替代效应。但是研究结果表明，赢得这种巨额奖金的人的收入效应是显著的。统计资料显示，那些赢得了总计5万美元以上奖金的人中，几乎有25%的人在一年内辞职，而另有9%的人减少了他们工作的时数。那些赢得奖金超过100万美元的人中，几乎有

40%的人不再工作。另一项发表在1993年5月号《经济学季刊》上的研究表明，遗产超过15万美元不再工作的人数是遗产小于2.5万美元的人的4倍。这再次证明劳动供给的收入效应是相当大的。

后弯供给曲线主要是个人劳动供给曲线，就整个市场而言，这条供给曲线基本上是向右上倾斜的。这是因为，在其他条件相同时，若某职业工资水平上升，愿意从事该职业的劳动人数会增加。一些经济学家还认为，后弯供给曲线可能在发达国家会出现，但对广大发展中国家而言，不仅市场的劳动供给曲线，就是个人劳动供给曲线也主要是向右上倾斜的。图7-2中劳动需求曲线和供给曲线的交点$E$即是劳动市场的均衡点，这一点决定的均衡工资为$\omega^*$，均衡劳动数量为$L^*$。若市场上实际工资水平高于均衡工资，劳动力就会供过于求，否则就会供不应求。若劳动市场真的完全由市场调节，总会走向均衡。

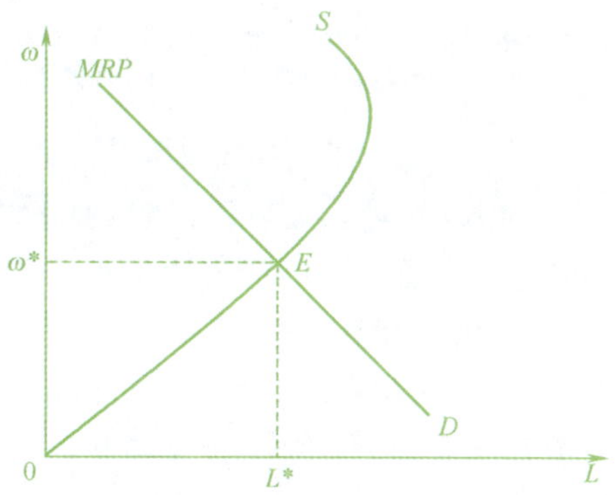

图7-2 均衡工资水平决定

在均衡工资分析的最后，我们来分析工资差别的原因。

现实生活中的各行各业、各个厂商以及每个职工的工资都有很大差异，全社会同一水平的工资从来就没有出现过。导致工资差异的原因大致有：

第一，劳动的质量不同。假设劳动市场全都处于完全竞争中，不同种类的劳动的价格均取决于它们的供给和需求，因此，不同种类劳动力的均衡工资也必然呈现出差别。这种工资差别是由人们之间质的差别，即在智力、体力、受教育和训练等方面不同所导致的。由于这些质的差别的存在，使劳动者的边际生产力不同，工资因而不同。这类工资差别也被称为非补偿性工资差别或质的差别。

第二，非货币利益不同。职业与职业相比，在安全性、辛苦程度、环境、声誉等方面有时差距很大，因而心理成本不同。如果不保持工资差别，不给那些心理成本高、人们不太愿意从事的职业以特殊的收入补偿，就难以保证这些部门的劳动供求均衡。这类工资差别被称为补偿性工资差别。

第三，市场的不完全竞争。在现实生活中，由于劳动市场往往是不完全竞争的，这也会造成工资上的差异。例如人们由于对不同职业收入差异的信息缺乏了解；由于乡土观念较重以及担心搬迁的费用和在新环境生活的不便；由于对进入条件的限制等原因，造成劳动者在不同地区、不同行业之间的流动受阻，也会造成工资水平不同。

第四，歧视。种族歧视和性别歧视在一些国家是常见之事，甚至城乡户籍也会成为工资差异的重要原因。

### 7.2.3 资本供求和均衡利率的形成

利息是厂商在一定时期内为利用资本的生产力所支付的代价，或者说是资本所有者在一定时期内因让渡资本使用权，承担风险所索取的报酬。利息与本金的比率就是利率，利率就是资本使用价格。利率也是由使用资本的供求关系决定的。

厂商对资本的需求决定于资本的边际生产力。在此，所谓资本的边际生产力，是指其他生产要素不变，增加1单位资本所能增加的边际收益产品，它是资本的边际产量和产品的边际收益的乘积。在这里，资本是指实物资本，即机器设备和厂房等，而“利率是资本使用价格”这句话中的“资本”是指金融资本。这两个资本概念有区别也有联系。厂商需要货币资金，其实就是为了增加实物资本。金融资本相当于实物资本的货币价值形态，实物资本是金融资本的实物载体。金融资本的收益率尽管不等于实物资本收益率，但最终还是取决于实物资本的收益率。在利率既定的情况下，厂商对资本的需求量将被决定在这样的水平上：在该水平上，资本的边际生产力，也即资本的预期利润率恰好等于利率。比如，在市场利息率为8%时，厂商借入1单位资本的预期利润率假定为10%，那表明厂商借入1单位资本即可获利2%，从而增加资本投入对厂商来说是有利的。但是，由于要素报酬递减规律的作用，资本投入的增加必然会降低其预期利润率，因此，当预期利润率与利率相等时，厂商将不再增加或减少资本的投入。将所有单个厂商对资本的需求曲线（资本的边际生产力曲线）汇总即形成资本的市场需求曲线，如图7-3所示的$D$曲线。

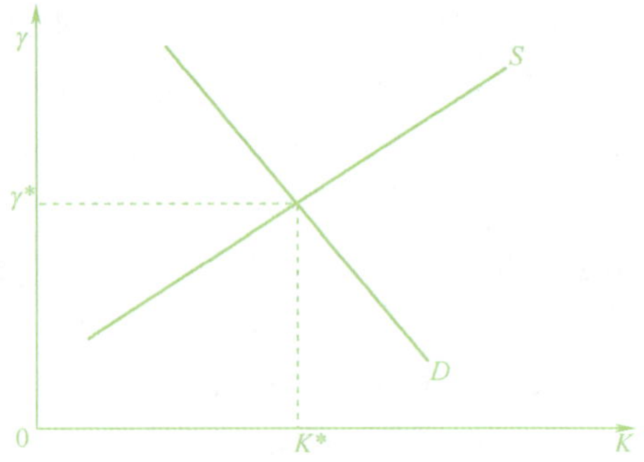


图7-3　均衡利率的决定

资本的供给，就是资本的所有者在各个不同的利率水平上愿意而且能够提供的资本数量。资本供给主要取决于让渡资本的机会成本及风险成本，一旦借出资本所获得的利息报酬可以补偿这些成本，资本供给才会成为现实。西方经济学家认为，资本来源于节欲，来源于对当前消费的抑制。抑制当前的消费（它是让渡资本的机会成本）所形成的资本供别人使用，是为了获取利息，因此，对于提供资本的人来说，利息是对他们抑制或推迟眼前消费的一种报偿。利率越高，这种报偿越高，人们愿意提供的资本就越多，因而资本的供给与利息率同方向变化，如图7-3中的$S$曲线。

$D$曲线与$S$曲线相交于$E$点，此点所对应的$\gamma^*$为均衡利率，$K^*$为资本的均衡供求量。在现实经济生活中，利率也常常不止一个水平。根据存贷时间，长期利率同短期利率不同，即使为相同期限，利率也随风险、资金用途不同等原因而有所差别。

【趣闻杂谈】

**爱吃米的母鸡**

主人在住宅旁边的地上撒下一些谷种，告诉一群母鸡：“这是我给你们种的小米，如果你们好好保护它，秋天就有充足的食物吃了。”开始，母鸡都很听主人的话，努力克制着自己的食欲，守护着这块地。后来，母鸡不耐烦了。它们想：“放着眼前的谷子不吃，等到秋天再吃小米，不是太傻了吗？主人是不是在骗我们？”此后，只要主人不在家，母鸡们就拥进那块地里，把谷种刨出来吃掉。没有几天，地里的谷种就全被吃光了。秋天到了，邻居家的小米都获得了大丰收，唯独主人家的小米颗粒无收。看着隔壁院子里的鸡都吃得饱饱地在那儿散步，这些整天挨饿的母鸡后悔不迭。这还不算，主人家的粮食很快就要吃完了，正打算杀掉它们充饥呢！

### 7.2.4 均衡地租、级差地租、准地租和经济租

土地不仅指地面，也指地下、空中、水面上的一切自然资源。地租是在一定时期内利用土地的生产力所支付的代价或土地这一生产要素提供服务的报酬。地租是由土地市场的供给和需求共同决定的。

土地的需求取决于土地的边际生产力，而土地的边际生产力也是递减的，因为在同一块土地上不断追加投资时，每单位投资带来的收益是递减的，从而对土地的需求曲线，如同其他生产要素的需求曲线那样，呈现为一条向右下方倾斜的曲线。

土地这一生产要素具有稀少性、不能流动、不能再造等特点。就一个国家或一个地区而言，土地的全部供给量是固定的，其供给曲线表现为一条垂直线。不管地租怎样变化，土地总供给量始终不变，图7-4中土地需求曲线$D$和土地供给曲线$S$的交点$E$是土地市场的均衡点。

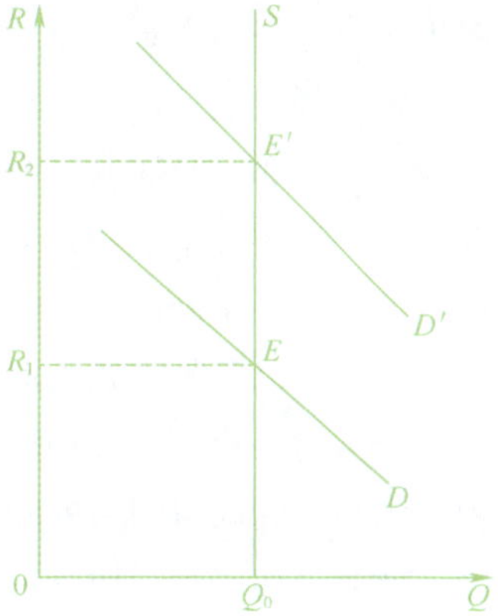

图7-4 均衡地租

该均衡点表示，在土地数量为固定不变的$Q_0$情况下，均衡地租为$R_1$。假定社会对土地的需求增加，需求曲线将会平行地向右移动，均衡地租会相应地上变为$R_2$。这就是说，由于土地供给量为既定常数，因而地租高低只决定于土地的需求曲线，与土地需求的高低同方向变化。

需要注意的是：上述垂直的土地供给曲线是仅就一国的全部土地而言。倘若改从某行业的角度来看土地供给，则土地的使用量或供给量是会随着地租水平的变化而发生变化的。例如，当土地用来建筑住宅可以产生较高的报酬，即可以支付较高的地租时，用于种植或其他用途的土地就会被转用于建筑用途。因此，从一个行业来说，土地的供给是可变的。土地的供给与使用土地的机会成本有关。如果一块土地使用于某种用途比使用于别的用途所取得的收益高，即该用途可以取得较高的地租，这种用途的土地的供给量就会增加，即通过减少其他用途的土地量来增加该用途的土地供给量。所以说从一个特定行业用地来看，地租的上升可以引起土地供给量的增加，下降则会引起供应量的减少，这时的土地供给曲线就和一般的供给曲线一样了，是向左下方倾斜的。

地租的最后部分我们要对几个特殊的概念进行简要的说明：

首先是级差地租，土地有肥瘠之分，矿藏也有贫富之别。根据地理位置、气候等条件的差别可以将土地分为不同的等级，如优、中、劣三等。一般，土地上产品的价格不低于使用劣等地生产所费的平均成本，否则就没有人使用劣等地从事生产。由于劣等地产品的市场价格等于平均成本，生产者没有剩余，这种土地被称为“边际土地”。而那些优、中等地能获得较高的收入，其产品成本低于边际土地的平均成本，即低于边际土地产品市场价格，其差额就叫级差地租。简言之，级差地租就是由于租种较好土地所获得的超过平均成本的超额收入。

其次是准地租，土地服务之所以能获得地租，因为无论从短期或长期来看，土地资源是固定不变的，或者说，是一种完全缺乏供给价格弹性的生产要素。现实中有些生产要素尽管在长期中是可变的，但在短期中却是固定的，如厂房、机器设备等。它们在短期的供给曲线和土地

供给一样是垂直于横轴的，其服务价格在一定程度上也与“地租”类似，故称为“准地租”。所谓“准地租”，就是对短期内供给量暂时固定的生产要素的支付，或固定要素的支付。

最后是经济租，在长期内，一切要素都可流动，因此，要想使这些要素留在该行业，厂商付给它们的报酬必须超过它们转移到其他行业所能获得的最大报酬，即机会成本，这个超过部分称为经济租。有特殊技能的人，如歌星、体育明星等所获的收入中，很大一部分就是这种经济租。当经济租大于零时，这些特殊要素就会继续留在该行业中，若经济租小于零，这些要素就会转移到其他行业。经济租的含义也可以理解成生产要素的所有者得到的实际收入高于他们期望得到的那部分收入。经济租是生产要素所有者所得到的超过他预期收入的部分，故称生产者剩余。它类似于消费者剩余，但消费者剩余是一种心理现象，而生产者剩余则是生产要素供给者得到一种额外的实在的收入。

人们若以各种方式争取获得经济租和准租金的行为我们称为寻租行为。在发达的市场经济中，典型的寻租行为表现为垄断企业认为的减产提价，以增加企业的准租金。但从长期看，准租金的存在和高价格可能吸引其他企业进入该行业。所以垄断企业的寻租行为往往涉及政治行为，如通过贿赂等手段获取各种特许权。在发展中国家的市场经济中，寻租行为较为普遍，例如为保护民族工业，一些发展中国家实行进口配额制，配额制会造成国内市场价格高于国际市场价格，这种额外的收益是一种经济租，会诱惑一些商人以贿赂的手段从权力人手中获得这些配额。

### 7.2.5 利润的决定

在西方经济学中，利润有正常利润和超额利润、会计利润和经济利润等各种不同的叫法。这里主要分析经济利润或者说超额利润。关于超额利润的形成，经济学家有几种解释。其一，利润是承担风险的报酬。在一个动态经济中，未来总是不确定的，厂商必须承担由此产生的风险，利润就是承担风险的报酬。厂商对于无法控制和难以预测的供求变动所造成的风险，包括经济波动和经济结构变动所造成的风险，对于不可抗拒原因造成的损失，必须自己承担，自负盈亏。其二，利润是创新的结果。创新是指提供新产品和新劳务、引进新生产方法、采用新原料、开辟新市场和建立新企业组织等行为。西方经济学家认为，从创新能够提高生产率，增加投资，刺激经济增长，从而带来超额利润方面说，它是社会进步的动力，应予鼓励。另一方面，创新能否取得预期成果以及能否继续进行下去，要受多种因素影响，难以确定，因此应以超额利润的形式对创新者予以鼓励和补偿。其三，垄断。由于垄断厂商能够限制产量，控制价格，限制其他厂商进入，因而可以减少某些不确定性，长期保持垄断利润。

## 7.3 收入分配问题

**【思考与讨论】**

如果一个企业同一岗位的员工采用平均化的工资政策，你认为这样的制度下对企业的效率有何影响？

公平和效率问题是一个国家或者私人部门需要权衡取舍的问题，因为从经济学的角度看，过于考虑公平问题会有损社会的效率。但过度讲究效率又会带来较大的社会矛盾，或者说是不平等程度的过度加深会带来社会的动荡。

### 7.3.1 收入不平等程度的衡量

市场竞争，优胜劣汰，效率会不断提高，但无法实现收入均等。正如美国经济学家萨缪尔森说的那样："看不见的手是有效率的，但它对公平或平等却是盲目的。人们最终是富还是穷部分地依靠他们从父母那里继承的财富的多少（美国100个最富家庭中有1/4~2/3来自于继承）和智力的高低，依赖他们所能提供的劳务的市场价格，还依赖他们钻井或击球的运气。"贫困是一个相对的概念，目前很多国家都以最富和最穷的20%家庭所拥有国民收入的比重来衡量分配的平均化程度。

【知识链接】

**洛伦兹曲线**

为了衡量一个国家的贫富差别，美国统计学家洛伦兹提出了一种表示收入分配平均化程度的曲线，叫作洛伦兹曲线。假定某国收入分配状况是：

| 人口累计百分比 /% | 收入累计百分比 /% |
| --- | --- |
| 20 | 5 |
| 40 | 16 |
| 60 | 32 |
| 80 | 57 |
| 100 | 100 |

洛伦兹曲线是用来描述一国财富或收入分配状况的统计工具，它表示各阶层人民（从最贫困的开始）收入的累积部分占整个国民收入中的百分比。在国民收入分配完全均等的情况下，它是一条45°直线；在国民收入分配绝对不平等情况下，则构成正方形的底边和右边。由于任何国家实际收入分配状况都介于上述两种极端情况之间，故洛伦兹曲线一般为一条向下弯曲的曲线，其偏离45°直线越小，表明该社会收入分配状况的平等化程度越高，其偏离45°直线越大，表明该社会收入分配状况的平等化程度越低。

描绘洛伦兹曲线的一般方法是：先画一个正方形，其底边作为洛伦兹曲线图的横轴，按家庭收入水平的高低把全国家庭划分为5组，即最低收入的家庭、次低收入的家庭、中等收入的家庭、高收入的家庭和最高收入的家庭；该正方形的左边为洛伦兹曲线图的纵轴，用于比较各组家庭合计收入占全国总收入的百分比。如果每个家庭组别的合计收入均占全国总收入的20%，连接对应纵坐标与横坐标的各点恰好为一条45°角直线，表明该国该时期社会收入分配状况最平等。在洛伦兹曲线图中，该45°角直线就成为收入分配平等化的标准，此后，人们就可以根据实际标绘出的洛伦兹曲线对该45°角直线的偏离程度，大致地判断各种收入分配不平等状况的严重程度。这种收入分配差异程度可以用基尼系数表示。

【知识链接】

### 基尼系数

基尼系数由意大利经济学家基尼于1912年提出，是基尼根据洛伦兹曲线提出的判断分配平等程度的指标。如图7–5所示，设实际收入分配曲线和收入分配绝对平等曲线之间的面积为*A*，实际收入分配曲线右下方的面积为*B*，并以*A*除以（*A*+*B*）的商表示不平等程度。这个数值被称为基尼系数或称洛伦兹系数。如果*A*为零，基尼系数为零，表示收入分配完全平等；如果*B*为零则系数为1，收入分配绝对不平等。收入分配越是趋向平等，洛伦兹曲线的弧度越小，基尼系数也越小，反之，收入分配越是趋向不平等，洛伦兹曲线的弧度越大，那么基尼系数也越大。

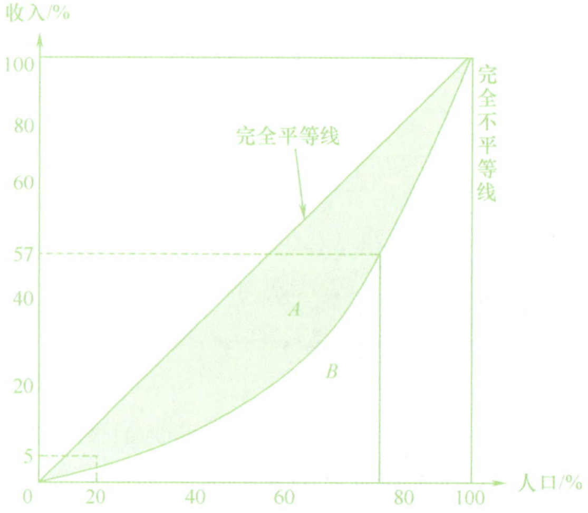


图7–5 洛伦兹曲线

按照联合国有关组织规定：若基尼系数低于0.2表示收入绝对平均；0.2 ~ 0.3表示比较平均；0.3 ~ 0.4表示相对合理；0.4 ~ 0.5表示收入差距较大；0.5以上表示收入差距很大。经济学家们通常用基尼系数来表现一个国家和地区的财富分配状况，这个系数在 0 ~ 1，数值越低，表明财富在社会成员之间的分配越均匀；反之亦然。基尼系数小于0.3为最佳平均状态，0.3 ~ 0.4为正常状态，超过0.4为收入差距的警戒状态，0.5以上为收入差距悬殊，达到0.6则属于社会动乱随时发生的危险状态。我国1978—1990年基尼系数为0.185 ~ 0.23，1994年达到0.434，2000年达到0.458，超越警戒线。2004年达到了0.465，2005年逼近0.47，到了2010年已经超过了0.5。

一般情况下，一国政府利用洛伦兹曲线和基尼系数，既可以观察本国的现行国民收入分配状况，成为政府制定社会收入调节政策的辅助参考依据，也可以用来检测政府所推行的特定社会收入调节政策的基本效果。

## 7.3.2 平等与效率问题

市场的魅力就在于它的效率，但是要享受这种效率必须付出代价，这个代价就是不平等。对于市场来说，不平等就是效率赖以实现的激励机制。没有差异就没有效率。奥肯指出："生活水平与物质财富占有上的差距体现着一种奖惩制度，这一制度力图激发努力奋斗的精神，并把这种精神引入社会生产活动中去。从某种程度上说，这一制度成功了，它创造了一个高效率的经济。但是，对效率的追求不可避免地产生了各种不平等。"因此，"在平等与效率之间，社会面临着一种抉择"。劳动差别和财产差别带来的收入分配的不平等，是市场经济机制的必然结果。市场经济注重的是效率，社会的稳定强调的是平等，效率和平等难以两全。但要兼顾，兼顾的原则是：首先，在效率优先原则下兼顾平等；其次，在效率优先原则下要尽可能考虑平等的要求；最后，要善于抓住平等和效率的矛盾的主要方面。在效率优先原则下尽量实现公平，主要有两种途径：第一是通过税收政策加以调解，如累进制的个人所得税。第二是通过社会福利政策来实现收入分配均等化，如社会保障金、保险金、最低生活保障金、公共产品、转移支付等。

【趣闻杂谈】

**分橙子**

有这样一则故事，说的是两个分橙子的外国小男孩，准备分吃一个橙子，但是如何分总是定不下来，为此争吵不休，后来他们终于达成一致意见，一个负责切，一个负责选。然后两个人一人拿着一半橙子兴冲冲地各自回家了。第一个男孩把橙子皮扔进了垃圾桶，把橙肉放进了榨汁机里，他要的是喝到新鲜的橙汁。第二个男孩却把果肉给扔了，他把橙子皮磨碎，混匀在面粉里做成了面包，因为他觉得这样面包烤出来会更好吃。表面上两个男孩看似找到了公平的方法，负责切的尽可能会平均化，而负责选的会先挑出来最大的给自己。他们对橙子都是各有所需，也都达到了各自的目的。看样子似乎挺合理和完美，但是却没有达到"可利用资源"的最大化；假如需要果肉的男孩拿橙子皮去跟另一个男孩交换，他就能得到更多的果肉；相应地另一个男孩也能得到更多的橙子皮。现实生活中，对于我们每个人来说，难免会存在各种各样的不平等和不公平，我们不能刻意去计较而影响效率，尽可能在拿出公平方案的基础上，让双方的"可利用资源"产生的效益达到最大化。这样我们在处理问题和解决方案的时候，就能在公平与效率之间找到完美的平衡点。

摘自：https://baijiahao.baidu.com/s?id=1661154924203978866&wfr=spider&for=pc.

## 【拓展阅读】

### 材料1　军队的工资

许多年来，美国军队一直存在人事问题。在内战期间，大约90%的军人是进行地面战斗的不熟练工人。但是后来，战争的性质发生了变化，地面战斗部队现在只占整个军队的16%。同时，技术的变化导致技师、训练有素的飞行员、电脑分析员、机械师及其他操纵复杂军事设备所需要的人员严重短缺。为什么这样的短缺会发生？为什么军队没能留住其技术人员？最近的一项研究提供了某些答案。

在这些年里，军队的军阶结构基本上没有改变。在军官的军阶中，工资的增加主要由服役年数决定。其结果是，具有不同技术水平和能力的军官常常得到相同的工资，并且相对于他们在私人部门可能得到的工资来说，某些技术工人的工资偏低。结果，那些因为工资有吸引力而参军的技术工人发现，他们的边际收入产出最终高于他们的工资。虽然有些人还留在军队，但许多人离开了。

军队的工资政策会导致无效率。均衡工资率是使劳动的需求与供给相等的工资。然而，由于工资结构缺乏灵活性，军队支付的工资低于均衡工资，导致需求大于供给，出现技术劳动的短缺。与之相对照的是，竞争性劳动市场向生产率较高的工人支付的工资高于生产率没有他们高的工人。但是军队是如何吸引和维持其技术劳动力的呢？

军队的工资结构选择影响到国家保持一支有效战斗部队的能力。作为对其人事问题的反应，军队已开始调整工资结构，扩大其再服役奖金的数目和规模。选择性再服役奖金的目标是短缺的技术岗位，它能成为有效的征募机制。直接的奖金产生了一种激励，它比许诺将来给予较高的工资更有用。随着技术军事岗位需求的增加，我们可以预期军队会更多地利用这些服役奖金和其他以市场为基础的激励措施。

——摘自平狄克，鲁宾费尔德. 微观经济学. 北京：中国石化出版社，2007.

### 材料2　财富基尼系数和收入基尼系数——《中国民生发展报告2014》

2014年，中国经济网7月30日讯，北京大学中国社会科学调查中心发布的《中国民生发展报告2014》指出，2012年我国家庭净财产的基尼系数达到0.73，顶端1%的家庭占有全国三分之一以上的财产，底端25%的家庭拥有的财产总量在1%左右。对此，不少媒体结合2014年年初统计局发布的2012年的基尼系数数据，对于其从0.474到0.73的明显变化表示担忧，甚至有人认为不合理的制度以及腐败等因素导致的中国财富分配不平等程度已经到了可怕的地步。然而实际上，高基尼系数并不一定意味着不公，此基尼系数也并非彼基尼系数。

分配不公与分配差异很大实际上是两个概念。分配差异大是一种现象，而分配不公则侧重原因。更进一步，导致分配差异的原因可以是多种多样的，以中国为例，根据相关数据，中国2010年的收入基尼系数为0.48，而其中0.25可解释为地区差异贡献，并且这个比例比世界上公认的收入分配差异很大的国家如美国，巴西等要高，这说明中国的收入差异问题，最主要的拉动因素是地区收入差异而非体制问题或者腐败现象导致的不公。

此外，有关媒体对于基尼系数的误读显然也导致了公众认知上的偏差。在其报道中，北大报告中研究的财富基尼系数和统计局发布的2013年国内收入基尼系数被混为一谈，0.48与0.73的巨大差异也令许多读者大叹中国收入不平等加剧已经到了极其危险的地步。而实际上从字面意思也可看出，收入基尼系数衡量的是当年的收入差异情况，而财富基尼系数则具有代际、年际的特征，是收入的累计值，因而财富基尼系数通常会比收入基尼系数高出很多。所谓基尼系数0.4的临界点，指的也是收入基尼系数。根据有关研究称，大国的基尼系数普遍较高，例如2010年的财富基尼系数美国达到0.84，法国达到0.68，而且绝大多数国家的财富基尼系数都在0.6～0.8，中国0.73的财富基尼系数并不值得惊呼。

——来自中国经济网2014.

## 本章小结

边际生产力可用实物形态和价值形态来表示。用实物形态指标表示某要素的边际生产力，称为该要素的边际物质产品，简称*MPP*，意指在生产技术及其他要素不变的情况下，最后追加一单位要素时总产量的增量。用价值形态指标表示某要素的边际生产力称为边际收益产量或边际收益产品，简称*MRP*，指新增加一单位要素所带来的收益，它等于该要素的边际产量与产品的边际收益的乘积。边际生产力同样存在“报酬递减”的客观规律。

厂商使用生产要素的原则是它所使用的生产要素能够给他带来利润最大化。具体来说，就是要使用要素的边际收益等于使用要素的边际成本，即$MRP=MFC$；在产品市场和要素市场均为完全竞争市场时，该条件就是$MRP=\omega$。

收入效应小于替代效应时，劳动供给则会随着工资率的提高而增加，劳动供给曲线向右上方倾斜，即曲线斜率为正值。当收入效应大于替代效应时，劳动供给量则可能随着工资率的提高而减少，劳动供给曲线向左上方倾斜，即曲线斜率为负值。

洛伦兹曲线是用来衡量社会收入分配平均程度的曲线。实际收入分配线（即洛伦兹曲线）越靠近对角线，则表示社会收入分配越接近平均；反之，实际收入分配线越远离对角线，则表示社会收入分配越不平均。收入的不平等程度同样可以利用基尼系数表示，该系数越大表示不平等程度越大。

## 练习与思考

### 一、概念识记

生产要素的需求、边际生产力、边际收益产品、边际要素成本、经济租、洛伦兹曲线、基尼系数

## 二、简答题

1．说明厂商使用要素的原则。

2．解释向后弯曲的劳动供给曲线。

3．形成工资差异的原因有哪些？

## 三、思考分析题

为什么不平等的收入分配是市场经济下的必然结果，应该如何兼顾公平和效率？

8

# 市场失灵分析

## 知识目标

1. 掌握“市场失灵”的含义。
2. 理解“市场失灵”的原因。
3. 掌握“市场失灵”的表现及微观经济政策。
4. 掌握政府的作用。

## 能力目标

1. 能够运用各种微观经济政策解决市场失灵问题。
2. 能够运用市场因素和政府作用解决市场失灵问题。

## 案例导入

我国为什么要实行伏季休渔制度？其经济学理论基础是什么？哪些因素可能阻碍市场有效利用稀缺的自然资源？

伏季休渔，是经国家有关部门批准、由渔业行政主管部门组织实施的保护渔业资源的一种制度。它规定在每年的一定时间、一定水域不得从事捕捞作业。因该制度所确定的休渔时间处于每年的三伏季节，所以又称伏季休渔。

我国自1995年开始，在东海、黄海、渤海海域实行全面伏季休渔制度。东海海域通过几年的休渔，有效地保护了以带鱼为主的主要海洋经济鱼类资源。根据农业部农渔发〔1999〕2号文件的规定，从1999年开始，南海海域也开始实施伏季休渔制度。也就是说，到目前为止，我国在黄海、渤海、东海、南海海域都实施了全面的伏季休渔制度。

渔业资源是可再生资源，但由于产权不明晰，大多数渔民可以无限制地进入捕鱼区，因此就出现了共有资源问题——捕捞强度超过资源的再生能力，渔业资源的开发利用已呈现过度状态，渔业资源严重衰退，主要经济鱼类资源大量减少。过度捕捞使得渔业资源下降到大大低于有效水平，海洋渔业出现效益下降、渔船停产、渔民收入下降，这已成为影响渔区经济发展和社会安定的不利因素。

为了保护渔业资源和渔民的长远利益，多年来，各级人民政府和渔业行政主管部门采取了许多保护渔业资源的措施，如建立禁渔区和禁渔期、控制捕捞强度、进行作业结构调整等。应该肯定，这些措施对于保护渔业资源发挥了重要作用。但是，由于多种原因，上述有关措施的执行效果并不理想。

从我国的国情看，伏季休渔制度是当前一项重要的、有效的保护渔业资源的措施。可以说伏季休渔有利于渔业资源的保护和恢复，有利于渔业生态的改善，有利于渔民的长远利益，有利于促进渔业的持续、稳定、健康发展。

## 8.1 市场失灵

微观经济学认为，完全竞争的市场机制可以使市场经济处于最佳状态。市场失灵理论认为：完全竞争的市场结构是资源配置的最佳方式。但在现实经济中，完全竞争市场结构只是一种理论上的假设，理论上的假设前提条件过于苛刻，现实中是不可能全部满足的。现实的经济实践表明，完全自由的市场调节并不能解决所有的经济问题，市场机制不是万能的，市场调节会出现失灵，使资源配置的效率低下。由于垄断、外部性、信息不完全和在公共物品领域，仅仅依靠价格机制来配置资源无法实现效率——帕累托最优，出现了市场失灵。像上面案例中提到的我国的渔业资源的例子，如果完全由市场调节，就可能造成渔业资源的枯竭，严重情况下，可能使渔业生产崩溃。这就需要政府、政策和法律同时参与市场调节，以弥补市场缺陷，其表现为政府对经济活动的直接干预、政策的间接作用，如税收、补贴和公共开支影响着人们的选择，法律对企业行为和个人行为的约束等。这就是微观经济政策。

### 8.1.1 市场失灵的含义

市场失灵（Market Failures）又被称为市场障碍、市场失效、市场缺陷等。市场失灵从现象上可归纳理解为：由市场缺陷造成的市场运作失误、出现偏差，使社会资源配置出现低效率。

亚当·斯密认为，人们追求私人利益最大化的行为，在市场机制这只看不见的手的引导之下，能够导致资源的合理配置，极大地增加社会福利。实际上，市场机制在资源的配置上存在一定缺陷。萨缪尔森指出，“市场效率有两大限制：市场失灵和不能被接受的收入分配”。市场失灵，即市场机制本身在某些场合下并不能导致资源有效配置的结果。不能接受的收入分配，就是即使市场是有效率的，它也可能带来社会所不能接受的收入分配结果，即贫富悬殊。广义的市场失灵将不能接受的收入分配也包括在内。

在市场经济社会中，价格是主要的调节杠杆和分配机制。价格像一只看不见的手，引导着消费者挑选彼此可以替代的商品，从而获得最大效用，也引导着生产者生产不同商品以获得最大利润，社会资源就是通过这个过程在不同行业、不同商品之间进行分配的，使社会进入理想的最佳状态。

那么这一过程是如何实现的？我们考察一下完全竞争市场的均衡价格。完全竞争市场的均衡价格实际上包含两方面的意思：在需求方面，均衡价格反映了消费者对多购买一单位商品所作的边际估价（实际上也就成为生产者实现的边际收益）；在供给方面，它反映了生产者多生产一单位商品所耗费的边际成本。当市场竞争能发挥调节作用时，均衡价格不但使需求量等于供应量，而且使一件产品的边际估价等于边际成本。因此，在正常情况下，通过市场价格的自发调节，所有市场的边际成本都能等于边际收益，这样就完全可以实现资源最佳配置。因此资源的边际社会收益与边际社会成本相等，是使社会资源配置效率达到最高的一个必要条件。如果在某个地方，资源的边际社会收益大于边际社会成本，则意味着在该处配置的资源太少，应当增加。因为在这种情况下，增加一单位资源使社会增加的收益要大于使社会增加的成本。反之，如果在某个地方，资源的边际社会成本大于边际社会收益，则意味着在该处配置的资源过多，应当减少。由此可见，只有在边际社会收益和边际社会成本恰好相等时，资源配置才能达到最优状态。也即前面分析的，完全竞争的均衡必须满足$P=AR=MR=MC$的条件。

在现实市场经济中，虽然价格能够促使市场调节商品的供给量和需求量，但是会出现价格并不等于商品的边际成本，高于平均成本最低点，高于完全竞争条件下的均衡价格，而均衡数量也少于完全竞争条件下的均衡数量，如在垄断和寡头市场中的价格和产量。于是市场出现了价格扭曲现象和垄断产业的产量过少，这就是典型的“市场失灵”。西方经济学从这一意义上，将市场失灵定义为：市场价格既不等于该商品的边际社会收益，又不等于该商品的边际社会成本。

【思考与讨论】

**为什么会出现“公地的悲剧”**

1968年，一位名叫哈丁的人，在《科学》杂志上发表了一篇有名的文章《公地的悲剧》。他在文中写道：有这样一个乡村，村里有一块公共土地，村民们在这块公地上自由自在地放牧奶牛。现在的问题是：在这块公地上放牧奶牛的数量会不会是最优的？

哈丁的答案是：如果放任村民们自由地不受任何限制地在公共牧场上免费放牧，则每一个理性的放牧者都会在这块公地上尽可能多地放养奶牛，结果，实际的奶牛放牧量就将大大地超过它的最优水平。最后，公地的草场将由于长期的超载放牧而不断地被破坏、被损坏，日益凋零和衰落下去。这就是所谓的“公地的悲剧”。

### 8.1.2 市场失灵的原因

市场机制不是万能的，市场出现失灵已被人们公认。这其中的原因很多，从市场本身而言，主要表现为市场的局限性、不完全性和不完善性。

#### 8.1.2.1 市场机制的功能和作用的局限性

这表现为具备所有理想条件和市场机制能够充分发挥作用的情况下，市场对某些经济活动仍然无能为力，如人们对公用物品的享用、外部经济效果的存在等这类经济现象，市场机制作用不大。由于市场作用局限的存在，其作用范围在客观上受到限制，这就决定了市场失灵的存在。这是市场仅依靠自身而完全无法克服的固有属性和现实。

#### 8.1.2.2 市场的不完全性

在西方经济学论述中，假定市场都是完全竞争市场，市场调整资源配置终将达到最优状态，但现实经济生活中的市场有偏差，不是完全竞争市场。这就破坏了市场充分发挥作用的必要前提，资源配置偏离最优状态，出现市场失灵。由不完全性产生的市场失灵也称为市场缺陷。西方经济学家认为，造成市场不完全性的主要原因有：一是完全竞争市场条件过于理想，现实市场根本不能具备和达到要求条件；二是现实经济市场随着社会化商品经济的不断发展，远离了完全竞争市场，破坏了完全竞争市场所要求的条件，造成了市场的不完全性。

#### 8.1.2.3 市场本身的不完善性

这主要表现为：一是市场不够发达；二是市场在运行中出现功能障碍。市场不发达必然使市场不能有效发挥作用，从而出现失灵。市场不发达的原因主要是经济发展水平低，社会化、商品化、货币化不发达。

市场在运行中出现功能障碍的情况下有企业相互勾结形成垄断、企业用不正当的手段牟取暴利，破坏经济秩序。在这种情况下，政府要制定和实施反垄断政策。

## 8.2 垄断

【思考与讨论】

**政府为什么要对美国电报电话公司进行拆分**

长期以来，美国电报电话公司（AT&T）垄断着美国的电话通信业务，为几乎所有的消费者提供长话和短话服务。1984年，美国政府决定依照反垄断法的有关规定拆分美国电报电话公司，由贝尔公司承担地方电话业务，而长途电话市场则由美国电报电话公司、MCI等多家公司竞争。政府为什么要对美国电报电话公司进行拆分？

### 8.2.1 垄断与垄断市场

#### 8.2.1.1 垄断

垄断，或者称卖者垄断，一般指唯一的卖者在一个或多个市场，通过一个或多个阶段，面对竞争性的消费者。垄断者在市场上，能够随意调节价格与产量。

#### 8.2.1.2 垄断市场

垄断市场是指一家厂商控制一个行业的全部供给的市场。判定一个市场是否是垄断市场的标准如下：

市场上只有一个卖者，它控制着整个行业的全部供给。在垄断市场上，厂商和行业两个概念完全重合，行业中唯一的厂商是垄断厂商，而这个垄断厂商就代表了一个行业。

垄断厂商的产品没有十分近似的替代品，它与其他产品的替代弹性是非常低的。由于垄断厂商控制全部供给，且产品具有永久性，所以垄断厂商是价格的决定者。

不允许有新厂商进入，垄断厂商控制着市场周围的种种进入障碍，这些进入障碍有的是由于政府征收关税、颁发特许证、给予专利以及提供其他形式的保护而形成的，有的是对某些自然资源的控制而形成的，有的是因为某些行业需要巨额投资或者高精尖技术而形成的。

### 8.2.2 垄断产生的原因

在垄断产生之前，往往会存在下面的一种或者两种前提条件。

#### 8.2.2.1 规模经济

规模经济又称规模利益，指随着生产能力的扩大，单位成本呈现下降趋势，即长期费用曲线呈下降趋势。通常，规模经济分为两类：一是从设备、生产线、工艺过程等角度提出的，称为工厂规模经济。造成规模经济的因素有：科技进步带来的先进工艺的采用、生产专业化程度提高等都可降低单位产品成本；同时还能提高产品质量，降低能耗和原材料等各种物耗，反过来促进技术的进步，从而取得显著的经济效果。二是企业规模经济，即若干工厂通过水平和垂直联合组成的经营实体。在降低了销售费用的同时，还节省了大量管理人员和工程技术人员，分流出更多的资金用于研究新产品，提升其行业竞争力。

#### 8.2.2.2 生产要素垄断

当某个或者某些生产者控制了该行业的全部原材料的时候，其他生产者就无法再获取这种原材料，这些生产者也就自然成为该行业的垄断者。

#### 8.2.2.3 法律保护

例如，专利是指一项发明创造向国家审批机关提出专利申请，经依法审查合格后向专利申请人授予的在规定的时间内对该项发明创造享有专有权，它是受法律规范保护的发明创造。

#### 8.2.2.4 特许经营

政府在某个行业内授权某家厂商垄断经营某种产品被称为特许经营。特许经营的例子很多，大到公用事业、邮政、广播媒体甚至是奥运商品，小到区域性的垄断商品，比如校园等。

### 8.2.3 政府对垄断的管制

对垄断的纠正需要依靠政府的力量。政府对垄断的管制主要表现在法律角度的管制和政策角度的管制。

#### 8.2.3.1 反垄断的法律措施

发达国家反垄断立法的进程：1897年美孚石油公司即美国石油业第一个托拉斯的建立，标志着美国历史上第一次企业兼并浪潮的开始，托拉斯从而在美国成为不受控制的经济势力。过度的经济集中不仅使中下层人民受垄断组织滥用市场之苦，而且也使市场普遍失去了活力。在这种背景下，美国在19世纪80年代爆发了抵制托拉斯的大规模群众运动，这种反垄断思潮导致《谢尔曼法》的诞生。《谢尔曼法》是世界上最早的反垄断法，因而也被称为世界各国反垄断法之母。

从《谢尔曼法》问世到第二次世界大战结束，这期间除美国在1914年颁发了《克莱顿法》和《联邦贸易委员会法》作为对《谢尔曼法》的补充外，其他国家的反垄断立法几乎是空白。第二次世界大战结束后，在美国的督促和引导下，日本在1947年颁布了《禁止私人垄断和确保公正交易法》，德国于1957年颁布了《反对限制竞争法》。1958年生效的《欧洲经济共同体条约》第85条至第90条是欧共体重要的竞争规则。1989年欧共体理事会还颁布了《欧共体企业合并控制条例》，把控制企业合并作为欧共体竞争法的重要内容。1990年意大利颁布了反垄断法，它是发达市场经济国家中颁布反垄断法最晚的国家。截至目前，经济合作与发展组织的所有成员国都有反垄断法。

直到20世纪80年代后期，颁布反垄断法的发展中国家仍然不足12个，它们包括亚洲的韩国、印度、巴基斯坦和斯里兰卡。发展中国家当时对反垄断法普遍不感兴趣的主要原因是，这些国家的许多产业部门或者主要产业部门是由国有企业经营的。为了维护国有企业的利益，国家自然就会在这些部门排除竞争。此外，当时所有的社会主义国家实行计划经济体制，不允许企业间开展竞争，这些国家自然也没有制定反垄断法的必要性。

20世纪80年代后期以来，随着世界各国经济政策总的导向是民营化的、减少政府行政干预和反垄断，各国建立反垄断法的步伐大大加快了，主要原因是国有垄断企业的经济效益普遍不能令人满意。这一方面表现在亚洲、非洲和拉丁美洲的许多发展中国家纷纷制定或者强化了它们的反垄断法；另一方面表现在苏联和东欧集团的国家也都积极进行这方面的立法。到1991年，中欧和东欧地区的绝大多数国家包括保加利亚、罗马尼亚、克罗地亚、波兰、俄罗斯等国家都颁布了反垄断法。

#### 8.2.3.2 反垄断的政策措施

反垄断的政策措施主要是从干预市场结构和干预市场行为两方面来进行的。

市场结构的整顿。在现实生活中，产品过于集中于一个或少数卖方，产品差别化小等原因会造成垄断的产生，从这个角度讲，要进行反垄断，市场要从以下几个角度采取干预市场结构的方式：①卖方和买方集中度；②市场进入准则设置；③产品差别化程度。

企业行为的干预。政府对市场的干预有时候表现在对企业行为的干预上，包括直接对企业产品定价的干预，对压制竞争对手的干预等。具体地说，对企业行为的干预会表现为：①不允许企业之间通过制定合约或通过协商达成对某种贸易行业的垄断；②不允许同一企业对同一产品实行销售价格歧视；③不允许采取倾销等不正当竞争方式。

其中，价格管制主要是指政府对处于自然垄断地位的企业实行价格管制，以防止它们为牟取暴利而危害公共利益。在实践中，价格管制能否可行需要满足以下条件：一是垄断厂商必须能够营利，否则它将拒绝生产；二是管制成本必须低于社会福利（净损失的消除）。另外，对于价格管制，最困难的事情是确定最优管制。如果价格定得过低，垄断者将削减产量。同时，由于价格已经下降，需求量将上升，结果存货会发生枯竭，出现短缺。

但是，现实生活中，往往会出现这种情况：即使政府能限制价格，但垄断者仍能获得正常水平的利润，因而导致人们的不满。再者，某些价格管制可能在短期内是有效的和成功的，但在长期内不一定有效和成功。在市场经济条件下，价格管制通常在两种情况下出现：一是针对自然垄断行业或暴利行业，政府为了增进公共利益，通过价格管制将其产品价格人为压低；二是在通胀压力不减的情况下，政府为对抗通胀，被迫对一部分产品实施价格管制。市场经济中，资源是稀缺的，价格反映的是资源的稀缺程度。管制了价格，就扭曲了市场信息，不能真实地反映资源的稀缺程度（供给和需求程度），市场中的供需双方会做出错误的决策，所以会带来产品分配不公的问题。

【趣闻杂谈】

**阿里被开出182.28亿元天价罚单**

2021年4月10日，国家市场监管总局依法对阿里巴巴集团做出行政处罚，责令其停止违法行为，并处以其2019年销售额4%计182.28亿元人民币的罚款。此事一出，立马在网上掀起了轩然大波。

此事件可以追溯到2020年年底，在2020年12月24日，国家市场监管总局发布公告称，根据举报，已依法对阿里巴巴集团控股有限公司实施“二选一”等涉嫌垄断行为立案调查。直至2021年4月花了107天，终于对阿里巴巴开出182.28亿元的天价罚单。

天猫平台强制品牌“二选一”的垄断行为对市场的公平竞争带来了极大的破坏，不仅阻碍了其他中小平台的正常发展，而且遏制了一部分中小品牌的健康成长。大平台和大品牌无限制壮大，小平台和小品牌的前路则被越缩越窄，新生力量得不到良好的市场环境去生根发芽，中国各行业整体的经济发展都将受到制约！

而在4月12日，阿里巴巴董事局主席兼CEO张勇回应被罚事件时称，预计监管部门的反垄断处罚不会对阿里巴巴造成重大负面影响，公司将会做出更多行动减少商户的经营成本。此外，公司会把更多已成熟的业务转为免费，同时公司也已准备了数十亿元资金支持新项目，还将加大投资以提高商户培训。

无论如何，阿里巴巴此次被行政处罚182.28亿元已然成为中国在互联网领域反垄断的里程碑，展现出了国家政府反垄断的决心！

在此案件之后，中国电商平台的整体格局或将迎来一次重大变革。阿里巴巴等头部平台的垄断行为被制约后，许多其他电商平台便将纷纷崛起，中国市场在未来将有极大的可能会诞生出越来越多新型电商平台，形成新格局。据相关媒体透露，抖音在内部已经在开发一款对标天猫、京东的综合性电商平台。作为一个国民级别的短视频平台，抖音拥有极其庞大的流量，以此为基础而诞生的电商平台，在一定程度上完全有实力与天猫、京东等头部电商平台抗衡。随着抖音电商平台的诞生，其他新型的电商平台也将蜂拥而至，“直播选货，天猫下单”的常话或将成为历史！

当然，国家政府的反垄断也绝非仅仅针对阿里巴巴，更不是只针对电商平台。随后，腾讯、美团、滴滴、字节跳动等互联网企业都有可能成为下一个处理对象。阿里巴巴被罚，体现出来的是整个中国互联网野蛮生长时代的结束。总而言之，中国的反垄断监管已经日趋严格，互联网的竞争环境也将越来越健康公平，真正百花齐放的新时代即将到来！

## 8.3 外部性

【思考与讨论】

我国是燃煤大国，煤炭占一次性能源消费总量近70%，随之而来的燃煤二氧化硫大气污染也相对较为严重。二氧化硫排放又引发了酸雨，对居民健康和生态系统都造成了重大影响。据测算，每年我国由酸雨导致的经济损失高达1100亿元人民币，为此，中国政府一直在寻求有效的治理办法，在部分省市试行排污权交易。

思考题：试着给出解决这种情况的措施和建议。

## 8.3.1 外部性的定义与类型

### 8.3.1.1 外部性的定义

不同学者对于外部性的定义有不同的理解，有的学者从外部性的产生主体角度来定义，有的学者从外部性的接受主体来定义。萨缪尔森和诺德豪斯对于外部性是这样定义的："外部性是指那些生产或消费对其他团体强征了不可补偿的成本或给予了无须补偿的收益的情形。"而兰德尔则是这样定义的："当一个行动的某些效益或成本不在决策者的考虑范围之内的时候所产生的一些低效率的现象；也就是某些效益被给予，或某些成本被强加给没有参加这一决策的人。"无论定义的角度如何，其对外部性的理解是一致的。即外部性是某个经济主体对另一个经济主体产生一种外部影响，而这种外部影响又不能通过市场价格进行买卖。或者说，外部性是指对他人产生有利的或不利的影响，但不需要他人对此支付报酬或进行补偿的活动。当私人成本不等于社会成本或收益时，就会产生外部性。

### 8.3.1.2 外部性的类型

外部性的两种主要类型是外部经济和外部不经济。外部经济是指生产和消费能给其他人带来收益而其他人不必进行支付的情况。外部不经济是指生产或消费给其他人造成损失而其他人却不能得到补偿的情况。例如，私人花园给过路人带来美的享受，但过路人不用付费，可以说，私人花园的主人就给过路人产生了外部经济效应；隔壁邻居的音响开得太大影响了周围居民的休息，可以说，隔壁邻居给周围居民带来的就是外部不经济效应。

如果从生产角度来划分，则又可以把外部经济分为生产的外部经济和外部不经济。生产的外部经济就是指一个生产者所采取的行为给社会中其他成员带来了利益，而该生产者自己却不能从中得到收益，也可以说，该生产者从这项行动中得到的私人收益小于该行动所带来的社会收益。比如：由某企业培训之后的员工"跳槽现象"。生产的外部不经济是指一个生产者采取的行动使社会中的其他成员付出了代价却又未给社会其他成员以补偿，也就是说，该生产者为其行动所付出的私人成本小于该行动所造成的社会成本，比如全球的环境污染问题。

### 8.3.1.3 外部性理论的发展

许多经济学家对外部性理论的发展做出了重要贡献，本节我们主要来了解马歇尔，庇古和科斯这三位经济学家关于外部性的理论贡献。

（1）马歇尔的"外部经济"理论。马歇尔是新古典经济学派的代表，他并没有明确提出外部性这一概念，但外部性概念源于马歇尔1890年发表的《经济学原理》中提出的"外部经济"的概念。马歇尔指出："我们可以把因任何一种货物的生产规模之扩大而发生的经济分为两类：第一类是有赖于工业的一般发达的经济；第二类是有赖于从事工业的个别企业的资源、组织和效率的经济。我们可称前者为外部经济，后者为内部经济。"

从马歇尔的论述可见，所谓内部经济，是指由于企业内部的各种因素所导致的生产费用的节约，这些影响因素包括劳动者的工作热情，工作技能的提高，内部分工协作的完善，先进设备的采用，管理水平的提高和管理费用的减少等。所谓外部经济，是指由于企业外部的各种因素所导致的生产费用的减少，这些影响因素包括企业离原材料供应地和产品销售市场的远近，市场容量的大小，运输通信的便利程度，其他相关企业的发展水平等。

（2）庇古的“庇古税”理论。庇古是马歇尔的嫡传弟子，被称为“福利经济学之父”。庇古首次用现代经济学的方法从福利经济学的角度系统地研究了外部性问题，在马歇尔提出的“外部经济”概念基础上扩充了“外部不经济”的概念和内容，将外部性问题的研究从外部因素对企业的影响效果转向企业或居民对其他企业或居民的影响效果。适当改变一下庇古所用的概念，外部性实际就是边际私人成本与边际社会成本，边际私人收益与边际社会收益的不一致。在没有外部效应时边际私人成本就是生产或消费一件物品所引起的全部成本。当存在负外部效应时，由于某一厂商的环境污染，导致另一厂商为了维持原有的质量，必须增加诸如安装治污设施等所需的成本支出，这就是外部成本。边际私人成本与边际外部成本之和就是边际社会成本。当存在正外部效应时，企业决策所产生的收益并不是由本企业完全占有的，还存在外部收益。边际私人收益与边际外部收益之和就是边际外部收益。通过经济模型可以说明，存在外部经济效应时纯粹个人主义机制不能实现社会资源的帕累托最优配置。

在边际私人收益与边际社会收益，边际私人成本与边际社会成本相背离的情况下，依靠自由竞争是不可能达到社会福利最大化的，于是就应有政府采取适当的经济政策，消除这种背离。政府应采取的经济政策是：对边际私人成本小于边际社会成本的部门实施征税，即存在外部不经济时，向企业征税；对边际私人收益小于边际社会收益的部门实行奖励和津贴，即存在外部经济效应时，给企业以补贴。庇古认为，通过这种征税和补贴，就可以实现外部效应的内部化。这种政策建议后来被称为“庇古税”。

庇古税在经济活动中得到广泛的应用。在基础设施建设领域采用的“谁受益，谁投资”的政策以及环境保护领域采用的“谁污染，谁治理”的政策，都是庇古理论的具体应用。目前，排污收费制度已经成为世界各国环境保护的重要经济手段，其理论基础也是庇古税。

（3）科斯的“科斯定理”。科斯是新制度经济学的奠基人。从某种程度上讲，科斯理论是在批判庇古理论的过程中形成的。所谓的科斯定理就是：如果交易费用为零，无论权利如何界定，都可以通过市场交易和自愿协商达到资源的最优配置；如果交易费用不为零，制度安排与选择是重要的。这就是说，解决外部性问题可以用市场交易形式即自愿协商替代庇古税手段。实际上，科斯理论是对庇古理论的一种扬弃。

【趣闻杂谈】

**科斯与产权理论**

科斯（Coase）是出生于英国的美国经济学家，先后在美国布法罗大学、弗吉尼亚大学和芝加哥大学任教，其代表作主要有：《企业的性质》（1937年）和《社会成本问题》（1960年）等。1991年，据称由于发现并解释了财产权和商业经营管理成本如何影响经济这一重要问题，科斯获得了该年度的诺贝尔经济学奖。事实上，在科斯没有获得此项“殊荣”之前，其影响已经十分广泛了，其中“科斯定理”被写进西方国家许多大学的教科书里，并且科斯还被西方经济学家认为是产权理论的创始人。科斯的产权理论主要是关于产权界定及交易成本对议定契约的影响的理论。

随着20世纪70年代环境问题的日益加剧，市场经济国家开始积极探索实现外部性内部化的具体途径，科斯理论随之被投入到实际应用之中。在环境保护领域，排污权交易制度就是科斯理论的一个具体运用。科斯理论的成功实践进一步表明，“市场失灵”并不是政府干预的充要条件，政府干预并不是解决“市场失灵”的唯一方法。

## 8.3.2 政府解决外部性的方式

一般来说，通过政府的干预来消除外部性的方法或政策包括税收和补贴，合并相关企业，明晰产权等。

### 8.3.2.1 税收和补贴

政府可以使用税收和补贴的手段解决外部性问题，比如，对于污染严重的企业，征收适度的赋税，其数额应等于治理污染的费用，这样就会使企业的私人成本等于社会成本，企业的生产成本和产品的价格就会相应提高，这不仅会使市场对企业产出的有效需求得到抑制，而且也会使企业的生产收缩，从而最终引导资源转移到其他用途上或效益更高的企业中去，使资源得到更为有效的利用。而对于那些具有正外部特点的企业，政府给予财政补贴，使其私人收益等于社会收益，这样，就可以鼓励企业增加产出，以实现资源的优化配置。

### 8.3.2.2 合并相关企业

政府也可以通过合并相关企业的方法使外部性得以“内部化”。比如，甲企业是具有外部不经济性的企业，而乙企业则是其外部不经济性产生的效应的受害者，或者甲企业是具有外部经济性的企业，而乙企业是其外部经济性产生的效应的免费受益者，在上述两种情况下，如果把甲、乙两个企业合并，负外部性或正外部性都会因此而消失。

### 8.3.2.3 明晰产权

明晰产权是可以消除外部性的一个重要措施。根据科斯的外部性理论，我们了解到，只有当至少两个经济行为主体，或者所有权主体发生交易时，才会出现产权问题，因此，产权不同于所有权，但又与所有权有关，产权涉及的是两种所有权之间的关系，即平等的所有权主体之间的权责利关系。而多数情况下，外部性之所以存在并导致资源配置失当，都是由于产权界定不清晰。如果没有明确界定化工厂是否有权污染附近的河流，而对附近农民的生产造成伤害以及没有明确界定附近的农民是否有权不受化工厂的侵害，外部性就会发生。相反，如果产权即受益权或受损权以及一方给予一方的补偿权是明晰的，外部性就可能不会发生。因此，明晰产权，应是消除外部性的最重要的举措。

因此，我们可以把明晰产权看作是科斯定理的一般化，甚至利用税收和补贴等手段消除外部性也可以被看作是对科斯定理的具体运用。一般认为，科斯定理被认为只要产权是明晰的，并且其交易成本为零或很小，则无论在开始时将产权赋予谁，市场均衡的最终结果都是有效率的，即如果产权是明晰的，只要通过市场交易，而无须政府的直接干预，就可以解决外部性问题，前提是交易费用等于零或者很小。

## 8.4 非对称信息

【小组讨论】

中国古代有所谓“金玉其外，败絮其中”的故事，讲的是商人卖的货物表里不一，由此引申比喻某些人徒有其表；也有俗话说“从南京到北京，买的不如卖的精”。

思考题：这其中的经济学道理是什么？如何解决信息不对称？

我们在前面各单元对各种经济活动的分析及上面对市场失灵的剖析中，都假设所有的消费者和所有的生产者都拥有完全信息。这意味着经济活动的参与者不仅知道自身的偏好、生产技术，而且对商品的价格、特性及市场供求等因素具有完全知识。然而，在现实经济活动中，存在着经济活动的某些当事人比别的当事人知道的信息更多，即存在信息不对称情况。例如，在要素市场上，雇员比雇主更了解自身的技术和生产能力；在商品市场上，卖方比买方更了解商品的质量和性能等。由于这些现象的存在，市场运行的结果有可能出现市场失灵。随着信息在经济活动中的作用日渐突出，非对称信息（Asymmetric Information）也成为市场失灵的一个重要原因。下面就非对称信息导致的逆向选择、道德风险和委托–代理问题的市场失灵进行分析。

### 8.4.1 次品市场与逆向选择

逆向选择是指在买卖双方信息不对称的情况下，差的商品总是将好的商品驱逐出市场。当交易双方的一方对交易可能出现的风险状况比另一方知道得更多时，就会出现逆向选择。次品市场就是一个信息不对称、出现逆向选择市场失灵的例子，下面以旧车市场为例进行说明。

在旧车市场中，总是次品充斥市场，美国经济学家阿克洛夫对这一情况做了理论分析。下面我们对这一模型进行简要说明。在生活中我们会发现旧车的价格要比新车的价格低得多，假定某人以10万元买了一辆新车，使用6个月后，在车辆运行良好时，出于与这辆车性能无关的原因，想卖掉。这时，他在旧车市场上发现，这辆车最多只能卖到7万元。车主感到很痛心，不愿出售。这种情况的出现主要是由于在旧车市场上对旧车的质量存在非对称信息，即旧车的卖主对车的理解比旧车未来的买主多得多。假定旧车市场上有两种旧车，一种是高质量的，一种是低质量的。如果高质量车的市场价格是9万元，低质量车的市场价格是5万元，两种车的销售数量相同。在旧车市场上我们假设质量是不可观察的，即卖主知道车的质量，而买主不知道车的质量。起初，买主可能会想到他们买到高质量车的概率是50%，那么买主由于无法得知旧车的质量，都认为是中等质量。在这种情况下，每位买主对购车所愿意支付的价格为7万元。这时我们来看一下，哪一个卖主愿意以7万元出售他的旧车呢？当然是那些拥有低质量旧车的人。当消费者开始明白，在7万元的价格水平下，绝大多数都是低质量旧车时，他们所愿意支付的价格就会降低，价格的降低使旧车组合进一步向低质量转移。最终造成次品充斥市场，低质量车全部卖完。显然，因非对称信息而导致的旧车市场最终均衡从社会角度看是无效率的，是市场失灵。

【趣闻杂谈】

## 何谓"樱桃不是柠檬"

樱桃是柠檬吗？这听起来似乎有点"鹿马不分"的诡异，但事实上这是经济学发展过程中的一则小典故，而且相当有趣。

1970年经济学者阿克洛夫教授发表一篇论文《旧车市场：质量不确定性和市场机制》，讨论旧车市场的特色。因为车主所卖的旧车已经使用过一段时间，而且很清楚车子的性能，但买车的人多半不能判断车的好坏。所以，卖主和买主对车子拥有不同的信息，也就是两者之间存在着一种"信息的不对称"。而且，性能好的车通常没有人舍得卖，所以被送到二手车市场的多半是有问题的车，被称为"尝之令人龇牙咧嘴的柠檬"。

既然买卖双方所拥有的信息不同，而出现在旧车市场的又多半是"柠檬"。那么，即使有人想买车，有人想卖车，最后也可能谈不成买卖，从而市场里没有交易发生。

旧车市场的例子很深刻地反映出，"信息"这个因素对市场交易的关键性影响。这对当时被经济学者奉为圭臬的观念"市场里有人想买、有人想卖，就会有交易发生"，可以说是直接的冲击和挑战。因此，阿克洛夫这篇开创性的论文也就成为经济学文献的经典之作。他也因此在2001年被授予诺贝尔经济学奖。

"柠檬"市场的特性除了学理探讨上的兴味之外，也对我们的日常生活有所启示。

美国西北角的华盛顿州盛产樱桃，产品销往全美各州。樱桃有大有小，大的漂亮可口，价格比较高。因此，樱桃可以按大小先挑拣，然后按规格分级出售。当然，樱桃也可以不拣，大小参差地"混合出售"。同时，拣樱桃要耗用人力物力，而且生手和熟手筛选的功力大不相同。所以，樱桃商自己会决定要不要费事拣樱桃。经过一段时间的发展摸索，产地的樱桃商人变成两类：第一类商人完全不拣樱桃，樱桃全部"混合出售"；第二类商人一方面拣樱桃，一方面也会任某几批樱桃混合不拣。

分好等级的樱桃固然可以依等级在价格上有高低之分，可是那些"混合"的呢？既然卖樱桃的人知道这些樱桃的品质如何，而买樱桃的商人可能是身在数千里之外的纽约或波士顿，因而买卖双方之间也有信息上的不对称，那么这些樱桃会不会就像阿克洛夫的"柠檬"一样，因为"混合"不分，所以被一视同仁，而只有"一种"价格呢？

可是，仔细想想，由第二类商人所卖的"混合"型樱桃事实上有点不同。既然这些商人可以拣而不拣，很可能就是因为他们看到这几批樱桃成色不佳，不值得拣。所以，同时"混合"型樱桃，第二类商人卖的"平均品质"很可能比第一类商人卖的价格低。

两位美国经济学者针对1983年的1000多次交易资料加以分析，他们发现：同是"混合出售"的樱桃，第二类商人的价格"确实"比第一类人的低。也就是说，在信息不对等的情形下，只要根据这些"混合出售"的樱桃是来自于第一类或第二类商人的这个"信号"，市场已经发展出一种机制来分辨樱桃的品质。因此，经过这么一番探讨，两位学者的结论是"樱桃不是柠檬"！乍听之下，这句话似乎有点荒谬，但是，如果了解背后的曲折，恐怕你现在也会微笑颔首吧！

### 8.4.2 道德风险

道德风险（Moral Hazard），也称为败德行为、道德公害，原指个人在获得保险公司的保险后，降低防范意识而采用更冒险的行为，使发生风险的概率增大的动机，其产生的原因是非对称信息。道德风险会破坏市场的运作，严重的情况下会使某些市场难以建立。

以汽车失窃险为例，在车主没有购买汽车失窃保险的情况下，车主通常会采取多种防范措施来防止汽车失窃。比如给汽车加防盗锁、安全警报器、停放在配有保安措施的停车场等，因此汽车失窃的概率较小。如果车主一旦向保险公司购买了汽车失窃保险，由于汽车失窃后由保险公司负责赔偿，个人可能不再采取防范措施，从而导致汽车失窃的概率增大。

### 8.4.3 委托－代理问题

所谓委托-代理问题，是指由于委托人不能确切代理人的行为，代理人可能追求他们自己的目标，而以牺牲委托人的利益为代价。

代理人是行为人，而委托人是受行为影响的一方。比如企业内部就存在委托-代理问题，企业所有者是委托人，企业雇员，包括经理和工人都是代理人。委托人利润最大化的目标并非就是代理人的目标，代理人都有自己的目标。比如经理可能追求企业规模的扩大和自身收入的提高，工人有可能追求工资收入的最大化，或者在收入水平一定的情况下，追求闲暇最大化。

如果经理和工人的努力程度是可以观察和监督的，那么企业所有者可以采取一些措施制裁工人或经理的不努力行为，但是实际上不管是工人还是经理，其努力程度都是难以观察的，而且如果想加以监督，其成本很大。企业所有者不可能时时刻刻监督经理或工人的行为，也不可能知道他们是否百分之百地努力工作，只有经理和工人他们自己知道工作的努力程度，这也就是说企业所有者与经理、工人所拥有的信息是不对称的。由于企业所有者、经理、工人的目标不同，并且所掌握的信息又不对称，就会产生委托-代理问题。

在完全自由竞争市场条件下，厂商生产是以获取最大利润为目标的，在这里厂商是单一的抽象体，即前面所说的企业。根据上述分析，可知厂商中存在委托人和代理人，他们的目标不同，必然使厂商生产偏离这一目标，其后果是社会资源达不到有效配置，从而出现市场失灵。

市场上只要有就业存在，并且一个人的利益取决于另一个人的行为，就必然有委托-代理关系存在。由于委托人和代理人的目标不同，所掌握的信息又不对称，其结果必然是社会资源配置效率受损。可见，委托-代理问题引起的市场失灵广泛存在于社会经济生活中。

【拓展阅读】

**材料1　国内典型的反垄断案例**

1. 长安福特汽车有限公司垄断协议案

2017年12月，国家反垄断执法机构依法开展反垄断调查。经调查，2013—2017年期间，长安福特汽车有限公司在重庆地区销售“福特”牌汽车时，通过制定并下发《价格表》、要求经销商签订《价格规范自律协议》、制定车展期间价格政策以及限制经销商网络最低报价等方式，与经销商达成了限定向第三人转售整车最低价格的垄断协议。在长安福特汽车有限公司的价格控制下，下游经销商基本按照其限定的整车最低转售价格对外销售。长安福特汽车有限公司为加强对下游经销商的控制，聘请了第三方公司对经销商的报价和实际零售价格进行监控，并对不按最低价格政策销售汽车的经销商，通过扣除保证金、暂停供货等措施进行处罚。长安福特汽车有限公司限定经销商整车最低转售价格的行为违反了反垄断法。2019年6月，市场监管总局依法责令长安福特汽车有限公司停止违法行为，并处以罚款1.628亿元。

2. 延安市10家混凝土企业垄断协议案

2018年8月，陕西省反垄断执法机构依法开展反垄断调查。经调查，2018年7月，延安市10家混凝土生产企业以原材料价格上涨为由，在延安市某酒店商议联合上调混凝土销售价格，经商议决定不同标号的混凝土每立方米价格均上调60元。商议最终形成《关于调整混凝土价格的联合声明》并陆续盖章。随后，10家混凝土企业将此联合声明和统一涨价情况告知各自下游建筑企业，与各自下游建筑企业签订调整价格的补充协议并执行新的价格（或直接执行新的价格），对部分不接受涨价的用户停止供货。截至执法机关启动调查，混凝土企业陆续停止联合涨价行为，实施垄断协议时间约为1个月。延安市10家混凝土生产企业有关经营行为违反了反垄断法。2019年8月，陕西省反垄断执法机构依法责令延安市10家混凝土企业停止违法行为，并处以罚款4922907.73元。

3. 天津市自来水集团有限公司滥用市场支配地位案

2017年11月，天津市反垄断执法机构依法开展反垄断调查。经调查，2014—2017年天津市自来水集团有限公司利用其供水范围内的市场支配地位，通过发布文件、要求房地产开发企业签订保证书等方式，对申请新装自来水业务的房地产开发企业附加在二次供水设施建设中须使用天津市华澄供水工程技术有限公司的智能变频控制柜和远程监控子站的不合理条件。天津市自来水集团有限公司有关经营行为违反了反垄断法。2019年5月，天津市反垄断执法机构依法责令天津市自来水集团有限公司停止违法行为，并处以罚款7438622.77元。

4. 丰田汽车（中国）投资有限公司垄断协议案

2017年12月，江苏省反垄断执法机构依法开展反垄断调查。经调查，2015年6月至2018年2月，丰田汽车（中国）投资有限公司通过召开经销商会议、巡店、微信通知等方式，要求江苏省内经销商在互联网平台销售雷克萨斯品牌汽车时，统一按照各车型建议零售价进行报价，经销商不得擅自降低网络报价。2016年至2018年3月，通过召开地区协力会、微信通知等方式限制经销商销售雷克萨斯重点车型最低转售价格。丰田汽车（中国）投资有限公司通过多项管理措施实施了上述价格控制。丰田汽车（中国）投资有限公司统一经销商网络报价、限定经销商转售商品最低价格的行为违反了反垄断法。2019年12月，江苏省反垄断执法机构依法责令丰田汽车（中国）投资有限公司停止违法行为，并处以罚款87613059.48元。

### 材料2 烟尘“外部性”该怎么处理？

假设有一工厂，它的烟囱冒出的烟尘使得5户居住于工厂附近的居民所洗晒的衣服受到损失，每户的损失为75元，从而5户损失的总额为375元。要想矫正这一受污染之害的状态，又假设只存在两种治理的办法：第一是在工厂的烟囱上安装一个除尘器，其费用为150元；第二是给每户提供一个烘干机，使它们不需要去晒衣服，烘干机的费用假设为每户50元，因此第二种办法的成本总和是250元。显然，在这两种解决办法中，第一种是比较节约的，它的成本较低，代表最有效率的解决方案。这种最有效率的解决方案，在西方经济学中被称为帕累托最优状态。

按照科斯定理的含义，上述例子中，不论给予工厂烟囱冒烟的权利，还是给予5户居民晒衣服不受烟囱污染的权利（即上述的财产所有权的分配），只要工厂与5户居民协商时其协商费用为零（即上述的交易费用为零），那么，私有制的市场机制（即私人之间自由进行交易）总是可以得到最有效率的结果（即采用安装除尘器的办法）。

为什么如此？按照科斯等西方学者的解释，如果把排放烟尘的财产所有权给予工厂，即工厂有权排放烟尘，那么，5户居民便会联合起来，共同给工厂义务安装一架除尘器，因为，除尘器的费用低于5架烘干机，更低于晒衣所受到的烟尘之害（375元）。如果把晒衣服不受烟尘污染的产权给予5户居民，那么，工厂便会自动地给自己安装除尘器。因为，在居民具有不受污染之害的产权的条件下，工厂有责任解决污染问题，而在两种解决办法中，安装除尘器的费用较低。因此，科斯定理宣称，在交易费用为零的条件下，只要产权明晰化，不论产权归谁，私有制的市场机制总会找到最有效率的办法，从而达到帕累托最优状态。当然，科斯定理的结论只有在交易费用为零时才能得到。如果不是如此，结果便会不同。例如，假设在工厂具有排放烟尘产权的条件下，如果5户居民联合在一起共同行动的费用很大，例如为125元，那么，为了共同行动给工厂安装除尘器，总支出是275元（125+150=275）。在这样的情况下，5户居民便会各自去购买一架烘干机，因为，这样做只费250元。显然，这不是一个最有效率的结果。关于科斯定理，大致的意思便是如此。科斯本人并没有对该定理加以精确的证明，仅仅使用了类似上述的数字例子加以说明。

### 材料3　历史上反垄断合理性原则的确立案例

1. 美国标准石油公司案

美国标准石油公司案是世界上第一起成功的反垄断案例。1890年，美国标准石油公司通过托拉斯（trust）的方式控制了美国95%的炼油能力、90%的输油能力、25%的原油产量，成为美国有史以来最大的垄断石油公司。1906年，美国圣路易斯联邦巡回法院根据《谢尔曼法》对标准石油公司提出起诉，指控这家公司违反了反托拉斯法。

1911年，美国最高法院判定标准石油公司垄断违法，妨碍了自由竞争，并下令解散标准石油公司，拆分成三十多个地区性石油公司。其理由是，标准石油公司获得的市场垄断地位不是通过正常的商业发展达到的，而是通过限制竞争和进行行业垄断的行为（合并）完成的。该案例确立了反垄断的合理原则，即只有那些阻碍贸易发展的、不合理的企业和商业合并才构成垄断，因而应该受到禁止，而对于通过正常的商业发展形成市场垄断则免受制裁。

2. 美洲铝业公司案

美洲铝业公司案是反垄断史上另一起重要案例。1912—1934年，美洲铝业公司通过去除氧成分制铝技术和不需要外部加热的熔炼技术两项专利，保持其在美国市场 90% 的占有率。并通过与外国的铝生产者签订卡特尔协议，阻止外国铝生产者向美国出口铝，巩固其长期垄断优势地位。

1945年，美国联邦法院第二巡回法庭判决，判定该公司违反了《谢尔曼法》的第二条关于进行垄断和企图垄断的禁令，判决美洲铝业公司拆分。此案例表明，美洲铝业公司不是靠兼并和吞噬，而是只靠自身的实力发展壮大起来的，在合理原则下，美洲铝业公司的市场占有率即使是90%也没有违法。这一度使标准石油公司案确立的合理原则遭到了颠覆，但反垄断前提是，垄断者必须有能力垄断，同时有垄断的故意。美洲铝业公司通过卡特尔协议，排斥竞争对手，试图取得长期的垄断地位是非法的。

## 本章小结

市场失灵就是指市场机制在很多场合不能导致资源的有效配置。垄断、外部影响、信息不完全等都是市场失灵的表现。垄断会导致市场资源配置的低效率。在垄断中，市场机制不能完全起作用，只有通过政府的调节来加以监管。外部性的存在同样会影响资源的配置效率。外部性可分为外部经济和外部不经济。在现实中，我们可以通过税收、补贴、企业合并、产权界定等方法来纠正外部性的影响。非对称信息会产生次品市场和逆向选择、道德风险和委托-代理问题，影响资源配置的效率从而造成低效率的结果。

## 练习与思考

### 一、概念识记

市场失灵、规模经济、外部性、科斯定理、非对称信息、道德风险

### 二、简答题

1. 什么叫市场失灵？引起市场失灵的原因有哪些？
2. 微观经济政策关于垄断是如何定义的？政府如何解决垄断造成的社会经济损失？
3. 造成垄断的原因有哪些？
4. 解决外部性问题有何对策？
5. 非对称信息会造成什么结果？

### 三、思考分析题

1. 列举几种市场失灵的实例。为什么经济学家把这些市场失灵看作政府干预的理由？
2. 举出委托-代理问题的实例，并提出你的解决方法。

### 四、实训项目

主题：外部性实践分析

要求：以小组为单位，通过互联网或其他渠道搜索一家企业的生产具有负的外部性的例子，提出解决方案并加以分析。

# 国民收入的决定

9

## 知识目标

1. 掌握GDP的含义及其他宏观经济变量。
2. 理解国民收入核算的基本方法。
3. 了解简单的国民收入决定模型。
4. 了解*IS-LM*模型和*AD-AS*模型。

## 能力目标

能够运用宏观经济变量进行简单的国民收入核算，并能分析GDP的简单决定及变化，能够运用国民收入决定理论对现实国民收入水平及其变动做一些简单分析。

## 案例导入

### 我国GDP首破100万亿元

2021年1月18日，国家统计局公布2020年国民经济运行“成绩单”。经初步核算，2020年，我国国内生产总值达到1015986亿元，历史上首次突破100万亿元，按可比价格计算，比2020年增长2.3%。我国成为全球唯一实现经济正增长的主要经济体。

按照目前测算的年平均汇率折算,2020年我国国内生产总值达到14.7万亿美元左右，稳居世界第二位，占世界经济的比重预计达到17%左右。人均国内生产总值连续两年超过1万美元，稳居中等偏上收入国家行列，与高收入国家发展的差距继续缩小。

国家统计局局长宁吉喆表示：“这意味着我国经济实力、科技实力、综合国力又跃上一个新的台阶。这对全面建成小康社会，开启全面建设社会主义现代化国家新征程，都具有十分重要的标志性意义。”

GDP首破100万亿元，透露了哪些农业新机遇？

1. 超大市场规模优势

鉴于消费在国民经济中的基础性作用不断提升，促消费、扩内需逐渐成为推动我国经济稳增长的共识，尤其在“双循环”新发展格局下，扩内需已成为战略基点。

“加快形成以国内大循环为主体、国内国际双循环相互促进的新发展格局，关键在于挖掘内需尤其是消费需求的潜力。”宁吉喆说，我国人口规模居世界第一，中等收入群体也是世界最大的，2020年社会消费品零售总额接近40万亿元，最终消费支出超过55万亿元，资本形成总额也接近45万亿元，这将助推我国超大市场规模的优势进一步发挥。

2. 电商成为商业基础设施

2020年全年全国网上零售额117601亿元，比2019年增长10.9%。在消费大盘整体下降3.9%的情况下，网上零售依然有两位数的增长。

实物商品网上零售额97590亿元，增长14.8%。整个实物商品网上零售额占社会消费品零售总额的比重达到24.9%，比2019年提高4.2个百分点。

受疫情影响，一些偏远地区的农产品由于运输条件等限制不能及时上市，而广大消费者逐步习惯了线上买菜等新型农产品消费方式。在此情况下，电商技术支持下的网络直播等方式更好地适应了外部形势变化，带动了农产品上行。

3. 消费的新增长点在泛食品领域

2020年实物商品网上零售额在吃类的增长高达30.6%，这预示着，未来消费的新增长点在泛食品领域，无论有没有疫情，吃喝总归是第一要务，将是新消费品牌崛起的主赛道，消费升级在其他品类可能不太注重，但是在吃方面的消费升级，将一直持续。

## 9.1 国民收入核算体系

【思考与讨论】

为什么国内生产总值（GDP）是20世纪伟大的发现之一？

宏观经济学研究的是社会总体的经济行为及其后果，就是研究整个国家的经济运行情况。任何一个国家宏观经济运行的情况都可以通过一些指标加以测量，而测量宏观经济运行情况的重要指标有国内生产总值及其增长率、失业率、物价水平及其变动即通货膨胀率。要想从总体上把握整个国民经济活动，就必须有一套定义和计量总产出和总收入的方法，这套方法就是通常所说的国民收入核算体系。当前，经济学已经建立起一套相对科学、系统和合理的国民收入核算体系。目前世界上绝大多数国家均采用1993年经联合国修订的《国民经济核算体系》。在国民收入核算中，基本的总量指标主要包括国民生产总值、国内生产总值、国内生产净值、国民收入、个人收入和个人可支配收入六部分。

### 9.1.1 国民收入核算中的总量指标

#### 9.1.1.1 国内生产总值

衡量一国全年的总产值有一系列指标，其中国内生产总值（Gross Domestic Product，GDP）是最重要、最广泛的指标。为了了解和把握国家和地区的宏观经济现状和走势，政策制定者、企业界人士都十分关注GDP的总量和变化值。美国著名的经济学家保罗·萨缪尔森曾经说过："GDP是20世纪最伟大的发现之一。"没有GDP这个总量指标，人们就无法进行国与国之间经济实力的比较；没有GDP这个总量指标，人们就无法了解经济增长速度的快慢。

国内生产总值是指一个国家（或地区）范围内所有居民在一定时期内（通常是一年）所生产的最终产品和劳务的市场价值总和。

要深入理解GDP的含义，应该注意以下几个方面的内容：

（1）GDP是一个地域概念，是指在一个国家（或地区）范围内一定时间内创造的全部最终产品的市场价值，它主要侧重衡量一国领土所具备的生产能力，如果外国人暂时在中国工作，外国人在中国开办企业，其生产的价值仍是中国GDP的一部分。

（2）GDP是“流量”而非“存量”。所谓流量，是指一定时期内某种经济变量的量值；而存量，则是指其在某一时点上的量值，例如，某人的收入，它表示在一定时段内（一年或一个月）所取得的收入量值，是一个流量。财产则是个存量，表示该人在某一时刻所拥有的财富总量。

（3)GDP中的最终产品不仅包括有形的最终产品，而且包括无形的最终产品。例如，旅游、服务、卫生、教育等行业提供的劳务，按其所获得的报酬也应计入国内生产总值中。

（4）GDP是指最终产品的总价值。最终产品是指在一定时期内生产出来直接供人们消费的产品，中间产品是指生产出来后作为下一道生产程序投入品的产品。最终产品和中间产品的根本区别在于购买这一产品的目的是用于消费还是用于出售或生产，而不在于产品本身的性质。为精确测度GDP，某年度所生产的产品与劳务，都只能计入一次，因此，在计算时不应包括中间产品的价值，否则会造成重复计算。在实际经济中，某些产品既可以作为最终产品，也可以作为中间产品。例如，煤炭在用作燃料发电时是中间产品，而用作人们生活中的燃料时是最终产品。这样，区分哪一部分煤炭应计为最终产品，哪一部分煤炭计为中间产品就不容易了。为了避免重复计算，在实际计算当中，常采用增加值法来统计，但不论用哪一种方法，所得结果应是一致的，如表9-1所示。

表 9-1 中间产品的计算表

| 生产阶段 | 产品价值 / 元 | 中间产品成本 / 元 | 增加值 / 元 |
|---|---|---|---|
| 木材 | 5 | — | 5 |
| 纸浆 | 10 | 5 | 5 |
| 纸张 | 20 | 10 | 10 |
| 笔记本 | 35 | 20 | 15 |
| 合计 | 70 | 35 | 35 |

在表9-1中，笔记本是最终产品，其价值为35，用增加值法也是35。如果不区分最终产品和中间产品，则会得到70个单位的总价值，其中含重复计算的35个单位的产品价值。在统计GDP时，必须严格区分最终产品和中间产品。

（5）GDP是一定时期内所生产出的而不是所售出的最终产品的价值。这里把生产出来而未售出的部分看作是企业自己买下的部分，视为存货投资，计入当期GDP。例如，2020年某企业生产了5万台计算机，当年卖出4万台，还有1万台没有售出。在计算GDP时，这1万台计算机就被当作存货，视为该企业的存货投资，按2020年的市场价值计入2020年的GDP。因此国内生产总值不仅包括已出售的最终产品价值，还包括当年未售出的存货价值。

（6）GDP一般仅指市场活动导致的价值，不经过市场销售的最终产品不计入GDP。家务劳动、自给自足等非市场性交易项目及各种非生产性项目不计入GDP。例如，某女主人雇用一位男管家打理日常事务并向其支付工资，这部分价值计入了GDP，后来女主人爱上了这位管家并与其结婚，尽管新男主人一如既往地工作，但他再也无法贡献GDP了，因为其工作已变成家庭服务了，这一服务没有经过市场交换。

非生产性交易主要是指政府及私人的转移支付和证券交易等，这些项目只是资金（货币）、证券的转移，并未出现产品的交换，也就是没有出现最终产品的价值变化，因此不计入GDP。例如，如果小张的叔叔给他3000元帮他支付学费，则他叔叔的财富减少，他的财富增加，但该交易不增加现在的生产。在现实中，这些经济活动是普遍存在的，但并不计入GDP中。

#### 9.1.1.2 国民生产总值

前文已经说明，GDP是按地域原则核算的生产经营的最终成果。例如，德国的工程师在中国的外资企业赚得的收入计入中国的GDP，因为该收入是在中国境内获得的；中国人在海外赚得的收入不计入中国的GDP，因为该收入不是在中国境内获得的。

国民生产总值（Gross National Product，GNP）是指一个国家（或地区）所有本地居民在一定时期内（通常是一年）所创造出的最终产品和劳务的市场价值总和。例如，我国居民通过劳务输出在境外所获得的收入就应该计算在GNP中。

需要注意的是GDP和GNP不同：GDP的统计以地域原则为准，而GNP以国民原则为准。地域原则，是指凡是在本国领土上创造的收入，不管是否为本国国民所有，都计入本国的国内生产总值；国民原则，是指凡是本国公民（指常住居民）所创造的收入，不管是否在国内，都计入国民生产总值。所以，GNP是一国居民所拥有的劳动和资本所生产的总产出量。

例如，中美之间GDP和GNP之间的关系为：中国GDP的一部分是由美国公司在中国境内的工厂所生产的，这些工厂的利润应划入中国的GDP而不应计入GNP，当中国的劳动力在海外市场取得报酬时，收入应计入中国的GNP而不应计入GDP。

通常，发达国家的国民生产总值（GNP）大于国内生产总值（GDP），发展中国家的国民生产总值（GNP）小于国内生产总值（GDP）。GNP和GDP的联系可表示为：

GDP=GNP-本国居民从国外取得的要素收入+外国居民在本国取得的要素收入

GNP和GDP两个指标的比较可反映出一国资本输出和输入的情况：GDP<GNP时，显示资本输出较多；而GDP>GNP则显示资本输入较多。

和GDP相比，GNP能更真实地反映一国居民的生活水平和该国的经济水平，但是国外同等教材中，一般都偏好使用GDP。其主要原因是按地域原则计算总产值更为便利，同时在全球一体化日益加快的今天，人员的国际流动非常频繁，GDP比GNP更能准确反映一个国家或地区的经济活动情况。

我国采用GDP作为衡量经济活动的指标，目前的核算方法是联合国1993年制定的国民经济核算体系（SNA），并采取国家统计局统一制定、各级政府统计局分别核算的分级核算方法。

【思考与讨论】

**月饼券贡献了多少GDP?**

厂商印的100元月饼券，65元卖给了经销商，经销商80元卖给了消费者A，A将月饼券送给B，B以40元卖给了“黄牛”，厂商最后以50元向“黄牛”收购。没生产月饼，厂商赚了15元，经销商赚了15元，A送人情，B赚40元，“黄牛”赚10元。这就是证券化。那么现在的问题是，这个过程中，有多少价值计入了GDP，也就是说，这么一轮流转的过程，到底贡献了多少GDP呢?

【趣闻杂谈】

**两大国民经济核算体系——MPS体系与SNA体系**

国际上曾经同时存在过两大国民经济核算体系，一个是产生于苏联、东欧高度集中的计划经济体制国家的物质产品平衡表体系，简称MPS。这一体系只对物质资料生产部门计算产值，主要以社会总产值指标计算增长速度，这个体系的总量指标有社会总产值（TPS)、国民收入（NI）等。另一个是产生于西方发达市场经济体制国家的国民经济核算体系，简称SNA。这一体系采用GDP指标计算增长速度，这个体系的总量指标有国民生产总值（GNP)、国内生产总值（GDP)、国民生产净值（NNP)、国民收入（NI）等。这两种核算体系所依据的理论基础不一样，各自适应于不同的经济条件，核算的范围、内容、方法也不相同。

中国国民经济核算的历史实际上是从前者向后者过渡的历史。具体说来，中国国民经济核算历史经历了三个阶段：从1952—1984年采用的是MPS体系；1985—1992年为MPS和SNA两种核算体系并存；1992年我国确立了社会主义市场经济体制，在国民经济核算上也开始逐渐与国际接轨，从1993年开始正式取消MPS，采用SNA体系，实现了与国际通用核算体系的接轨。

那么，作为SNA体系又是为何从GNP指标过渡到GDP指标呢？从国际国民经济核算体系的演变看，第二次世界大战之后，GDP指标最早为西方国家采用，随着世界各国经济体系的对外开放，国际相互投资的日益扩大，GNP指标越来越无法准确衡量一国一定时期内的经济活动总量，GDP指标取而代之逐渐扩展到全世界，成为通用的计量标准。联合国1993年要求各国统一使用GDP指标。

#### 9.1.1.3 国内生产净值

任何产品价值中不但包含有消耗的原材料、燃料等的价值，还包含有使用的资本设备的折旧。最终产品价值并未扣去资本设备消耗的价值，因此，还不是净增价值，因而最终产品市场价值总和只能称国内生产总值。最终产品价值中如把消耗的资本设备价值也扣除了，就得到了净增价值，因而从GDP中扣除资本折旧，就得到国内生产净值，简称NDP。“总”和“净”对于投资也具有类似意义。总投资是一定时期内的全部投资，即建设的全部厂房设备和住宅等，而净投资是总投资中扣除了资本消耗或者说重置投资部分。例如，某企业某年购置5台机器设备，其中1台用来更换报废的旧设备，则总投资为5台机器设备，净投资为4台机器设备。

#### 9.1.1.4 国民收入

这里的国民收入指按生产要素报酬计算的国民收入，其简称NI。从国内生产净值中扣除间接税和企业转移支付加政府补助金，就得到一国生产要素在一定时期内提供生产性服务所得报酬，即工资、利息、租金和利润的总和意义上的国民收入。间接税和企业转移支付虽构成产品价格，但不成为要素收入；相反，政府给企业的补助金虽不列入产品价格，但成为要素收入。故前者应扣除，后者应加入。

#### 9.1.1.5 个人收入

个人收入简称PI，它是指一个国家一年内个人所得全部收入的总和。生产要素报酬意义上的国民收入并不会全部成为个人的收入。例如，利润收入中要给政府缴纳公司所得税，公司还要留下一部分利润不分配给个人，只有一部分利润才会以红利和股息形式分给个人。职工收入中也有一部分要以社会保险费的形式上缴有关机构。另外，人们也会以各种形式从政府那里得到转移支付，如退伍军人津贴、失业救济金、职工养老金、职工困难补助等。因此，从国民收入中减去公司未分配利润、公司所得税及社会保险税（费），加上政府给个人的转移支付，大体上就得到了个人收入。

#### 9.1.1.6 个人可支配收入

个人可支配收入简称DPI，它是指一个国家一年内个人可以支配的全部收入。个人收入不能全归个人支配，因为要缴纳个人所得税，税后的个人收入才是个人可支配收入，即人们可用来消费或储蓄的收入。

### 9.1.2 国民收入核算基本方法

#### 9.1.2.1 支出法

支出法又称最终产品法或产品流量法。这种方法是从产品的使用出发，把一年内购买的各项最终产品的支出加总，计算出该年内生产出的最终产品的市场价值。

谁是最终产品的购买者呢？只要看谁是产品和劳务的最后使用者。在现实生活中，产品和劳务的最后使用者，除了居民消费，还有企业投资、政府购买及出口。因此，用支出法核算GDP，就是核算经济社会（指一个国家或一个地区）在一定时期内消费、投资、政府购买以及出口这几方面支出的总和。

个人消费支出（用$C$表示）包括所有居民户对国内和国外生产的产品和劳务的消费。它又可细分为耐用品（如小汽车、电视机、洗衣机等）、非耐用品（如食物、衣服等）和劳务（如医疗、旅游、理发等）的三种支出。

投资（用$I$表示）指增加或更换资本资产（包括厂房、住宅、机械设备及存货）的支出。为什么用于投资的物品也是最终产品？资本设备难道不是像中间物品一样是用来生产别的产品吗？为什么不属于中间产品呢？要知道，资本物品（如厂房设备等）和中间物品是有重大区别的。中间物品在生产别的产品时全部被消耗掉，但资本物品在生产别的产品过程中只是部分地被消耗。一个机械厂若用50年，则每年只耗费1/50的价值。资本物品由于损耗造成的价值减少称为折旧。折旧不仅包括生产中资本物品的物质磨损，还包括资本老化带来的精神磨损。例如，一台设备使用年限虽然未到，但过时了，其价值要贬值。投资包括固定资产投资和存货投资两大类。固定资产投资指新厂房、新设备、新商业用房以及新住宅的增加。为什么住宅建筑也属投资而不属消费，因为住宅像别的固定资产一样是长期使用，慢慢地被消耗的。

存货投资是企业掌握的存货价值的增加（或减少）。如果年初全国企业存货为500亿元而年末为750亿元，则存货投资为250亿元。存货投资可能是正值，也可能是负值，因为年末存货价值可能大于也可能小于年初存货。投资是一定时期内增加到资本存量中的资本流量，而资本存量则是经济社会在某一时点上的资本总量。假定某国家在2020年投资是1000亿元，该国2020年年末资本存量可能是4600亿元。由于机器厂房等会不断磨损，假定每年要消耗即折旧300亿元，则上述1000亿元投资中就有300亿元要用来补偿折旧资本消耗，净增加的投资只有700亿元，这300亿元因是用于重置资本设备的，故称重置投资。净投资加重置投资称为总投资。用支出法计算GDP时的投资，指的是总投资。

政府购买商品和服务支出（用$G$表示），包括中央和地方各级政府购买产品和劳务的数量，对政府雇员薪金的支出也包括在这个项目之中，如政府花钱设立法院，提供国防、建筑道路、开办学校等方面的支出。政府购买只是政府支出的一部分，政府支出的另一些部分如转移支付，公债利息等都不计入GDP，理由是政府购买时通过雇请公务人员、教师，建立公共设施，建造舰队等为社会提供了服务，而转移支付只是简单地把收入从一些人或一些组织转移到另一些人或另一些组织，没有相应的物品或劳务的交换发生。如政府给残疾人发放救济金，不是因为这些人提供了服务，创造了价值，而是因为他们丧失了劳动能力，要靠救济生活。

净出口是出口减进口的净值。在出口与进口中包括物品、劳务与其他国际收支。用$X$表示出口，用$M$表示进口，则（$X-M$）就是净出口。进口应从本国总购买中减去，因为进口表示收入流到国外，同时，也不是用于购买本国产品的支出；出口则应加进本国总购买量之中，因为出口表示收入从外国流入，是用于购买本国产品的支出，因此，净出口应计入总支出，它可能是正值，也可能是负值。把上述四个项目加总，用支出法计算GDP的公式可写成：

$$\text{GDP}=C+I+G+(X-M) \tag{9-1}$$

#### 9.1.2.2 收入法

收入法又称生产要素法或成本流量法。这种方法是从收入的角度出发，把生产要素在生产中所得到的各种收入相加，即把劳动所得工资、土地所得租金、资本所得利息以及企业家才能所得利润相加而成。

严格说来，最终产品市场价值除了生产要素收入构成的成本，还有间接税、折旧、公司未分配利润等内容，因此用收入法核算的国内生产总值应包括以下一些项目：

第一，工资、利息和租金等这些生产要素的报酬。工资包括所有对工作的酬金、津贴和福利费，也包括工资收入者必须缴纳的所得税及社会保险税。利息在这里指人们给企业所提供的货币资金所得的利息收入，如银行存款利息，企业债券利息等，但政府公债利息及消费信贷利息不包括在内。租金包括出租土地、房屋等租赁收入及专利、版权等收入。

第二，非公司企业主收入。他们使用自己的资金，自我雇用，其工资、利息、利润、租金常混在一起作为非公司企业主收入。

第三，公司税前利润，包括公司所得税、社会保险税、股东红利及公司未分配利润等。

第四，企业转移支付及企业间接税。这些虽然不是生产要素创造的收入，但要通过产品价格转嫁给购买者，故也应视为成本。企业转移支付包括对非营利组织的社会慈善捐款和消费者呆账，企业间接税包括货物税或销售税、周转税。

第五，资本折旧。它虽不是要素收入，但包括在总投资中，也应计入GDP。

这样，按收入法计算的国内生产总值公式可以表示为：

GDP=工资+利息+利润+租金+间接税和企业转移支付+折旧

#### 9.1.2.3 部门法

部门法也称生产法，它是指按照提供物质产品与提供劳务的所有部门的产值来计算国民生产总值。这种方法是从生产角度来衡量国内生产总值的，它反映了国内生产总值的来源。根据这种方法计算GDP，各生产部门要把所使用的中间产品的产值扣除，仅计算本部门的增值。商业、服务等部门也按增值法来计算。卫生、行政、居民户服务等部门则按工资收入来计算其服务的价值。

以上三种方法计算的国民生产总值，从理论上讲应该是完全一致的。但在实际中这三种方法所得出的结果往往并不一致。国民经济核算体系是以支出法为基本方法的，如果其他两种方法得到的结果与支出法不一致，就要使用误差调整来进行调整，使之达到一致。

### 9.1.3 国民收入核算恒等式

均衡国民收入的构成，可以从总供给和总需求两个角度来进行分析。国民收入的大小是由总供给和总需求决定的，如果总需求小于总供给，表明社会上需求不足，产品卖不出去，价格下跌，生产收缩，从而总供给减少，国民收入相应减少；反之，则相反。如果总需求等于总供给，则生产不会增加，也不会减少，从而国民收入处于均衡状态，这就决定了在这种总供给与总需求水平下，国民收入的大小。因此，我们从国民生产总值的核算方法中可以得到国民收入达到均衡的条件是：

总供给=总需求

#### 9.1.3.1 两部门经济的收入构成及恒等关系

两部门经济是指由厂商和居民户这两种经济单位所组成的经济，它是一种最简单的经济。这里所说的两部门是指一个假设的经济社会，其中只有居民户和厂商，因而就不存在企业间接税。为使分析简化，先撇开折旧，这样，国内生产总值等于国内生产净值和国民收入，都用$Y$表示。在两部门经济中，没有税收、政府支出及进出口贸易，在这种情况下，国民收入的构成情况将是：从支出的角度看，由于把企业库存的变动作为存货投资，因此，国内生产总值总等于消费加投资，若国内生产总值用$Y$表示，消费用$C$表示，投资用$I$表示，则有：

$$Y=C+I \tag{9-2}$$

从收入的角度看，由于把利润看作是最终产品卖价超过工资、利息和租金的余额，因此，国内生产总值就等于总收入，总收入一部分用作消费，其余部分则当作储蓄。于是，从供给方面来看，国民收入构成可以表述为：

国民收入=工资+利息+租金+利润=消费+储蓄

若储蓄用$S$表示，则有：

$$Y=C+S \tag{9-3}$$

因此，有：

$$C+I=C+S \tag{9-4}$$

进而可以得到：

$$I=S \tag{9-5}$$

这就是储蓄–投资恒等式。

必须明确的是，上述储蓄–投资恒等式是根据储蓄和投资的定义得到的。根据定义，国内生产总值等于消费加投资，国民总收入等于消费加储蓄。国内生产总值又等于总收入。这样，才有了储蓄–投资的恒等关系。这种恒等关系就是两部门经济中的总供给（$C+S$）和总需求（$C+I$）的恒等关系。只要遵循这些定义，储蓄和投资一定相等，而不管经济是否处于充分就业，是否处于通货膨胀，是否处于均衡状态。然而，这一恒等式决不意味着人们意愿的或者说事前计划的储蓄总会等于企业想要有的或者说事前计划的投资。

在实际经济生活中，储蓄主要由居民户进行，投资主要由企业进行，个人储蓄动机和企业投资动机也不相同。这就会形成计划储蓄和计划投资的不一致，形成总需求和总供给的不均衡，引起经济的收缩和扩张。

需要说明的是，这里所讲的储蓄等于投资，是对整个经济而言，至于某个人、某个企业或某个部门，则完全可以通过借款或贷款，使投资大于或小于储蓄。另外，从国民收入的角度看，事后的储蓄和投资总是相等的。

#### 9.1.3.2 三部门经济的收入构成及恒等关系

三部门经济是指企业、居民户和政府三经济主体所组成的经济。在三部门经济中，把政府部门引了进来。政府的经济活动表现在：一方面有政府收入（主要是向企业和居民征税）；另一方面有政府支出（包括政府对商品和劳务的购买以及政府给居民的转移支付）。这样，把政府经济活动考虑进去，国民收入的构成将是：

第一，从支出角度看，国内生产总值等于消费、投资和政府购买的总和，若国内生产总值用$Y$表示，消费用$C$表示，投资用$I$表示，政府购买用$G$表示，则公式为：

$$Y=C+I+G \tag{9-6}$$

按理说，政府给居民的转移支付同样要形成对产品的需求，从而应列入公式。但可以把这一需求看作已包括在消费和投资中，因为居民得到了转移支付收入，无非是仍用于消费和投资（主要是消费，因为转移支付是政府给居民的救济性收入及津贴）。

第二，从收入角度看，国内生产总值仍然是所有生产要素获得的收入总和，即工资、利息、租金和利润的总和。总收入除了用于消费和储蓄，还要先纳税。然而，居民一方面要纳税，另一方面又得到政府的转移支付收入，税金扣除了转移支付才是政府的净收入，也就是国民收入中归于政府的部分。假定用$T_0$表示全部税金收入，$T_1$表示政府转移支付，$T$表示政府净收入，则$T=T_0-T_1$，这样，从收入方面国民收入的构成就变成：

$$Y=C+S+T \tag{9-7}$$

按照前面提到的社会总产出等于总销售（总支出），总产出价值又构成总收入的道理，可以将三部门经济中的国民收入构成的基本公式概括为：

$$C+I+G=C+S+T \tag{9-8}$$

公式两边消去$C$，得：

$$I+G=S+T \text{ 或 } I=S+(T-G) \tag{9-9}$$

在这里，$T-G$可看作政府储蓄，因为$T$是政府净收入，$G$是政府购买性支出，二者差额即政府储蓄，它可以是正值，也可以是负值，这样，公式$I=S+(T-G)$也就表示储蓄（私人储蓄和政府储蓄的总和）和投资的恒等。

#### 9.1.3.3 四部门经济的收入构成及恒等关系

四部门经济是指由企业、居民户、政府和国外部门四种经济单位所组成的经济社会。在四部门经济中，国外部门的作用是：一方面，可以向国外出口本国产品和劳务；另一方面，可以从国外进口产品和劳务。

四部门经济中国民收入的构成也可以从支出和收入两方面加以分析。一方面，从支出的角度看，国民收入等于消费、投资、政府购买和净出口的总和，用公式表示，即：

$$Y=C+I+G+(X-M) \tag{9-10}$$

另一方面，从收入角度看，由于存在外贸活动，家庭的总收入不仅用于消费、储蓄、交税，还有可能用于对外国人的转移支付。例如，对外国遭受灾害时的经济和物质援助。这种对国外的转移支付（用$K$表示）也来自生产要素的收入。因此可得：

$$Y=C+S+T+K \tag{9-11}$$

由于$C+I+G+(X-M)=Y= C+S+T+K$

可得：

$$I=S+(T-G)+(M-X+K) \tag{9-12}$$

上式中，$S$是居民储蓄，（$T-G$）是政府储蓄，（$M-X+K$）是外国对本国的储蓄。这就是四部门经济中的投资储蓄恒等式。

## 9.2 简单的国民收入决定模型分析

【思考与讨论】

试讨论GDP的计算准则以及为什么GDP不能准确衡量经济福利。

国民收入的决定同时受到产品市场和货币市场运行的影响，为了便于理解，本节假定宏观经济中只存在产品市场而没有货币市场，这样的国民收入决定模型称为简单国民收入决定模型。

### 9.2.1 消费函数与储蓄函数

消费是指人们为了满足自身的各种需要而购买产品和劳务的经济活动，影响人们消费的因素有很多，但收入是起决定性的因素。

消费函数是用来描述消费与收入之间依存关系的函数。一般而言，在其他条件不变的情况下，消费随着收入的增加而增加，但是随着人们收入的增加，增量收入中用于消费的比重将逐渐递减，也就是说随着人们收入的增加，消费以递减的速度增加。消费函数可以表示为：

$$C=C(Y)=a+bY \tag{9-13}$$

其中，$C$代表消费；$Y$代表收入；$a$是收入为零时的消费，称为自发消费，是指一个人的基本生活消费；$b$的经济含义指增加的每单位收入中用于消费部分的比率，$bY$是随着收入变化而变化的消费量，$bY$被称为引致消费。

由此引入两个表示消费与收入关系的概念，即平均消费倾向（简称$APC$）和边际消费倾向（简称$MPC$）。平均消费倾向是指消费在收入中所占的比例，其计算公式如下：

$$APC=\frac{C}{Y} \tag{9-14}$$

边际消费倾向是指增加的每单位收入中用于消费部分的比率，也就是消费函数中的系数$b$。由定义可知，边际消费倾向的取值范围在0~1，其计算公式如下：

$$MPC=\frac{\Delta C}{\Delta Y} \tag{9-15}$$

当收入增量和消费增量均为极小时，边际消费倾向的计算公式还可以写成消费$C$关于收入$Y$的导数形式。

### 9.2.2 储蓄函数

储蓄是指收入中未被消费的部分。一般而言，在其他条件不变的情况下，储蓄随着收入的增加而增加，并且随着收入的增加，增量收入中用于储蓄的比重逐渐递增，也就是说随着收入的增加，储蓄以递增的速度增加。储蓄函数是用来描述储蓄与收入之间依存关系的函数，其表达式如下：

$$S=S(Y)=Y-C=Y-(a+bY)=-a+(1-b)Y \tag{9-16}$$

在公式中，$S$代表储蓄；$Y$代表收入；$-a$为自发储蓄；（$1-b$）的经济含义指增加的每单位收入中用于储蓄部分的比率，（$1-b$）$Y$是随着收入变化而变化的储蓄量，$(1-b)$ $Y$也被称为引致储蓄。

由此引入两个表示储蓄与收入关系的概念，即平均储蓄倾向（简称$APS$）和边际储蓄倾向（简称$MPS$）。平均储蓄倾向是指储蓄在收入中所占的比例，其计算公式如下：

$$APS=\frac{S}{Y} \tag{9-17}$$

边际储蓄倾向是指增加的每单位收入中用于储蓄部分的比率，也就是消费函数中的系数（$1-b$）。由定义可知，边际储蓄倾向的取值范围在0~1，其计算公式如下：

$$MPS=\frac{\Delta S}{\Delta Y} \tag{9-18}$$

当收入增量和储蓄增量均为极小时，边际储蓄倾向的计算公式还可以写成储蓄$S$关于收入$Y$的导数形式。

### 9.2.3 消费函数与储蓄函数的关系

根据上述分析，消费函数与储蓄函数之间存在以下三方面关系：

（1）消费函数与储蓄函数两者之和总是等于收入，即：

$$C(Y)+S(Y)=Y$$

（2）平均消费倾向与平均储蓄倾向互为补数，二者之和恒等于1，即：

$$APC+APS=1$$

（3）边际消费倾向与边际储蓄倾向之和也为1，即：

$$MPC+MPS=1$$

由此可见，消费函数与储蓄函数中只要有一个确立，另一个也随之可以确立。

### 9.2.4 消费函数与储蓄函数的图形

由于消费函数和储蓄函数都是线性函数，并且这两个函数又是互补的。当消费曲线与45°线相交于$E$点时，储蓄曲线必定与横轴相交。因为$E$点意味着收支相抵，这时储蓄必然等于零。因此，可以在一个平面中画出这两个函数的图形，下面以具体的消费和储蓄函数为例来说明问题。

设自发消费水平为100，边际消费倾向为0.4，由此可得消费函数和储蓄函数分别为：$C=100+0.4Y$，$S=-100+0.6Y$。纵轴代表消费，横轴代表国民收入，如图9-1所示。

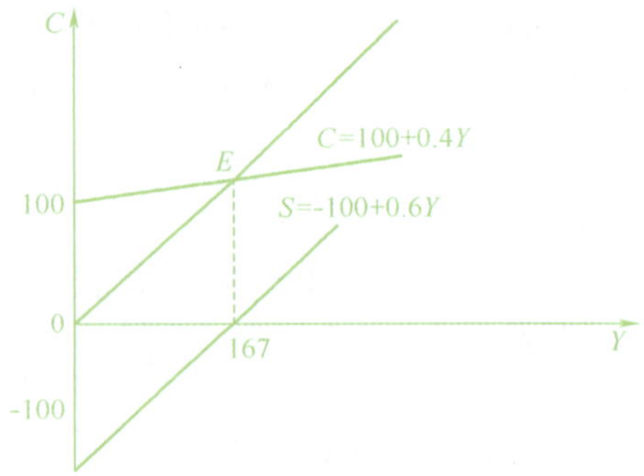


图9-1 消费函数和储蓄函数

### 9.2.5 均衡国民收入的决定

均衡的国民收入是社会总供给和总需求相等时的国民收入。在国民收入核算中，社会各部门对产品和劳务的总支出代表了整个社会的总需求水平，而参与生产的所有社会生产要素得到的收入则代表了整个社会的总供给水平。当整个社会的总支出等于总收入，也就是说总需求等于总供给时，整个国民经济处于均衡状态。

#### 9.2.5.1 两部门经济中均衡国民收入的决定

（1）两部门经济的总供求分析。在两部门经济中，其总支出由两个部分构成：消费支出$C$和投资支出$I$；其总收入最终分解成两个部分：储蓄$S$和消费$C$，因此，两部门经济中的总需求与总供给的组成是：

总支出=总需求（$AD$）=消费（$C$）+投资（$I$）

总收入=总供给（$AS$）=消费（$C$）+储蓄（$S$）

由此可得到国民收入均衡的条件是：$C+I=C+S$。

（2）消费函数与均衡国民收入的决定。在两部门经济社会中，总需求由消费与投资构成，即$Y=C+I$，其中消费$C=a+bY$，此时如果知道投资即可求出国民收入。为了使分析简化，在国民收入决定的简单模型中，把投资看作一个外生变量，它是一个不随着利率和国民收入水平变化而变化的常量。根据这个假定，可设$I=I_0$（$I_0$为一个常量），此时，均衡国民收入决定模型如下：

$$Y=AD$$

$$AD=C+I$$

$$C=a+bY$$

$$I=I_0$$

因此，可得均衡国民收入为：

$$Y=\frac{a+I_0}{1-b} \tag{9-19}$$

通过以上分析可知，如果知道了消费函数和投资水平，就可以根据上述公式求出均衡的国民收入。

（3）储蓄函数与均衡国民收入的决定。通过分析可知，当国民收入处于均衡状态时，投资等于储蓄，即$I=S=Y-C$，同时储蓄函数$S=-a+(1-b)Y$，将这两式联解，即可得出由储蓄函数决定的均衡国民收入。

$$I=Y-C=S$$

$$S=-a+(1-b)Y$$

$$I=I_0$$

因此，可得均衡国民收入为：

$$Y=\frac{a+I_0}{1-b}$$

可见，通过储蓄函数求出来的均衡国民收入决定模型与根据消费函数求出来的均衡国民收入决定模型完全相同。

#### 9.2.5.2 三部门经济中均衡国民收入的决定

（1）三部门经济的总供求分析。与两部门经济相比，三部门经济总支出除了消费和投资外，还多了一个政府的购买支出$G$，其总收入除了消费和投资外，还包括政府的税收收入$T$，因此，三部门经济的总供求构成如下：

总支出=总需求（$AD$）=消费（$C$）+投资（$I$）+政府购买（$G$）

总收入=总供给（$AS$）=消费（$C$）+储蓄（$S$）+税收（$T$）

由此可得的国民收入均衡的条件是：

$$C+I+G=C+S+T \tag{9-20}$$

（2）三部门经济均衡国民收入的决定。在三部门经济中，政府是一个重要的组成部分，其行为对于均衡国民收入的决定产生了重要的影响。政府的行为包括征税、购买支出和转移支出，在这种情况下，决定人们消费支出的收入不再是总收入，而是可支配收入，可支配收入是人们的税后收入再加上政府的转移支付，同样，由总需求和消费函数可求得均衡的国民收入。

可见，在三部门经济中，除了消费、投资以外，政府行为也对均衡国民收入的决定产生最大影响。

#### 9.2.5.3 四部门经济中均衡国民收入的决定

（1）四部门经济的总供求分析。在一个对外开放的经济体系中，除了企业、居民、政府等经济部门外，还增加了外国的企业、居民和政府，宏观经济学中统称为国外。与三部门经济相比，四部门经济中的总需求中增加了出口（$X$），总供给中则增加了进口（$M$），其中出口是国外对本国商品的需求，一般视为外生变量，而进口则是本国对国外商品的需求，随着收入的变动而变动，一般写作$M=M_0+mY$，其中$M_0$是自发进口，与国民收入变动无关，$m$是进口率

（$0<m<1$），$Y$是国民收入，$M$是进口。

由此，可以得到四部门经济中的总需求与总供给的构成：

总支出=总需求（$AD$）=消费（$C$）+投资（$I$）+政府购买（$G$）+出口（$X$）

总收入=总供给（$AS$）=消费（$C$）+储蓄（$S$）+税收（$T$）+进口（$M$）

国民收入均衡的条件是：

$$C+I+G+X=C+S+T+M \tag{9-21}$$

也可写成：$C+I+G+(X-M)=C+S+T$。

（2）四部门经济均衡国民收入的决定。根据以上分析可知四部门经济中均衡国民收入的决定模型，通过这个模型可以看出，消费、投资、政府行为和进出口都通过不同的方式对均衡国民收入产生着不同的影响。

## 9.2.6 乘数理论

乘数是指自发总需求的增加所引起的国民收入增加的倍数，或者是国民收入增加量与引起这种增加量的自发总需求增加量之间的比率。在现实生活中，一定量总需求增加会使国民收入增加多少，即总需求增加与国民收入增加量之间的关系到底如何呢？乘数理论正是回答这一问题的关键。

根据均衡国民收入决定公式，增加的总需求等于增加的国民收入，因此，乘数可用数学公式推导出来：

$$\Delta Y=\Delta AD=\Delta A+b\cdot\Delta Y$$

$$\Delta Y=\frac{1}{1-b}\cdot\Delta A \tag{9-22}$$

增加的国民收入$\Delta Y$与引起这种增加的自发总需求$\Delta A$之比就是乘数，如果用$a$表示乘数，则有：

$$a=\frac{1}{1-b}=\frac{1}{1-MPC} \tag{9-23}$$

乘数的公式表明了乘数的大小取决于边际消费倾向。边际消费倾向越高，乘数就越大；边际消费倾向越低，乘数就越小。这是因为边际消费倾向越大，增加的收入就有更多的部分用于消费，从而使总支出和国内生产总值增加得更多。

从乘数的公式还可以看出，因为边际消费倾向是小于1的，所以，乘数一定是大于1的，这也反映了国民经济各个部门之间存在着密切的联系。某一部门自发总需求的增加，不仅会使本部门收入增加，而且会在其他部门引起连锁反应，从而使这些部门的支出与收入也增加，最终使国民收入的增加数倍于最初自发总需求的增加。

应该承认，国民经济各个部门之间确实存在着乘数理论所反映的这种连锁反应，国民收入的增加也大于最初自发总需求的增加。但乘数发生作用是有一定条件的，这就是说，只有在社会上各种资源没有得到充分利用时，总需求的增加才会使各种资源得到利用，产生乘数作用，如果社会上各种资源已经得到了充分利用，或者某些关键部门（如能源、原料、交通等）存在着制约其他资源利用的“瓶颈状态”，乘数也无法发挥作用。此外，乘数的作用是双重的，即当自发总需求增加时，所引起的国民收入的增加要大于最初自发总需求的增加，当自发总需求减少时，所引起的国民收入的减少要大于最初自发总需求的减少。鉴于此，经济学家形象地将乘数称为一把“双刃剑”。乘数的双重作用都是不可否认的，是现实经济生活中客观存在的。随着商品经济的发展，各经济环节的联系也越来越密切和复杂，乘数的作用也更加明显。因此，必须真正掌握乘数的正反两方面作用，才能了解国民收入变化与有关变量之间的关系，才能正确地运用乘数原理来分析宏观经济活动。

【知识链接】

**国防支出与经济**

乘数有投资乘数、政府购买支出乘数、税收乘数等多种乘数，是经济在各个部门之间存在着的连锁反应。政府购买乘数，是指由政府购买变动引起的收入改变量与政府购买支出的改变量之间的比率，其数值也等于边际储蓄倾向的倒数。

政府购买乘数发生作用的变动机制是，增加一单位政府购买，经济中将增加等量的政府购买产品的需求，从而使得所购买商品增加相同的数额。这种商品供给增加使得经济中的总收入增加相同数额，收入的增加又导致家庭增加消费，其数量为边际消费倾向的倍数。消费需求增加又如同政府购买引起的需求增加一样引起连锁反应，直到经济再次处于均衡。

通过分析美国国防预算对经济的影响，可以看出政府购买乘数的作用。20世纪80年代前期里根执政时，美国国防开支急剧扩张，国防预算从1979年的2710亿美元飞速增长到1987年的4090亿美元，相当于GDP的7.5%，国防建设对经济增长起了很强的刺激作用，帮助经济走出了1981—1982年的衰退，并且推动了20世纪80年代中期经济景气的形成。

从1990年开始，美国加快了对国防开支的削减。到20世纪90年代中期，国防开支已经被削减到低于GDP的5%的水平。这时乘数的作用就相反了，削减国防开支导致20世纪90年代初产出增长缓慢，从飞机制造业来说，从1990—1993年，至少损失掉170000个工作机会。

## 9.3 *IS–LM* 模型分析

【思考与讨论】

近几年来，中国的房价、物价涨幅都比较大，政府采取了一些加息措施，希望抑制住价格上涨，那么，加息，房子的价格就会下降吗？请谈谈你的看法。

*IS–LM*模型是分析在利率和投资变动的情况下，总需求对均衡国民收入的决定以及利率与国民收入之间的关系。

*IS–LM*模型是分析产品市场和货币市场同时达到均衡时，国民收入与利率决定的模型，在

这个模型中*IS*表示产品市场，其中*I*表示产品市场上的投资，*S*表示产品市场上的储蓄；*LM*表示货币市场，其中*L*表示货币的需求，*M*表示货币的供给。这一模型在理论上是对总需求分析的全面高度概括，在政策上可以解释财政政策和货币政策。因此，*IS*−*LM*模型被称为整个宏观经济学的核心。

### 9.3.1 *IS* 曲线

*IS*曲线是描述产品市场达到均衡时，国民收入与利率之间存在着反方向变动关系的曲线。

如果用横轴表示国民收入*Y*，纵轴表示投资*I*，*IS*曲线上任何一点都是*I*=*S*，即产品市场实现了均衡，*IS*曲线向右下方倾斜，表明在产品市场上实现均衡时，利率与国民收入呈反方向变动，即利率高则国民收入低，利率低则国民收入高，如图9−2所示。

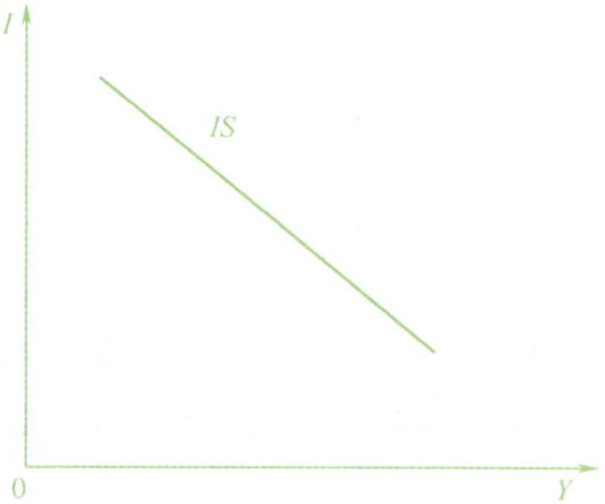


图9−2 *IS*曲线

在产品市场上，利率与国民收入反方向变动，是因为利率与投资反方向变动。由于投资的目的是实现利润的最大化，投资者一般要用贷款来投资，而贷款必须支付利息，所以利润最大化实际是偿还利息后纯利润的最大化。这样，投资就要取决于利润率与利息率，如果利润率既定，则投资就取决于利息率，利率越低，纯利润越大，从而投资就越多；反之，利率越高，纯利润越小，从而投资就越少。因此，利率与投资反方向变动。由于投资是总需求的重要组成部分，投资增加，总需求增加，国民收入就增加；投资减少，总需求减少，国民收入就减少。因此，利率与国民收入之间是反方向变动的。

另外，由于投资是可变的，因此可以把投资分为两部分：一部分是不随利率变动的自发投资；另一部分则取决于利率，且与利率反方向变动。所以有：

$$I=I-d\cdot i \qquad (9-24)$$

在公式中，*I*为自发投资，*i*为利率；*d*为一个固定系数。

同时，由于总需求等于消费与投资之和，因此有：

$$AD=C+I=a+b\cdot Y+I-d\cdot i=(a+I)+b\cdot Y-d\cdot I \qquad (9-25)$$

在公式中，$a+I$为自发总需求，假设$b\cdot Y$不变，则总需求*AD*与利率呈反方向变动，总需求与国民收入同方向变动，所以利率与国民收入是呈反方向变动的。

当外部多种情况发生变化时，就会引起*IS*曲线的位置发生平行移动。根据以上公式可知，当自发总需求减少时，*IS*曲线向左下方平行移动，即从$IS_0$移动到$IS_1$；当自发总需求增加时，*IS*曲线向右上方平行移动，即从$IS_0$移动到$IS_2$，如图9−3所示。

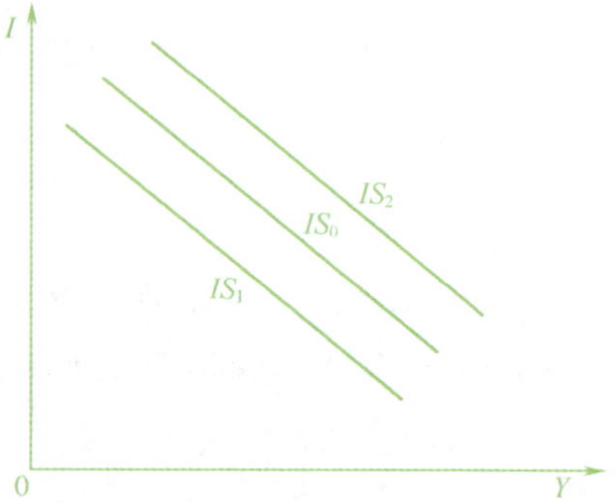


图9−3 *IS*曲线的移动

## 9.3.2 *LM* 曲线

*LM*曲线是描述货币市场达到均衡时，利率与收入之间关系的曲线。*LM*曲线描述的是货币市场的均衡，而货币市场均衡与否，关键在于货币的供给与需求之间的对比。一般来说，货币的实际供给量（用*M*表示）由国家加以控制，可以看作是一个外生变量，因此，货币需求是*LM*曲线的分析重点。

如果用横轴表示国民收入*Y*，纵轴表示投资*I*，*LM*曲线上任何一点都是$L=M$，即货币市场实现均衡，*LM*曲线向右上方倾斜，表明在货币市场上实现均衡时，利率与国民收入呈同方向变动，即利率高则国民收入高，利率低则国民收入低，如图9−4所示。

在货币市场上，利率与国民收入呈同方向变动，可以用凯恩斯的货币理论来解释。根据这一理论，货币的需求由两部分组成，一部分是由于交易动机和预防动机$L_1$组成，它与国民收入同方向变动，其函数可表示为$L_1=L_1(Y)$；另一部分为投机需求$L_2$，它与利息率呈反方向变动，其函数可表示为$L_2=L_2(I)$。因此，若货币的供给用*M*表示，则货币市场均衡的条件为：

$$M=L=L_1+L_2=L_1(Y)+L_2(I) \tag{9-26}$$

从上式中可以看出，当货币的供给量既定时，如果$L_1$增加，为了保持货币市场的均衡，则$L_2$就必然减少。$L_1$的增加是国民收入增加的结果，而$L_2$的减少又是利率上升的结果。因此，货币市场达到均衡时，国民收入与利率之间必然是同方向变动的。

当外部多种情况发生变化时，就会引起*LM*曲线的位置发生平行移动。例如，当货币供应量减少时，*LM*曲线向左上方平行移动，即从$LM_0$移动到$LM_1$；当货币供应量增加时，*LM*曲线向右下方平行移动，即从$LM_0$移动到$LM_2$，如图9−5所示。

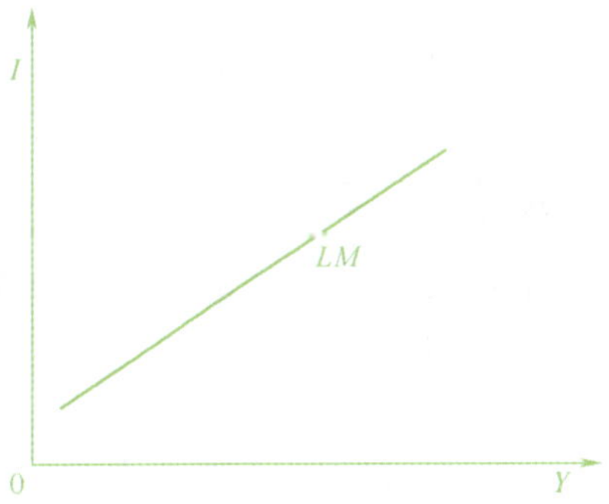


图9−4 *LM*曲线

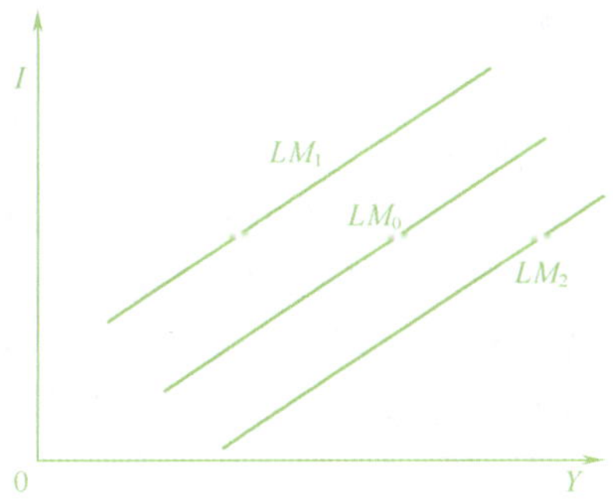


图9−5 *LM*曲线的移动

## 9.3.3 *IS−LM* 模型

如上所述，在*IS*曲线上，有一系列利率与相应国民收入的组合可使得产品市场达到均衡，在*LM*曲线上，又有一系列利率和相应国民收入的组合可使得货币市场达到均衡。对于宏观经济来说，均衡意味着产品市场和货币市场同时达到均衡，因此，只有将*IS*曲线和*LM*曲线结合起来才有可能找到一个同时能使产品市场和货币市场达到均衡的收入与利率的组合。

如图9−6所示，*IS*曲线与*LM*曲线交于*E*点，在其他条件不变的情况下，*E*点表示国民收入和利率的交点，该点表示产品市场和货币市场达到了均衡，即储蓄等于投资，货币供给等于货币需求。

在其他条件不变的情况下，如果*IS*曲线向右上方移动，均衡国民收入增加，均衡利率上升；如果*IS*曲线向左下方移动，均衡国民收入减少，均衡利率下降。在其他条件不变的前提下，如果*LM*曲线向右下方移动，均衡国民收入增加，均衡利率下降。因此，各种影响*IS*曲线和*LM*曲线位置的因素的变化都会改变均衡国民收入和均衡利率。具体而言有以下三种情况：

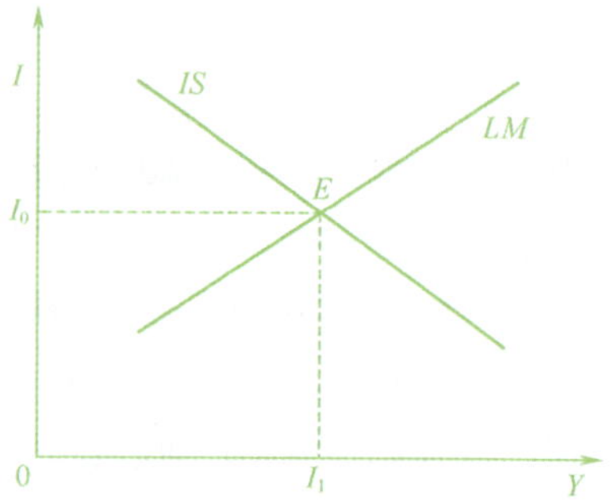


图9-6　产品市场和货币市场的同时均衡

（1）在其他条件不变情况下，当自发总需求增加时，*IS*曲线向右上方移动，引起均衡国民收入增加，均衡利率上升；当自发总需求减少时，*IS*曲线就会向左下方移动，引起均衡国民收入减少，均衡利率下降。

（2）在其他条件不变情况下，当货币供应量增加，*LM*曲线就会向右下方移动，引起均衡国民收入增加，均衡利率下降；当货币供应量减少，*LM*曲线就会向左上方移动，引起均衡国民收入减少，均衡利率上升。

（3）当自发总需求和货币供应量都发生变化时，情况较为复杂，在这里就不再讲述了。均衡国民收入和均衡利率变化后，又会引起其他宏观经济变量的变化。例如，当均衡国民收入增加后，就会引起消费需求的增加。当考虑到劳动力市场时，国民收入的增加还会引起就业量的增加和失业率的下降。当均衡利率下降后，就会引起投资需求的增加，从而引起总需求的增加。这一模型不仅概括了总需求分析，而且还可以分析财政政策和货币政策，因此，该模型在实际生活中具有非常重要的作用。

**【知识链接】**

### *IS–LM*模型与我国宏观经济政策选择

人们通常运用*IS–LM*模型来分析宏观经济政策的效力，并以该模型所体现的经济思想作为政府宏观经济政策选择的理论依据。但我国宏观经济学的实践表明，以*IS–LM*模型为依据的扩张性宏观经济政策尤其是扩张性货币政策并没有取得预期的效果。

*IS–LM*模型的形状取决于*IS*曲线和*LM*曲线的斜率。以我国投资的利率弹性对*IS*曲线斜率的影响看，由于市场经济体制在中国还没有完全确立，政府在企业投资中还起着一定的作用，企业自身还不能自觉地按市场经济原则办事，这必然导致企业投资对利率的反应没有一般市场经济国家敏感，从而导致中国的*IS*曲线比一般市场经济国家的*IS*曲线陡峭。从边际消费倾向变化对*IS*曲线的影响看，储蓄的超常增长表明，中国的边际消费倾向已经远远低于在目前收入水平应具有的水平，收入与消费之间已出现了严重的失衡，这种失衡必然导致我国的*IS*曲线比在正常情况下陡峭。

那么，中国的*LM*曲线的斜率如何呢？首先，中国正处于新旧体制交替的过程中，中国居民对货币的预防性需求急剧膨胀，从而打破了收入与消费之间的稳定关系，使中国的货币交易需求的收入弹性不再稳定，导致*LM*曲线不断趋向平坦。其次，从货币投机需求的利率弹性对我国*LM*曲线斜率的影响看，在目前的中国，由于金融市场、资本市场尚不十分完善，广大居民缺乏多种投资渠道，利率的变化对人们的投机性货币需求影响并不大，投机需求的利率弹性较小，其对*LM*曲线的影响是使*LM*曲线比较陡峭。

由以上分析，我们可以得出以下结论：

其一，在进行政策选择时，必须考虑政策的有效性和确定性。在一定的经济形势下，一些政策比另一些政策更加有效，一些政策的影响比另一些政策的影响具有更大的确定性。在我国目前的状况下，*IS*曲线陡峭，*LM*曲线平坦，这时，财政政策效果十分有效，货币政策效果有限。近几年，利率连续下调对消费和投资的刺激十分有限已经告诉我们，目前条件下，货币政策充分发挥作用的环境并不存在，继续下调利率很难取得预期的效果。因此，在运用扩张性经济政策以刺激需求时，应把重点放在财政政策上。

在运用扩张性财政政策时，必须注意不同措施的效果。由于悲观预期的存在，居民的预防性货币需求无限膨胀，企业对未来利润率的预期也比较悲观，试图通过增加居民（尤其是收入较高阶层居民）收入以扩大消费需求，通过降低利率以扩大投资需求的愿望在实践中具有很大的不确定性，很可能由于公众的不配合使这些政策的作用受到限制。而政府购买和直接投资的效果则是十分确定的，因此，在政策措施选择上，应加大政府开支和用于失业、养老等方面的转移支付和直接投资。基于此，我们认为政府通过举办公共工程以刺激需求的政策是明智的，而在通过增加居民收入以刺激消费上，应把重点放在增加边际消费倾向较高的低收入阶层身上。

其二，在进行政策选择时，应考虑政策的效力与市场完善程度的关系。宏观经济政策作用的发挥，取决于市场经济制度的完善程度，在制度尚不完善的条件下，货币政策的作用自然受到限制；而财政政策是通过税收和政府支出的变化直接影响经济的运行，尤其是政府支出的变化带有强烈的行政色彩，对市场制度的要求没有货币政策那么高，因此，在市场制度尚不十分完善的情况下，扩张性政策的作用应主要通过财政政策来实现。

财政政策之所以比货币政策更容易发挥作用，是由我国现阶段经济体制和财政政策本身的特点决定的。我们在强调本身带有行政色彩的财政政策作用时，应该谨防片面夸大行政手段的作用，防止出现旧体制、旧的管理方法的复归。更不能因为一些经济手段暂时的失灵而否认其作用，为倒退寻找理论依据。

其三，货币政策的重点应放在为其充分发挥作用创造制度环境上。目前我国*LM*曲线的形状表明，希望通过降低利率以刺激投资和消费的货币政策注定不会有多大作用。在这种情况下，人们很容易回到老路上去，即希望通过直接增加或减少货币供给量来达到一定的宏观经济目标，这种带有明显行政色彩的货币政策是我们以前常用的。如果说，在经济“软着陆”时期，行政性的货币政策曾经起过很大作用的话，那么，在经济萧条时期，行政性的扩张货币政策很可能是一副毒药，这样做的后果是非常严重的，极易酿成严重的金融危机。中国金融机构存在的严重问题和东南亚金融危机已经使我们清醒地认识到了这一点。目前，我国货币政策的重点不在于扩张本身（因为间接的扩张效果有限，直接的扩张可能酿成灾难性后果），而在于完善金融市场、资本市场及需要银行介入的再分配制度和消费制度，为货币政策充分发挥作用创造良好的制度环境。

在市场机制发育不完善的条件下，宏观经济政策的实行不仅要服务于宏观经济管理的目标，而且要肩负起塑造市场体系的重任，以减少政策实施的制约因素。在目前至未来一个相当长的时期内，重建宏观经济运行环境比宏观经济政策实施更为重要。只有建立起完善的市场体系，才能找到渐进地实现宏观调控目标的途径。

摘自logistics.nankai.edu.c.

## 9.4 总需求－总供给模型

【小组讨论】

为什么有些年份大学毕业生找工作相当容易，而有些年份里，就业市场却表现冷淡，大学生很难找到工作？

在讨论国民收入决定的分析中，均假设总供给可以适应总需求的增加而增加，因而社会总价格水平保持不变。但是在现实生活中，总供给不能够无限增加，物价水平也在不断地变化，且在产品市场和货币市场之外，现实经济中还存在着劳动市场，这些因素都会影响到国民收入的决定。因此，本节将上述这些因素纳入总需求-总供给模型中，以便进一步讨论国民收入是如何决定的。

### 9.4.1 总需求曲线

总需求是指整个经济社会在每一价格水平（指社会总价格水平，而不是指某一种具体商品的价格）上对产品和劳务的需求总量。社会总需求决定了社会总支出水平，因此通常用社会总支出水平来衡量总需求，在一个对外开放的经济社会中，经济主体包括居民、厂商、政府和国外，其各自的支出分别为消费需求、投资需求、政府购买需求和净出口需求。如果用$AD$代表总需求、$C$代表消费需求、$I$代表投资需求、$G$代表政府购买需求、$X-M$代表净出口需求，则$AD=C+I+G+X-M$。由此可得出总需求曲线，所谓总需求曲线是表明产品市场与货币市场同时达到均衡时总需求与价格水平之间的关系，如图9-7所示。

在图中，横轴0$Y$代表国民收入，纵轴0$P$代表价格水平，总需求曲线$AD$是一条向右下方倾斜的曲线。这说明了总需求与价格水平呈反向变动，即价格水平上升，总需求减少；价格水平下降，总需求增加。

总需求之所以与价格水平呈反向变动，可以用$IS-LM$模型来解释。在$IS-LM$模型中，货币供给量是指实际货币供给量，取决于名义货币供给量和价格水平。当名义货币供给量不变时，实际货币供给量与价格水平呈反向变动，即价格水平上升，实际货币供给量减少；价格水平下降，实际货币供给量增加。在货币需求不变的情况下，实际货币供给量减少使利息率上升，利息率上升又使投资减少，总需求减少；反之，实际货币供给量增加使利息率下降，利息率下降又使投资增加，总需求增加。这样，总需求与价格水平就呈反向变动。

总需求的变动会引起总需求曲线的移动。如图9-8所示，总需求增加时，总需求曲线向右上方平行移动；总需求减少时，总需求曲线向左下方平行移动。总需求由消费需求、投资需求、政府购买需求和国外的净出口需求四个部分构成，当这四个部分中的任何一部分发生变动时，总需求曲线都将发生变化。例如，在其他条件不变的情况下，居民的消费欲望增强了，消费需求的增加导致总需求增加，总需求曲线向右上方移动，在图9-8中表现为$AD_0$平行移动到$AD_2$。

再如，在其他条件不变的情况下，政府实施紧缩性的财政政策，其购买需求下降，导致总需求下降，总需求曲线向左下方平行移动，在图9-8中表现为$AD_0$平行移动到$AD_1$。

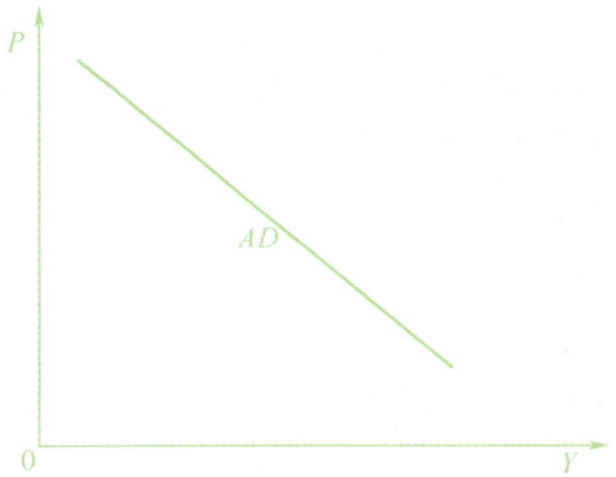

图9-7　总需求曲线

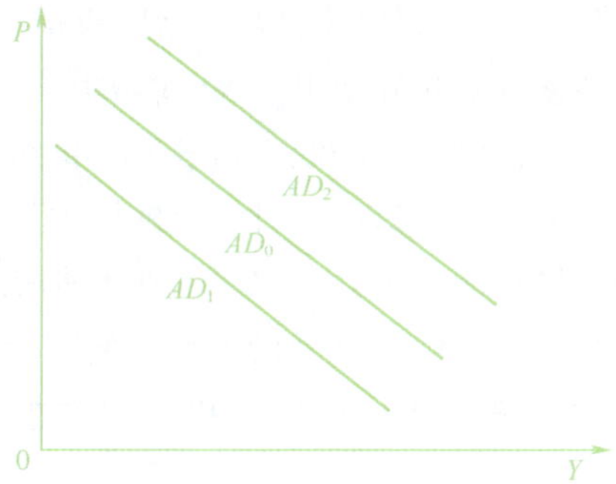

图9-8　总需求曲线的移动

**【趣闻杂谈】**

### 战争与经济

震惊世界的“9·11”之后，美英两国对阿富汗发动了军事打击。战争对经济产生了一些积极影响：不少人希望美国军火商能得到大量的坦克和飞机订单，通过军事支出的增加，引起总需求的增加，就业情况也会因许多人应征上前线而得到缓解，美国股市乃至经济借此一扫晦气。

专家分析认为，此次战争对美国经济的影响与越战和海湾战争不同。20世纪60年代末期，联邦政府的巨额国防开支和非国防开支，使本来已很强劲的私营部门总需求进一步增强，并积聚了很大的通货膨胀压力，这种压力在整个70年代也未能得到充分缓解。此后一直到80年代末期，大部分经济决策的主要任务就是抑制通货膨胀。相反，海湾战争却引发了一次经济衰退，这是“沙漠盾牌行动”初期消费者信心急剧下降所导致的结果。但当时军队所需的大部分物资并不是依靠投资在未来实现的，所以并没有产生通货膨胀。但阿富汗战争不同于以往。首先，不太可能像海湾战争那样动用大规模地面部队。更重要的是，这场对抗隐蔽敌人的战争将主要通过非常规手段进行，与此相关的国防资源大多是军备库存中所没有的，需要新的开支计划，这对经济中的总需求产生了积极的影响。

## 9.4.2 总供给曲线

### 9.4.2.1 总供给与总供给曲线

总供给是经济社会在每一价格水平上提供的产品和劳务的总量。总供给取决于资源利用的情况，在不同资源利用的情况下，总供给与价格水平之间的关系是不同的，我们可以利用总供给曲线来加以说明，所谓总供给曲线是表明产品市场和货币市场同时达到均衡时，总供给与价格水平之间关系的曲线，如图9-9所示。

### 9.4.2.2 总供给曲线的三种形态

从图9-9中可以看出，总供给曲线有三种情况。

（1）资源未充分利用阶段，即*AB*段，这时总供给曲线是一条与横轴平行的线，这表明总供给的增加会引起价格水平的变动，造成这种情况的原因只有一个，即社会上有大量资源闲置，所以可以在不提高价格水平的情况下，增加总供给。这种情况是由凯恩斯提出来的，所以这种水平的总供给曲线也称为“凯恩斯主义总供给曲线”。

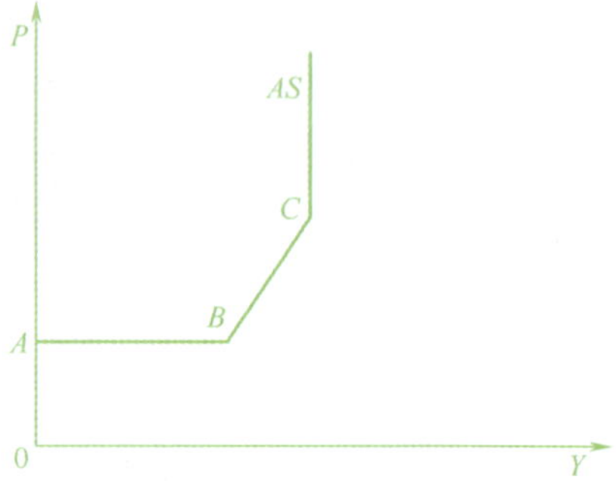

图9-9 总供给曲线

（2）资源接近充分利用阶段，即*BC*段，这时总供给曲线是一条向右上方倾斜的线，它表示总供给的增加会引起价格的变动，这是因为资源接近充分利用的情况下，产量增加会引起生产要素价格的上升，从而成本增加，进而导致总价格水平上升。这种情况是在短期中存在的，所以这种向右上方倾斜的总供给曲线被称为“短期总供给曲线”。

（3）资源充分利用阶段，即*C*以上部分。这时总供给曲线是一条垂线，这表明无论价格水平如何上升，总供给也不会增加。这是因为从长期来讲，人类所拥有的资源总是有限的，当资源已得到充分利用时，即经济中实现了充分就业（宏观经济学中的充分就业是指包括资本、劳动和自然资源在内的所有生产要素都得到充分利用的状态，而不仅仅是指劳动人口的充分就业状态），无论如何提高价格，总供给也不会增加。从长期的角度来看，资源总是会实现充分就业的，因此，这种垂直的总供给曲线被称为“长期总供给曲线”。

#### 9.4.2.3 总供给曲线的移动

总供给曲线是可以变动的。在价格不变的情况下，其他原因（例如生产技术的提高）引起总供给增加，使总供给曲线向右下方移动，即从$AS_0$平行移动到$AS_2$，反之，如果总供给减少，将使总供给曲线向左上方移动，即从$AS_0$平行移动到$AS_1$，如图9-10所示。

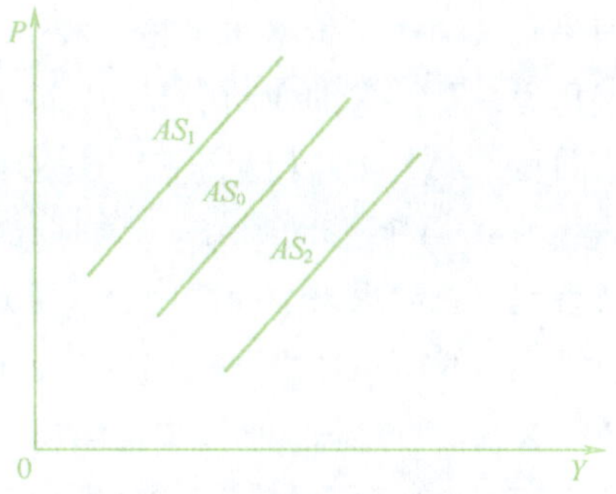

图9-10 总供给曲线的移动

### 9.4.3 总需求－总供给模型

#### 9.4.3.1 总需求-总供给模型

总需求-总供给模型是将总需求曲线和总供给曲线结合在一起来说明均衡国民收入与均衡的价格水平如何决定的一个模型，可以用图9-11来说明总需求-总供给模型。

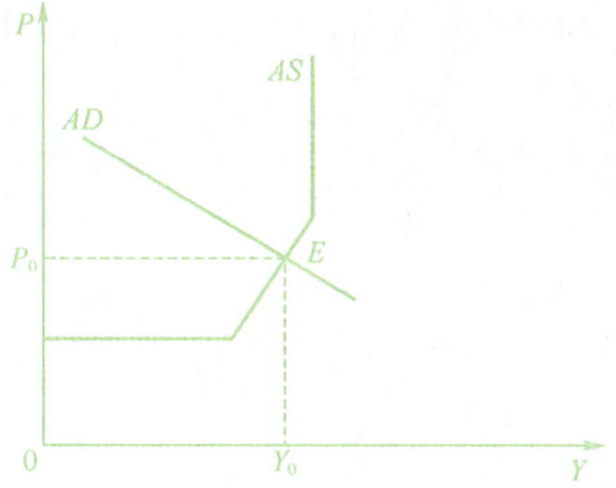

图9-11 总需求-总供给模型

在图中，总需求曲线$AD$与总供给曲线$AS$相交于$E$，此时总需求等于总供给，国民经济处于均衡状态，$E$点对应的$Y_0$即为均衡国民收入，均衡的价格水平为$P_0$。

#### 9.4.3.2 总需求变动对国民收入与价格水平的影响

由于总供给曲线由三个部分组成，所以利用总需求-总供给模型分析总需求变动对国民收入和价格水平的影响时，必须考虑到总供给曲线的不同情况，依据总供给曲线的不同情况，可以将其分成三种情况：

（1）资源未充分利用阶段。此时经济运行一般处于萧条时期，经济萧条时期是指实际国民收入水平低于潜在国民收入的时期，此时存在大量的资源闲置，因而此时总供给曲线的形态是一条水平直线，即前文所说的凯恩斯主义总供给曲线，如图9-12所示。由于有多余的资源，因而总需求的增加不会引起价格水平的增加，而只会使得国民收入水平增加。

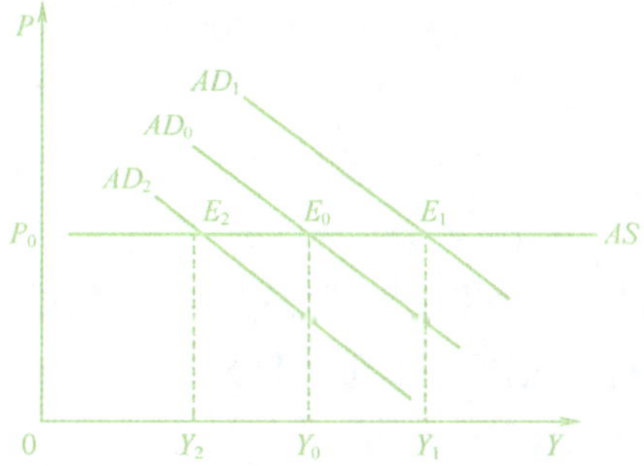

图9-12 凯恩斯主义总供给曲线阶段的总需求变动

在图9-12中，$AS$为水平直线，与$AD_0$相交于$E_0$，决定了国民收入为$Y_0$，价格水平为$P_0$。此时如果总需求增加，即总需求曲线从$AD_0$向右上方平行移动到$AD_1$，决定了新的国民收入为$Y_1$，而价格水平仍为$P_0$，这就说明了总需求的增加使国民收入由$Y_0$增加到$Y_1$，而价格水平不变。相反，如果总需求减少，即总需求曲线从$AD_0$向左下方平行移动到$AD_2$，$AD_2$与$AS$相交于$E_2$，决定了国民收入为$Y_2$，价格水平还是为$P_0$，这表明了总需求减少使得国民收入从$Y_0$下降到$Y_2$。总之，在有大量资源闲置的情况下，总需求增加会导致国民收入增加，总需求减少会导致国民收入减少，而价格水平均保持不变。

（2）资源接近充分利用阶段。即短期总供给曲线阶段，在这种情况下，总需求的增加会使国民收入增加，价格水平也上升；总需求的减少会使国民收入减少，价格水平也会下降。也就是说，总需求的变动引起国民收入与价格水平的同方向变动。在图9-13中，$AS$为短期总供给曲线，$AS$与$AD_0$相交于$E_0$，决定了国民收入为$Y_0$，价格水平为$P_0$。如果总需求增加，总需求曲线由$AD_0$平行移动到$AD_1$，这时$AD_1$与$AS$相交于$E_1$，决定了国民收入为$Y_1$，价格水平为$P_1$，这就表明，总需求增加使国民收入由$Y_0$增加到$Y_1$，使价格水平由$P_0$上升为$P_1$。如果总需求减少，总需求曲线由$AD_0$平行移动到$AD_2$，这时$AD_2$与$AS$相交于$E_2$，决定了国民收入为$Y_2$，价格水平为$P_2$，这就表明，总需求减少使国民收入由$Y_0$减少到了$Y_2$，使价格水平由$P_0$下降为$P_2$。

（3）资源充分利用阶段。即长期总供给曲线阶段，由于资源已经得到了充分的利用，总供给曲线为一条垂直于横轴的直线，所以总需求的增加只会使价格水平上升，而国民收入不会变动；同样，总需求的减少也只会使价格水平下降，而国民收入不会变动，即总需求的变动会引起价格水平的同方向变动，而不会引起国民收入的变动，如图9-14所示。

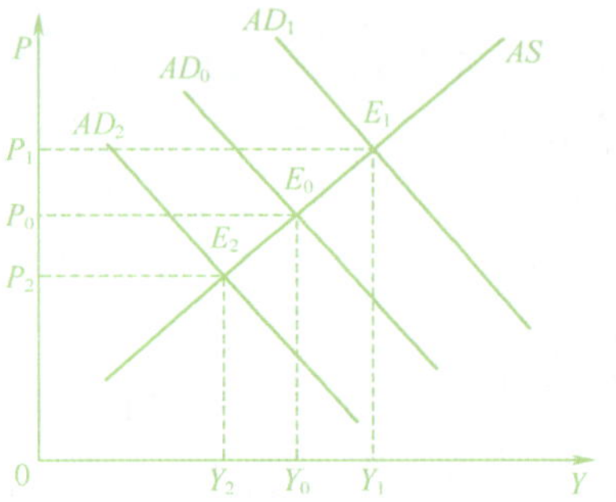


图9-13　短期总供给曲线阶段下的总需求变动

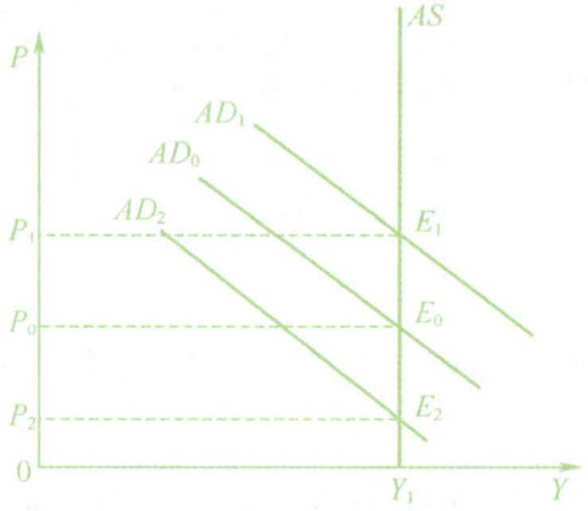


图9-14　长期总供给曲线阶段下的总需求变动

在图9-14中，$AS$为长期总供给曲线，$AS$与$AD_0$相交于$E_0$，决定了充分就业的国民收入水平$Y_1$，价格水平为$P_0$。如果总需求增加，总需求曲线由$AD_0$移动到$AD_1$，这时$AD_1$与$AS$相交于$E_1$，决定了国民收入仍为$Y_1$，价格水平为$P_1$，这就表明，总需求增加使价格水平由$P_0$上升为$P_1$，而国民收入仍为$Y_1$。如果总需求减少，总需求曲线由$AD_0$移动到$AD_2$，这时$AD_2$与$AS$相交于$E_2$，决定了国民收入仍为$Y_1$，价格水平为$P_2$，这就表明，总需求减少使价格水平由$P_0$下降为$P_2$，而国民收入仍为$Y_1$。

综合上面的三种情况，总需求变动会对国民收入和价格水平产生以下影响：当总供给曲线处于水平阶段时（凯恩斯主义总供给曲线），总需求变动不会引起价格水平的变动，总需求增加会导致国民收入增加，总需求减少会导致国民收入减少；当总供给曲线处于向右上方倾斜阶段时（短期总供给曲线），总需求增加会导致国民收入和价格水平同时上升，总需求下降会导致国民收入和价格水平同时下降；当总供给曲线处于垂直阶段时（长期总供给曲线），总需求变动不会引起国民收入变动，总需求增加，价格水平增加；总需求下降，价格水平下降。

#### 9.4.3.3　总供给变动对国民收入和价格水平的影响

前文提到过，凯恩斯主义总供给曲线和长期总供给曲线是两种极端情况。现实经济中较常见的是短期总供给曲线，因此，在讨论总供给变动对国民收入和价格水平的影响时通常只讨论短期总供给变动的情况。

短期总供给是会变动的，这种变动同样会影响国民收入与价格水平，在总需求不变时，总供给的增加，即产量的增加会使国民收入增加，价格水平下降；而总供给的减少，即产量的减少会使国民收入减少，价格水平上升，可用图9-15来说明这种情况。

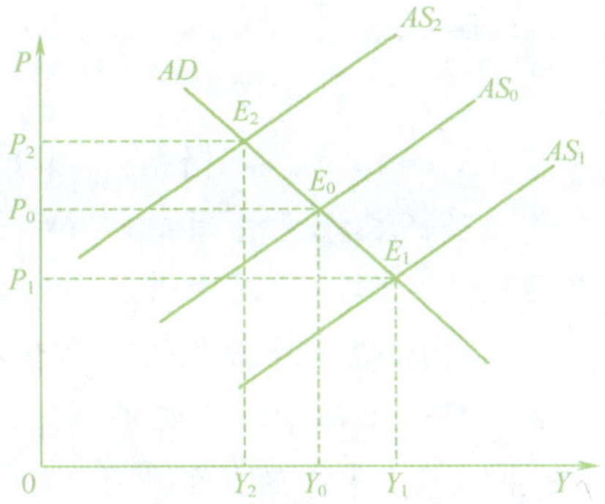


图9-15　总供给变动的影响

在图9-15中，$AS_0$与$AD$相交于$E_0$，决定了国民收入水平为$Y_0$，价格水平为$P_0$。当总供给增加时，总供给曲线由$AS_0$平行移动到$AS_1$，$AS_1$与$AD$相交于$E_1$，决定了国民收入为$Y_1$，价格水平为$P_1$，这表明由于总供给的增加，国民收入由$Y_0$增加到了$Y_1$，而价格水平由$P_0$下降为$P_1$。当总供给减少时，总供给曲线由$AS_0$平行移动到$AS_2$，$AS_2$与$AD$相交于$E_2$，决定了国民收入为$Y_2$，价格水平为$P_2$，这表明由于总供给的减少，国民收入由$Y_0$减少到了$Y_2$，而价格水平由$P_0$上升为$P_2$。

国民收入决定理论是宏观经济学的核心，它为分析各种宏观经济问题提供了一种重要的分析工具，国民收入决定理论对于失业、通货膨胀、经济周期和经济增长等问题均具有较强的分析价值。

## 本章小结

这部分介绍了消费函数和储蓄函数等几个重要的概念。在两部门均衡国民收入分析中，只有居民和企业两个角色在经济中发挥作用。在三部门均衡国民收入分析中，有居民，企业和政府三个角色发挥作用。

*IS*曲线是指产品市场均衡时，利率和国民收入组合的轨迹，在商品市场上，总产出与利率之间存在着反向变化的关系，即利率提高时总产出水平趋于减少，利率降低时总产出水平趋于增加。*LM*曲线表示在货币市场达到均衡（即$L=M$）时，利率和国民收入之间的关系。

总需求曲线表明了在产品市场和货币市场同时实现均衡时国民收入与价格水平的结合，描述了与每一物价总水平相适应的均衡支出或国民收入的关系。总需求曲线的斜率取决于这样一些因素：货币需求对利率的敏感性、投资需求对利率的敏感性、货币需求对收入的敏感性和乘数。

总供给曲线表明了价格与产量的结合，即在某种价格水平时整个社会的厂商所愿意供给的产品总量。总供给曲线有三种情况："凯恩斯总供给曲线""短期总供给曲线"和"长期总供给曲线"。影响总供给曲线移动的因素：成本变化、生产技术进步、风险承受能力和环境变化。在有大量闲置资源的情况下，总需求增加会导致国民收入增加，总需求减少会导致国民收入减少，而价格均保持不变。

## 【拓展阅读】

### 材料1　谁推动了20世纪90年代美国的总需求

美国总统克林顿把1996年美国经济的明显回升和活跃归功于自己，但分析家们则认为应归功于消费者。在1996年的大部分时间里，美国人慷慨地支出于住房、汽车、电冰箱和外出吃饭，这使得在1月份看来有停止危险的经济扩张又得以持续下去。据劳工部估算，经济创造了239万个就业机会，远远大于预期的水平，失业率为5.3%，是6年来的最低水平。经济增长如此迅速，表明消费者的无节制支出使总需求增加是经济变好的主要力量。

### 材料2　石油危机的影响

自从1970年以来，美国经济中一些最大的经济波动源于中东的产油地区。原油是生产许多物品与劳务的关键投入，而且世界大部分石油来自几个中东国家。当某个事件（通常是源于政治）减少了来自这个地区的原油供给时，世界石油价格上升。美国生产汽油、轮胎和许多其他产品的企业成本会增加，结果是总供给曲线向左移动，这又引起滞胀。

第一起这种事件发生在20世纪70年代中期。有大量石油储藏的国家作为欧佩克成员走到了一起。欧佩克是一个卡特尔：一个企图阻止竞争并减少生产以提高价格的卖者集团，而且石油价格的确大幅度上升了。

在几年后几乎完全相同的事又发生了。在20世纪70年代末期，欧佩克国家再一次限制石油的供给以提高价格。从1978年到1981年，石油价格翻了一番多，结果又是滞胀。第一次欧佩克事件之后通货膨胀已有一点平息，但现在每年的通货膨胀率又上升到10%以上。但是，由于美联储不愿意抵消这种通货膨胀的大幅度上升，很快又是衰退。失业率从1978年和1979年的6%左右在几年后上升到10%左右。

世界石油市场也可以是总供给向右移动的来源。1986年欧佩克成员之间爆发了争执，成员国违背限制石油生产的协议。在世界原油市场上，价格下降了一半左右。石油价格的这种下降减少了美国企业的成本，这又使总供给曲线向右移动。结果，美国经济经历了滞胀的反面：产量迅速增长，失业减少，而通货膨胀率达到了多年来的最低水平。

### 材料3　从短缺到过剩的转换：我国经济的运行态势

从已有的政策决策以及从各方面的专家论证意见看，人们对下述判断已具有相当的共识，即在我国国民经济的运行过程中，供求关系已处于普遍性的供大于求的失衡状态之中。根据20世纪90年代末内贸部对610种主要商品的调查，供求基本平稳的为403种，供大于求的为206 种，供不应求的只有棕榈油一种。除商品供给过剩外，生产能力过剩、资金供给过剩以及劳动力过剩目前在我国也表现得十分突出。

经济过剩的出现是社会总供给大于总需求的必然结果。从我国1981—1997年16年需求结构变化趋势看，最终消费率基本上以平均每年0.6个百分点的幅度持续下降，由1981年的67.5 %降至1997的54.8%，与70%的国际平均水平相比，显然偏低。最终消费率过低，必然导致国内总需求不足，从而使经济运行中出现过剩。这是我国经济增长中面临的一个突出问题。

从供给方面看，我国的经济过剩是因为有效供给缺乏，无效供给过多。能创造、适应需求的供给是有效供给，抑制需求的供给就是无效供给。无效供给因不能满足消费者的需求，在参与市场的交换中，就不能实现由W—G的“惊险跳跃”，结果就会表现为过剩。有效需求不足与有效供给不足有直接关系。几年前，不少人就提出在我国应培育新的消费热点，这些消费热点是轿车、住房、旅游等，但“热点”并未热起来，原因在于价格太高，令消费者望而生畏。就住房而言，目前全国大约有331万缺房户，但据国家统计局提供的资料，我国商品房累计空置率很高，中心城市、沿海开放城市商品房空置更为严重。

经济过剩不是资本主义国家的专利，在我国向社会主义市场经济体制的目标迈进过程中，由于历史和现实的原因，造成产品的供给与居民需求之间的脱节，随着社会主义市场经济的发展，市场体系的完善，“历史遗留问题”的解决，价格机制的正位，政策制定者、管理者、生产者、消费者市场心理的成熟和理性化，社会主义市场经济条件下的经济过剩将不再是一个难题。

## 练习与思考

### 一、概念识记

国民收入、国民生产总值、国内生产总值、国内生产净值、个人收入、个人可支配收入、总需求、总供给

### 二、简答题

1. 简要说明名义GDP和实际GDP的区别和联系。

2. 理解简单的国民收入决定模型、*IS*–*LM*模型、*AD*–*AS*模型分别是如何解释国民收入的决定与变动的。

3. 简述国民生产总值和国内生产总值二者的区别与联系。

### 三、任务训练

1. 下列哪项不列入国内生产总值的核算（　　）。

A. 出口到国外的一批货物

B. 政府给贫困家庭发放的一笔救济金

C. 经纪人为一座旧房屋买卖收取的佣金

D. 保险公司收到一笔家庭财产保险

E. 购买一辆旧车

F. 购买股票

G. 购买彩票赢得1万元

H．汽车制造厂买进10吨钢板（蛋糕厂购入5吨面粉）

I．企业支付的贷款和债券利息

J．政府的公债利息和消费利息

K．家庭主妇家务劳动这个价值

L．拍卖名画的收入

2．下列说法错误的是（　　）。

A．GDP和GNP都是流量的概念

B．GDP是地域概念，GNP是国民概念

C．GDP和GNP都是以市场交换为基础

D．GDP和GNP是同一概念，没有区别

3．某国的GDP大于GNP，说明该国公民从外国取得的收入（　　）外国公民从该国取得的收入。

A．大于

B．小于

C．等于

D．可能大于也可能小于

4．今年的名义国内生产总值大于去年的名义国内生产总值，说明（　　）。

A．今年物价一定比去年高

B．今年生产的物品和劳务的总量一定比去年增加了

C．今年的物价水平和实物产量水平一定都比去年提高了

D．以上三种说法都不一定正确

5．相对于名义国内生产总值，实际国内生产总值是指（　　）。

A．名义国内生产总值减去其他国家的赠予

B．名义国内生产总值减去全部的失业救济

C．将名义国内生产总值根据失业变动进行调整后所得到

D．将名义国内生产总值根据价格变动进行调整后所得到

6．为什么政府转移支付不计入国内生产总值里？

7．如果甲、乙两国合并成一个国家，对GDP总和会有何影响？

8．某国发生以下经济活动：①银矿公司支付7.5万美元给矿工，开采了50千克银卖给一银器制造商，售价10万美元；②银器制造商支付5万美元工资给工人，造了一批项链卖给消费者，售价40万美元。

（1）用最终产品生产法计算GDP。

（2）每个阶段生产多少价值？用增值法计算GDP。

（3）在生产活动中赚得的工资和利润各为多少？用收入法计算。

# 10 宏观经济波动

## 知识目标

1. 理解失业的种类。
2. 掌握通货膨胀的成因和经济影响。
3. 理解不同学派对失业率和通货膨胀之间关系的看法。
4. 掌握影响经济增长的因素。
5. 理解乘数和加速数理论对经济周期现象的解释。

## 能力目标

能够正确利用本章理论对长期中的经济波动进行解释，能够理解国家相关政策对经济增长的影响。

## 案例导入

2007年四季度美国爆发了次贷危机，2008年就演变成了全球性金融危机，给美国自身经济带来较大冲击。从2007年开始，美国房地产投资已经持续出现负增长，2008年8月美国房屋的购买量跌到17年以来的最低点。2008年11月份美国CPI环比下跌1.7%，是自美劳工部1947年开始编制该指数以来的最高环比跌幅。同时美国居民消费日益疲软，密歇根大学的居民消费信心指数调查显示，2008年8月份美国的消费者消费信心指数为63%，已接近1980年的历史低点。2008年11月非农就业人数出现34年以来最大负增长，减少53.3万人，连续11个月负增长，失业率升至15年最高；据美国劳工部2009年3月6日的公布，2月份美国新增失业人数达到65.1万人，自经济陷入衰退以来失业人数已达到440万人，失业率攀升至8.1%，创自1983年12月以来的最高水平。从美国供应管理协会（ISM）发布的制造业采购经理人指数（PMI）可看出，2005年9月以来，美国PMI指数从最高值61.0下降到2008年7月份的50.0，期间有多个月低于50。2008年10月份美国制造业连续三个月收缩，且下降到26年来的最低点。新订单、工业生产等指数的下滑表明美国制造业发生萎缩。2007年美国经济扩张进入第七年，经济扩张动力已基本释放。私人消费对经济的贡献率从2006年的2.2%降到2007年的2.0%，2007年4季度进一步降到1.4%。住宅和汽车业的萎缩对美国的影响已经超过了短期经济调整的幅度和范围，住宅投资连续8个季度呈现负增长，交通设施投资过去7个季度对经济增长的平均贡献为−0.14%。

资料显示危机前后美国各项经济数据发生恶化，失业率，消费意愿和价格指数，反映制造业扩展与否的PMI指数均达到了历史上阶段性的最坏水平，这里面物价和失业率的关系、制造业的投资和经济衰退等均是本单元将要分析和讨论的重点。学习完本单元的内容后，应该能对这里的经济指标的内在联系做出解释。

## 10.1 失业与通货膨胀

【思考与讨论】

如果你在银行存了100元，期限一年，年利率3%，一年过后你的本息和是多少？若在这一年中经济体的物价水平上涨了5%，请问按照购买力来测算的话，你的100元存款的实际收益率是多少？

问题讨论的是通货膨胀对债权人的影响，经济分析中一般利用$M/P$代表购买力，一般意义上的本息和其实只是名义的货币量的变化率，而实际的变化率必须考虑其购买能力的变化，这个变化很大程度上取决于当期的通货膨胀水平，只要物价的上升幅度超过存款利率，那么你的实际收益率是个负值。

本节我们要讨论的一个重点问题就是通货膨胀问题，其如何产生，其对经济产生何等的影响，如何来治理将是本节的分析要点。

### 10.1.1 失业、失业率和失业的种类

根据国际劳工组织的定义，失业（Unemployment）是指某个年龄以上，在考察期内没有工作，但有工作能力，并且正在寻找工作的人。从整个经济来看，通常把一定年龄阶段的人口称作劳动年龄人口，其中一部分处于工作状态的，称为就业者，一部分处于寻找工作而尚未找到的称为失业者。还有一部分不愿工作或不寻找工作的，称为不在劳动人口，失业人口占劳动人口的比重即为失业率（Unemployment Rate）。宏观经济学有四大目标，即充分就业、经济增长、物价稳定和国际收支平衡，其中充分就业是宏观经济学的第一目标，可见宏观经济学对于就业问题的重视程度。宏观经济学中所讲的充分就业有两种理解：一是广义的理解，是指所有的生产要素都参与生产的状态，即所有的生产要素都就业才是充分就业；二是狭义的理解，专指劳动这种生产要素，即经济中消灭周期性失业的就业状态。由于衡量资本和自然资源的就业比较困难，所以通常所说充分就业是指劳动这种生产要素。劳动就业是每个人的权利，也是绝大多数人获得收入、维持生存的主要手段，但是在现实生活中，总是有一部分人无法就业。

造成失业的原因很多，因此失业的结构与变动情况是观察重点。失业原因可分为：

摩擦性失业（Frictional Unemployment）：是指人们在寻找工作或转换工作过程中的失业现象，即劳动者想要工作与得到工作之间的时间消耗造成的失业。增加职业训练计划与提高信息

沟通（使失业者能确实掌握就业机会）可降低这方面的失业。在实际劳动市场上，失业率总是围绕自然失业率波动，原因之一是工人寻找最适于自己的工作需要时间。它是由于经济运行中各种因素的变化和劳动力市场的功能缺陷所造成的临时性失业。经济总是变动的，工人寻找最适合自己爱好和技能的工作需要时间，一定数量的摩擦性失业必然不可避免。

结构性失业（Structural Unemployment）：指市场竞争的结果或者是生产技术改变而造成的失业。结构性失业通常较摩擦性失业持久，因为结构性失业常表示人员需要再训练或是迁移才能找到工作。经济产业的每次变动都要求劳动力供应能迅速适应变动，但劳动力市场的结构特征却与社会对劳动力需求不吻合，由此而导致的失业被称为“结构性失业”。结构性失业，主要是由于经济结构（包括产业结构、产品结构、地区结构等）发生了变化，现有劳动力的知识、技能、观念、区域分布等不适应这种变化，与市场需求不匹配而引发的失业。结构性失业在性质上是长期的，而且通常起源于劳动力的需求方。结构性失业是由经济变化导致的，这些经济变化引起特定市场和区域中的特定类型劳动力的需求相对低于其供给。

周期性失业（Cyclical Unemployment）：由于总需求不足而引起的短期失业，一般出现在经济周期的萧条阶段。周期性失业的原因主要是整体经济水平的衰退，由于它是可以避免的，因而周期性失业也是人们最不想看见的。20世纪30年代经济大萧条时期的失业就完全属于周期性失业。每一个工人都从事着他们一直从事的工作，因此不存在摩擦性失业。与人们更倾向于手持货币而不是消费、促使企业被迫削减产出导致的失业相比，结构性失业同样极不明显。周期性失业与结构性失业、摩擦性失业等失业状况不同，周期性失业的失业人口众多且分布广泛，是经济发展最严峻的局面，通常需要较长时间才能有所恢复。

自愿失业（Voluntary Unemployment）：指工人所要求得到的实际工资超过了其边际生产率，或不愿接受现行的工作条件而未被雇用而造成的失业。这种失业在西方不被看作真正的失业。凯恩斯提出与此相对的失业是非自愿失业（Involuntary Unemployment），是指具有劳动能力并愿意按现行工资率就业，但由于有效需求不足而找不到工作造成的失业。因而非自愿失业是可能被总需求的提高而消除的，这种失业与需求不足引起的失业是一致的。宏观经济分析通常提出的失业一般指的是非自愿性失业，也就是摩擦性失业、结构性失业和周期性失业这三类。

### 10.1.2 失业的经济解释

至于为何产生失业，经济学家给出了多种解释：

20世纪30年代之前古典和新古典经济学都信奉“萨伊定律”，即一种商品的生产、销售必然为其他商品的生产、销售创造条件，因而商品的供给和需求总是趋于均衡，不会出现过剩。而且每一个商品生产者都是理性的，都会尽力扩大生产、销售，这样社会的生产、销售就能达到充分就业的水平。他们的结论是：经济社会不存在失业，充分就业是一个始终存在的倾向。如果社会存在失业现象，那么也只是摩擦性失业和自愿性失业，只是生产过程中局部的、暂时的失调。

20世纪30年代后，凯恩斯主义认为，失业包括“自愿失业”“摩擦失业”和“非自愿失业”等类型。有效需求不足是造成“非自愿失业”的根本原因。有效需求，指商品总供给和商品总需求达到均衡状态的社会总需求。有效需求不足指社会总需求小于既定的总供给的状态。他的结论是有效需求由消费需求和投资需求构成，它是决定社会总就业量的关键因素。当有效需求不足时，充分就业就无法实现，必然导致非自愿失业。

20世纪80年代以来，新凯恩斯主义经济学以不完全竞争和不完全信息为前提，认为工资价格具有黏性，从而使实际工资率经常高于均衡工资率，这是“非自愿失业”存在的根本原因。货币工资存在黏性的原因主要有：

劳动工资合同论：在一些行业中，由于工会的力量，往往可能签订较有利于雇员工资的合同，通常附加工资随生活费上涨而增加，而当经济衰退时工资率并不随之削减的条款。

隐含合同论：由于雇员一般是回避风险的，即愿意为一个可支付稳定工资的企业工作，因此，雇主和雇员之间可能达成工资率相对固定、不随经济波动调整的默契，即隐含合同。这意味着工资率不随劳动力市场供求的波动而变化。

局内人–局外人理论：每个企业都需要一支受过培训的劳动者队伍，对新雇员（局外人）的培训通常由在职雇员（局内人）来完成。在职雇员担心培训了新雇员之后，会影响他们与企业讨价还价的地位或分量，因而不愿意与企业合作培训新雇员；再者，如果企业支付新雇员的工资低，经培训掌握了技能的雇员就可能被出高薪的企业“挖走”。因此，企业只能通过向新、老雇员支付相同的报酬来解决这一矛盾。

效率工资理论：效率工资理论认为，在一定限度内，企业通过支付给雇员比劳动力市场出清时更高的工资率，可以促进劳动生产率提高，获得更多的利润。较高工资率存在的原因：一是较高的工资率可以维持高质量劳动者队伍的稳定；二是较高的工资率可以提高雇员偷懒被发现而被解雇的机会成本，从而减少偷懒的倾向；三是较高工资率可以减少离职率，确保熟练雇员的稳定性。

货币主义的失业理论可归结为“自然失业率”假说，指在没有货币因素干扰的情况下，劳动力市场和商品市场的自发供求力量发挥作用时应有的、处于均衡状态下的失业率，即在任何时候，都存在着与实际工资率结构相适应的某种均衡失业水平（由弗里德曼提出）。弗里德曼以“自然失业率”为基础，否认我们后面所要提到的菲利普斯曲线，即失业与通货膨胀交替的关系。弗里德曼认为，用扩张性货币政策来刺激就业在短期内有效，但长期内无效。在短期，若政府用增加货币量来刺激就业，由于雇员没有预见到实际收入下降，就愿意增加劳动供给；但从长期看，货币量增加引起价格上涨，使雇员实际工资没有变动甚至下降，雇员不愿意提供更多的劳动，失业不仅没有减少而且物价会持续上涨。

### 10.1.3 充分就业和货币主义的自然失业率

充分就业几乎作为大部分市场经济体的头等宏观经济目标。那么什么样的情况才算充分就业？前面提到，充分就业并不是百分之百就业，因为即使有足够的职位空缺，失业率也不会等于零，也仍然会存在摩擦性失业和结构性失业。在一个日新月异的经济中，永远会存在职业流动和行业的结构性兴衰，所以总有少部分人处于失业状态。有关充分就业的定义，西方经济学家曾提出几种说法。凯恩斯认为，如果“非自愿失业”业已消除，失业仅限于摩擦性失业和自愿失业的话，就是实现了充分就业。另外一些经济学家认为，如果空缺职位总额，恰好等于寻业人员的总额即需求不足型失业等于零的话，就是实现了充分就业。还有些经济学家认为，如果再要提高就业率，必须以通货膨胀为代价的话，那么就已实现了充分就业。

和充分就业相联系的一个概念是自然失业率（Natural Rate of Unemployment）。自然失业率由弗里德曼提出，指在没有货币因素干扰的情况下让劳动市场和商品市场的自发供求力量起作用时，总需求和总供给处于均衡状态下的失业率。所谓没有货币因素干扰，指的是失业率高低与通货膨胀率高低之间不存在替代关系。自然失业率为摩擦性失业率及结构性失业率加总之和。由于人口结构的变化与技术的进步和人们的消费偏好改变等因素，社会上总会存在着摩擦性失业和结构性失业。就长期而言，经济循环带来的失业情形常会消弭无踪，社会上只留下自然失业现象，“自然”的定义并不明确，没有人能明确地指出一个社会的自然失业率是多少，它会随着人口结构改变、技术进步、产业升级而变化。

货币主义反对凯恩斯“非自愿失业”的提法。他们认为，在排除了垄断的劳动市场上，工资是有弹性的，劳工有流动性，供求信息也较易获得，因而所有有劳动技能并愿意就业的人迟早会获得工作，失业是摩擦性的或结构性的，这种失业是不能以提高通货膨胀率为代价而消除的。

### 10.1.4 通货膨胀的定义与衡量

价格学派的萨缪尔森和托宾认为通货膨胀指当一个经济中的大多数商品和劳务的价格连续在一段时间内普遍上涨时，就意味着产生了通货膨胀。货币学派的哈耶克和弗里德曼（通货膨胀的一般定义就是来自于这两位经济学家）认为通货膨胀指在信用货币制度下，流通中的货币超过经济中所需要的数量，而引起的货币贬值和价格水平全面、持续上涨的经济现象。用更通俗的语言来说就是：在一段给定的时间内，给定经济体中的物价水平普遍持续增长，从而造成货币购买力的持续下降。

需要注意的是：通货膨胀不是价格水平的短期或一次性上升，而是指价格水平的持续上升，且价格上升的趋势不可逆转；通货膨胀不是指个别商品价格水平的上升，而是指价格总水平即所有商品和劳务的价格加权平均值的上升。货币学派认为，只有货币数量的过度增长引起的价格水平持续上升才是真正的通货膨胀，而其他因素引起的价格水平持续上升不是通货膨胀。

【趣闻杂谈】

**恶性通货膨胀**

1923年间德国的经济状况——恶性通货膨胀，如果1922年1月的物价指数为1，那么1923年11月的物价指数则为100亿。如果一个人在1922年年初持有3亿马克债券，两年后，这些债券的票面价值早就买不到一片口香糖了。沃伦教授和皮尔逊教授曾将德国的通货膨胀数字绘成书本大小的直观柱状图，可是限于纸张大小，未能给出1923年的数据柱，结果不得不在脚注中加以说明：如果将该年度的数据画出，其长度将达到200万英里。德国在第一次世界大战败北之后，丧失了1/7的领土和1/10的人口，各种商行及工业产品均减少，同时按1921年金马克赔偿1320亿赔款。在操作中，德国不得不靠发行纸币来渡过难关，结果是陷入灾难的深渊。当时政府以极低的利率向工商业者贷款，同时投放巨额纸币，它们又很快贬值，从而债务人得以有廉价的马克偿还贷款。各个经济部门和各个家庭生活在这一过程中受到致命打击。

衡量通货膨胀率的变化主要有生产物价指数、消费物价指数和零售物价指数三个指标。

国内生产总值平减指数（GDP Deflator）：衡量一国经济在不同时期内所生产和提供的最终产品与劳务的价格总水平变化程度的经济指标。

消费者价格指数（Consumer Price Index）：是对一个固定的消费品篮子价格的衡量，主要反映消费者支付商品和劳务的价格变化情况，也是一种度量通货膨胀水平的工具，以百分比变化为表达形式。由于在实际中，一般不直接、也不可能计算通货膨胀，而是通过价格指数的增长率来间接表示。由于消费者价格是反映商品经过流通各环节形成的最终价格，它最全面地反映了商品流通对货币的需要量，因此，消费者价格指数是最能充分、全面反映通货膨胀率的价格指数。目前，世界各国基本上均用消费者价格指数（我国称居民消费价格指数），也即CPI来反映通货膨胀的程度。对于普通人来说，可以简单通过CPI数据来判断社会是否处于通货膨胀状态。和其相对应的是生产者价格指数PPI（Producer Price Index）。生产价格指数是衡量工业企业产品出厂价格变动趋势和变动程度的指数，是反映某一时期生产领域价格变动情况的重要经济指标，也是制定有关经济政策和国民经济核算的重要依据。

批发物价指数（Wholesale Price Index）：反映不同时期批发市场上多种商品价格平均变化程度的经济指标。它包括生产资料和消费品在内的全部商品批发价格，但劳务价格不包括在内。

我们如何来对其进行分类呢？

首先，把物价上涨速度作为分类标准，通货膨胀可分为爬行的通货膨胀、温和的通货膨胀、飞奔的通货膨胀和恶性通货膨胀四类，需要注意的是，要精确地划定这四种通货膨胀的数量界限是困难的。爬行的通货膨胀一般指物价上涨不超过2%~3%，同时不存在通货膨胀预期的状态。爬行的通货膨胀被看作实现充分就业的一个必要条件，国外所谓通货膨胀有益无害的观点指的就是这种状况。一般把3%~10%的通货膨胀称为温和的通货膨胀。飞奔的通货膨胀指每年通货膨胀率在10%~100%，这时公众预期通货膨胀会加剧，采取各种措施保护自己，导致通货膨胀更为加剧。至于恶性通货膨胀，美国经济学家卡根将它定义为物价水平以超过每月50%的速度不断上涨，在恶性通货膨胀中，货币丧失了作为价值储藏的功能，并部分丧失了交易媒介的功能。

其次，以通货膨胀的原因作为分类标志，可以把通货膨胀分为需求拉动的通货膨胀、成本推进的通货膨胀和结构性通货膨胀三类。把通货膨胀看成由实际因素或货币因素造成的过度需求拉上的，这是需求拉动的通货膨胀；假如认为通货膨胀是由于特定原因，比如工会行使其市场权利从而使工资率水平提高，总供给函数转移所引发的，这属于成本推进的通货膨胀；如把通货膨胀的起因归于特定的经济制度、控制系统、信息系统和决策系统的结构因素或这些结构的变化，那么这属于结构性通货膨胀。

最后，按能否被预期来分，注意这里有一个非常有意思的问题，就是两种不同的通货膨胀对经济的不同影响，这时分成预期的通货膨胀和未预期的通货膨胀两类。引入预期因素被看作通货膨胀理论在20世纪70年代的重大进展。如果通货膨胀是突发的未被预期的，那么货币工资率的增长会滞后于物价的上涨率，从而使利润上升，至少暂时会具有一种扩大就业、扩大总产量的效应。如通货膨胀事先已被完全预期到，那么，各经济主体就将按其预期来调整其行为，如工会在物价上升之前就要求增加工资从而通货膨胀在短期的扩张效应将不复存在。

### 10.1.5 通货膨胀的成因与经济影响

通货膨胀的成因大致有以下几类：第一是需求拉动。总需求过度增长超过了现有价格水平下的商品总供给，引起了物价普遍上涨。总需求的过度增长表现为由于投资膨胀和消费膨胀所导致的持续的货币供应量超过社会商品可供量的增长，因而又称过量需求通货膨胀。第二是成本推进。由于成本上升所引起的物价普遍上涨。导致成本上升的因素一是物耗增多，二是工资的提高超过劳动生产率的增长。第三是结构性通货膨胀。由于社会经济部门结构失衡而引起的物价普遍上涨。这种类型的通货膨胀一般在发展中国家较为突出。主要表现为三种情况：一是国内某些部门，甚至某些大宗关键产品需求过多而供给不足，导致价格猛涨，并且只涨不跌，进而扩散到其他部门产品的价格，从而使一般物价水平持续上涨；二是国内各部门劳动生产率发展不平衡，导致劳动生产率提高较快的部门货币工资增长后，其他部门的货币工资也会随之增长，引起价格上涨，从而使一般物价水平普遍上涨；三是开放型经济部门的产品价格，受国际市场价格水平影响而趋于提高时，会波及非开放型经济部门，从而导致一般物价水平的上涨。第四是输入型通货膨胀，由于输入品价格上涨而引起国内物价的普遍上涨。这种类型一般出现在世界性通货膨胀的情况下，并通过国际贸易、跨国公司、开放型经济部门等途径在国际传播，美国在2008年开始的4轮量化宽松就对其他开放型经济体造成了典型的输入型通货膨胀。

下面我们具体分析通货膨胀对社会经济的影响。

（1）对收入分配的影响。当发生未预期通货膨胀时，有固定货币收入的人以及债权人遭受损失。相反，对于非固定收入者及债务人都是受益者。在现代社会中主要包括股票持有者、企业和国家。

（2）对财产分配的影响。由于通货膨胀侵蚀着货币购买力，使任何以固定货币数量计算的资产的真实价值也受到影响。对于持有不变价格财产的人来说其拥有的债券、银行存款的票面价值是相对固定的，实际价值将随物价上涨而下降。对于持有可变价值财产的人来说，则正好相反，他们会因通货膨胀而受益。

（3）对于经济效益的影响。通货膨胀造成人们对货币贬值的预期，导致流通中的囤积居奇，出现“投资不如投机，生产不如囤积，存钱不如存货”现象。导致生产下降，通货膨胀恶化，企业不再致力于提高产品质量，提高生产效率，降低成本，而是乘通货膨胀之机，抬高物价，粗制滥造，结果形成资源浪费，生产能力降低，严重影响经济效益。

（4）对经济增长的影响。从短期看，当有效需求不足而且社会存在闲置生产能力时，通货膨胀可以刺激政府的投资性支出，扩大总需求，从而能够刺激经济增长。从长期看，通货膨胀会增加生产性投资风险，提高经营成本，使生产投资下降，从而不利于经济增长。

（5）对国际收支的影响。通货膨胀的国家，国内市场商品价格上涨，出口商品价格也上涨，从而影响出口商品在国际市场上的竞争能力，出口减少；而本国货币贬值，必然导致进口商品价格降低，进口增加，致使国际收支恶化。

通货膨胀不仅影响社会再生产，对经济发展不利，而且还干扰正常的生活，危及社会的安定。当通货膨胀非常严重时，会极度扭曲市场价格体系，引起生产和失业的剧烈调整，人们丧失对货币的信心，经济状况出现异常不稳定甚至崩溃的局面。因此，各国政府对通货膨胀，尤其对严重的通货膨胀都要采取措施加以治理。我国治理通货膨胀采取了双管齐下的方法：既紧缩过度增长的需求膨胀，又积极组织商品生产，增加社会总供给；既注意调整投资结构和产业结构，又注意货币供给的调控和管理，努力使社会的货币供给适应社会对货币的需求。

### 10.1.6　通货膨胀的治理

严重的通货膨胀对经济社会甚至政治层面都是有害的，所以各国政府都把高通货膨胀当作头号公敌来加以应对。通货膨胀的治理主要有：

（1）需求政策。由于通货膨胀的一个直接原因在于总需求大于总供给，因此当经济运行中出现较大的通货膨胀压力时，政府往往采取紧缩性的财政政策和货币政策抑制过旺的总需求。首先是紧缩性货币政策，紧缩性货币政策是指中央银行通过减少货币发行来降低流通中的货币量来抑制通货膨胀。运用货币政策来抑制通货膨胀主要通过两条途径来实现：一是降低货币供应量的增长率；二是提高利率。其次是紧缩性财政政策，紧缩性财政政策主要通过削减政府支出和增加财政收入来抑制通货膨胀。运用财政政策来治理通货膨胀主要是通过以下几种方式：一是增加税收，使企业和个人的利润和收入减少，从而使其投资和消费支出减少；二是削减政府的财政支出，以消除财政赤字、平衡预算，从而消除通货膨胀的隐患；三是减少政府转移支付，减少社会福利开支，从而起到抑制个人收入增加的作用。

（2）收入政策。收入政策的理论基础是成本推进型的通货膨胀。收入政策指通过限制提高工资和获取垄断利润，控制一般物价的上涨幅度。这种抑制性的收入政策主要有以下几种形式：首先是工资、价格管制，即由政府颁布法令，强行规定工资、物价的上涨幅度，甚至暂时冻结工资和物价。工资、价格管制通常采用道义劝告和指导、冻结工资等手段进行。其次是利润管制。利润管制是指政府强行限制大企业或垄断性行业的利润，从而抑制通货膨胀。

（3）治理通货膨胀的其他措施。其他政策比如增加有效供给政策和收入指数化政策，增加有效供给政策包括减税、调整产业结构、刺激投资、增加产出，而收入指数化是按物价变动情况自动调整收入的一种分配方案。此措施能抵消或缓解物价波动对个人收入水平的影响，防止由通货膨胀造成的分配不公问题。

### 10.1.7　失业和通货膨胀的关系

通货膨胀和失业之间的关系研究起始于在伦敦经济学院工作的新西兰经济学家菲利普斯。1958年其根据英国1867—1957年间失业率和货币工资变动率的经验统计资料，提出了一条用以表示失业率和货币工资变动率之间交替关系的曲线，如图10-1所示。这条曲线表明：当失业率较低时，货币工资增长率较高；反之，当失业率较高时，货币工资增长率较低，甚至是负数。根据成本推动的通货膨胀理论，货币工资可以表示通货膨胀率。因此，这条曲线就可以表示失业率与通货膨胀率之间的交替关系（萨缪尔森和索洛将原来表示失业率与货币工资率之间交替关系的菲利普斯曲线发展成为用来表示失业率与通货膨胀率之间交替关系的曲线），即失业率高表明经济处于萧条阶段，这时工资

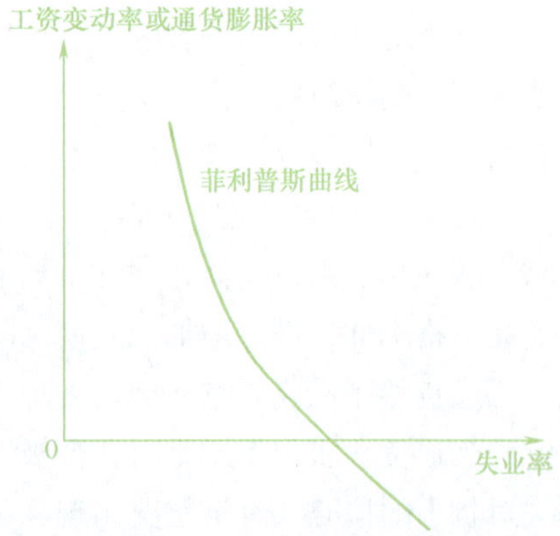


图10-1　菲利普斯曲线

与物价水都较低，从而通货膨胀率也就低；反之失业率低，表明经济处于繁荣阶段，这时工资与物价水平都较高，从而通货膨胀率也就高。失业率和通货膨胀率之间存在着反方向变动的关系。其实菲利普斯曲线对通胀和失业的描述反映了失业和通胀的共存，这是对上述凯恩斯主义相关经验理论的否定。同时其也为政策的选择提供了理论依据：由于失业率和通货膨胀率之间存在着交替关系，因此可以运用扩张性的宏观经济政策，用较高的通货膨胀率来换取较低的失业率，也可以运用紧缩性的宏观经济政策，以较高的失业率来换取较低的通货膨胀率。

【知识链接】

**主要经济学派对通胀和失业关系的观点**

凯恩斯学派对失业和通胀关系的认识：进入20世纪以后，西方各发达国家的国内市场基本成熟，世界殖民地也基本上被瓜分完毕，各国生产能力过剩的危机逐步呈现。始于1929年、席卷整个资本主义世界的经济大萧条进一步地暴露了供求之间的矛盾。严重的失业问题迫使各国不得不放弃不干预市场、任凭自由竞争的信条，千方百计地增加需求成为各国政府的当务之急。同时，黄金产量的不足及其持有量在各国之间的不均衡迫使西方各国先后放弃了金本位货币制度。金本位制度的放弃为各国政府增发货币、扩大需求提供了极为便利的途径。实际上，谁最先放弃了金本位制度，谁就最先爬出了经济衰退的泥沼。在这一时期，由于失业率极高，物价水平极其低迷，各国政府增发货币的政策在有效地扩大需求、增加就业的同时，对物价水平并未产生明显或严重的影响。所以，当时主流的经济学派（凯恩斯学派）认为，低物价水平与高就业率可以兼得；扩张性的财政货币政策在相当的程度上不会影响物价水平，而首先会对社会总需求产生重大的影响，并进而影响社会供给。

货币学派关于失业及通货膨胀的观点：1968年，弗里德曼在《美国经济评论》上发表了一篇文章，名字叫《货币政策的作用》。他认为，在短期中，通货膨胀与失业之间的确存在负相关的关系；但在长期里，失业率与通货膨胀率之间并不存在这种负相关关系。因此在长期里，扩张性的财政货币政策除了导致较高的通货膨胀率之外，不会对失业率产生任何影响。弗里德曼认为，货币政策只能在短期里影响宏观经济的名义量，但不能在长期里影响其实际量。因此，无论中央银行采取什么样的货币政策，从长期来看，只要影响国民经济的实际因素没有发生变化，则国民收入与失业率最终都会维持在自然失业率的水平上。换个说法，弗里德曼等人认为，在一个既定的通货膨胀预期下，的确存在一条失业率与通货膨胀率之间呈负相关关系的菲利普斯曲线，但预期通货膨胀率的变化会使得短期菲利普斯曲线发生位置移动。在这种情况下，由于货币供给变动等因素而引起的总需求变动并不会影响实际产量。长期地看，失业率仍会维持在自然失业率的水平上，长期总供给曲线呈垂直线的形态，进而使得菲利普斯曲线也成为一条垂直线，也即长期失业率与通货膨胀率之间并不存在负相关的关系。

理性预期学派关于失业与通货膨胀的观点：到了20世纪70年代末，由罗伯特·卢卡斯、托马斯·萨金特和罗伯特·巴罗这样一些经济学家提出了理性预期的研究方法（亦即所谓的理性预期学派）。理性预期学派不认同货币学派的上述观点。所谓理性预期，亦即假定在预期未来的时候，人们可以最好地运用他们所能获得的全部信息（而不仅仅是既往的信息），这其中包括了关于政府即将采取何种政策的信息。为了与理性预期理论相区别，我们把弗里德曼等人（货币学派）所使用的预期概念称为适应性预期。所谓适应性预期，亦即人们仅仅根据过去的经验来形成或调整对未来的预期。因此，从现在起，我们将这样来描述弗里德曼等人的观点：货币学派根据适应性预期的假定，把菲利普斯曲线分为斜率为负的短期菲利普斯曲线与斜率无穷大的长期菲利普斯曲线。如前所述，货币学派认为，在短期中，人们来不及调整通货膨胀预期，预期的通货膨胀率可能低于实际发生的通货膨胀率，从而人们实际得到的工资可能小于先前预期的实际工资，这就使得企业的实际利润增加，进而刺激投资，增加就业，失业率随之下降。在此前提下，通货膨胀率与失业率之间存在交替关系。这就是说，向右下方倾斜的菲利普斯曲线在短期内是可以成立的。因此，在短期中引起通货膨胀率上升的扩张性财政政策与货币政策是可以起到减少失业的作用的。这就是所谓宏观经济政策的短期有效性。不过，在理性预期学派看来，由于假定人们基于完全的信息来理性地决策，所以与弗里德曼等人的适应性预期不同，理性预期的特征是：人们预期值与以后所发生的实际情况肯定一致，而不会有任何偏差。这就意味着，在理性预期假设下，短期中也不可能有预期的通货膨胀率低于以后实际发生的通货膨胀率的情况，即无论在短期或长期中，预期的通货膨胀率与实际发生的通货膨胀率总是一致的，从而也就无法以通货膨胀为代价来降低失业率了。所以，在理性预期假设下，无论是短期或长期，菲利普斯曲线都是一条从自然失业率出发的垂直线，即失业率与通货膨胀率之间不存在交替关系。理性预期学派也由此得出无论是短期还是长期，宏观经济政策都是无效的结论。

【趣闻杂谈】

### 菲利普斯曲线在慢慢消失

在2020年8月举行的杰克逊霍尔全球央行行长会议上，美联储主席鲍威尔宣布对货币政策进行“重大更新”，引入“平均通胀目标”的概念。这标志着美联储货币政策将发生重大转变。尽管鲍威尔长篇累牍地对新政进行解释，但实质上就是放弃了美联储一直坚信的“充分就业将引发通胀上升”的理念，而支持这一理念的就是著名的“菲利普斯曲线”。英国《经济学人》网站最新刊文，介绍菲利普斯曲线的历史演进及其今天面临的复杂局面。以下为原文：每晚10点钟左右，印度尼西亚一所战俘营的灯光就会莫名地变暗，这让日军守卫大惑不解。他们只是没发现那些临时拼制的电热水棒。这是新西兰战俘威廉姆斯·菲利普斯做出来给狱友煮茶喝的。对聪明过人的菲利普斯来说，这样的妙招不过是小菜一碟。第二次世界大战结束后，菲利普斯制作了一个“液压”模型，来模拟收入在国民经济中的循环。这套由水箱、阀门和管道拼接起来的装置，为他谋得了伦敦政治经济学院的一个职位。然而，让菲利普斯声名远扬的并非这些发明，而是他随性之下做的一项研究。在1958年发表的一篇文章中，菲利普斯揭示了英国工资变化与失业率之间的关系：当其中一方降低时，另一方往往会升高。菲利普斯对数十年经济数据进行研究后发现，这种此消彼长的关系十分明显。为阐明这一观点，他随手画了一道下滑曲线，就是后来人们所熟知的“菲利普斯曲线”。有观点认为，菲利普斯曲线体现了最重要的宏观经济关系。过去多年间，菲利普斯曲线的可靠性和形态特点不止一次遭到质疑，包括2007—2009年全球金融危机之后。但时至今日，这条曲线背后的逻辑依然在为全球各国央行提供指导。

**神奇的菲利普斯曲线在慢慢失灵**

那么，这条著名曲线背后的逻辑到底是什么呢？在商业繁荣、失业率较低的情况下，央行官员担心工人会基于通胀及生产率提升等因素，要求企业给予加薪。如果企业通过提高商品价格的方式，将薪资上涨的成本转嫁到消费者头上，通胀水平将会上升。央行如果想要预防通胀上升，它就会提高借款利率，但如此一来，在薪资带来的物价上涨压力得到控制的同时，经济增速也会放缓。在曲线的另一端，情况则截然相反。高企的失业率抑制了薪资和消费水平，通货膨胀因此将承受下行压力。而为了抵消物价下行压力，央行通常会下调利率。由此可见，位于曲线两端的通胀和失业率是此消彼长、交替上升的关系。

央行官员希望能找到一个“中间点”：通胀率处于一个目标水平，且失业率不能太高也不能太低，总之不能使通胀率偏离目标。央行官员还希望为这个“中间点”设置一个“中性”利率，让通胀率一直维持在这一理想的水平。大多数发达经济体的央行将通胀目标设定在2%左右。在他们看来，这样的通胀水平既不会对财政规划产生大的影响，也不会影响投资者对本币的信心。然而在这种情况下，即便工资的绝对值不变，由于物价小幅上涨，相对薪资其实已出现下滑，而这种劳动力成本的下降有助于在经济低迷期降低企业裁员意愿。近些年来，许多国家的通胀率长期低于2%的央行目标水平。在2008年全球金融危机过后，如此低的通胀率自然可以理解。这一时期，失业率大幅上升，到2009年10月，美国的失业率一度升至10%。但是令央行官员感到意外的是，通胀率并没有因此下跌。随着经济开始全面复苏，美国、欧元区和日本的失业率明显下降，但通胀水平依然低迷，未见任何起色。这种情况让央行官员和经济学家大为不解，也促使他们开始反思通胀与失业率之间的关系。杰克逊霍尔全球央行会议上美联储对货币政策进行重大调整的最早动机可能就来源于此。20世纪60年代，以米尔顿·弗里德曼为代表的怀疑论者就曾指出，失业率与通胀之间的关系只是建立在人们的通胀预期之上。如果预计通胀率为2%，那些因为失业率较低、劳动力市场供应紧张而变得更有底气的工人或许会要求加薪3%或4%。如果对通胀率的预期达到10%,那么工人可能会要求加薪11%甚至更多。20世纪70年代时，虽然失业率高企，但通胀水平居高难下，其原因就在于工人们对通胀的预期大幅上升。在这种情况下，经济学家决定为菲利普斯曲线“扩容”，除失业率之外，还将通胀预期列为决定通胀水平的另一因素。

还有一个让失业率和通胀关系变得复杂的因素就是进口价格：国内失业率与海外薪资几乎不存在任何关系，消费者所购买的任何进口商品的价格都取决于其他因素。出于这个原因，一些经济学家也将进口价格引入了曲线。尽管加入了新的指标，“菲利普斯曲线”还是无法解释近年来通胀率为何始终在低位徘徊。从进口价格的角度来看，尽管从中国等国进口的商品或许压低了电器等商品的价格，但却无法解释总体物价为何低迷。假如来自中国的商品压低了某类商品的价格，央行应该能够推高其他品类的价格，抵消这一影响。即便某些商品价格大幅下跌，只要其他商品数量够多、涨价速度够快，2%的通胀目标依然可以轻松实现。通胀预期也只能在一定程度上解释通胀率迟迟没有上升的问题。数十年来，通胀预期一直保持在较低水平：克利夫兰联邦储备银行的数据显示，过去20年间，美国的通胀预期始终在3%以下。低迷的通胀预期导致菲利普斯曲线整体下移，如此一来，特定失业率所对应的通胀率也就变得更低。

**探寻曲线失灵背后的原因**

不过近年来，菲利普斯曲线出现了新的变化：它更多呈现出一种螺旋结构，而不是上行或是下行。通胀似乎开始变得对失业率不再敏感，菲利普斯曲线也因而开始趋平。之所以出现这种怪异的现象，一个原因可能是因为失业率没能准确体现经济中的闲置生产力：到2019年美国、欧洲和日本的失业率全都回落至极低水平时，长期处于劳动力市场边缘、几乎放弃就业的人群陆续返回职场。通过雇用大量女性和年长劳动者，日本企业找到了新的增长空间，而这些人从未被统计为失业。曲线趋平的另一个原因，可能是通胀对失业率反应迟缓。经济低迷期通胀之所以下降迟缓，与经济繁荣期通胀上升缓慢是一个道理。经济衰退期间，由于担心士气受挫，企业往往不愿降薪。正因为在经济不景气时未曾降薪，待经济好转时，企业可能也会推迟加薪。根据这个理论，薪资水平最终还会上涨，只是需要时间。但在此之前，可能会遇到许多干扰因素，比如突发的疫情。对于这个问题，德意志银行的皮特·奥佩尔、哥伦比亚大学的弗雷德里克·米什金和芝加哥大学的埃米尔·苏费在2019年发表的一篇文章中指出，如果低失业率不那么罕见的话，它的影响应该更容易在数据中发现。为了增加研究样本，三人将美国就业市场分成独立的州和城市。这样一来，他们在过去数十年的数据中发现了大量表现活跃的就业市场，不仅如此，他们还发现薪资与通胀间的关系变得更加清晰。他们指出，菲利普斯曲线在这些地方依然有效，并且“活力十足”，就全美范围来看，菲利普斯曲线也许只是在“冬眠”。的确，薪资增加转化为物价上涨需要一段时间。在果蔬摊上，价格往往用粉笔标注，就是为了方便涂改。但是在许多其他企业中，价格调整要付出成本。在通胀率较低时，商家的价格调整往往没有那么频繁，为加价2%而打印整套新的菜单未免不值。这种惰性也意味着企业很少会为了反映业务波动而调整产品定价。物价要发生变化，经济活动得有更大变动才行。虽然央行和其他人一样对菲利普斯曲线趋平感到不解，但从某种程度上来说，造成这一现象恰恰和央行有关。当菲利普斯曲线趋向下行（也就是通胀上升、失业率下降，或是失业率上升、通胀下降）的时候，央行就会出台政策改变曲线的运动方向。在通胀即将上升时，央行往往会收紧货币政策，导致失业人数进一步增加。而当通胀快要回落时，央行就会反向操作，放松货币政策。由于央行通过货币政策进行干预，其结果就是，失业率往往先于通胀上升而上升，同样也先于通胀下降而下降。换句话说，在通胀发生变动之前，失业率就已经发生了变化。

摘自——财经外研社.

## 10.2 经济增长与经济周期

【思考与讨论】

按照马尔萨斯的观点，不断增长的人口将一直制约着社会养活自己的能力，人口的力量永远大于地球上生产人的必需品的力量，而对人口增长唯一限制的是“灾难和罪恶”——通过战争、饥荒和瘟疫来抑制人口的增长。因为人口的高速增长将导致人地关系的失衡，造成过剩人口，即农业经济陷入了停滞的“低水平均衡陷阱”。此外，人口的迅速增长不仅仅消费了产出额的大部分，也抑制了储蓄额的增加，从而影响了国内生产总值的增长，造成了人口增长的马尔萨斯危机。但是，人口增长对经济增长的影响有时并非马尔萨斯预言的那样。那么，马尔萨斯到底是对还是错呢?

其实，在人口总数迅速增加而资源日渐减少的情况下，究竟是什么原因使全球居民的生活水平仍能不断上升呢？显然，原因在于当今世界的人们拥有更多的知识，这些知识能够提高劳动生产率，增加对自然资源的使用效率并帮助人类找到成本更低、效率更高的替代品。马尔萨斯没有想到的是，20世纪以来人类创造力的增长超过了人口的增长，同时，知识的积累增加在一定的程度上是由人口的增加所导致的。首先，人口总数越大，某项知识能够给整个人类带来的好处也就越大，人们把时间和精力投入到探求知识的活动中的激励就越强。其次，今天的人类并不比他们的祖先更聪明，但是现在的人口总数比以前的人口总数要多得多，因而能够做出重大发现、增加知识积累的人也就比以往多很多。此外，在过去的两百年里，由于农业生产效率的提高、城市的扩大、人均收入水平的大幅度提高，使更多的大学、研究所和实验室得以建立扩大，这些机构专门从事探求知识、传播知识的工作。但是，人们的生育率并没有随着生产效率和人均收入的上升而提高，从而技术进步的财富增长效应大于人口增长引起的财富减少效应。

这是一个典型的经济增长问题，涉及的是影响经济增长的要素之人力资源和技术水平。本节我们要讨论的重点问题就是经济增长的分析以及和其密切相关的经济周期问题。

### 10.2.1 经济增长的概念

经济增长是指一个国家或一个地区生产商品和劳务的能力的增长，通常用一国实际GDP的年增长率来衡量。如果考虑到人口增加和价格变动情况，经济增长应当包括人均福利的增长。著名的经济学家美国的“GNP”之父库兹涅茨给经济增长下了这样一个定义：一个国家的经济增长，可以定义为给居民提供日益增多的经济产品能力的长期上升，这种不断增长的能力是建立在先进技术以及所需要的制度和思想意识之相应的调整的基础上的。他认为，这个定义有三个组成部分：①提供产品能力的长期上升，因而不断提高国民生活水平，是经济增长的结果，也是经济增长的标志；②先进技术是经济增长的基础或者说必要条件；③制度与意识的调整是技术得以发挥作用的充分条件。从该理论可见，库兹涅茨所谓经济增长不但指人均国民收入增加，也包括社会制度结构的变化。社会制度结构的变化涉及经济发展理论，不少西方经济学家将经济增长和经济发展加以区别，认为经济增长和经济发展虽然都指人均国民收入增加，但经济增长一般是指国家人均实际国民收入的增加，而经济发展的含义要更广一些，它不仅指人均国民收入的增加，还包括适应这种增长的社会制度的变化问题。因此，经济增长理论专门研究发达国家经济增长问题，而经济发展理论则专门研究一个国家如何由不发达状态过渡到发达状态，因而主要研究发展中国家经济。

经济增长背后的力量是什么呢？经济学家认为一国经济要有四个轮子才能实现经济增长：

（1）人力资源。经济增长离不开人力资源，也就是劳动力，包括劳动力的数量和劳动力的技术水平。经济学家认为，劳动力的质量是一个国家经济增长的最重要的因素。经济发展中，如果只有高科技，先进的机器，更好的设备是不够的，只有经过劳动者的使用，充分发挥劳动力的创造，才能够生产出更好的产品，才能提高劳动生产率，才能创造出新的价值。劳动者是唯一具有创造能力和增值能力的资源。如果想要经济增长，就要考虑人力资源，如何用好人力资源这个宝贵的资源库，从组织角度，如何更好地选、育、用、留人，让人力资源最充分最大化发挥并创造出新的价值。

（2）自然资源。经济增长离不开自然资源，这里的自然资源主要包括石油、水利、矿产等资源。比如，加拿大、挪威、澳大利亚、新西兰等国家，凭借丰富的海洋资源，发展了渔业。美国因有广阔的良田而成为世界最大的谷物生产国。当然，这个主要指的是产品，还有比如服务，纽约的发展就是凭借高度发展的服务业，香港凭借国际贸易的繁荣而发展了经济。有些资源，比如石油这类资源，是不可再生的，所以，人类更要节约使用。有些资源，是可以被新的创新技术所代替的，比如太阳能可以代替水能等。经济方式的转变，也包括由粗放型的资源使用转变成更科学有效地使用自然资源，这需要技术升级，生产升级。

（3）资本形成。这里的资本形成，比如生产投资，资本的形成需要牺牲许多当前消费。这里的资本形成，主要指社会基础资本，是由政府来承担的，包括的项目有公路、铁路、灌溉工程、汽车、电力等。这些投资的特点是整体性，不可细分，而且具有规模效应，具有外部经济或溢出效应。投资的数额一般都比较大。应当避免的是，这类投资一旦投资，方向上比较固定，由于整体性和数额大的特点，容易形成重复或过度。

（4）技术进步。就是技术变革和创新，也就是指生产过程中的变革或新产品、新服务的引进。技术进步更主要的是以一种无声的、不为人察觉的方式，不断以微小的改进来提高产品质量和产出数量。这些技术变革甚或产生划时代的影响。

关于经济增长的推动措施，一些经济学家和政策制定者强调增加资本投资的必要性，一些技术研究人员赞成采用鼓励研究开发和技术进步的措施，还有一些人力资源专家强调接受良好的教育的劳动者的队伍的作用，也有环境研究学者认为，保护环境非常重要，尤其是可以用作生产的资源。无论怎么样，这四个轮子均是需要考虑的，当然，木桶原理告诉我们：一只木桶（没有漏洞）想要盛满水，必须每块木板都一样平齐，木桶能盛多少水，并不取决于最长的那块木板，而是取决于最短的那块木板。四个轮子要协调发展，不能少了哪一个，最充分地发挥出每块木板的潜力，以最大化促进经济发展。

一个经济体的经济增长方式有两类，第一，依赖生产要素投入量的增加（劳动力、资本、自然资源等）来维持增长；第二，依靠生产要素使用效率的提高来保持增长。我们把主要依靠生产要素投入量增加的经济增长称为粗放型经济增长，主要依靠生产要素使用效率提高带来的经济增长称为集约型经济增长。从粗放型经济增长到集约型经济增长的转变是经济增长水平提高的表现。

### 10.2.2 促进经济增长的政策

（1）鼓励技术进步。著名经济学家索洛认为人均收入的持续增长来自技术进步。虽然索洛研究经济增长的模型没有解释技术进步，在一定程度上无法理解技术进步的决定作用，但许多公共政策的目的仍在于鼓励技术进步。例如，专利制度给新产品发明者以暂时的垄断权力。当一个人或一个企业发明了一种新产品，发明者可以申请专利。如果认定该产品的确是原创性的，政府就授予专利，专利给予发明者在规定年限内排他性地生产该产品的权利。通过允许发明者从其发明中获得利润，尽管只是暂时的，但专利制度提高了个人和企业从事研究的积极性。类似的例子还有税收法规为进行研究和开发的企业提供税收减免。政府在改善技术增长方面的一个重要领域是教育。例如，美国各个州和地方政府提供了对小学、中学和大学的支持中的大部分。一支高素质的研究与开发团队是改善技术进步的一个关键因素。美国政府长期以来在创造和传播技术知识方面发挥着作用。美国政府很早就资助耕作方法研究，并建议农民如何最好地利用自己的土地。近年来，美国政府通过空军和国家航空航天局支持空间研究，并通过像国家科学基金这样的政府机构持续直接资助大学的基础研究。

（2）鼓励资本形成。根据增长核算方程（产出增长=劳动份额×劳动增长+资本份额×资本增长+技术进步），资本存量的上升会促进经济增长。从直观的角度看，由于资本是被生产出来的生产要素，因此，一个社会可以改变它所拥有的资本量。如果今天经济生产了大量新资本品，那么，明天它就将有大量资本存量，并能生产出更多的各种物品与劳务。另一方面，资本存量的增长是储蓄和投资推动的，因此，鼓励资本形成便主要归结为鼓励储蓄和投资。这是政府可以促进经济增长的一种方法，而且在长期中，这也是提高一国公民生活水平的一种方法。

如图10-2所示，该图包含了15个国家的数据。图（a）表示在31年中每个国家的增长率，各国按其增长率从高到低排序。图（b）表示每个国家用于投资的量占其GDP的百分比，可以看出增长和投资之间是相关的，尽管这种相关性并不完全，但也是密切的。把GDP中相当大的部分用于投资的国家往往有高的增长率，例如新加坡和日本。把GDP中一小部分用于投资的国家往往增长率也低，例如，卢旺达和孟加拉国。尽管这里的数据本身并没有告诉人们因果关系，但由于投资对资本存量的影响如此明显而直接，所以，许多经济学家认为这些数据表明高投资引起了经济较高的增长。

（3）增加劳动供给。增长核算方程表明，增加劳动供给会引起经济增长。容易理解，所得税的提高减少了工人的工作所得从而会降低工作的积极性；与之相反，所得税减免是加强激励，促使人们努力工作的一个途径。与劳动供给相关联的一个概念是人力资本，它是指劳动者通过教育和培训所获得的知识和技能。一些经典的增长模型（例如，索洛的增长模型）只包括物质资本，而且也没有努力去解释劳动效率，但人力资本在许多方面与物质资本类似。与物质资本一样，人力资本也提高了一国生产物品和劳务的能力。20世纪90年代的一项研究强调了在解释各国生活水平的差别中，人力资本至少与物质资本同样重要。因此，政府政策可以提高生活水平的一种方法是提供良好的教育、培训体系，并鼓励人们利用这样的体系。

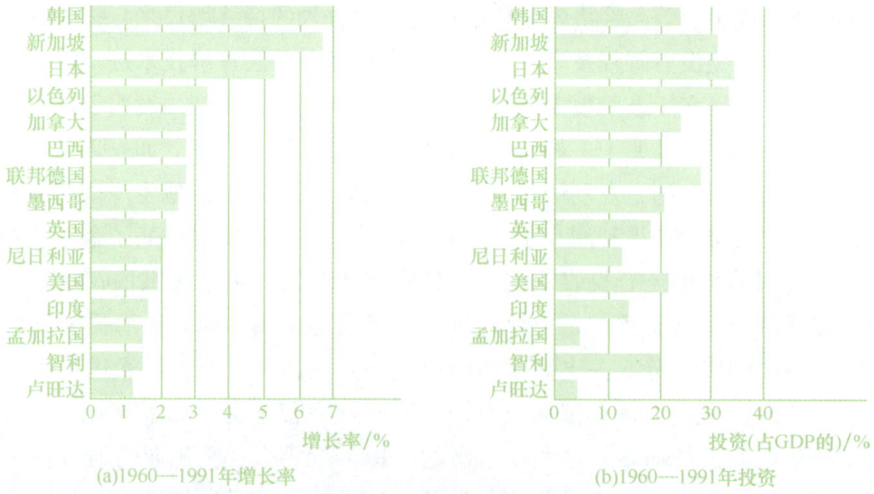


图10-2　增长与投资图

注：来自曼昆《经济学原理》宏观部分 .

【趣闻杂谈】

**美国经济持续增长113个月**

美国有一轮经济增长始于1991年3月，一直到2000年8月持续了113个月。这样，一举打破了20世纪60年代创造的106个月战后最长经济增长纪录。克林顿政府执政之初曾预计，1993年到1999年，美国国内生产总值的年增长率为2.7%，但实际达到了3.4%。同时，2000年美国失业率处于30年来的最低点，通货膨胀率创造了10多年来的最低纪录，财政盈余也不断增加。美国经济学家从不同角度分析了这次美国经济持续增长的原因。首先，他们认为，过去20年经济政策的变化刺激了美国经济。20世纪80年代初，美国联邦储备委员会采取措施遏止了通货膨胀上升的势头，并促使通货膨胀率下降。随后，美国政府对经济采取了放松管制的措施，先是放松了对金融市场、运输、石油和天然气等部门的管制，目前又开始实施对电信和电力部门的松绑。这些措施有力地推动了美国公司改变经营方式，提高了它们的灵活性和竞争力。另外，美国政府推行的贸易自由化政策也促进了企业之间的竞争。1993年采取的增税和其他一些措施，则为联邦政府财政收支最终扭亏为盈奠定了基础。由于政府支出的增长得到控制，私人部门获得更多的资金。其次，他们指出，美国经济结构发生的一些根本变化减弱了经济的周期性。在信息、网络技术高速发展的带动下，美国企业界普遍采取了即时库存管理方法。这一管理方式意味着企业可随时掌握市场对其产品和服务需求的变化情况，以便迅速对生产进行调整。历史上，美国经济衰退期间产值下降的一半归因于库存的调整，但现在这一因素的影响已越来越小。此外，美国经济比以往更加开放，这使得当美国国内的需求增加或下降时，美国企业不必承受全部的负担，对外贸易可及时充当美国内需波动的减震器。此外，美国经济的持续发展受益于"天时"之利。20世纪90年代初冷战结束，使美国得以将大量的军费开支转投给私人部门。过去几年，墨西哥金融危机和东南亚金融危机发生，正好是美国需要给经济降温的时候，而来自海外的冲击规模对美国经济来说也正合适。也就是说，这些冲击既足以使美国经济放慢增长速度，同时又不会把美国经济推入衰退。以上这些因素的综合作用使得美国经济的周期性减弱，由此带来了更多的投资。而投资增加使得美国的劳动生产率增长加快，这既帮助抑制了通货膨胀，同时又给政府带来了更多的税收，从而形成了良性循环。

### 10.2.3 经济周期的概念与四个阶段

美国经济学家 W. 米契尔（Wesley Mitchell）和 A.伯恩斯（Arthur Burns）研究了美国经济数十年的数据资料，写了一部重要的著作《衡量经济周期》。在书中他们给经济周期下了一个经典的定义：经济周期是一种基于按商业企业来组织活动的一国总体经济活动的波动。一个周期包括许多经济活动的同时扩张，然后同时衰退、收缩和复苏，复苏是下一轮周期扩张阶段的前奏，这一变化次序是重复发生的，但并不是阶段性的。从时间上说经济周期从1年到10年或12年不等，他们无法划分成具有同样特征同样波幅的若干个短周期。这个定义被美国研究经济周期的权威机构——全国经济研究局作为确定经济周期顶峰与谷底的标准。所谓经济周期（又称商业循环）是指经济活动沿着经济发展的总体趋势所经历的有规律的扩张和收缩活动。

经济活动由扩张到衰退，进而萧条，最后复苏的循环，是围绕着一种向上的趋势途径而暂时性上下波动的，如图10-3所示，横坐标$t$代表时间（年份），纵坐标$Y$代表总体经济活动状况（包括国民收入、就业、价格等经济活动主要指标），实际的GDP代表正常的经济活动水平，是经济的长期增长趋势。由于经济在总体上保持着或多或少的增长，因而经济的长期增长趋势线的斜率是大于0的。图10-3中的曲线表示经济活动的波动。$A$为顶峰，$A-B$为衰退，$B-C$为萧条，$C$为谷底，$C-D$为复苏，$D-E$为繁荣，$E$为顶峰。从$A-E$即为一个周期。$A-C$即为衰退与萧条，就是收缩阶段，$C-E$即为复苏与繁荣，就是扩张阶段。收缩阶段总的经济趋势是下降，扩张阶段总的经济趋势是上升。凡经济活动波动线高于长期增长趋势线的，表示该时期的经济活动水平高于经济的长期平均增长值；反之，凡经济活动波动线低于长期增长趋势线的，则表示经济活动水平低于经济的长期平均增长值。随着时间的推移，整个经济活动水平由高到低，再由低到高，循环往复，呈阶段性变化。

对于经济周期过程中阶段的划分，不同的经济学家基于不同的出发点有着不同的划分方法，没有完全的统一标准。但绝大多数西方经济学家倾向于将经济周期划分为4个阶段：经济活动的扩张阶段简称繁荣阶段；由繁荣转向温和的收缩阶段，简称衰退阶段；经济活动的全面紧缩阶段，简称萧条阶段；由紧缩转为新的扩张的过渡阶段，简称复苏阶段。

经济周期的每个阶段特征如下：

（1）繁荣阶段：该阶段的经济活动水平高于正常水平。经济活动十分活跃，社会的有效需求持续不断地增加，产品畅销、投资扩大、产量增加、就业充分，生活水平不断上升，社会总产出逐渐达到了最高水平，经济处于扩张状态。但繁荣阶段不可能长期维持下去，当消费增长放慢引起投资减少时，经济就会开始下滑。在美国经济中，一般认为GDP连续2个季度下降时，经济便处于衰退之中。

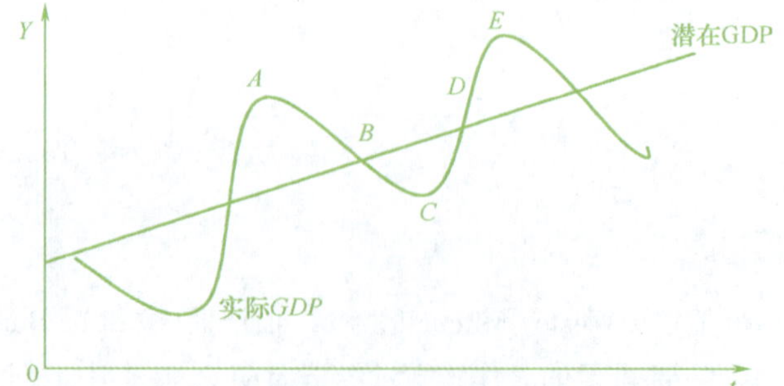


图10-3 经济周期曲线

（2）衰退阶段：经济处于较温和的收缩时期，此时经济活动水平下降，消费需求与生产能力发生偏离。一方面，由于消费的增长放慢，甚至停止，使产品滞销，价格下降，进而使企业的利润大幅度减少，企业的投资也随之减少，产量增加的势头受到抑制；另一方面，投资量减少，产量下降，失业率上升，导致社会收入水平和有效需求的进一步下降，最终使经济跌落到萧条阶段。

（3）萧条阶段：该阶段经济处于剧烈的收缩时期，经济活动逐渐降到最低水平，大量工人失业，大批生产能力闲置，企业利润极低甚至亏损。整个社会的投资水平继续下降，经济活动继续萎缩，物价继续下跌，经济动荡，社会不稳。同样萧条也不可能无限延长，随着现有设备的损耗以及由消费引起的企业存货的减少，促使企业考虑增加投资，一旦投资需求开始增长时，经济便开始了复苏阶段。

（4）复苏阶段：经济活动由最低水平开始回升，经济活动日趋活跃。随着投资的不断增加，产量逐渐扩大，就业开始增加，价格开始上涨，国民收入开始回升。随着需求的不断增加，生产进一步扩大，经济活动处于调整阶段。经济恢复的速度不会太快，但随着经济恢复的不断完善，经济活动水平会不断提高，当达到一定程度后，便步入下一个繁荣阶段，开始又一个经济周期。

在一个经济周期的4个阶段中，存在着一个顶峰和一个低谷，它们是经济周期的转折点：顶峰出现在繁荣阶段，是整个经济周期中经济活动水平的最高点。低谷出现在萧条阶段，是整个经济周期中经济活动水平的最低点。顶峰点是经济由繁荣到萧条的转折点，低谷点是经济由萧条走向繁荣的转折点。在经济周期的4个阶段中，繁荣与萧条是经济周期的2个主要阶段，衰退是繁荣到萧条的过渡阶段，复苏是由萧条到繁荣的过渡阶段。无论何为起点，只要经历了这4个阶段，就算完成了一个经济周期。

### 10.2.4 经济周期的类型

经济周期的波动，相邻周期的持续时间是有差异的，短的几十个月，长的要几十年。为了便于研究经济周期波动的规律，经济学家们依据每个经济周期经历时间的长短不同分为短周期、中周期和长周期等，下面就介绍几种主要类型。

（1）基钦周期（Kitchin Cycle）。其长度平均约 40个月，也称短周期，由美国经济学家基钦（J.Kitchin）于1923年提出。基钦在研究了1890—1922年间美国与英国的物价、银行清算、利率等资料后提出：经济周期实际包括主要周期和次要周期2种，主要周期仅仅是2个或3个次要周期的总和，而次要周期是平均为40个月的经济周期。

美国经济学家A.汉森（A.Hansen）根据统计资料计算出美国在1807—1937年间共有37个这样的周期，其平均长度为42.12个月。

（2）朱格拉周期（Juglar Cycle）。其长度平均为8~10年，由法国经济学家朱格拉（C.Juglar）于1860年提出。朱格拉认为经济周期由繁荣、危机、清算3个阶段组成，这3个阶段在经济中有顺序地反复出现。他分析了统计资料中的物价水平和大多数经济部门的生产等指标，确定经济周期性波动的长度为9~10年。此后，奥地利经济学家熊彼特（Joseph A.Schumpeter）把这种周期称为中周期。美国经济学家A.汉森将这种周期称为主要经济周期，并根据资料计算出美国在1795—1937年间共有17个这样的周期，其平均长度为 8.35年。

（3）库兹涅茨周期（Kuznets Cycle）。其长度平均为15~20年，由美国经济学家库兹涅茨（S.Kuznets）在1930年提出。该周期主要是依据建筑业的兴衰这一周期性波动现象来划分的，所以也称建筑业周期。库兹涅茨在研究建筑业人口变动、资本形成、收入、国民生产总值及其他因素后，提出经济活动中存在着为期15~20年的长周期。

（4）康德拉季耶夫周期（Kondratieff Cycle）。其长度平均为50~60年，也称长周期。苏联经济学家尼克拉·康德拉季耶夫（Nikolai D.Kondratief）1925年提出了著名的长波理论。他分析了法国、英国、美国、德国等国家100多年大量的批发价水平、利率、工资、对外贸易量，煤炭、生铁的产量和消费量的变动情况，得出一个结论：经济中存在着平均长50~60年的长期波动。熊彼特引用该划分并结合其创新理论，以各个时期的主要技术发明、新资源的利用等作为主要标志，进一步将100多年以来西方经济发展分为3个“长波”过程：第一个长波：1780—1842年，该周期为“产业革命时期”；第二个长波：1842—1897年，该周期为“蒸汽和钢铁时期”；第三个长波：1897—1929年，该周期为“电气、化学和汽车时期”。

### 10.2.5 周期波动的一种解释——乘数和加速原理

为了解释经济周期性波动的原因，不少经济学家将乘数原理与加速原理结合起来研究投资与收入之间的关系，并且考察这种关系是如何造成经济波动的。对这一理论做出贡献的主要是哈罗德（Roy Forbes Harrod）、萨缪尔森、希克斯（John R.Hicks）等著名经济学家。在凯恩斯主义的经济周期理论中，乘数-加速数模型是一个有代表和有影响的模型，这里不介绍模型，只介绍基本概念和经济分析思想。

首先，什么是加速原理？

在宏观经济学中，产量水平的变动和投资支出数量之间的关系被称为加速原理。

一般来说，要生产更多的产量需要更多的资本，进而需要用投资来扩大资本存量。在一定的限度内，企业有可能用现有的资本通过集约的使用来生产更多的产品，但在任何时候，企业总认为有一个最优的资本对产量的比率。这个比率不仅在行业与行业之间差别很大，而且还随着社会技术和生产环境的变动而发生变动。在宏观经济学中，为了减少复杂性，通常假定这个比率在一定时间内保持不变。若以$K$代表资本存量，$Y$代表产量水平，$v$代表资本-产量比率，即一定时期每生产单位货币产量所要求的资本存量的货币额，则有：$K=vY$；注意到$K$是存量而$Y$是流量，所以一般情况下，$v>1$。假定$v=3$，则知若要生产200元的$Y$，就需要有600元的$K$。引入时期的概念，则（$t-1$）时期的$K$和$Y$的关系可表为：$K_{t-1}=vY_{t-1}$；如果产量从$Y_{t-1}$变动到$Y_t$，则资本存量也将从$K_{t-1}$变动到$K_t$，即：$K_t=vY_t$；于是资本存量的增加量是$K_t-K_{t-1}$。为了增加资本存量，需要投资支出净额。记$I_t$是时期$t$的投资净额，即净投资，则有：$I_t=K_t-K_{t-1}$。进而有：

$$I_t=vY-vY_{t-1}=v(Y_t-Y_{t-1}) \tag{10-1}$$

式（10-1）表明，$t$时期的净投资额决定于产量从（$t-1$）到$t$的变动量乘以资本-产量比。如果 $Y_t>Y_{t-1}$，则在时期$t$有正的净投资。该公式告诉人们，净投资取决于产量水平的变动。变动的幅度大小取决于$v$的数值。资本-产量比$v$在这里通常被称为加速数。

由于总投资由净投资与重置投资（或更新投资）构成，如果将重置投资视为折旧，则在式（10-1）两边同时加上折旧，便有：

$$t\text{时期总投资}=v(Y_t-Y_{t-1})+t\text{时期的折旧} \tag{10-2}$$

由式（10-1）或式（10-2）所表示的加速原理说明，如果加速数为大于1的常数，资本存量所需要的增加必须超过产量的增加。应当指出，加速原理发生作用是以资本存量得到了充分利用，且生产技术不变，从而资本-产量比固定不变为前提的。

其次，乘数-加速数模型的基本思想是什么？

乘数-加速数模型在试图把外部因素和内部因素结合在一起对经济周期做出解释的同时，特别强调投资变动的因素。假设由于新发明的出现使投资的数量增长。投资数量的增长会通过乘数作用使收入增加。当人们的收入增加时，他们会购买更多的物品，从而整个社会的物品销售量增加。通过加速数的作用，销售量的增加会促进投资以更快的速度增长，而投资的增长又使国民收入增长，从而销售量再次上升。如此循环往复，国民收入不断增大，于是，社会便处于经济周期的扩张阶段。

然而，社会的资源是有限的，收入的增大迟早会达到资源所能容许的峰顶。一旦经济达到经济周期的峰顶，收入便不再增长，从而销售量也不再增长。根据加速原理，销售量增长的停止意味着投资量下降为零。由于投资的下降，收入减少，从而销售量也因之而减少。又根据加速原理，销售量的减少使得投资进一步减少，而投资的下降又使国民收入进一步下降。如此循环往复，国民收入会持续下降。这样，社会便处于经济周期的衰退阶段。

收入的持续下降使社会最终达到经济周期的谷底。这时，由于在衰退阶段的长时期所进行的负投资，生产设备的逐年减少，所以仍在营业的一部分企业会感到有必要更新设备。这样，随着投资的增加，收入开始上升。上升的国民收入通过加速数的作用又一次使经济进入扩张阶段。于是，一次新的经济周期又开始了。

西方经济学家指出，在社会经济生活中，投资、收入和消费相互影响，相互调节，通过加速数，上升的收入和消费会引致新的投资，通过乘数，投资又使收入进一步增长，假定政府支出为一固定的量，则靠经济本身的力量自行调节，就会自发形成经济周期，经济周期中的阶段正是乘数与加速数交互作用而形成的：投资影响收入和消费（乘数作用），反过来，收入和消费又影响投资（加速数作用）。两种作用相互影响，形成累积性的经济扩张或收缩的局面，这是西方学者对经济波动做出的一种解释。他们认为，只要政府对经济干预，就可以改变或缓和经济波动。例如，采取适当政策刺激投资，鼓励提高劳动生产率以提高加速数，鼓励消费等措施，就可克服或缓和经济萧条。

【拓展阅读】

### 材料　中国2010年的通货膨胀

通货膨胀是一种引起物价上涨的货币现象，它的发生会使货币贬值。自2009年以来，我国逐渐出现了通货膨胀，并且情况越演越烈，一些商品价格迅速上涨，增加了通货膨胀压力，同时也增加了居民的生活压力，影响了居民的正常生活。下面通过介绍通货膨胀的现状、成因及解决对策，希望对问题的解决有一定的帮助。

伴随着我国经济的发展，通货膨胀现象也日益明显，导致我国宏观经济出现问题，不能又快又好地发展，对民生问题产生了严重的影响。通货膨胀即货币的供应大于市场对它的需求，使货币贬值，其实质是社会的需求大于了供给。在通货膨胀的情况下人民收入的增长难以与物价的上涨保持一致，若长期不能满足人民的生活需求，我国经济的发展必将出现问题，所以通货膨胀问题必须尽快解决。

1. 我国通货膨胀的现状

据有关资料报道，在2010年2月我国通货膨胀率创下了16个月以来的最高纪录，达到了2.7%，甚至超出分析师做出的预期。自此我国通货膨胀现象一直存在，没有得到实质的改善。物价持续上涨。在工业方面，煤炭、矿石、金属价格上涨，使通货膨胀问题更加严重；在农业方面，农民使用的种子、化肥、农药等价格也有所上升，增加了农民种地的成本。2010年有些国家受旱灾和洪灾的影响粮食减产，不可避免地对我国农产品的价格产生了影响；在房地产行业，房价持续走高，许多人盲目购房来作为一种投资，尽管国家政府相关部门制定了一些相关的政策，却没有起到预期的效果。燃料、原材料价格上升，直接结果就是与其相关的产品价格上涨，这是成本因素导致的通货膨胀；在开放的经济市场中，由于国际商品价格增加、进口成本增高以及国际市场价格的变化，造成我国商品价格受进口商品价格的影响上涨，这是商品输入因素导致的通货膨胀。

消费者价格指数CPI和工业生产者指数即PPI是用来评价一个国家通货膨胀的必不可少的指标。商品价格总趋势是上升的，虽然居民收入也在增长，却与商品价格增长不成比例，难以跟上商品价格增长的速度，进一步促进了CPI的增长，严重威胁了我国经济的发展。根据相关的资料显示，PPI环比继续增长，同比增加3%~6%，并且据相关专家分析，未来的经济仍然会继续增长，同比增长率可能会下降，这就意味着CPI和PPI会继续缓慢增长，我国的通货膨胀压力会进一步增大。并且官方公布CPI指数不计住房消费，实际的CPI指数比公布的要略大一些。普通居民除了要忍受衣食住行以及医疗教育各方面带来的负担，还要面临物价上涨的现实，从而生活更加艰难。据数据显示，食品和原材料价格增长最多。在工业上，有色金属、燃料以及化工原料增长速度达到了两位数。自2009年开始，CPI和PPI指数从原来的负数变为了正数，并开始一路上升，进一步推动了通货膨胀。

2. 我国通货膨胀的形成原因

导致我国通货膨胀的原因是多方面的，既有我国经济市场自身的原因，也有国际经济市场的影响因素。综合各方面影响主要有以下几个原因：

货币发行量大。通货膨胀的直接原因是货币发行量过大。市场对货币的实际需求小于流通货币的发行量，解决通货膨胀问题的关键是减少货币的发行量。中央银行货币供应量较大就会产生通货膨胀的问题。如果保证稳定的货币供给，就能一定程度上保证物价的稳定；相反，如果货币的供给突然增大，破坏了原来的稳定，物价势必增长。如若长期如此就会产生通货膨胀的问题。为了使我国经济快速发展，我国货币的发行量大比例增加，如今又面临国际汇率的调整。这些都是我国货币贬值的原因，结果就是导致我国形成了通货膨胀。

需求增加。我国在20世纪发生过两轮以食品价格上涨为导火索引发的通货膨胀，这一次的通货膨胀也不例外。由于能源紧张，许多国家都开始加紧对生物能源的开发利用，增加了对玉米、花生等粮食作物的需求量，产生的结果就是国际市场粮食价格的大幅度增加，同时带动了我国粮食的价格上涨。在工业上，由于我国也在采用生物能、生物燃料等新兴技术，对粮食需求增大，自然就促进了粮食价格的增长。在国际贸易中，我国一直保持贸易顺差，即我国对外出口量大，增加了供给压力。此外，2009年的世界经济危机对我国产生了严重的影响，目前经济活动在慢慢恢复，但各方面的需求量仍然大于供给，并且最近几年自然灾害频频发生，对我国各方面的供需平衡产生了一定的影响。需求的增加使物价上涨，从而产生通货膨胀。

固定资产投资增长过快。由于我国经济发展重投资轻消费，导致投资在我国经济发展中占有重要的地位。这一轮固定资产投资高潮持续了6年之久，是因为一些行业成本较低，利润较大，并且资金流动性较大，这些条件为投资提供了资金，产生了投资的动力。投资和PPI息息相关。投资的增加导致原材料、能源的需求大于供给，相关的产品价格进一步上涨，同时造成了产能过剩的局面。我国内需较弱，一直以来大量的商品出口，增加了我国市场经济发展对国际经济市场的依赖性，还使原本就存在的贸易顺差加大，大量增加了我国的外汇储备，很大程度上增加了我国通货膨胀的压力。

国际市场整体价格上升。我国经济市场是国际市场中的一部分，随着我国不断扩大对外开放，国际经济状况以及国际市场商品价格对我国经济市场的影响不断增加。现阶段我国农产品价格上涨基本与国际水平保持一致。对外商来说，我国投资的鼓励和进出口贸易都影响到了价格水平。我国外汇的管理制度非常严格，人民币汇率依旧固定，为了保证汇率的稳定，中央银行只能用本币购买外汇，进一步增加了外汇储备，国内货币供给增加，造成通货膨胀。

——摘自刘佳鹏. 环球信息导报.

## 本章小结

失业包括“自愿失业”“摩擦失业”和“非自愿失业”等类型，有效需求不足是造成“非自愿失业”的根本原因。如果“非自愿失业”业已消除，失业仅限于摩擦性失业和自愿失业的话，就是实现了充分就业。

通货膨胀的成因大致有以下几类：第一是需求拉动，第二是成本推进，第三是结构性通货膨胀，第四是输入型通货膨胀。

菲利普斯曲线表明：当失业率较低时，货币工资增长率较高；反之，当失业率较高时，货币工资增长率较低，甚至是负数。根据成本推动的通货膨胀理论，货币工资可以表示通货膨胀率。

经济增长是指一个国家或一个地区生产商品和劳务的能力的增长，通常用一国实际GDP的年增长率来衡量。经济学家认为一国经济要有四个轮子才能实现经济增长：人力资源、自然资源、资本形成、技术进步。

经济周期是一种基于按商业企业来组织活动的一国总体经济活动的波动。一个周期包括许多经济活动的同时扩张，然后同时衰退、收缩和复苏，复苏是下一轮周期扩张阶段的前奏，这一变化次序是重复发生的，但并不是阶段性的。

经济学家将乘数原理与加速原理结合起来研究投资与收入之间的关系，并且考察这种关系是如何造成经济波动的。

## 练习与思考

### 一、概念识记

失业、通货膨胀、经济增长、经济周期、菲利普斯曲线

### 二、简答题

1. 说明失业种类。
2. 描述通货膨胀的成因。
3. 简述经济增长的四个轮子。
4. 简述乘数-加速数模型的基本思想。

### 三、思考分析题

1. 解释通胀的经济影响。
2. 失业和通胀的关系是什么？凯恩斯主义和货币主义学派对两者之间的关系是如何解释的？

### 四、实训项目

2020年新冠疫情发生以来，我国政府和美国政府为对抗经济增长下滑所采取的宏观调控政策有哪些？请查阅相关资料，完成一份分析报告。

# 11 宏观经济政策

## 知识目标

1. 了解政府的宏观经济政策目标。
2. 掌握货币政策内容与运用。
3. 掌握财政政策内容与运用。
4. 理解财政政策和货币政策的混合使用。
5. 了解宏观经济政策实践。

## 能力目标

能够关注了解中国社会经济发展情况，并结合社会经济的实际初步分析政府的财政和货币政策的实施及原因。

## 案例导入

2018年以来，人民银行12次下调存款准备金率，共释放长期资金约8万亿元。其中，2018年4次降准释放资金3.65万亿元，2019年5次降准释放资金2.7万亿元，2020年初至5月3次降准释放资金1.75万亿元。通过降准政策的实施，满足了银行体系特殊时点的流动性需求，加大了对中小微企业的支持力度，降低了社会融资成本，推进了市场化法治化“债转股”，鼓励了广大农村金融机构服务当地、服务实体，有力地支持了疫情防控和企业复工复产，发挥了支持实体经济的积极作用。

2020年5月15日，金融机构平均法定存款准备金率为9.4%，较2018年年初已降低5.2个百分点。降准导致的人民银行资产负债表收缩，不但不会使货币供应量收紧，反而具有很强的扩张效应，这与美联储等发达经济体央行减少债券持有量的“缩表”是收紧货币正相反。主要原因是，降低法定存款准备金率，意味着商业银行被央行依法锁定的钱减少了，可以自由使用的钱相应增加了，从而提高了货币创造能力。

## 11.1 宏观经济政策概述

在前面几单元中，我们介绍了宏观经济理论，这些理论为宏观经济政策提供了理论依据。本单元将在此基础上介绍宏观经济政策。

【思考与讨论】

政府是不是必须要干预经济运行？在我们的社会现实中听说过哪些干预措施？

微观经济学建立在完全自由的市场经济的假设之上，其对市场经济的作用基本持肯定态度，但也承认其不足之处。正是这些不足之处，构成政府必须干预经济的根据。实施宏观经济政策，正是针对上述市场机制在宏观上会带来经济波动（失业率，通胀率与增长率的波动）的缺陷而采取的解决措施，目的是为了减轻经济波动，以实现经济的稳定。宏观经济政策的实施对于宏观经济目标的实现至关重要。

### 11.1.1 宏观经济政策目标

宏观经济政策是指国家或政府为了增进社会经济福利而制定的解决经济问题的指导原则和措施。宏观经济政策是要对经济进行总量调控的，那么这种调控的具体目标是什么呢？现在一般经济学家都认为，宏观经济政策的目标有四个，即充分就业、价格水平稳定、经济持续稳定增长和国际收支平衡。下面分别予以说明。

（1）充分就业。它一般是指在现有激励条件下，所有愿意工作的人都能找到工作时的状态。由于自愿失业和不可避免的摩擦性失业等自然失业的存在，使得自然失业率大于零。实现充分就业，就是把失业率保持在自然失业率的水平，让自然失业以外的所有愿意为现行工资工作的人都找到工作，实现最大量的就业。在目前，大多数西方经济学家认为存在4％～6%的失业率是正常的。

（2）价格稳定。它是指价格总水平的稳定。物价稳定不是价格不变，而是维持一个低而稳定的通货膨胀率。这种通货膨胀能为社会所接受，对经济也不会产生过多不利的影响。

（3）经济增长。它是指在一个特定时期内要达到一个适度的增长率，这种增长率要既能满足社会发展的需要，又是人口增长和技术进步所能达到的。

（4）国际收支平衡。国际收支平衡主要是要求一国能保持汇率稳定，同时其进出口达到基本平衡，达到既无大量的国际收支赤字又无过度的国际收支盈余。因为过度的国际收支赤字和盈余都会对国内经济发展带来不利的影响。

以上四种目标之间既存在着密切的联系，又存在着矛盾。如充分就业与物价稳定往往就是矛盾的。因为要实现充分就业，就必须运用扩张性财政政策和货币政策，而这些政策又会由于财政赤字的增加和货币供应量的增加而引起通货膨胀。充分就业与经济增长有一致的一面，也有矛盾的一面。这就是说，经济增长一方面会提供更多的就业机会，有利于充分就业；另一方面经济增长中的技术进步又会引起资本对劳动的替代，相对地缩小了对劳动的需求，使部分工人，尤其是文化技术水平低的工人失业。充分就业与国际收支平衡之间也有矛盾。因为充分就业的实现引起国民收入增加，而在边际进口倾向既定的情况下，国民收入增加必然引起进口增加，从而使国际收支状况恶化。此外，在物价稳定与经济增长之间也存在矛盾。因为经济增长过程中，通货膨胀是难以避免的。

正因为目标之间存在矛盾，这就要求政策制定者或者确定重点政策目标，或者对这些政策目标进行协调。如何对这些目标做出最适当的抉择与取舍，这是当代各国政府与经济学家所面临的难题。不同的国家，在不同时期，对宏观经济政策目标的选择和侧重点会有所不同，同时不同流派的经济学家对政策目标也有不同的理解。例如，凯恩斯主义经济学家比较重视充分就业与经济增长，而货币主义经济学家则比较重视物价稳定。这些对政策目标的确定都有相当的影响。从第二次世界大战以后美国的实际情况来看，不同时期也有不同的政策目标偏重，例如在20世纪50年代政策目标是兼顾充分就业与物价稳定，在20世纪60年代政策目标是充分就业与经济增长，在20世纪70年代后则强调物价稳定和四个目标的兼顾。

## 11.1.2 宏观经济政策工具

宏观经济政策工具是用来达到政策目标的手段。在实现经济政策工具中，在不考虑对外经济交往的情况下，常用的有需求管理和供给管理政策。

### 11.1.2.1 需求管理

需求管理是通过调节总需求来达到一定政策目标的宏观经济政策工具。这也是凯恩斯主义所重视的政策工具。

需求管理是通过对总需求的调节，实现总需求等于总供给，达到既无失业又无通货膨胀的目标。在总需求小于总供给时，会由于需求不足而产生失业，这时就要运用扩张性的政策工具来刺激总需求。在总需求大于总供给时，由于需求过度而引起通货膨胀，这时就要运用紧缩性的政策工具来压抑总需求。需求管理的政策工具包括财政政策与货币政策管理。

宏观经济政策最常用的工具是财政政策和货币政策，正如美国著名经济学家、诺贝尔经济学奖获得者詹姆斯·托宾所说："宏观经济学的重要任务之一就是如何运用中央政府的财政工具和货币工具来稳定经济。"

### 11.1.2.2 供给管理

供给管理是通过对总供给的调节，来达到一定的政策目标。供给即生产，在短期内影响供给的主要因素是生产成本，特别是生产成本中的工资成本。在长期内影响供给的主要因素是生产能力，即经济潜力的增长。因此，供给管理的政策工具包括控制工资与物价的收入政策、人力政策以及促进经济增长的政策。

【知识链接】

**供给学派**

供给管理是供给学派的代表思想。供给学派是20世纪70年代在美国兴起的一个新自由主义经济学派。该学派反对和批判凯恩斯主义经济学，主张从调节供给方面去谋求经济的均衡发展。供给学派的先驱者是诺贝尔经济学奖获得者、"欧元之父"罗伯特·蒙代尔。

### 11.1.2.3 对外经济管理

对外经济管理是指通过对国际贸易、国际资本流动、劳务的国际输出和输入等进行管理和调节，以实现国际收支平衡。对外经济管理包括对外贸易政策和对外金融政策。对外贸易政策包括关税政策、非关税壁垒和鼓励出口政策；对外金融政策包括外汇管理政策和国际收支调节政策。

【知识链接】

**宏观经济政策的发展与演变**

1. 从20世纪30年代到第二次世界大战前是第一阶段

20世纪30年代的大危机迫使各国政府走上了国家干预经济的道路。凯恩斯1936年发表的《就业、利息与货币通论》，正是要为这种干预提供理论依据。这时是宏观经济政策的试验时期，其中最全面而且成功的试验是美国罗斯福总统的“新政”。这一时期，总的趋势是要借助国家的力量克服市场经济本身所固有的缺陷。

2. 第二次世界大战后是第二阶段

英美等资本主义国家都把实现充分就业、促进经济繁荣作为政府的基本职责。这标志着国家将全面而系统地干预经济，宏观经济政策的发展进入了一个新时期。这一时期的宏观经济政策是以凯恩斯主义为基础的，主要政策工具是财政政策与货币政策。

3. 20世纪70年代末80年代初以来是新的阶段

西方国家出现了高通货膨胀率与高失业率并存的“滞胀”局面。这就迫使它们对国家干预经济的政策进行反思，于是，宏观经济政策在这个阶段的重要特征是自由放任思潮，主张减少国家干预，加强市场机制的调节作用。因此，经济政策的自由化和多样化，成为当今宏观经济政策发展的一个新动向。

## 11.2 财政政策

【思考与讨论】

政府主要的收入来源于何处？支出的又有哪些项目？

财政政策是国家干预经济的主要政策之一。西方学者一般把财政政策定义为：为促进就业水平提高，减轻经济波动，防止通货膨胀，实现稳定增长而对政府支出、税收和借债水平所进行的选择，或对政府收入和支出水平做出的决策。

### 11.2.1 财政政策的内容与运用

财政政策的主要内容由政府收入和支出两方面构成。

政府支出是指整个国家中各级政府支出的总和，由许多具体的支出项目构成，主要可分为政府购买和政府转移支付两类。政府购买是指政府对商品和劳务的购买，如购买军需品、政府雇员报酬、公共项目工程所需的支出等。政府转移支付是指政府在社会福利保险、贫困救济和补助等方面的支出。

税收是政府财政收入中的最主要部分。税收依据不同标准可以进行不同的分类。根据征收对象，税收可以分为三类：财产税、所得税和流转税。根据收入中被扣除的比例，税收可以分为累退税、累进税和比例税。公债是政府财政收入的又一组成部分。它是政府对公众的债务，它不同于税收，是政府运用信用形式筹集财政资金的特殊形式。

【趣闻杂谈】

**税收的原义**

英国有句谚语：只有两件事不可避免——死亡和纳税。税收的英文“tax”源于拉丁文，原义就是必须忍受。

公债是政府财政收入的又一组成部分。它是政府对公众的债务，它不同于税收，是政府运用信用形式筹集财政资金的特殊形式。

财政政策运用政府开支与税收来调节经济。通过财政支出和税收直接影响消费需求和投资需求，以使总需求和总供给相适应，从而稳定经济，防止经济波动。具体来说：

在经济萧条时期，总需求小于总供给，失业率上升。为了克服萧条，消除失业，政府就要通过增加政府支出与减税的扩张性财政政策来刺激总需求，增加政府公共工程支出和购买，有利于刺激私人投资，增加转移支付可以增加个人消费。减税可以使个人和公司的收入增加，从而增加消费和投资，刺激总需求。

在经济繁荣时期，总需求大于总供给，通货膨胀率上升。为了抑制通货膨胀，稳定物价，政府要通过减少政府支出与增税的紧缩性财政政策来压抑总需求，减少政府公共工程支出和购买，有利于抑制投资，减少转移支付可以减少个人消费，从而压抑了总需求。增税可以使个人和公司的收入减少，从而减少消费和投资，压抑总需求。

上述财政政策被称为“逆经济风向行事”的财政政策，其反对坚持年度的预算平衡。当经济萧条时，由于国民收入水平下降，税收也将相应地减少。这时如果政府坚持年度预算平衡，必然要相应减少支出，其结果只能使国民收入进一步下降，使经济更加萧条，失业情况更加严重，因此在此种情况下，政府不应该坚持年度的预算平衡，而应“逆经济风向而动”，增加支出或降低税收，方能刺激总需求，抑制萧条。同样，当经济出现通货膨胀时，国民收入水平增大，在税率不变时，政府收入也将增加。这时如果政府坚持年度的预算平衡，势必增加支出，这会使通货膨胀进一步扩大，这时政府应“逆经济风向而动”，减少支出或增税，这时由于政府支出小于收入而形成的财政盈余，可以供以后反萧条时增加政府支出的需要。

### 11.2.2 内在稳定器

内在稳定器，亦称自动稳定器，是指经济系统本身存在的一种会减少各种干扰对国民收入冲击的机制，能够在经济繁荣时期自动抑制膨胀，在经济衰退时期自动减轻萧条，无须政府采取任何行动。经济学者认为，财政制度本身就具有自动稳定经济的功能，当经济发生波动时，财政制度的内在稳定器就会自动发挥作用，调节社会总需求水平，减轻甚至消除经济波动。财政政策的这种内在稳定经济的功能主要通过下述四项制度得到发挥。

首先，政府支出的自动稳定效应。政府支出绝大部分是由法律和契约关系所制约的，不像私人消费和私人投资那样随国民收入而发生很大的波动，它是相对比较稳定的。因此当把原来易于波动的私人部门支出的一部分转化为比较稳定的政府支出时，在一定程度上可以减轻投资和消费波动的影响。同时由于维持政府支出实行征税，会缩小国民收入的边际消费倾向和支出乘数，这对经济的波动也将起稳定的作用。

其次，政府税收的自动变化。这类税收主要指个人所得税和公司所得税，尤其是累进所得税的形式。这种纳税形式有规定的起征点和税率，且税率随着收入的增加而递增，这使得纳税额可以自动随国民收入的变化而呈同方向的变化。在经济萧条时，由于收入的减少，使纳税人的收入自动进入较低纳税档次，税收会自动减少，从而抑制投资与消费的减少，从而可起到抑制衰退的作用；反之当经济繁荣时，收入自动增加，税收会随收入增加而自动增加，从而抑制消费与投资的增加，有助于减轻由于需求过大，而引起的通货膨胀。税收这种因经济变动而自动发生变化的内在机动性和伸缩性是一种有助于减轻经济波动的自动稳定因素。

再次，政府转移支付的自动变化。失业补助与其他福利支出这类转移支付，有其固定的发放标准。当经济出现衰退与萧条时，失业增加，符合救济条件的人数增多，失业救济和其他社会福利开支就会相应增加，这样就可以抑制人们收入，特别是可支配收入的下降，进而抑制消费需求的下降，有助于减轻经济萧条的程度；当经济繁荣时，失业人数减少，失业救济和其他福利费支出也会自然减少，从而抑制可支配收入和消费的增长。

最后，农产品价格维持制度。经济萧条时，国民收入下降，农产品价格下降，政府依照农产品价格维持制度，按支持价格收购农产品，可使农民收入和消费维持在一定水平上；经济繁荣时，国民收入水平上升，农产品价格上升，这时政府减少对农产品的收购并抛售农产品限制农产品价格上升，也就抑制农民收入的增长，从而也就减少了总需求的增加量，有助于减轻通货膨胀。可见转移支付能在国民经济波动时，通过人们的可支配收入和消费支出同国民收入的波动发生反方向变化，从而对经济起一定的稳定作用。

需要注意的是，内在稳定器虽然对经济波动能起到一些稳定的作用，但其作用是十分有限的。它只能减轻萧条或通货膨胀的程度，并不能改变萧条或通货膨胀的趋势，只能对财政政策起自动配合的作用，并不能代替财政政策，政府仍然需要有意识地运用财政政策来调节经济。

【趣闻杂谈】

**税收的传统作用**

对于税收的传统作用马克思说得很形象。他在《道德化的批评和批评化的道德》中说：“官吏和僧侣，士兵和女舞蹈家，教师和警察，希腊式的博物馆和哥特式的尖塔，王室费用和官阶表，这一切童话般的存在物，早在胚胎时期，就已经安放在一个共同的种子——捐税之中了。”税收的传统作用，就是为政府供应公共物品提供财力支持。

### 11.2.3 赤字财政政策

在经济萧条时期，财政政策是增加政府支出，减少政府税收，这样就必然出现财政赤字。凯恩斯认为，财政政策应该为充分就业服务，因此，必须放弃财政收支平衡的旧信条，实行赤字财政政策。20世纪60年代，美国的凯恩斯主义经济学家强调要把财政政策从害怕赤字的框框中解放出来，以充分就业为目标来制定财政预算，而不管是否有赤字。这样，赤字财政就成为财政政策的一项重要内容。

凯恩斯主义经济学家认为，赤字财政政策不仅是必要的，而且也是可能的。这是因为：第一，债务人是国家，债权人是公众。国家与公众的根本利益是一致的。政府的财政赤字是国家欠公众的债务，也就是自己欠自己的债务。第二，政府的政权是稳定的，这就保证了债务的偿还是有保证的，不会引起信用危机。第三，债务用于发展经济，使政府有能力偿还债务，弥补赤字。这就是一般所说的“公债哲学”。

【知识链接】

**公债哲学**

新古典学派的巴罗利用理性人假说，复兴了大卫·李嘉图曾经提出的一个重要观点，即认为举债与征税等价，因而公债是中性的，不会带来益处。而公债哲学即公债有益论。在凯恩斯主义经济学家看来，公债是非中性的，是有益的。凯恩斯主义理论认为，公债不仅是弥补财政赤字的重要手段，还是实施财政政策的重要工具。这是因为：①债务人是国家，债权人是公众，国家与公众的根本利益是一致的；②政府的政权是稳定的，这就保证了债务的偿还是有保证的，不会引起信用危机；③债务用于发展经济，经济的发展使政府偿还债务的能力更强，能够弥补赤字。

在萧条时期，政府增支、减税，通过发行公债来弥补财政赤字；但在膨胀时期，政府少支，多收税，会有财政盈余。对膨胀时期的财政盈余，不能通过减税或增加政府支出的办法来消除，同时也不能用来偿还公众购买的公债，因为这样做的结果会增加总需求加重通货膨胀，正确的办法是将财政盈余暂时冻结起来，等到萧条时期再使用。

### 11.2.4 财政政策的局限性

对财政政策的分析表明，如果要扩张经济就需要增加政府支出或者削减税收，以增加总需求；如果要紧缩经济就应采取相反措施。这种决策看起来相当简单，但在实际生活中却很难收到预期的效果。

#### 11.2.4.1 财政政策在实际运用中会产生各种矛盾

财政政策在实际运用中会产生各种矛盾，从而限制财政政策对市场经济的调节作用。

（1）在税收政策方面的局限性表现为：

①为防止通货膨胀而增加税收，以压缩社会总需求，抑制物价上涨。但是，如果对企业利

润增加课税，企业为了保持原有利润，会抬高商品价格。因此，通过税收负担的转嫁过程，增税必然会引起物价上涨，从而限制了税收政策用以抑制物价上涨的作用。如果对个人所得增加税收，将直接降低个人可支配收入以及个人消费水平，这会与因对企业增税而引起的物价上涨结合起来，但会遭到国民的反对，实施起来有一定难度。

②为防止经济衰退而减少税收，但人们并不一定将因少纳税而留下来的钱用于购买商品，而可能用于储蓄。因此，减税并不见得能够带来消费或投资的增加。

（2）财政政策在支出政策方面的局限性表现为：

①在萧条时期，政府的购买和转移支付的增加，虽然提供了消费与投资、扩大总需求的可能性，但如果人们将这笔收入用于储蓄而非商品购买时，这种可能性就不能成为现实。

②在通货膨胀时期，政府要减少对商品的购买，将直接影响大企业的收益，因此会遭到它们的强烈反对。政府要削减转移支付，将直接减少人们的收入，甚至影响基本生活，因此会遭到公众的反对。

③在通货膨胀时期，政府削减支出，但由于其中部分财政支出具有刚性，使得财政支出难以大幅度压缩。

#### 11.2.4.2 财政政策的调控作用还受时间滞差的限制

财政运用的关键是抓住时机，但是财政政策在制定、贯彻和充分发挥效力过程中都存在“时滞”问题，这不仅会直接影响政策的效力，而且很可能导致政策的实际效果与政策的预期目标背道而驰。例如政府为了反萧条决定兴建一项公共工程，但由于该工程的决策和实施都存在很长的“时滞”，很可能当该项工程支出形成需求时，经济已进入繁荣时期，结果该工程的实际效果反而成了加剧通货膨胀的压力。时滞在实际经济生活中主要有以下表现：

（1）识别时滞。即在经济发生变化与认识这种变化之间存在着时间的迟误。它一方面来自识别和搜集资料时间产生的迟误；另一方面来自市场短期波动掩盖长期波动的现象，要从短期波动中识别长期波动的转折点总是困难的。因此，当识别出衰退或膨胀的转折点时，可能已置身于这一过程之中了。

（2）行动时滞。即认识到经济的变化与制定执行政策措施之间存在的迟误。以美国为例，在经济周期转折点识别出来后，不能立即采取行动，而是由主管部门制定可供选择的财政措施，交由总统批准，然后送交国会讨论。这需要经过较长时期的辩论、折中和妥协，才能得到一致意见。

（3）反应时滞。即在政策措施开始执行与这些措施产生实际效果之间存在时间的迟误。即使政府及时地将反经济周期的财政政策付诸实施，该措施也须经过一段时间才能奏效。乘数的发生过程即是如此。

#### 11.2.4.3 信息的不完全性

如果政府能够准确预测经济周期，提前采取行动克服“时滞”在技术上并非不可能，但是由于信息的不完全性，准确预测也很困难。首先周期受许多随机因素的影响，如消费者偏好变化，自然环境变化，技术进步等，这些信息是很难获得的。其次一国经济受到其他国家经济变动的影响，而这种变动又会受到政局变动等非经济因素的影响，这进一步扩大了预测的困难性。此外，周期波动虽然是周而复始的，但战后周期发生重大变形，每次萧条的持续时间和表现形式都不尽相同，因此依靠历史资料也很难做出准确预测。最后，任何预测都需要信息成本，对于国家的决策而言，该成本是十分巨大的，降低成本，便只能进行大致的估计，而它又不能成为决策的准确依据。

#### 11.2.4.4 政策选择受当时政治因素的影响

从纯经济角度来看，萧条时期实行扩张性政策，繁荣时期则实行紧缩性政策。但是这种选择要受到大选的影响。政治领袖们为了继续当选，在选举年一般格外注意选民的要求。选民所关注的往往是切身利益和短期利益，这使政府在这个时期很难实行紧缩性改革。如果这个时期正好是繁荣年份，则扩张性财政政策会助长通货膨胀，当选举结束后，通货膨胀问题已是燃眉之急。国际政局也会影响政策选择。例如国际形势紧张可诱使政府增加军费开支，如果这个时期是繁荣年份，这种选择便会助长通货膨胀。

与政治因素有关的另一项财政政策的局限性是它缺乏可逆转性。也就是说，当经济形势发生变化时，财政政策难以灵活地做出调整。例如，假定经济处于萧条时期，为了消除“通货紧缩缺口”，政府决定实行增加支出和减税的扩张性财政政策。如果这项政策是有效的，当国民收入达到充分就业水平时，私人投资也达到经济衰退前的水平。这时由于政策缺乏可逆特性，不能灵活地减少支出或增加税收，势必是总支出超过充分就业的国民收入水平，导致通货膨胀。出现这种情况的原因主要在于各种政治势力的阻挠。具体表现在税收以及福利支付易增不易减的刚性上。当政府决定减税或增加转移支付来反萧条时，人们比较容易接受，但当经济形势好转出现通货膨胀压力，政府决定用增税和减少福利来对付通货膨胀时，将会遭到公众反对，而难以执行。

#### 11.2.4.5 财政政策的“挤出效应”

所谓“挤出效应”，是指政府支出增加所引起的私人消费或投资降低的作用。在一个充分就业的经济中，政府支出增加会以下列方式使私人投资出现抵消性的减少。

由于政府支出增加，商品市场购买产品和劳务的竞争会加剧，物价就会上涨，在货币名义供应量不变的情况下，实际货币供给量会因价格上涨而减少，进而使可用于投机目的的货币量减少。结果，债券价格就下跌，利率上升，进而导致私人投资减少，投资减少了，人们的消费也随之减少。这就是说，政府支出增加“挤占”了私人投资和消费，从而财政政策对国民收入的影响能力相对削弱。

例如，下面几种财政政策都可能导致挤出效应：

①政府对公共图书馆增加拨款。这样公众便会更多地利用公共图书馆的书籍，而在书店的购书支出将减少。

②政府增加公共教育经费。这样公众接受私人教育的支出将减少。

③政府增加对公共交通费用拨款。这样公众的交通费用支出将减少。随着道路质量的提高，汽车保养费用将降低。

④随着政府支出的不断增加，财政势必出现赤字，赤字的规模也日益膨胀。为弥补财政赤字，政府不得不扩大资金筹集或者提高实际利率，这样势必要影响私人的投资能力。

可以用图11-1来说明财政政策的挤出效应。

图11-1是*IS-LM*模型，当*IS*曲线为$IS_0$时，$IS_0$与*LM*相交于$E_0$，决定了国民收入为$Y_0$，利率为$i_0$。政府支出增加，即自发总需求增加，*IS*曲线从$IS_0$向右上方平行移动为$IS_1$。$IS_1$与*LM*相交于$E_1$，国民收入为$Y_1$，利率为$i_1$。在政府支出增加，从而国民收入增加的过程中，由于货币供

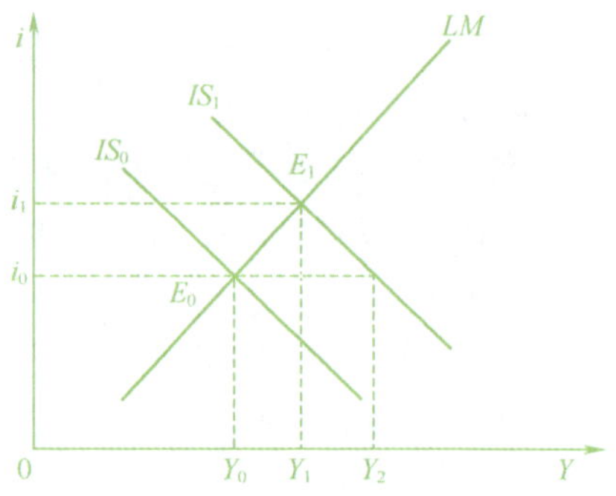

图11-1　财政政策的挤出效应

给量没变（也就是LM曲线没有变动），而货币需求随国民收入的增加而增加，所以引起利率上升。这种利率上升就减少了私人的投资与消费，即一部分政府支出的增加，实际上只是对私人支出的替代，并没有起到增加国民收入的作用。这就是财政政策的挤出效应。从图11-1中还可以看出，如果利率仍为不变，那么国民收入应该增加为$Y_2$。$Y_2-Y_1$就是由于挤出效应所减少的国民收入增加量。

税收政策的效果正好与政府购买相反，减税相当于增加政府购买，而增税相当于减少政府购买，此处不再重复。

财政政策挤出效应的大小取决于多种因素。在实现了充分就业的情况下，挤出效应最大，也就是政府的支出增加等于私人支出的减少。扩张性财政政策对经济没有任何刺激作用。在没有实现充分就业的情况下，挤出效应一般大于零而小于一，其大小主要取决于政府支出增加所引起的利率上升的大小。利率上升高，则挤出效应大，反之，利率上升低，则挤出效应小。而凯恩斯主义的财政政策思想是基于不存在挤出效应的前提假定之下的。

由于财政政策有以上一些局限性，宏观经济学认为，还必须以货币政策作为调节总需求的补充手段。

## 11.3　货币政策

【小组讨论】

1. 为什么手里有闲钱的储户，不把钱直接借给需要钱的人，而宁愿受银行的“盘剥”呢？

2. 银行存款利率下调对企业有什么影响？对储户又有什么影响？

### 11.3.1　货币政策的内容与运用

20世纪60年代以后，美国的凯恩斯主义经济学家强调货币政策与财政政策同样重要，主张双管齐下，以促进经济繁荣。货币政策是政府根据既定的政策目标，通过中央银行对货币的供给进行管理，从而影响经济运行的宏观政策。货币政策是通过银行制度来实现的。

#### 11.3.1.1　银行体系

为了更好地理解货币政策的实际内容，有必要说明银行体系的一些情况。

银行是依法成立的经营货币信贷业务的金融机构。当今各国都形成了一个规模庞大、分工明确的金融体系，大致由中央银行、商业银行、专业银行及非银行金融机构组成。其中，发挥主要作用的是中央银行和商业银行。

中央银行是一个国家金融体系的核心，是最高的金融管理机构。它统筹管理整个国家的金融活动，实施货币政策以影响经济。我国的中央银行是中国人民银行。一般认为，中央银行具有三种职能：①发行货币。中央银行代表国家发行本位币，独占货币发行权；②管理银行。中央银行集中保管存款准备金，办理全国商业银行间的清算，充当最终贷款者；③代理中央政府金融业务。代理国库，提供政府所需贷款，监督管理国内金融活动，实施货币政策，管理对外金融事务。因此，中央银行担负着调控国家宏观经济、管理金融行业和服务政府及金融机构的职责。

商业银行是指能够吸收公众存款、发放贷款、办理结算等多种业务的营利性金融机构。我国的商业银行主要有国有商业银行、股份制商业银行、城市商业银行、农村商业银行、中外合资银行等。

【知识链接】

**中国的政策性银行**

政策性银行是指由政府创立、参股或担保，以贯彻国家产业政策和区域发展政策为目标，具有特殊的融资原则和特定的业务领域，不以营利为目的的金融机构。

我国于1994年相继建立了国家开发银行（1994年3月17日）、中国进出口银行（1994年4月26日）、中国农业发展银行（1994年11月8日）三家政策性银行。2015年4月12日，由央行会同有关单位提出的国家开发银行、中国进出口银行、中国农业发展银行改革方案获批。其中，国家开发银行被明确定位为开发性金融机构，而中国进出口银行、中国农业发展银行被明确定位为政策性银行。

政策性银行贷款利率较低，期限较长，有特定的服务对象，其放贷支持的主要是商业性银行在初始阶段不愿意进入或难以涉及的领域。

#### 11.3.1.2 货币供给量

从货币市场的角度看，经济活动的主体主要包括三个：公众、商业银行和中央银行。这里的公众是指所有的居民和除了商业银行之外的企业。公众在这里要做出的决策是如何安排自己的钱财：多少拿在手里作为通货，多少放入银行作为存款。

货币供应量指一国的货币存量，是某一时点承担流通和支付手段的金融工具总和。为了测算、掌握流通中货币供应量的情况，从而有效地调控货币供应量，国际货币基金组织根据货币涵盖范围的大小和流动性的差别，把货币供应量划分为如下三个层次：

（1）$M_0$。$M_0$是指流通于银行体系以外的现金，也就是居民和企业持有的现钞。它也称通货，包括纸币及铸币。$M_0$流动性最强。

$$M_0=\text{流通中的现金}$$

（2）狭义货币$M_1$。$M_1$由$M_0$和商业银行活期存款构成。其中，活期存款由于随时可以提取变现，其流动性不亚于现钞。$M_1$代表了一国经济中的现实购买力，因此对社会经济生活有着最广泛和最直接的影响。许多国家都把$M_1$作为调控货币供应量的主要对象。

$$M_1=M_0+\text{商业银行活期存款}$$

（3）广义货币$M_2$。$M_2$由$M_1$、定期存款和储蓄存款构成。$M_2$不仅反映现实购买力，还反映潜在购买力。由于$M_2$对研究货币流通的整体状况有着重要意义，近年来很多国家开始把货币供应量的调控目标转向$M_2$。

$$M_2=M_1+\text{定期存款和储蓄存款}$$

【知识链接】

**根据$M_1$与$M_2$指标变化判断经济形势**

若$M_1$增速较快，则表明消费和终端市场活跃；若$M_2$增速较快，则表明投资和中间市场活跃。若$M_1$过高而$M_2$过低，则表明需求强劲，投资不足，有通货膨胀风险；若$M_2$过高而$M_1$过低，则表明投资过热，需求不旺，有危机风险。

### 11.3.1.3 商业银行的货币创造功能

用$C$表示通货，用$D$表示存款，则整个经济的货币量$M$就是：

$$M=C+D \tag{11-1}$$

将通货与存款之比定义为通货储蓄率，或者称为现金漏损率，并记为$c$，则有：

$$c=\frac{C}{D}$$

或

$$C=cD \tag{11-2}$$

将式（11−2）代入（11−1），则有：

$$M=(1+c)D \tag{11-3}$$

商业银行是办理活期存款和主要为大部分工商企业提供短期贷款的营利组织。商业银行营利的主要手段是一方面接受客户的存款，另一方面将存款的大部分用来放贷。为了维持信用，大多数国家银行都实行部分准备金制度。在这一制度下，商业银行必须按存款的一定百分比留有准备金，即银行为了准备存款者提取存款而持有的通货。若记$R$为商业银行的准备金，则准备金$R$与存款额$D$之比称为准备金率，记为$r$，即：

$$r=\frac{R}{D} \tag{11-4}$$

或

$$R=rD \tag{11-5}$$

显然，准备金率$r$介于0～1，即$0<r<1$。一般地，准备金率是通过银行法以法律的形式加以规定的，故又称为法定准备金率。中央银行是一国政府的一个组成部分，是国家的货币当局，是制定和执行货币政策的最高主管机构。作为货币当局，中央银行负责发行一国的货币。中央银行是银行的银行，商业银行是其重要的客户。一方面，中央银行接受商业银行的存款，作为商业银行的准备金；另一方面，中央银行在必要时对商业银行发放贷款，以支持商业银行。作为政府的银行，中央银行代理政府发行政府债券，买卖政府债券是中央银行的主要职权之一。

经济学家认为，货币供给量取决于流通中现金和商业银行存款的数量。商业银行在吸收存款和发放贷款的业务活动中，具有创造货币从而增加货币供给量的功能。

由于存款就是货币，商业银行通过贷款而增加的存款就是商业银行在业务活动中所创造的货币。在中央银行货币发行量既定的情况下，商业银行创造的存款会使流通中的货币数量增加。

如果不考虑现金漏损率的影响，商业银行创造货币的能力受两个因素的影响：一是商业银行所吸收的最初存款；二是法定准备金率。如果以$D$代表最初存款，以$M$代表存款总额即创造出的货币量，以$r$代表法定准备金率（$0<r<1$），则商业银行体系所能创造出的货币总量可以用公式表示为：

$$M=\frac{D}{r} \tag{11-6}$$

上式表明，商业银行创造货币的多少与法定准备金率成反比，与最初存款成正比。假定存款额为既定，则法定准备金率越低，银行存款和放款所增加的倍数越大；假定法定准备金率不变，则银行吸收的存款越多，银行所“创造”的货币总额越大。假定法定准备金率为20%，最初某商业银行（A）所吸收的存款为100万元，那么，整个商业银行体系可以增加的存款总额为100/20%=500（万元）。

【知识链接】

**货币供给创造公式推导**

已知法定准备金率$r$为20%，最初存款$D$为100万元。在A银行按比例扣留20%的准备金后，其余80万元贷放给甲企业。如果甲企业随机把80万元存入B银行，B银行按比例扣留20%的准备金16万元后，把其余64万元贷放给丙企业……以此类推下去，这100万元的存款，最终可达到500万元，比最初的存款增加了5倍。用$M$表示创造的货币供给量，其计算如下：

$$M=100+100\times(1-20\%)+100\times(1-20\%)^2+\cdots+100\times(1-20\%)^n$$

设$v=1-r$，根据无穷几何级数式：

$1+v+v^2+v^3+\cdots v^n=\frac{1}{1-v}=\frac{1}{r}$，计算上例得：$M=100\times\frac{1}{20\%}=500$（万元）。

由此可推算出货币创造乘数公式：$M=\frac{D}{r}$。

可见，银行体系创造的存款货币等于银行的最初存款与货币创造乘数之积，与最初存款成正比，与准备金率倒数成反比。

如果考虑现金漏损率，货币基数（基础货币）被定义为通货$C$和准备金$R$之和，若用$M_B$表示货币基数，则有：

$$M_B=C+R \tag{11-7}$$

将式（11-2）和式（11-5）代入式（11-6）中，有：

$$M_B=(c+r)D \tag{11-8}$$

再将式（11-3）与式（11-7）联立，可得：

$$M = \frac{c+1}{c+r} M_B \qquad (11\text{-}9)$$

这儿$\frac{c+1}{c+r}$为货币乘数。由于$0<r<1$，因此货币乘数是大于1的。这样，当货币基数$M_B$有一个较小的变动时，同样会引起货币总量$M$有一个较大的变动。例如：已知：$r=0.2$，$c=0.3$，$M_B=100$万元。则银行体系创造的最终货币存款$M = \frac{1+0.3}{0.2+0.3} \times 100 = 260$（万元）。

【趣闻杂谈】

**矛盾的说法**

从货币的产生过程来看，货币的产生是为了润滑人们之间的交易，增进人类的福利。而且货币的产生，特别是最后过渡到纸币，体现着人类特有的智慧。可见货币出身非常干净、清白，闪烁着智慧的光芒。钱的重要性，人人都知道。可是中国人是比较爱面子的，心里喜欢嘴上却羞于或者怯于说出来。还有很多贬斥金钱的说法，流传甚广的是“钱财如粪土，仁义值千金”。实际上，这句话本身就是矛盾的，如果钱财是粪土，仁义是千金，而千金就是金钱，这等于说，仁义就是粪土了。不过，有意思的是，当我们说一个人再好不过的时候，就表彰他“有一颗金子般的心”，那就是有一颗粪土一样的心了？我们可以说喜欢自己的手机、汽车，但是它们都是货币交换来的。货币就是手机，就是汽车，就是所有商品。所以，钱财并没有不堪如粪土，我们应该澄清这些混乱，不要再说货币的坏话啦。

### 11.3.1.4 货币政策的传导机制

货币政策是运用货币政策工具，来调节货币供给量和信贷条件，以实现经济发展既定目标的经济政策手段。在凯恩斯主义货币政策中，政策的直接目标是利率，利率的变动是通过货币量调节来实现的，所以调节货币量是手段，调节利率的目的是要调节总需求。

货币政策的机制就是指货币政策发生作用的过程，亦称为货币的传导机制。其作用过程如下：中央银行通过公开市场业务、再贴现率、存款准备率和其他政策工具等，来调节商业银行的准备金，从而调节社会的货币供应量和利率，最终影响国民收入、通货膨胀率、失业率和国际收支平衡。

### 11.3.1.5 货币政策的内容

货币政策工具，主要包括公开市场业务、再贴现率政策以及法定准备率政策。

（1）公开市场业务。公开市场业务是中央银行在金融市场上公开买卖政府债券以控制货币供给和利率的政府行为。买进或卖出有价证券是为了调节货币供给量。买进有价证券实际上就是发行货币，从而增加货币供应量；卖出有价证券实际上就是回笼货币，从而减少货币供应量。公开市场业务是一种灵活而有效地调节货币量，进而影响利息率的工具，因此，它成为最重要的货币政策工具。

在公开市场业务中，中央银行可及时按照一定规模买卖政府债券，从而易于准确地控制银行体系的准备金。由于公开市场操作很灵活，也便于为中央银行及时用来改变货币供给变动的方向，变买进为卖出证券，立即就有可能使增加货币供给变为减少货币供给。中央银行可以连续地、灵活地进行公开市场操作，自由决定有价证券的数量、时间和方向，而且中央银行即使有时会出现某些政策失误，也可以及时得到纠正，这是其他政策所不可能具有的长处。公开市场业务的优点还表现在这一业务对货币供给的影响可以比较准确地预测出来。例如一旦买进一定数量金额的证券，就可以大体上按货币乘数估计出货币供给增加了多少。

（2）再贴现率政策。商业银行在资金不足时，也可把未到期的商业票据卖给中央银行从而取得资金，一般称此为再贴现，把中央银行给商业银行的贷款利率称为再贴现率。贴现政策包括变动贴现率和贴现条件，其中最主要的是变动贴现率。中央银行降低贴现率或放松贴现条件，使商业银行得到更多的资金，导致货币基数$M_B$的增加，这样就可以增加它对客户的贷款，贷款的增加又可以通过银行创造货币的机制增加流通中的货币供给量，降低利息率；相反，中央银行提高贴现率或严格贴现条件，使商业银行资金短缺，这样就不得不减少对客户的贷款或收回贷款，贷款的减少也可以通过银行创造货币的机制减少流通中的货币供给量，提高利息率。此外，贴现率作为官方利息率，它的变动也会影响到一般利息率水平，使一般利息率与之同方向变动。

例如，已知市场贴现率为2%，A企业现有一张还有100万元未到期的商业承兑汇票，该票据还有2天才到期。该企业急需现金，把这张票据拿到商业银行进行贴现，其具体做法是：

商业银行将按照100−100×2%×2=96（万元）贷放给企业。

商业银行按照同样的方法将这张票据拿到中央银行进行再贴现。中央银行的再贴现率为1%，于是中央银行将按照100−100×1%×2=98（万元）贷放给商业银行。

【知识链接】

**再贴现率的特点**

①短期性，中央银行提供的贷款以短期为主，再贴现票据一般为3～6个月，最长不超过1年；②官方性，再贴现率是中央银行规定的利率，不同于市场利率，随供求变化而变化；③标准性或示范性，再贴现率在利率体系中是基础利率，其变动表示中央银行正在采取的措施和经济景气的变化，有一种告示效应。

（3）法定准备率。存款准备率是商业银行吸收的存款中用作准备金的比率，准备金包括库存现金和在中央银行的存款。中央银行可以通过变更法定准备率来影响货币供给量和利息率。中央银行认为需要增加货币供给时，就降低法定准备率。其原理在于，法定准备率$r$的降低使货币乘数增加，进而增加了货币的供给，降低利息率。反之，当中央银行认为需要减少货币供给时，就提高法定准备率，通过银行创造货币的机制减少货币供给量，提高利息率。从理论上说，变动法定准备率是中央银行调整货币供给最简便的办法。然而，现实中，中央银行一般不愿轻易使用这一手段。其原因在于，变动法定准备率的作用十分猛烈。一旦准备率变动，所有银行的信用都必须扩张或收缩。再者如果准备率变动频繁，会使商业银行和所有金融机构的正常信贷业务受到干扰而无所适从。

上述货币政策工具常常需要配合使用。例如，当中央银行在公开市场业务中出售政府债券使市场利率上升后，再贴现率须相应提高，以防止商业银行增加贴现，于是商业银行向它的顾客的贷款利率也将提高，以免产生亏损；相反，当中央银行认为需要扩大信用时，在公开市场操作中买进债券的同时，也可同时降低再贴现率。

货币政策除了以上三种主要工具，还有一些其他工具，道义劝告就是其中之一。所谓道义劝告，是指中央银行运用自己在金融体系中的特殊地位和威望，通过对银行及其他金融机构的劝告影响其贷款和投资方向，以达到控制信用的目的。如在衰退时期，鼓励银行扩大贷款；在通货膨胀时期，劝阻银行不要任意扩大信用，也往往收到一定的效果。但由于道义劝告没有可靠的法律地位，因而并不是强有力的控制措施。

#### 11.3.1.6 货币政策的运用

在不同的经济形势下，中央银行要运用不同的货币政策来调节经济。凯恩斯主义经济学家认为，就像斟酌使用的财政政策一样，斟酌使用的货币政策也要"逆经济风向"行事。

在经济萧条时期，总需求小于总供给，失业持续增加，中央银行就要就要运用扩张性的货币政策，以解决衰退和失业问题，其中包括在公开市场上买进有价证券，降低贴现率并放松贴现条件、降低准备率，等等。这些政策可以增加货币供给量，降低利息率，刺激总需求，又称为"放松"银根。

在繁荣时期，总需求大于总供给，价格水平持续上涨，为了抑制总需求，就要运用紧缩性货币政策，其中包括在公开市场上卖出有价证券，提高贴现率并严格贴现条件，提高准备率，等等。这些政策可以减少货币供给量，提高利息率，抑制总需求，又被称为"紧缩"银根。

这种交替使用的扩张性和紧缩性货币政策，被称为补偿性货币政策。

### 11.3.2 货币政策的局限性

#### 11.3.2.1 扩张性货币政策在实践中存在着局限性

首先，实施各种扩张性措施是为了使货币供应量增加，利率下降，而利率的下降总是有一定限度，下降到一定限度后，货币供应量无论怎样增加，都不会再降低利息，即货币供应量对利率的影响是有限度的。

其次，当经济处于剧烈收缩时，扩张性货币政策的有效性会减弱。尽管中央银行采取扩张性措施，如降低存款准备率和再贴现率等，增加贷款，降低利率刺激投资，但是商业银行往往为了安全起见不肯冒此风险。厂商认为市场前景暗淡，预期利润率低，从而不愿为增加投资而向银行借款。这已被美国在20世纪30年代两次经济严重衰退时的情形所证明。因为此时的企业家和居民对前景失去信心，即使政府通过扩张性政策为企业和居民提供贷款的优惠条件，以诱导他们增加投资和消费，但企业会认为自己的库存和厂房设备相对来说过多了，因而不愿意再增加贷款，反而减少库存，缩减生产；而消费者则因害怕失业或减少收入，不会去寻求贷款来购买不动产或耐用消费品，反而力求减少已经欠下的债务。可见如果影响需求决策的其他条件不尽如人意，扩张性政策的效力就会被抵消。

#### 11.3.2.2 紧缩性货币政策的实施也会被某些因素抵消

首先，在繁荣和通货膨胀时期，人们对前景充满信心，这时即使实施紧缩性政策使货币供应量减少，利息率上升，但企业因预期未来经济看涨，仍会增加投资，这样紧缩性货币政策的效果就要打折扣了。

其次，紧缩性货币政策可能被货币流通速度的变化而抵消。这个问题对扩张性货币政策也有影响，在经济衰退时期，实行扩张性货币政策，扩大货币供应量，但由于人们压缩开支，使货币流通速度放慢，产生减少货币供应量的效果。

但该因素对紧缩性政策影响更大。因为在经济繁荣时期，人们对前景预期乐观而增加支出，在物价上涨时，人们宁愿持有货物而不愿意持有货币，于是货币流通速度加快，产生扩大货币供应量的效果。而对于紧缩性货币政策，人们有抵制心理，所以当政府采取减少货币供应量的各种措施时，公众会通过各种方式更有效地利用现有货币供应量，使货币流通速度加快，这就意味着货币供应量的增加，也影响了货币政策的有效性，尤其是部分抵消了紧缩性货币政策的作用。因为保险公司、证券公司、互助储蓄银行等金融机构吸收了大量存户的储蓄，经常在寻求投资和贷款机会，结果扩大了货币供应量，这是中央银行无法控制的。

最后，货币政策容易受国际准备金流动的冲击。如果实行紧缩性货币政策，使国内利息上升，会吸引国际准备金流入，从而扩大国内货币供应量。这对扩张性货币政策也有同样影响，会使国内的国际准备金转移到国外利息较高的地方去，减少国内的货币供应量。

【知识链接】

**非常规货币政策**

非常规货币政策是相对于传统的常规货币政策而言的。非常规货币政策的兴起主要是由于2007—2009年的全球金融危机，金融危机爆发后，传统的通过降低利率刺激经济的常规货币政策根据不再有效。为了使经济平稳有序发展，各国央行纷纷开始采用非常规货币政策，它可以弥补常规货币政策的不足，在利率极低或利率机制受阻的情况下发挥作用。非常规货币政策可以分为两类：①前瞻性指引，即在短期利率接近零下限时，央行针对未来货币政策走势与公众沟通，向市场传递央行对宏观经济状况的看法及政策应对机制，影响公众的利率预期，从而影响长期利率，利率承诺就是一种前瞻性指引政策工具；②货币宽松，通过改变央行资产负债表的结构和规模来实施非常规货币政策，主要包括流动性宽松和信贷宽松。

## 11.4 宏观经济政策运用

【小组讨论】

在其他条件不变时，增加税收和降低利率同时发生，会对国民收入产生什么影响？

宏观经济政策在实施中会遇到各种各样的困难，如何成功地运用各项宏观经济政策，使之产生最好的效果，是政府关心的问题。

### 11.4.1 菲利普斯曲线与政策目标的选择

如前所述，菲利普斯曲线表明了失业率与通货膨胀率之间的交替关系。这就为决策者选择适当的政策目标提供了理论依据。在运用菲利普斯曲线来确定政策时，首先要确定社会临界点。所谓临界点是指政府对于失业率和通货膨胀率的“社会可接受程度的理解”，即在一定的失业率（$U$）与通货膨胀率（$G$）之下，社会是可以接受的，这时政府不必采取任何政策措施进行调节。如果失业率或通货膨胀率超过了临界点，政府就有必要进行调节，以求得社会安定。所谓的调节就是：当失业率为社会所不能接受时，就采取扩张性的财政与货币政策，以较高的通货膨胀率换取较低的失业率；当通货膨胀率为社会所不能接受时，就采取紧缩性的财政与货币政策，以较高的失业率来换取较低的通货膨胀率，可以用图11–2来说明这种调节。

在图11–2中，假定4%的失业率与通货膨胀率为临界点，则在此以下（即图上的阴影部分以内，例如$b$点上），社会是安定的，不必采取任何调节措施。在此以外，或通货膨胀率高，或失业率高，都为社会所不能接受，就要进行调节。例如，在$a$点上失业率为1%，为社会可以接受，但通货膨胀率为5%，为社会不能接受，于是就要采取紧缩性的财政与货币政策，增加失业率，降低通货膨胀率。在$c$点上通货膨胀率为1%，为社会可以接受，但失业率为5%，为社会不能接受，于是就要采取扩张性的财政与货币政策，提高通货膨胀率以降低失业率。

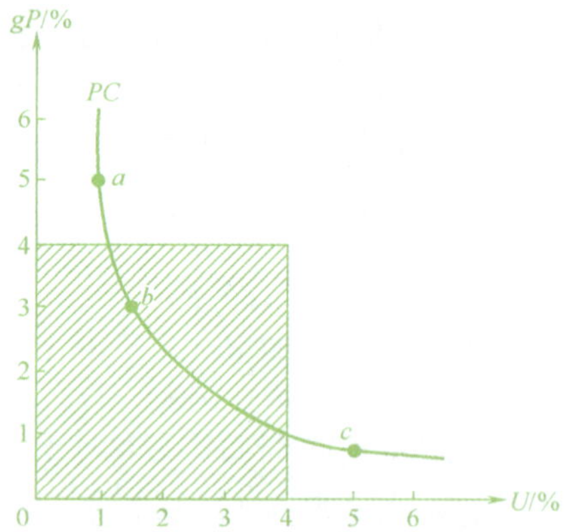

图11–2 菲利普斯曲线与临界点

因此，并不是说政府在任何情况下都要应付失业与通货膨胀，而只是在政府认为已超过“临界点”之后才有必要采取干预的措施。

### 11.4.2 财政政策与货币政策的配合

前面讲过，财政政策有挤出效应。当经济萧条时，政府采用扩张性财政政策，可能会由于挤出效应而起不到应有的作用。在这种情况下，就要用扩张性货币政策来加以配合，以便降低利率，消除挤出效应，有力地刺激经济。

用图11–3来说明这种配合。

在图11–3中，$IS_0$与$LM_0$相交于$E_0$，决定了国民收入为$Y_0$，利息率为$i_0$。实行扩张的财政政策，$IS$曲线从$IS_0$移动到$IS_1$，$IS_1$与$LM_0$相交于$E_1$，决定了国民收入为$Y_1$，利息率为$i_1$。这说明实行扩张性的财政政策使国民收入增加，利息率上升，而利息率的上升产生挤出效应，不利于国民收入的进一步增加。这时，再配合以扩张的货币政策，即增加货币量使$LM$曲线从$LM_0$移动到$LM_1$，$LM_1$与$IS_1$相交于$E_2$，决定了国民收入为$Y_2$，利息率为$i_0$。这说明，在用扩张的货币政策与扩张的财政政策配合时，可以不使利息率上升，而又使国民收入有较大的增加，从而可以有效地刺激经济。

此外，根据具体情况和不同目标，政府和中央银行还可以选择其他政策组合。主要包括：

（1）一松一紧。即扩张性财政政策和紧缩性货币政策相结合。当经济萧条但又不太严重时，用扩张性财政政策刺激总需求，又用紧缩性货币政策控制通货膨胀。

（2）双紧政策，即紧缩性财政政策和紧缩性货币政策相配合。当经济发生严重通货膨胀时，用紧缩货币政策来提高利率，降低总需求水平，又紧缩财政，以防止利率过分提高。

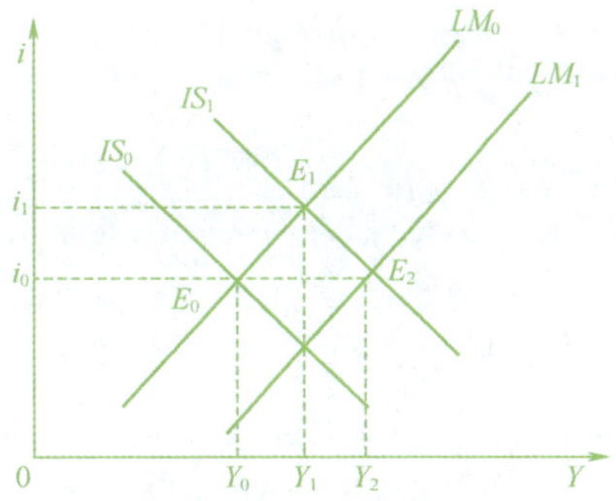

图11-3 财政政策与货币政策的配合

（3）一紧一松。即紧缩性财政政策和扩张性货币政策相配合。当经济中出现通货膨胀又不太严重时，用紧缩财政政策压缩总需求，又用扩张货币政策降低利率，以免财政过度紧缩引起衰退。

（4）双松政策。即扩张性财政政策和扩张性货币政策相配合。当经济严重萧条时，用扩张性财政政策增加总需求，用扩张性货币政策降低利率以克服“挤出效应”。

总之，在运用经济政策调节经济时，要善于将各种政策配合使用。

### 11.4.3 相机抉择

相机抉择是指政府在运用宏观经济政策来调节经济时，可以根据市场情况和各项调节措施的特点，机动地决定和选择某项或几项政策措施。

财政政策与货币政策以及其他各项政策都有自己的特点，经济繁荣或萧条的程度和原因也不同。因此，在不同的经济形势下要采取不同的政策，或将各种政策配合使用。

财政政策与货币政策各自的特点是：

①它们的猛烈程度不同。一般认为，政府支出的增加与法定准备率变动的作用比较猛烈。税收和公开市场业务的作用比较缓慢。

②政策效应的快慢不同。货币政策变动快，起作用需要的时间长，财政政策变动慢，但起作用快。

③政策影响范围不同，如公开市场业务影响小，而政府支出的政策影响大。

④政策实施时受的阻力大小不同。如增税与减少政府支出的财政政策阻力大，而货币政策阻力小。

要根据不同的经济形势采取不同的政策。在经济发生严重衰退时，就不能运用作用缓慢的政策，而要选用作用猛烈的政策；当经济出现衰退的苗头时，就不宜运用作用猛烈的政策，而要用作用缓慢的政策。

相机抉择的实质是灵活地运用各种政策，所包括的范围相当广泛。在需要进行调节时，究竟应采取哪一项政策，或者如何对不同的政策手段进行搭配使用，并没有一个固定不变的程式，政府应根据不同的情况灵活地决定。同时，在考虑如何混合使用两种政策时，不仅要看当时的经济形势，还要考虑政治上的需要。

【拓展阅读】

## 材料1　疫情冲击百年不遇，货币政策应对科学有力

2020年，面对突如其来的新冠肺炎疫情冲击，中国人民银行以习近平新时代中国特色社会主义思想为指导，按照党中央、国务院部署，坚持科学决策和创造性应对的根本方法，稳健货币政策更加灵活适度、精准导向，以总量适度、融资成本明显下降和支持实体经济的三大确定性应对高度不确定的形势，做好“六稳”工作、落实“六保”任务，支持统筹推进疫情防控和经济社会发展，为决胜全面建成小康社会营造了适宜的货币环境。

一是年初疫情突如其来，全力支持打赢疫情防控阻击战。面对内外部不确定因素，中国人民银行于2020年1月4日开年伊始下调存款准备金率0.5个百分点，为实体经济提供长期资金。疫情突如其来使得经济形势更加复杂严峻，中国人民银行于春节期间的1月31日紧急出台3000亿元专项再贷款政策，实行名单制管理，支持主要银行向7597家重点医疗物资和生活必需品企业提供优惠利率贷款，有力促进了抗疫保供。2月3日和4日，超预期投放1.7万亿元流动性，引导公开市场操作中标利率下降10个基点，中期借贷便利（MLF）操作中标利率和1年期贷款市场报价利率（LPR）随之下降10个基点，稳定了市场预期，有力地支持了疫情应对和金融市场如期开市。

二是支持统筹疫情防控和经济社会恢复发展，及时切换货币政策重点。根据党中央、国务院决策部署，按照重点控制疫情、统筹疫情防控和有序复工复产、促进经济社会恢复发展三个阶段，有针对性地加大货币政策支持力度。2020年2月底出台5000亿元再贷款再贴现政策，切实解决了59万家企业复工复产面临的债务偿还、资金周转和扩大融资等迫切问题。疫情防控阶段性成效进一步巩固后，4月下旬又出台1万亿元再贷款再贴现政策，支持金融机构以优惠利率向158万户中小微企业提供贷款，强化普惠性金融支持，统筹推进疫情防控和经济社会发展。同时，通过降准降息，满足企业合理融资需求，促进降低企业融资成本。3月1日如期启动存量浮动利率贷款定价基准转换，3月与4月连续定向降准，多次适时下调政策利率，公开市场操作中标利率、MLF操作中标利率、1年期LPR均再次下降20个基点，再贷款利率累计下降50个基点。

三是经济逐步恢复，灵活把握货币政策力度和节奏。2020年2月至4月，应对疫情期间金融机构贷款投放力度较大。5月以来，随着经济加快恢复，货币信贷投放逐步回到常态。6月初，中国人民银行创设两项直达实体经济的货币政策工具，精准帮助小微企业做好稳企业保就业工作。应对疫情的特殊工具适时退出，3000亿元和5000亿元再贷款再贴现政策上半年实施完毕，1万亿元政策年底前执行完毕。克服困难把握住时间窗口推动利率市场化改革，8月末顺利完成存量浮动利率贷款定价基准转换，全年引导金融系统向实体经济让利1.5万亿元。增强人民币汇率弹性，10月人民币汇率中间价报价模型中的“逆周期因子”淡出，加强外汇市场宏观审慎管理，下调远期售汇业务的外汇风险准备金率和跨境融资宏观审慎调节参数，引导企业和金融机构树立“风险中性”理念，促进内部均衡和外部均衡的平衡。

四是坚持主动作为，引导市场预期。在各种不确定条件下，货币政策要走在市场曲线前面，通过加强沟通和提高透明度的更大确定性来减少市场的不确定性，提升货币政策的有效性。健全常态化货币政策操作，按日开展公开市场操作，按月开展MLF操作，提前宣布有关操作安排，稳定市场预期。完善机制化的货币政策沟通方式，每季度初月份召开金融统计数据媒体吹风会，季度中月份发布《中国货币政策执行报告》，季度末月份发布货币政策委员会例会新闻公告，定期化、机制化释放货币政策信号，回应市场关切。在每次政策出台后及时发布新闻稿，帮助市场更好地理解政策意图。货币政策确定性与市场预期之间形成良性循环，为货币政策有效实施和金融市场平稳运行营造良好的环境。

——摘自腾讯网，孙国峰，2021.2.3.

## 材料2 2020年上半年中国财政政策执行情况报告综述

2020年上半年，面对突如其来的新冠肺炎疫情和复杂严峻的国内外形势，中国经济运行面临巨大挑战。在以习近平同志为核心的党中央坚强领导下，全党全军全国各族人民同舟共济、顽强拼搏，统筹推进疫情防控和经济社会发展各项工作，努力在危机中育新机、于变局中开新局，疫情防控取得重大战略成果，经济发展呈现稳定转好态势。中国在全球范围内率先控制住了疫情，率先实现了全面复工复产，上半年国内经济先降后升、稳步复苏，二季度以来经济运行逐月好转，主要指标恢复性增长，积极因素明显增多，就业民生保障有力，市场预期持续向好，社会发展大局稳定。2020年上半年中国国内生产总值（GDP）同比下降1.6%，其中一季度同比下降6.8%，二季度同比增长3.2%。

面对国内外风险挑战明显上升的复杂局面，财政部坚持以习近平新时代中国特色社会主义思想为指导，坚决贯彻党中央、国务院决策部署，坚持稳中求进工作总基调，坚持新发展理念，坚持以供给侧结构性改革为主线，坚持以改革开放为动力推动高质量发展，认真贯彻落实“积极的财政政策要更加积极有为”要求，围绕做好“六稳”工作、落实“六保”任务，以更大的政策力度对冲疫情影响，真正发挥稳定经济的关键作用。2020年积极的财政政策措施，概括起来主要是发出一个“信号”，做好四个“对冲”：

一是适当提高赤字率，明确发出积极信号。将财政赤字率从2.8%提高至3.6%以上，赤字规模比2019年增加1万亿元，达到3.76万亿元，稳定并提振市场信心。二是适度加大政府债券发行力度，增加政府投资，对冲经济下行压力。安排地方政府专项债券3.75万亿元，比2019年增加1.6万亿元。同时发行1万亿元抗疫特别国债。截至7月31日，地方政府已发行债券37586亿元，其中一般债券12902亿元、专项债券24684亿元。截至7月31日，抗疫特别国债已累计发行10000亿元。上半年，完成一般国债发行22525.1亿元。开展国债做市支持操作6次，涉及券种13只，操作额114.4亿元，其中随买3只国债10.2亿元、随卖10只国债104.2亿元。三是加大减税降费力度，对冲企业经营困难。在继续执行2019年出台的下调增值税税率和企业养老保险费率等的同时，强化阶段性政策，出台实施支持疫情防控保供和复工复产的税费政策并延长执行期限，延缓小微企业、个体工商户所得税缴纳，延长阶段性减免社保缴费政策。预计全年为市场主体新增减负超过2.5万亿元。四是加大转移支付力度，对冲基层“三保”压力。中央对地方转移支付增长12.8%，支持地方尤其是困难地区正常运转。新增加的财政赤字和抗疫特别国债资金全部安排给地方，建立特殊转移支付机制，加快直达资金预算下达。6月底前已将具备条件的直达资金全部下达地方。五是加强预算平衡，对冲疫情减收影响。坚持政府过紧日子，大力压减非急需非刚性支出，切实保障基本民生支出和重点领域支出。加强预算平衡和政府债务管理，增强财政可持续性，牢牢守住风险底线。

按照这一部署要求，各级财政部门统筹推进疫情防控和经济社会发展工作，从“质”和“量”两方面发力，科学研判财政形势，合理编制财政预算，系统谋划财政工作，做好财政支出力度的“加法”、政府过紧日子的“减法”、提质增效的“乘法”、防范化解政府债务风险隐患的“除法”，促进实体经济纾困发展，支持打赢三大攻坚战，坚持保障和改善民生，切实兜牢“三保”底线，继续深化财税体制改革，确保完成决战决胜脱贫攻坚目标任务，全面建成小康社会。

——摘自中华人民共和国中央人民政府网，2020年上半年中国财政政策执行情况报告，2020.8.6.

## 本章小结

本单元进一步讨论总产出水平的决定。研究的深化主要表现在：①投资不再是不变的常数，而表现为利率的减函数；②总产出水平还受到货币市场供求关系的影响。

本单元的中心是利用*IS–LM*模型讨论总产出水平的决定及政策效应问题。体现在*IS–LM*模型中的基本思想是：产品市场和货币市场是相互联系的；总产出受总需求的制约，总需求中的投资受到利率的影响，利率反映了货币市场供给与需求的关系，而货币需求又受到收入水平的影响。在两个市场的相互作用中，两个市场同时趋于均衡，从而决定了均衡利率与均衡产出。

在*IS–LM*模型中，扩张性财政政策的一般效应是利率提高、产出增加。由于排挤效应的缘故，实际上财政政策效应要小于由乘数理论所揭示的政策效应。同时本单元利用*IS–LM*模型讨论了货币政策效应。扩张性货币政策的一般效率是利率下降、产出增加。

在通常情况下，财政政策效应和货币政策效应会有所不同。政策效应究竟如何，要取决于经济在哪个区域运行。现实中二者经常相互配合，以取得更好的政策效果，并减少政策运用带来的消极影响。政府可以根据不同的经济形式选择不同的政策组合。

## 练习与思考

### 一、简答题

1. 简述财政政策与货币政策工具。
2. 什么是内在稳定器？具有内在稳定器作用的财政政策主要有哪些？
3. 在不同的时期，应该如何运用财政政策？

4. 在不同的时期，应该如何运用货币政策？

5. 什么是相机抉择？有哪些搭配方式？

## 二、思考分析题

1. 统计数据表明，在美国过去100多年的历史上，战争期间美国的经济情况明显好于非战争期间，导致这种现象的原因可能是什么？

2. 假设悲观主义情绪蔓延全国。如果政府未采取行动，总需求会发生什么变动？如果中央银行想稳定总需求，它应当怎么做？

## 三、计算题

假定法定准备金率是0.12，没有超额准备金，对现金的需求量是1000亿元。

（1）若总准备金是400亿元，货币供给量是多少？

（2）若中央银行把准备金率提高到0.2，货币供给量将变动多少（假定总准备金仍是400亿元）？

## 四、实训项目

浏览相关经济类网站（推荐以“政府工作报告”为关键词），分析近5年来我国宏观经济政策的发展变化并探讨其原因。小组讨论完成并形成分析报告。

# 参考文献

REFERENCE

[1] 高鸿业．西方经济学［M］．7版．北京：中国人民大学出版社，2020.
[2] 高鸿业．西方经济学典型题题解［M］．7版．北京：中国人民大学出版社，2019.
[3] 吴汉洪．经济学基础［M］．5版．北京：中国人民大学出版社，2017.
[4] 保罗・萨缪尔森，威廉・诺德豪斯．经济学：19版［M］．萧琛译．北京：商务印书馆，2017.
[5] 格里高利・曼昆．经济学原理：7版［M］．梁小民译．北京：北京大学出版社，2017.
[6] 约瑟夫・斯蒂格利茨．经济学：4版［M］．黄险峰，张帆译．北京：中国人民大学出版社，2013.
[7] 迈克尔・帕金．经济学［M］．梁小民译．北京：人民邮电出版社，2015.
[8] 亚当・斯密．国民财富的性质和原因研究［M］．郭大力，王亚南译．北京：商务印书馆，1974.
[9] 梁小民．西方经济学导论［M］．4版．北京：北京大学出版社，2014.
[10] 梁小民．小民经济学［M］．北京：北京联合出版公司，2019.
[11] 梁小民．经济学就是这么有趣［M］．北京：北京联合出版公司，2019.
[12] 黄亚钧．微观经济学［M］．4版．北京：高等教育出版社，2015.
[13] 王福重．人人都爱经济学［M］．北京：人民邮电出版社，2008.
[14] 戴维・弗里德曼．弗里德曼的生活经济学［M］．赵学凯译．北京：中信出版社，2006.
[15] 梁小民．微观经济学纵横谈［M］．北京：生活・读书・新知三联书店，2000.
[16] 亨利・黑兹利．一课经济学［M］．蒲定东译．北京：中信出版社，2008.
[17] 尹伯成．经济学基础教程［M］．上海：格致出版社，2017.
[18] 尹伯成．现代西方经济学习题指南［M］．上海：复旦大学出版社，2017.
[19] 邓先娥．经济学基础［M］．3版．北京：人民邮电出版社，2019.
[20] 骆俊．经济学基础［M］．四川：西南财经大学出版社，2018.
[21] 丘丽云．经济学基础（微课版）［M］．北京：人民邮电出版社，2018.
[22] 杨洁．经济学基础［M］．3版．北京：人民邮电出版社，2019.